AF617483

SE CANTA LO QUE SE PIERDE

Andrés Amorós

SE CANTA LO QUE SE PIERDE

LOS 50 MEJORES
POEMAS ESPAÑOLES, COMENTADOS

DEL ARCIPRESTE DE HITA A
ANTONIO CARVAJAL

fórcola

Periplos

Periplos

Director de la colección: Javier Fórcola

Diseño de cubierta: Fórcola

Corrección: Luis Álvaro Santamaría

Maquetación: Fórcola

Producción: Teresa Alba

Detalle de cubierta: *Mujeres en la ventana*, Bartolomé Esteban Murillo (1665-1675). National Gallery of Art, Washington D. C., Estados Unidos

Primera edición, enero de 2026
Segunda edición, junio de 2026

C/ Querol, 4 - 28033 Madrid
www.forcolaediciones.com

Depósito legal: M-882-2026
ISBN: 978-84-19969-34-7

Imprime: Estugraf Impresores, S.L.
Encuadernación: Encuadernaciones Industriales Sport, S.L.
Impreso en España, CEE. Printed in Spain

El papel utilizado para la impresión de este libro está calificado como papel ecológico y procede de bosques gestionados de manera sostenible.

A Auxi,
poesía y prosa

INTRODUCCIÓN

Éste no es un estudio académico sino un ensayo, va dirigido a un público no especializado: no lleva notas críticas ni bibliografía; apenas utiliza palabras técnicas; está escrito con la máxima claridad y sencillez; limita al máximo las referencias críticas. Todo eso no quiere decir que carezca de rigor, pero aspira a que lo pueda leer cualquier lector interesado.

Su origen está en la sección semanal que he mantenido durante el año 2025 en el periódico digital *El Debate*. (Tuvieron la amabilidad de titularla «Lecciones de poesía».) Para este libro, como es lógico, he ampliado mucho y corregido lo que allí publiqué, pero el enfoque y el destinatario siguen siendo los mismos.

¿Por qué llevar a un periódico y ahora a un libro esta selección de poemas comentados? Puedo explicarlo con una anécdota. No hace mucho, me contaba un buen amigo sevillano, escritor, que le había preguntado a un sobrino suyo, estudiante de Derecho, cuáles eran los poemas que más le gustaban y el joven le dijo, con toda sencillez, que no conocía ningún poema...

Me temo que éste no es un caso aislado y, como síntoma, me parece terrible. Salvo ejemplos singulares (Bécquer, Machado, Neruda, Miguel Hernández), los libros de poesía no han estado nunca entre los más vendidos, pero me estoy refiriendo a otra cosa: la terrible caída que ha sufrido la educación humanística en España, en los últimos años.

La ignorancia de muchos políticos, el paleto deslumbramiento ante la tecnología, la incultura de la imagen y los disparates de la nueva pedagogía han conducido a esta situación: no hay que enseñar ya contenidos –¡para eso está Internet!, afirman con descaro–, hay que evitar la historia cronológica y despreciar el esfuerzo, por la obvia razón de que fatiga...

Si debemos concentrarnos –dicen– en lo lúdico, lo transversal, lo ecológico, el multiculturalismo, lo feminista, lo inclusivo, la descolonización, lo digital, lo igualitario, lo medioambiental, lo resiliente, lo *woke*, lo progresista, lo «moderno», ¿para qué perder el tiempo con algo tan inútil como es por definición la poesía? Pero resulta que muchas de las cosas de verdad importantes de nuestra vida son las que un burdo utilitarismo calificaría de inútiles...

A todas estas bobadas, comunes ahora por desgracia a todo Occidente, añadimos los españoles algunas peculiaridades nuestras: desconocer nuestra historia. Aceptar sin más lo que inventó la leyenda negra antiespañola. Pedir perdón por todo lo que hicimos en Hispanoamérica. Permitir que haya españoles que no se eduquen en nuestra lengua común. No valorar nuestra cultura. No usar la palabra patria ni la palabra España para que no nos llamen fachas... Según todo eso, ¿para qué nos puede servir conocer a los grandes poetas españoles?

La nueva pedagogía añade un error mayúsculo: despreciar y proscribir la memoria: ¿a quién se le ocurre aprenderse de memoria unos versos que podemos encontrar en el ordenador, en la *tablet* o en el móvil? Así estamos...

No todo el tiempo pasado fue mejor, por supuesto, pero tampoco es mejor todo lo actual, sólo por ser «moderno». Un caso concreto. Hace algunos años, en la escuela, los niños españoles leíamos en voz alta, aprendiendo a entonar correctamente, una versión reducida del *Quijote*; así, comenzábamos a familiarizarnos con ese mundo.

En el colegio, entonces, los chicos españoles leíamos y nos aprendíamos de memoria algunos versos: «Recuerde el alma dormida...», «¿No es verdad, ángel de amor?...», «Yo voy soñando caminos...», «Érase un hombre a una nariz pegado...», «Qué descansada vida...», «Ojos claros, serenos...», «Que por mayo era, por mayo...», «Que toda la vida es sueño...», «Verde que te quiero verde...», «Con diez cañones por banda...».

¿Saber de memoria alguno de estos versos nos ha hecho más desgraciados o peores personas? Estoy seguro de que no. Como decía Gabriel García Márquez, que no era un facha, pero algo sí sabía de esto, esos versos eran un tesoro que guardábamos dentro de nosotros y que siempre nos acompañaba: nos enseñaban a vivir y, en los momentos difíciles, nos daban consuelo.

Les sorprende a algunos amigos mi nueva querencia por la poesía: no ha sido premeditada sino espontánea. Mis primeros libros trataban sobre novela; luego, me acerqué más al teatro y, siempre, al ensayo. Si he tardado más en escribir sobre poesía no ha sido por falta de afición sino por respeto. En cambio, algunos de mis últimos libros se centran en la poesía: *Palabras de amor, Las 100 mejores poesías taurinas.* (Como es lógico, no incluyo aquí los poemas que ya comenté en este último libro, elijo otros poemas del mismo autor.)

¿Por qué escribo ahora de poesía? Podría recurrir a Cervantes, nuestro maestro máximo, que siempre sintió reverencia por «la dulcísima poesía» –así la llama–: es una doncella –añade– a la que sirven todas las ciencias, porque une «lo provechoso, honesto y deleitable».

O podría, simplemente, mirar a nuestro alrededor: al contemplar a los políticos que tenemos, la generalización de la banalidad y la pérdida de las buenas formas, la poesía aparece como un remedio necesario y urgente.

Mi proyecto inicial era ir contra corriente: incluir en un diario digital, *El Debate,* algo tan alejado de la lamentabilísima actualidad política española como un rinconcito dedicado a la poesía. La generosa acogida de Bieito Rubido y el interés de los lectores me animaron a continuar, casi durante un año. (Recuerdo, por ejemplo, muchos comentarios entusiastas por haber recuperado el soneto «No me mueve, mi Dios, para quererte».)

Ha desembocado todo ello en este libro: cincuenta poemas en lengua española, comentados, más un apéndice o estrambote quijotesco.

¿Por qué cincuenta? En 1908, don Marcelino Menéndez y Pelayo publicó *Las cien mejores poesías líricas de la lengua castellana,* un libro que tanto ayudó a la difusión de nuestra poesía. Años después, José Bergua recopiló *Las mil mejores poesías de la lengua castellana,* que también alcanzó notable popularidad: la edición que yo sigo manejando es la vigésimo cuarta, del año 1976.

Con mucha mayor modestia, me quedo yo en cincuenta poemas: para un periódico, estar un año dando la tabarra con la poesía ya es suficiente; para un libro, este número de páginas casi resulta excesivo.

¿Son estos cincuenta poemas los mejores? Es muy discutible. La poesía, además, no es una competición deportiva y cualquier lector tiene sus preferencias. Sí puedo asegurar que los que he elegido son excelentes: nos deslumbran por su belleza y nos conmueven por su emoción.

Pensé, inicialmente, en elegir uno solo de cada poeta. En algunos casos, no me ha sido posible: Quevedo, Góngora, Zorrilla, Rubén Darío, Antonio Machado... No me parece una decisión arbitraria.

Mi selección va ordenada cronológicamente, como es lógico: desde el siglo XIV (Juan Ruiz, Arcipreste de Hita) hasta un poeta vivo, Antonio Carvajal. Casi sin pretenderlo, da una cierta idea de la historia de nuestra poesía, que puede ser útil tanto a los que estudian como a los que leen por puro placer.

¿Han quedado fuera de esta selección muchos poetas que me hubiera gustado incluir? ¡Muchísimos! Fácilmente, otros tantos: Gonzalo de Berceo, Sem Tob, el marqués de Santillana, Fernando de Rojas, Juan del Encina, Fernando de Herrera, Hernando de Acuña, santa Teresa, Rodrigo Caro, Francisco de la Torre, Francisco de Figueroa, Aldana, Rioja, Calderón de la Barca, Tirso de Molina, Lupercio Leonardo de Argensola, Villegas, Torres Villarroel, Moratín, Jovellanos, Meléndez Valdés, Cienfuegos, Somoza, Campoamor, José Martí, José Asunción Silva, Ramón Pérez de Ayala, Fernando Villalón, León Felipe, Jorge Guillén, Dámaso Alonso, Moreno Villa, Rafael de León, Luis Rosales, Dionisio Ridruejo, Rafael Morales, Blas de Otero, Ángel González, José María Valverde, Alfonso Canales, Gil de Biedma, Julio Cortázar, Francisco Brines, Claudio Rodríguez, Félix Grande, Pere Gimferrer, Jacobo Cortines, Luis Alberto de Cuenca...

El único motivo de que no aparezcan en el libro ha sido evitar una extensión desmesurada: espero que el lector sepa comprenderlo y disculparlo.

He seguido un criterio lingüístico: la lengua y no la nación del poeta. De acuerdo con eso, no incluyo los poemas escritos por españoles en catalán, gallego y vascuence; sí incluyo los de autores hispanoamericanos: ¿cómo va a prescindir un lector español de lo que escribieron, por ejemplo, sor Juana Inés de la Cruz, Rubén Darío, Borges o Neruda?

Tanto Menéndez Pelayo como Bergua se referían, en el título de sus antologías, a la lengua castellana: es lo mismo que hacen Luis Alberto de Cuenca (*Las 100 mejores poesías de la lengua castellana*) y María Asunción Mateo y Rafael Alberti (*Canción de canciones. Los mejores poemas de amor de la lengua castellana*).

Prefiero yo hablar de la lengua española, igual que hacen, entre otros, José Manuel Blecua (en su estupenda *Floresta lírica española*), Francisco Rico (*Mil años de poesía española*) y Pablo Jauralde (*Antología de la poesía española del Siglo de Oro*).

En general, recojo los autores más conocidos y los poemas que muchos nos sabíamos –todo o en parte–, los que forman parte de nuestra memoria colectiva. Además de eso, cada uno tiene sus debilidades: se atribuye al Guerra la sabia frase popular: «*cá* uno es *cá* uno y tiene sus *caunás*». Por eso, he incluido aquí poemas de algunos autores menos conocidos, como fray Damián Cornejo y Oliverio Girondo.

Me gusta titular este libro con uno de los hermosos versos que en él comento, el de Antonio Machado, en uno de los poemas que dirige a su amada Guiomar: «Se canta lo que se pierde». (También me hubiera gustado la preciosa copla de su hermano Manuel: «Cantando la pena, la pena se olvida».) Y le añado un subtítulo que informa mejor de lo que el libro contiene: *Los 50 mejores poemas españoles, comentados.*

Además de la antología, ofrezco un comentario a cada uno de los cincuenta poemas. Plantea esto un problema teórico: ¿se puede comentar la poesía? Exageran algunos que lo niegan, aduciendo que la poesía es inefable, misteriosa, algo que se acerca a la mística y a la música. Eso es verdad, pero el sentido común también nos dice que el comentario de un poema puede resultar útil para que se acerquen a él muchos lectores.

Un ejemplo claro es el de Dámaso Alonso, cuando estudia la poesía mística de san Juan de la Cruz: explica los temas, los antecedentes, la métrica, los recursos expresivos... Pero se queda en «esta ladera»: sabe que existe, en esos poemas, un misterio final que no se puede explicar y que cada uno de nosotros ha de buscar, desde su experiencia. (Lo mismo se puede decir de cualquier obra maestra de cualquier arte: Bach, Mozart, Velázquez, Vermeer, Miguel Ángel, Chaplin.)

A esa sabia modestia he procurado acogerme. El papel del comentarista es muy humilde, se limita a ser un acompañante y guía del lector, para ayudarle a entender y disfrutar con el poema.

En mis comentarios, intento ofrecer los datos que puedan ser útiles para un lector actual medio, ni de un nivel demasiado alto (dispondría de otros recursos) ni demasiado bajo (no le interesaría).

En cada poema, intento comentar lo esencial del tema y la forma de tratarlo, aclarando las palabras o expresiones anticuadas. Por supuesto, menciono la métrica: aunque algunos ahora la desdeñen, es una herramienta básica del poeta. No soy formalista: por eso, presto atención a la biografía del autor, a sus relaciones con otros autores, a la época, al estilo, a sus otras obras. Señalo los antecedentes clásicos de algunos temas. Me atraen mucho las posibles conexiones de su obra con otras artes: la pintura, la música, el cine...

Y lo que más me importa: intento acercarme a lo que ese poema, se haya escrito en la fecha que sea, *dice* al lector actual. Los clásicos lo son porque están vivos: ellos son –como dijo Jan Kott de Shakespeare– nuestros contemporáneos.

Escribir este libro ha sido una tarea no fácil pero sí muy grata; algunas veces, me sentía casi obligado a hacerla. Los que hemos tenido la fortuna de contar con grandes maestros tenemos la obligación de transmitir sus enseñanzas: por eso cito una y otra vez a Dámaso Alonso, a Rafael Lapesa, a Américo Castro, a José Fernández Montesinos, a José Manuel Blecua, a Federico Sopeña...

En el momento español que estamos viviendo, a todos nos acecha la tentación de dar por perdida la batalla de las humanidades y rendirnos a la barbarie, a la grosería, a la ignorancia, al sectarismo, a la mentira permanente... No debemos hacerlo. Cada uno, dentro de su ámbito, debe aportar su granito de arena para transmitir los valores humanos que aportan la poesía y el arte: nos abren horizontes, nos ayudan a plantearnos las grandes preguntas, nos dan conciencia de lo que somos y podemos ser, nos aportan el consuelo de la verdad y la belleza. (Suelo repetir la cita de Keats: «Una cosa hermosa es una alegría para siempre».)

Agradezco muy de veras la cariñosa acogida que dio a esta sección Bieito Rubido, el director de *El Debate,* y la eficaz ayuda, para la edición, de mi compañero Jorge Sanz Casillas. Éste es el sexto libro que publico con Fórcola: conozco de sobra el cuidado –hoy tan poco frecuente, por desgracia– con que edita los libros su editor y fundador, Javier Jiménez: una vez más, agradezco su sabiduría editorial y su afecto.

También recuerdo y agradezco los comentarios de los lectores de *El Debate* y de los primeros y fieles seguidores de esta serie: Antonio Amorós, María y Víctor Pérez Cuaresma, Ana y Salvador Balil, José Aristónico García Sánchez, Perico Moreno y Pilar Vega de Anzo, que no ha llegado a verlo impreso.

Escribir este libro ha supuesto para mí mucho trabajo y mucho placer. Mi mejor premio sería que ayudara a que algún lector descubriera o reconociera de nuevo estos poemas. Y, quizá, guardara en su memoria alguno de estos versos: como *El Quijote,* son ejemplos de la mejor España.

EL IRÓNICO ELOGIO DE LAS MUJERES CHICAS

Juan Ruiz, Arcipreste de Hita
Libro de Buen Amor

Una de las peculiaridades de nuestra literatura es que el autor de alguna de sus indiscutibles obras maestras constituye un auténtico enigma: así sucede con *La Celestina, El Lazarillo de Tormes,* la «Epístola moral a Fabio», el soneto «A Jesús crucificado»... Y, antes, con el *Libro de Buen Amor*.

Es ésta una obra escrita en el siglo XIV. Refleja la nueva sociedad de esa época, en la que nacen los burgueses: los habitantes de los burgos, las ciudades. Surge entonces un nuevo tipo de lectores –y de lectoras– que ya no buscan el entusiasmo épico ni la devoción religiosa sino el puro entretenimiento, el vuelo de la imaginación. A ellos parecen ir dirigidas obras como el *Decamerón,* los *Cuentos de Canterbury* y el *Libro de Buen Amor*.

Comentar cualquier aspecto o episodio de este *Libro* supone meterse en un buen lío porque está lleno de enigmas; especialmente, lo que se refiere al autor, al sentido de la obra y a su título.

Conocemos bien la biografía de Boccaccio y, bastante, la de Chaucer; en cambio, casi todo lo que sabemos sobre Juan Ruiz es hipotético, discutible. Con frecuencia, aparecen nuevas teorías que discuten muchos datos básicos. Descubrir datos sobre un personaje clerical que, en esa época, tenía ese nombre tan común, Juan Ruiz, no resuelve nada.

Creemos que Juan Ruiz es el autor del *Libro de Buen Amor* porque en él así se afirma, pero ni siquiera eso es seguro. Tampoco es seguro el retrato que hace de él Trotaconventos, para seducir a la monja doña Garoza (en todas las citas, modernizo ligeramente el lenguaje):

–Señora –dijo la vieja–, yo lo veo a menudo,
el cuerpo tiene alto, piernas largas, membrudo,
la cabeza no chica, velloso, pescozudo,
el cuello no muy alto, pelinegro, orejudo.
Las cejas apartadas, negras como el carbón;
el andar muy erguido, así como el pavón;
el paso firme, airoso, y de buena razón;
la su nariz es larga: esto le descompón.
Las encías bermejas, sonora voz usual;
la boca no pequeña, son sus labios, tal cual,
más gruesos que delgados, rojos como el coral;
las espaldas, muy anchas; las muñecas, igual.

Y todo culmina con el elogio definitivo, dirigido a culminar con éxito su labor de tercería:

Es ligero, valiente y muy joven en días;
en música, maestro; sabe de juglarías;
galante, muy alegre. ¡Por las zapatas mías,
un hombre así no anda hoy por las travesías!

Probablemente, éste es el retrato tópico de un galán enamorado, pero no dejan de intrigarnos algunos detalles, aparentemente realistas: el pescuezo, las orejas, la larga nariz... ¿Sería así, de verdad, Juan Ruiz?

Parece ser que nació hacia 1283 y murió hacia 1350; que escribió el *Libro* en torno a 1330-1343. Quizá sea cierto el dato de que recibió la orden de fiscalizar la vida de los clérigos de Talavera. En el *Libro,* denuncia que el arzobispo don Gil envía a «este pobre Arcipreste» con un mandato (la voz antigua «baño» podía referirse al lavadero público):

Las cartas recibidas eran de esta manera:
que el cura o el casado, en toda Talavera,
no mantenga manceba, casada ni soltera.
El que la mantuviese, excomulgado era.

Pero el deán de Talavera, indignado, se niega a obedecer:

¿Dejar yo a Venturosa, la que conquisté antaño?
Dejándola yo a ella, recibiera gran daño;
regalé de anticipo doce varas de paño
y aún, ¡por la mi corona!, anoche fue al baño.
Antes renunciaría a toda mi prebenda
y a la mi dignidad y a toda la mi renta
que consentir que sufra Venturosa esa afrenta.
Creo que muchos potros seguirán esta senda.

De sobra sabemos que existía entonces mucha sátira anticlerical, pero este episodio no suena inverosímil... También parece ser que Juan Ruiz estuvo en la cárcel, en Guadalajara. Tradicionalmente se ha creído que fue arcipreste en el pueblo alcarreño de Hita: por eso, Manuel Criado del Val organizaba allí un pintoresco festival medieval.

Cualquier lector del *Libro* advierte que su autor posee una amplia cultura; conoce, por ejemplo, muchos términos musicales: guitarra morisca, el corpulento laúd, guitarra latina, rabel, salterio, vihuela, arpa, flauta, tamborete, panderete, sonajas, órgano, cítola, albogón, dulzaina, trompas, añafiles, timbales... No parece esto propio de un simple cura campesino.

Conoce y combina Juan Ruiz géneros literarios muy variados: la fábula, la sátira, la alegoría, la parodia, la serranilla, el planto, las cantigas... Da pruebas de que ha leído a Aristóteles, a Ovidio (el *Ars amandi*), la comedia humanística seudo-ovidiana *Pamphilus*, las polémicas a favor y en contra de las mujeres...

Parece lógico situarlo dentro de la tradición clásica, con un espíritu cercano al de los goliardos. Algunos ilustres estudiosos advierten en él huellas de las tres culturas hispanas de la época: Américo Castro lo relaciona con *El collar de la paloma*; María Rosa Lida, con las *maqamat* hebreas.

Ha llegado a nosotros el *Libro de Buen Amor* en tres manuscritos, que muestran importantes diferencias: algunos opinan que se trata de dos versiones sucesivas. Comprende cerca de mil setecientos versos. En las partes narrativas, utiliza la cuaderna vía, la estrofa de Berceo y el mester de clerecía: cuatro versos de catorce sílabas, con una cesura en medio, que riman los cuatro en consonante. En las partes líricas, usa una notable variedad de estrofas.

Muchos episodios del *Libro* se refieren a distintos amores del protagonista: con una viuda, una monja, una mora, una panadera, varias serranas... Lo presenta Trotaconventos a la mora con una frase que también puede ser autobiográfica: «Hija, mucho os saluda uno que es de Alcalá...».

Cuando el protagonista del libro conoce a la monja doña Garoza, estalla en piropos:

> ¡Virgen Santa María! ¡Mi admiración rebosa!
> Hábito y velo negro, ¿quién dio a la blanca rosa?
> ¡Hijos y nietos tenga mujer tan primorosa
> y no hábito, velo, ni semejante cosa!

El poeta parece envidiar la fortuna de su personaje:

> Aunque sea pecado contra nuestro Señor
> dirigirse a una monja el galanteador,
> ¡ay, Dios, ojalá fuera yo mismo el pecador!
> ¡Ya haría penitencia, consumado el error!

El hilo conductor del *Libro* adopta la forma de una autobiografía ficticia. Algunos críticos, que ahora nos parecen ingenuos, lo entendieron como una real autobiografía; hoy, no es ésa la opinión habitual. Muchos señalan que Juan Ruiz –en caso de que sea él– utiliza el yo didáctico, lo mismo que hace el cura que, en un sermón, se pone a sí mismo como ejemplo de pecadores: «Soy envidioso, lujurioso, iracundo...».

El título se ha tomado del verso 933: «*Buen amor* dije al libro...». Pero esto plantea la pregunta básica: ¿cuál es, para el autor, el *buen amor* y cuál, el *mal* o *loco amor*? ¿Es el amor de Dios frente al amor humano? ¿Es el amor espiritual frente al amor carnal? ¿Es el amor legal, bendecido por el matrimonio, frente al adúltero o sacrílego? Francisco Márquez Villanueva lo ha puesto en relación nada menos que con el amor *udrí* o de Bagdad, cantado por algunos poetas árabes...

Para un lector medio actual, resulta cercana la voz de un poeta medieval que coloca en el centro de sus deseos el dinero y el deseo sexual. Por eso, se ha hecho muy popular esta estrofa:

> Aristóteles dijo y es cosa verdadera,
> el mundo por dos cosas trabaja: la primera,
> por haber mantenencia; segunda cosa era
> por tener juntamiento con hembra placentera.

Con evidente ironía, se justifica el poeta:

> Si lo dijera yo, se podría tachar,
> mas lo dice un filósofo, no se me ha de culpar.
> De lo que dice el sabio no debemos dudar
> pues con hechos se prueba su sabio razonar.

Ofrece el *Libro* una visión plural de la mujer, ante el amor. Dámaso Alonso tituló su estudio «La bella de Juan Ruiz, todo problemas». En vez de sacar una sola conclusión, parece prudente mostrar algunos ejemplos, muy variados.

El episodio de los amores de don Melón y doña Endrina parece cercano al mundo del amor cortés, estilizado, como una pintura florentina del prerrenacimiento:

> Ay Dios, y qué hermosa viene doña Endrina por la plaza:
> ¡qué bella, qué donaire, qué alto cuello de garza!
> ¡Qué cabellos, qué boquita, qué color, qué buenandanza!
> Con saetas de amor hiere, cuando los sus ojos alza.
> Pero tal lugar no era para conversar de amores,
> acometiéronme luego muchos miedos y temblores,
> los mis pies y las mis manos no eran de sí señores,
> perdí seso, perdí fuerza, mudáronse mis colores.

¿Se atreverá algún lector a decir que a él nunca le ha pasado algo semejante? Pero Juan Ruiz domina todas las teclas, todas las melodías. Las serranas del *Libro de Buen Amor* no están idealizadas, no tienen nada que ver con el mundo de las pastorelas provenzales o de las serranillas del marqués de Santillana.

Una serrana vaquera del *Libro* proclama con orgullo: «Yo soy la Chata recia, la que a los hombres ata».

La serrana vaquera de Malangosto carga con el varón, cuesta abajo, como si fuera un zurrón, y luego le invita a una pelea, de claro sentido erótico («hato» significa aquí la ropa, la vestimenta que llevaba):

> La vaqueriza, traviesa,
> dijo: «Luchemos un rato;
> levántate ya, de priesa,
> quítate de encima el hato».
> Por la muñeca me priso,
> tuve que hacer cuanto quiso:
> ¡creo que me fue barato!

No se trata, como muchos dicen, de un estilo realista frente a otro, idealizado, sino de algo que va más allá: una mirada burlona frente a las debilidades humanas, que desemboca en una caricatura grotesca. Así describe Juan Ruiz a la temible serrana Aldara («justillo» era una prenda interior sin mangas, por encima de la cintura; «ijadas», los espacios situados entre las costillas y las caderas):

> Tenía en el justillo las sus tetas colgadas,
> dábanle en la cintura porque estaban dobladas,
> que, de no estar sujetas, diéranle en las ijadas;
> de la cítara al son, bailan, aún no enseñadas.

No son estas serranas las únicas mujeres activas sexualmente, nos dice Juan Ruiz:

> En cuanto una vez pierde vergüenza la mujer,
> más diabluras hace de las que el hombre quiere.

Afirma que las mujeres pueden llegar a perderse, por la lujuria:

> Cuando están encendidas y mal quieren hacer,
> alma, cuerpo y fama: todo lo dejan perder.

El ejemplo cómico es la historia –de probable origen francés– del pintor de Bretaña Pitas Payas, que «casó con mujer joven que amaba la compaña». Cuando él tiene que marchar a Flandes, desconfía de ella:

> Pintó bajo su ombligo un pequeño cordero
> y marchó Pitas Payas cual nuevo mercadero.
> Estuvo allá dos años, no fue azar pasajero.
> Cada mes, a la dama, parece un año entero.
> Hacía poco tiempo que ella estaba casada,
> había con su esposo hecho poca morada.
> Ella tomó un amigo, estuvo acompañada:
> deshízose el cordero, ya de él no queda nada.

El chiste se completa: cuando vuelve el marido, ella pide a su enamorado que le pinte en el mismo lugar un cordero, pero él, con las prisas, se equivoca:

> Pintó un señor carnero,
> cumplido de cabeza, con todo un buen apero.

La dama no tiene problemas para explicarlo: «Si no tardases tanto, aún sería cordero...».

Para el lector actual, uno de los episodios más atractivos del *Libro de Buen Amor* es el de los consejos que da el Amor, para escoger mujer:

> Busca mujer esbelta, de cabeza pequeña,
> con el cabello rubio, que no sea de alheña[1],
> las cejas apartadas, largas, altas, en peña;
> ancheta de caderas: ésta es talla de dueña.
> Ojos grandes, cercanos, pintados, relucientes,
> con las pestañas largas, muy bien parecientes;
> las orejas pequeñas, delgadas; para mientes
> si tiene el cuello alto: eso quieren las gentes.

---

[1] Alheña, un tinte.

Pide ayuda el protagonista a una tercera, Trotaconventos –un claro antecedente de Celestina–, que le recomienda esto, para encontrar a la mujer perfecta:

La nariz, afilada; los dientes, menudillos,
iguales y muy blancos, un poco apartadillos;
las encías, bermejas; los dientes, agudillos;
los labios de su boca, bermejos, angostillos.
La su boca, así, que tenga buena guisa.
Su cara ha de ser blanca, sin vello, clara y lisa.
Conviene que la veas primero sin camisa,
pues la forma del cuerpo te dirá: ¡esto aguisa[2]!

A la alcahueta le toca preguntar si la mujer buscada tiene «pechos chicos... sobacos un poquillo mojados... piernas chicas... pies chicos...». Concluye con una sabia sentencia: «En la cama, muy loca; en la casa, muy cuerda».

He elegido un fragmento en el que el Arcipreste muestra de nuevo su dominio de la ambigüedad y de la ironía. Partiendo de la idea básica de que, en todos los terrenos, lo pequeño es lo más atractivo, va comparando a la mujer con el oro; con una planta, el jacinto; con una piedra preciosa, el rubí; con especias, la pimienta y la nuez; con aves y pájaros que cantan: la calandria y el ruiseñor (los mismos que cantaron junto al balcón de Romeo y Julieta), el papagayo y el oriol...

En la penúltima estrofa, abandona ya las comparaciones para centrarse en un hermoso elogio de la mujer pequeña:

Terrenal paraíso y gran consolación,
recreo y alegría, placer y bendición...

En la última estrofa, un quiebro inesperado, irónico, remata felizmente el episodio:

Del mal, tomar lo menos, lo dice el sabidor:
por ello, entre mujeres, ¡la menor es mejor!

---

[2] Aguisa, me gusta.

Como ya hemos visto, apenas sabemos nada con certeza de Juan Ruiz. Pero hay algo que sí sabemos, sin la menor duda: era un gran escritor. Y sabía muy bien de lo que hablaba:

> Yo, como soy humano, como tal, pecador,
> tuve de las mujeres a veces gran amor.

Por eso, setecientos años después, lo sentimos tan próximo a nosotros como si fuese un buen amigo.

«Elogio de las mujeres chicas»

De que alabe a las chicas, el amor me hizo ruego;
que cante sus noblezas, voy a decirlas luego:
alabaré a las chicas y lo tendréis por juego.
¡Son frías como nieve y arden más que el fuego!

Son heladas por fuera pero, en amor, ardientes;
en la cama, solaz, placenteras, rientes;
en la casa, hacendosas, cuerdas y complacientes;
veréis más cualidades en cuanto paréis mientes.

En pequeño jacinto, yace gran resplandor;
en azúcar muy poco, existe gran dulzor;
en la mujer pequeña, cabe muy gran amor.
Pocas palabras bastan al buen entendedor.

Es muy pequeño el grano de la buena pimienta
pero más que la nuez reconforta y calienta;
así, en mujer pequeña, cuando el amor consienta,
no hay placer en el mundo que en ella no se sienta.

Como en la rosa chica existe gran color;
como en muy poco oro, gran precio y gran valor;
como poco perfume nos da muy buen olor,
así, mujer pequeña, guarda muy gran amor.

Como el rubí pequeño, tiene mucha bondad,
color, virtud y precio, nobleza y claridad;
así, la mujer chica tiene una gran beldad,
hermosura y donaire, amor y lealtad.

Chica es la calandria y chico el ruiseñor
pero cantan más dulce que otra ave mayor.
La mujer, cuando es chica, por eso es aún mejor:
es más dulce su amor que azúcar y que flor.

Son aves muy pequeñas papagayo y oriol
pero cualquiera de ellas es dulce cantador,
gracioso pajarillo, preciado trinador;
como ellos es la dama pequeña con amor.

Para mujer pequeña, no hay comparación:
terrenal paraíso y gran consolación,
recreo y alegría, placer y bendición;
es mejor en la prueba que en la salutación.

Siempre quise a la chica más que a grande o mayor:
escapar de un mal grande, nunca ha sido un error.
Del mal tomar lo menos: lo dice el sabidor.
Por eso, entre mujeres, ¡la menor es mejor!

«LA MISA DE AMOR»

Romance

Con su unión de amor y humor, este poema era uno de los preferidos de Rafael Alberti.

Cuenta la leyenda que el romano san Valentín casaba, en la cárcel, antes de que murieran, a los soldados con sus novias. Su fiesta, el 14 de febrero, surgió como día del amor o de los enamorados: una respuesta cristiana a las celebraciones lupercales paganas.

En España, no tuvo esta fiesta gran arraigo. No me parece exagerado decir que la implantó aquí Pepín Fernández (Galerías Preciados). La afianzó la película *El día de los enamorados* (1959), dirigida por Fernando Palacios, que seguía a *Las chicas de la Cruz Roja*: cuenta que el santo (el simpático Jorge Rigaud) baja una vez al año a la Tierra para ayudar a las parejas con problemas (Conchita Velasco y Antonio Casal; María Mahor y Tony Leblanc; Katia Loritz; Mabel Karr). Casi toda España repetía entonces la popular canción de Augusto Algueró, «Hoy es el día de los enamorados», interpretada por Monna Bell.

No es fácil seleccionar un poema español que cante al amor: ¡son tantos! Ya lo dijo Dante: «El amor, que mueve el Sol y las otras estrellas». Y los Beatles: «Todo lo que necesitas es amor».

He elegido esta vez un romance clásico, tradicional: «La Misa de Amor». Los viajeros románticos, enamorados de nuestro país, afirmaban que, para entender bien a España y a los españoles, se debían llevar en la maleta dos libros: el *Quijote* y el Romancero.

Siempre se ha dicho que España es el país del Romancero: este género poético expresa la sensibilidad y los valores más típicos de nuestra cultura.

La definición más clara de un romance es la métrica: un número indeterminado de versos (serie, no estrofa), de ocho sílabas, que riman en asonante los pares y quedan libres los impares.

La rima asonante es la más natural, en español. También lo es el octosílabo, hasta en la prosa: parece que coincide con nuestra entonación espontánea. Ocho sílabas tiene, por ejemplo, la frase inicial del *Quijote*: «En un lugar de la Mancha».

Un dato importante: el Romancero se extiende, a lo largo del tiempo, desde el origen de la literatura española hasta hoy mismo.

Nacen los romances, según Menéndez Pidal, su máximo estudioso, por la fragmentación de los poemas épicos. Los juglares transmitían oralmente al pueblo estas historias. Luego, el pueblo los aprendía de memoria (del todo o en parte) y los recitaba: «La esencia de lo tradicional está en la reelaboración de la poesía por medio de las variantes».

Lo explica Pidal con una certera metáfora: los romances se parecen a los guijarros, que están en el cauce de un río, pulidos por el agua, hasta alcanzar su forma más bella.

A los viejos temas heroicos de la épica se unieron luego, en el Romancero, otros temas nuevos, novelescos y líricos, que coincidían con las baladas de toda Europa: historias de venganzas, de cautivos, de mujeres mal maridadas, de doncellas que se visten de hombre para ir a la guerra y recuperar a su amado...

A partir del Renacimiento, con su estimación de lo popular, nacen los romances artísticos. Los escriben los mejores poetas: Lope, Góngora, Quevedo. Les ponen música los mejores compositores del Siglo de Oro. Se publican en colecciones de Romanceros y Cancioneros. El ejemplo que no podemos olvidar es ese *Entremés de los romances,* anónimo, que pudo estar en la raíz del *Quijote*.

A la vez, los judíos sefardíes, expulsados de España, llevaron sus romances por el Norte de África, Grecia, Turquía... Todavía hoy los cantan, en su lengua judeo-española.

Con el Romanticismo, volvió la afición por los romances: los escribieron, entre otros, el duque de Rivas (*Romances históricos*) y Zorrilla (*Leyendas*).

En el siglo XX, han escrito romances casi todos los grandes poetas: Antonio Machado (*La tierra de Alvargonzález*), Federico García Lorca (*Romancero gitano*) o Miguel Hernández (*Cancionero y romancero de ausencias*).

El romance que he elegido, «La Misa de Amor», se conserva gracias a una glosa que hizo, en el siglo XVI, Antonio Ruiz de Santillana; lo descubrió Wolf. Otra versión de este mismo poema se titula «La dama de Aragón» o «La belleza en Misa» y empieza de otro modo:

> En Sevilla está una ermita
> cual dicen de San Simón...

A partir de ahí, incorpora otros temas tradicionales. Por eso, Milá, a mediados del XIX, defendió el origen catalán de este romance. La muy sabia María Rosa Lida defiende que este poema ha derivado, en época tardía, a unos motivos folclóricos lejanos del espíritu del Romancero primitivo.

En realidad, el tema básico de este romance, cómo la belleza de una mujer es capaz de alterar una ceremonia religiosa, aparece también en muchas baladas europeas y coincide con el análisis psicológico propio de la lírica petrarquista.

De este romance, tan lírico, existen muchas versiones, con variantes; algunas, entre los judíos sefarditas. Diego Catalán lo relaciona con una balada griega; Manuel Alvar, con una de Marruecos... Lo señalo para que se vea la vida compleja que tiene un poema de transmisión oral.

Supone Menéndez Pidal que su origen está en el siglo XV pero que llega hasta época reciente, en el mundo rural: se han recogido versiones en Cáceres, Salamanca, Segovia...

Todavía en 1985, recogió Soledad Bonet en Barbate (Cádiz) una versión diferente del mismo romance, cantada por una mujer de más de cincuenta años; la han publicado y comentado Pedro Piñero y Virtudes Atero. Curiosamente, es una versión erótico-festiva, bastante tosca, que puede situarnos en el siglo XVIII, porque parece conocer la historia del corregidor y la molinera: el origen de *El sombrero de tres picos,* que escribió Pedro Antonio de Alarcón e inspiró el *ballet* de don Manuel de Falla.

Se fija menos esta versión en la descripción de la dama; más, en cambio, en los efectos perturbadores que produce su belleza sobre la liturgia. Enlaza así con una larga tradición de cuentecillos populares, que jugaban humorísticamente con los errores que suelen cometer los clérigos ignorantes. Un solo ejemplo: ya Juan de Arguijo, a fines del siglo XVI, recoge el chiste popular del sacristán ignorante que, en vez de decir «Credo in unum Deum», lo alteraba diciendo esta herejía: «Credo non in Deum».

En esta versión vulgar, bastante tosca, con irregularidades métricas, recogida a fines del siglo XX en Barbate, la dama pierde un chapín: un calzado sobrepuesto al zapato, que levanta el cuerpo del suelo. Comienza con el tono de un cuento infantil, sobre un lugar construido con dulces:

Juanillo, vente a mi tierra
y verás las calles sembradas
de huevos, de bizcotelas.
Las paredes son de azúcar
y las tejas, de turrón,
adonde van las mujeres a misa
y también van al sermón.
También va doña María,
mujer del corregidor,
lleva sus zapatos blancos
y su chapín de color.
A la bajada del coche,
el chapín se le cayó
y la niña, por cogerlo,
su blanca pierna enseñó:
las mujeres, con envidia,
y los hombres, con amor.
El que está en el campanario,

de cabeza se cayó.
El que barría la iglesia,
un ochavo se encontró.
El que cerraba las puertas,
cuatro dedos se pilló.
El que apagaba las velas,
los bigotes se quemó.
Y el que decía la Misa,
por decir *Dominus ubiscu*
–¡malhaya sea el amor!–
que, por una blanca pierna
todo esto sucedió.

Recordemos que la visión de una pierna femenina desnuda y hasta de un pie, ya sea por estar bañándose en el río o por un accidente, es un tema frecuente en la poesía erótica del Siglo de Oro.

Canta Lope un momento de descuido:

Mostraba al viento la pierna leve y blanca,
la falda levantada por descuido.

El atisbo de un baño femenino, en el río, le sugiere a Quevedo una suntuosa metáfora:

Los cristales del río besan muslos
que en mármol se creyera transformados.

La comparación más frecuente es la de dos columnas. La usa Lope:

Dos columnas gentiles sostenidas,
de vidrio azul cubiertas.

También la utiliza Villamediana:

Dos columnas de nieve sustentaban
el templo de su hermosura.

El mexicano Francisco de Terrazas desarrolla la metáfora arquitectónica, intensificando la alusión erótica:

> Ay, basas de marfil, vivo edificio,
> obrado del artífice del cielo,
> columnas de alabastro, que en el suelo
> nos dais del bien supremo claro indicio.
> Hermosos capiteles y artificio
> del arco que aun de mí me pone celo.

Volvamos a la versión inicial de nuestro romance, tal como lo recoge Menéndez Pidal en su *Flor nueva de romances viejos*. Según don Ramón, es una clara muestra de un artificio estilístico que suele creerse ajeno a esos romances: «Se embelesa en los afeites de la dama y en la inocente irreverencia».

Comienza esta versión –igual que el romance de «El conde Arnaldos»– señalando que la escena sucede en la «mañanita de San Juan», tan cargada de simbolismo erótico: es el solsticio de verano, la fecha mágica en la que toda la naturaleza se abre al amor.

Aunque comentaré más adelante este tema, a propósito de otro romance, cito ya un par de ejemplos.

En una de sus románticas *Leyendas,* evoca esa noche Bécquer:

> Era la noche de San Juan. La hoguera iluminaba los rostros y, en cada chispa que subía al cielo, parecía arder un deseo de amor oculto.

García Lorca la canta con su sencillo y hondo lirismo:

> San Juan baja a la alameda
> con su corona encendida
> y, entre músicas y besos,
> la madrugada palpita.

El anónimo autor de este romance juega sabiamente con los colores. Los «ojuelos» de la dama son azul-claros: «garzos».

Se ha puesto algo de cosmético: «alcohol», para darles sombra a los ojos y alargarlos.

Sus mejillas lucen el color rosa de las nubes, iluminadas por los rayos de sol: «arrebol». (El hermoso contraste de colores rojo y blanco aparece ya, para encarecer la belleza femenina, en Homero y en Virgilio.)

Viste la dama un «mantellín de tornasol», que refleja la luz y lleva bordados en el «cabezón»: la tira de lienzo que forma el cuello de la camisa.

Con gran finura psicológica, menciona el poema el gran contraste en la actitud de los hombres y de las mujeres, al contemplar a la joven: «Las damas mueren de envidia / y los galanes, de amor».

¡Qué abismo separa a esta joyita de la broma elemental que desarrollaba la versión vulgar, que se recogió en Barbate! Aquí, parece que nos hace asomarnos a contemplar una de las bellísimas miniaturas que adornaban los *Libros de Horas,* en el otoño de la Edad Media. No es extraño que le haya puesto música un cantante de fina sensibilidad como es Amancio Prada.

Todo el poema culmina en la broma final, con ese paso irónico de lo sagrado al amor humano, que tanto le gustaba a Rafael Alberti. Todos, el cantor del coro, los monaguillos y hasta el abad, se equivocan:

> Por decir: «Amén, amén»,
> decían: «Amor, amor».

La lección es muy clara y muy sencilla: el poder de la belleza femenina es invencible. Son muchísimos los poetas que lo proclaman. Baste con citar a Lope de Vega, que algo sabía de esto:

> A una mirada sola se rindieron
> mis armas, mi valor y mi victoria.

«La Misa de Amor»

Mañanita de San Juan,
mañanita de primor,
cuando damas y galanes
van a oír Misa mayor.
Allá va la mi señora;
entre todas, la mejor:
viste saya sobre saya,
mantellín de tornasol,
camisa con oro y perlas,
bordada en el cabezón.
En la su boca, muy linda,
lleva un poco de dulzor;
en la su cara, tan blanca,
un poquito de arrebol,
y, en los sus ojuelos garzos,
lleva un poco de alcohol.
Así entraba por la iglesia,
relumbrando como sol.
Las damas mueren de envidia
y los galanes, de amor.
El que cantaba en el coro,
en el Credo se perdió;
el abad que dice Misa,
ha cambiado la lición;
monaguillos que le ayudan,
no aciertan responder, non.
Por decir: «Amén, amén»,
decían: «Amor, amor».

«ROMANCE DEL PRISIONERO»

Un hermoso poema nos sitúa en el mes de mayo, desde su primer verso: «Que por mayo era, por mayo». Se trata del «Romance del prisionero», una de las joyas de ese género. Así se ha reconocido en el mundo entero, pues se ha traducido a las principales lenguas.

Como ya he comentado, el Romancero clásico constituye uno de los frutos más hermosos de la cultura española; también, uno de los ejemplos más claros de cómo, en nuestra literatura, están indisolublemente unidos lo culto y lo popular. (Según Menéndez Pidal, en vez de poesía «popular», sería mejor hablar de poesía «tradicional»: transmitida oralmente, con variantes.) Cronológicamente, el Romance se extiende desde la Edad Media hasta hoy mismo.

El «Romance del prisionero» es uno de los más celebrados romances «viejos»: no conocemos quién fue su autor. (Otra cosa son los romances «nuevos», escritos a partir del Siglo de Oro, por grandes artistas, como Lope y Góngora.)

Se incluye este romance en el *Cancionero musical de Palacio,* de la época de los Reyes Católicos. Recientemente, lo han cantado Joaquín Díaz, Amancio Prada, Paco Ibáñez...

La aparente sencillez de este romance es engañosa: incluye varios temas novelescos y plantea bastantes incógnitas, como ha señalado Donald McGrady.

Llama la atención que comience con un «Que», sintácticamente innecesario. (Como luego veremos, hará lo mismo Federico García Lorca, al iniciar la última estrofa de su precioso poema «Sorpresa»: «Que muerto se quedó en la calle...».) En el caso de este romance, parece sugerir, así, la conexión con un pasado que desconocemos.

Al leerlo, no sabemos quién habla, ni dónde está, ni por qué, pero lo primero que se nos aclara es la circunstancia temporal: «Que por mayo era, por mayo...». Evidentemente, está aludiendo a la plenitud de la primavera.

Muchos refranes españoles lo confirman: «Marzo ventoso y abril lluvioso hacen a mayo florido y hermoso». En mayo, hay más horas de luz; por eso, «corre más el galgo» y se necesita menos la luz de la lumbre: «Mayo ha llegado, guarda la rueca el sobrado». Ese mes, disfrutamos de más sol: «San Isidro Labrador, quita el agua y seca el sol». Por eso, le damos la bienvenida: «Norabuena venga mayo, el mejor mes de todo el año». Nos trae la alegría: «Las flores de mayo alegran el ánimo». Nos impulsa a disfrutar de la naturaleza: «El cordero, en mayo, retoza en el prado». Y, por supuesto, nos empuja al amor: «Por la cruz de mayo, las niñas desmayo».

Alude este último refrán a la fiesta de las cruces de mayo, que conmemora la Invención («hallazgo») de la Santa Cruz: la encontró santa Elena, la madre de Constantino. Hoy mismo, la fiesta de las cruces de mayo sigue aportando la belleza de las flores a las calles y patios de Córdoba, Granada, Jaén, Sevilla... En muchos lugares se celebra también la fiesta de las Mayas, que tiene muy antiguas raíces folclóricas.

Volvamos al romance, que desarrolla esta circunstancia temporal:

> Cuando los trigos encañan
> y están los campos en flor.

Por supuesto, las flores son símbolo de belleza; el trigo, de fertilidad. (José Manuel Blecua publicó dos preciosas antologías, que merecerían reeditarse: *Las flores en la poesía española* y *Los pájaros en la poesía española*.)

En mayo –continúa este romance– «canta la calandria / y responde el ruiseñor». Una muy larga tradición, desde la poesía grecolatina, menciona a las aves como mensajeras del amor, que llevan recados entre los enamorados: lo hemos visto ya en el *Libro de Buen Amor*. En *La Celestina*, canta Melibea:

Papagayos, ruiseñores,
que cantáis al alborada,
llevad nueva a mis amores
cómo espero aquí sentada.

Dentro de eso, el ruiseñor (en inglés, *nightingale*) canta de noche; la calandria, en cambio, anuncia la llegada del alba. La poesía suele presentar al ruiseñor como cómplice de los amores prohibidos; a la calandria (o la alondra, de la misma familia), como triste mensajera de que la noche de amor ha concluido.

Por eso discuten Romeo y Julieta sobre cuál de los dos cantos es el que han escuchado, en la famosa escena del balcón. Para que Romeo no se vaya, defiende Julieta que es el ruiseñor el que ha cantado: una prueba de que todavía es de noche:

¿Ya quieres irte? No ha asomado el día.
La voz del ruiseñor, no de la alondra,
ha llegado a tu oído temeroso:
canta en la noche, encima del granado.
¡Fue el ruiseñor, lo sabes, amor mío!

Pero Romeo, en unos versos de enorme belleza, le recuerda la triste realidad: ha sido la alondra la que ha cantado, anunciando que ya ha concluido inexorablemente la noche de amor:

Fue la alondra que anuncia la mañana;
no el ruiseñor, mi amor.
Mira esas rayas de luz envidiosa,
que desgarran las nubes, allá lejos.
Se apagaron los cirios de la noche;
de puntillas, el día se levanta
sobre la bruma de los altos montes.
¡Si parto, vivo! ¡Si me quedo, muero!

Curiosamente, este tema literario llega hasta un poema –bastante cursi, me temo– de Fernando Periquet, que sirve de texto a una de las preciosas tonadillas de Enrique Granados, «La maja y el ruiseñor», cantada con admirable dulzura por Victoria de los Ángeles:

> ¿Por qué entre sombras el ruiseñor
> entona su armonioso cantar? [...]
> Guarda quizás su pecho oculto tal dolor
> que en la sombra espera alivio hallar,
> triste entonando cantos de amor. ¡Ay!

En el «Romance del prisionero», el verso noveno, con un notable cambio de ritmo, nos informa de algo nuevo: no estamos escuchando la voz de un poeta sino la de un personaje, que cuenta su historia:

> Triste, cuitado
> que vivo en esta prisión...

De ahí el título con el que se conoce este poema. El contraste es conmovedor: frente a la alegría de la naturaleza, la tristeza del prisionero.

No sabemos quién es este personaje ni por qué lo han encerrado en esa prisión. Sólo añade el romance que su único consuelo era el canto de una avecilla, a la que ha matado un ballestero: un dolor reduplicado.

No parece muy aventurado suponer lo que el anónimo autor nos está sugiriendo: este prisionero puede estar pagando sus culpas como enamorado de quien no debiera, una de tantas «malmaridadas» del Romancero. El marido engañado se ha vengado del ofensor haciendo que lo encierren en una cárcel (según la leyenda, eso es lo que le sucedió a Macías el Enamorado, el trovador gallego del siglo XIV). Ya que el ofendido no ha podido lograr que lo condenen a muerte, completa su venganza haciendo que un ballestero mate al ruiseñor: era su único consuelo y fue, a la vez, cómplice de su historia de amor.

Con ese lamento y con la maldición del ballestero, concluye el romance. Los oyentes y los lectores, sin duda, desearían saber más de esta historia; sobre todo, quisieran averiguar cómo acabará, qué le sucederá a este prisionero enamorado, con el que es tan fácil identificarse.

Como el romance tuvo mucha difusión, en el siglo XVI, otro autor escribió una versión más larga, que lo continúa. En ese final añadido, el rey ha escuchado la historia del prisionero, se compadece de él y ordena que lo liberen:

Oídole había el Rey,
mandole quitar la prisión.

Aunque muchos lectores podamos desear un final feliz, la versión larga del romance es un fiasco poético. La causa está clara: no es sólo que el nuevo autor sea más tosco, sino que la solución adoptada es errónea: que el prisionero salga de su cárcel, felizmente liberado, quita a su historia toda la grandeza trágica.

Además, le priva al poema de uno de sus mayores atractivos: la ambigüedad. Señalaba certeramente Menéndez Pidal una característica básica del Romancero: el fragmentarismo. Con el término divulgado por Umberto Eco, este romance nos fascina porque es una *obra abierta*, no tiene una conclusión artificial, impuesta.

Podemos decir lo mismo de una forma coloquial, más sencilla, más fácil de entender: tanto en la poesía como en nuestra vida cotidiana, una de las cosas más difíciles, para todos nosotros, es saber callarnos a tiempo. Eso es lo que ha hecho magistralmente el anónimo autor de este romance. En ese misterio radica, en buena medida, su permanente fascinación.

«ROMANCE DEL PRISIONERO»

Que por mayo era, por mayo,
cuando hace la calor,
cuando los trigos encañan
y están los campos en flor,

cuando canta la calandria
y responde el ruiseñor,
cuando los enamorados
van a servir al amor,
sino yo, triste, cuitado,
que vivo en esta prisión,
que ni sé cuándo es de día
ni cuándo las noches son,
sino por una avecilla
que me cantaba al albor.
Matómela un ballestero,
dele Dios mal galardón.

LA MÁGICA NOCHE DE SAN JUAN

Dos romances anónimos:
«El conde Olinos» y «El conde Arnaldos»

Dos bellísimos romances tradicionales están unidos al ambiente mágico de la noche de San Juan: el de «El conde Olinos» (en otras versiones, el conde Niño) y el de «El conde Arnaldos». Los dos son anónimos, tradicionales, novelescos y debieron de nacer a fines de la Edad Media.

La leyenda de la noche de San Juan une viejos ritos paganos (algunos, de origen celta) con la fiesta cristiana de San Juan Bautista, el precursor de Jesús; en el calendario, se funde el solsticio de verano (21 de junio) con esa fiesta religiosa (24 de junio).

Siempre ha ido unida esa noche al rito del agua y el fuego: hogueras de Alicante, Paso del Fuego en Soria, caballos de Ciudadela, Juanillos de Andalucía, culto a las xanas asturianas, baños nocturnos a la luz de la luna, baile de la Danza Prima alrededor del fuego en Mieres, fuegos artificiales y verbenas mediterráneas... Todo un mundo de ritos, que poseen raíces muy hondas.

En la literatura universal, una cumbre de esto es *El sueño de una noche de verano,* la extraordinaria comedia de Shakespeare, de fines del siglo XVI. (Opinan algunos que debería traducirse como *El sueño de la noche de San Juan.*)

Pertenece esta obra a un género que los ingleses llaman «feérico»; es decir, de las hadas; pero son hadas para mayores, traviesas, que se divierten jugando con los ingenuos seres humanos. Gracias a una pócima mágica, el travieso duendecillo Puck consigue que una hermosa joven se enamore de un hombre con cabeza de burro, en un divertido anticipo de lo que los surrealistas franceses llamarán el *amour fou.* (Ya nuestro Arcipreste de Hita, tan sabio, hablaba del «loco amor», aunque nadie sabe exactamente a qué se refería.)

La influencia de la obra de Shakespeare se extendió todavía más gracias a la música incidental que sobre ella escribió Mendelssohn, que incluye la archiconocida *Marcha nupcial.* A mediados del siglo XX, dio lugar también a una ópera del inglés Britten.

En el mundo del cine y en el teatro musical, la herencia shakespeariana es muy curiosa. A Ingmar Bergman le sirvió para una desencantada reflexión sobre las relaciones humanas, *Sonrisas de una noche de verano* (1955). El genio del *musical* norteamericano, Stephen Sondheim, estrenó en Broadway, en 1973, *A little night music*: incluye una de las más hermosas canciones que yo conozco, «Send in the clowns», y usa el título de la *Pequeña serenata nocturna,* de Mozart. Woody Allen, el gran admirador de Bergman, lo lleva a su terreno, el del inteligente pesimismo, en *La comedia sexual de una noche de verano* (1982).

También aparece la noche de San Juan en muchas obras literarias españolas. Citaré solamente dos. En *Pepita Jiménez,* de don Juan Valera, esa noche, el seminarista don Luis de Vargas se declara «vencido por aquella voluptuosa naturaleza». También la joven ha estado aletargada durante el largo invierno, como algunos animales; ahora, la llegada del verano va a romper la costra de su hielo. Con el amor de Dafnis y Cloe –o de Pepita y don Luis, da lo mismo– renace el mundo entero esa noche de San Juan, en la belleza sin mancha de la Andalucía soñada:

> La Tierra toda parecía entregada al amor, en aquella tranquila y hermosa noche... La noche y la mañana de San Juan, aunque fiesta católica, conservan no sé qué resabios del paganismo y naturalismo antiguo.

En *Tigre Juan* y *El curandero de su honra*, la originalísima novela de Pérez de Ayala, Tigre Juan y Herminia pagan con la separación el error de sus prejuicios, de haber recibido una equivocada educación. Al final, cada una de las páginas se divide en dos columnas distintas, para expresar el *contrapunto* (como en la gran novela de Aldous Huxley) de los dos enamorados: «Así fluía la vida de Tigre Juan» y «Así fluía la vida de Herminia». Son como dos corrientes de agua que discurren paralelas y que volverán a unirse, como un solo río, en la noche de San Juan:

> Pululaban ya las hogueras. Parecía que el fuego oprimido en el seno del orbe, desgarrando la dura corteza, estallaba en una erupción de menudos cráteres, innumerables. Cada hoguera, una simbólica llamarada apasionada, declaraba el oculto sentido de la tierra: ansia infatigable de destrucción y de reproducción [...].
> Con acento de plata, cantaban las fuentes ocultas. Y cantaban las sedeñas gargantas femeninas, en una cadencia de suspiro caricioso:
> Que tráela, mi vida,
> que tráela, tráela.
> Que tráela, mi vida,
> la flor del agua.
> Y los pechos masculinos cantaban, derramando su afán escondido, como un vino añejo:
> A coger el trébole,
> el trébole y el trébole,
> a coger el trébole,
> la noche de San Juan.

Como tituló su estudio Julio Caro Baroja, ésta es *La estación del amor*. Lo ha sentido así el pueblo español y lo ha expresado en uno de los géneros poéticos más tradicionales, el Romancero.

La mañana de San Juan, cuando llevaba a su caballo a beber, el conde Olinos cantó una canción de amor. Tuvo la desgracia de que lo escuchara la cruel reina, que lo mandó matar. Pero ni siquiera la muerte pudo separar a los enamorados, que sufrieron toda una serie de fantásticas transformaciones, en un final feliz:

> De ella naciera una garza;
> de él, un fuerte gavilán.

Juntos vuelan por el cielo,
juntos vuelan par a par.

Para este romance novelesco, don Ramón Menéndez Pidal propuso el quevedesco título *Amor, más poderoso que la Muerte*. Ésta es una de sus versiones más divulgadas:

«El conde Olinos»

Madrugaba el conde Olinos,
mañanita de San Juan,
a dar agua a su caballo
a las orillas del mar.
Mientras el caballo bebe,
canta un hermoso cantar:
las aves que iban volando
se paraban a escuchar;
caminante que camina,
detiene su caminar;
navegante que navega,
la nave vuelve hacia allá.
Desde la torre más alta,
la reina le oyó cantar:
–Mira, hija, cómo canta
la sirenita del mar.
–No es la sirenita, madre,
que ésa no tiene cantar;
es la voz del conde Olinos,
que por mí penando está.
–Si por tus amores pena,
yo le mandaré matar,
que, para casar contigo,
le falta sangre real.
–¡No le mande matar, madre,
no le mande usted matar,
que, si mata al conde Olinos,
juntos nos han de enterrar!

–¡Que lo maten a lanzadas
y su cuerpo echen al mar!
Él murió a la medianoche;
ella, a los gallos cantar.
A ella, como hija de reyes,
la entierran en el altar,
y a él, como hijo de condes,
unos pasos más atrás.
De ella nace un rosal blanco;
de él, un espino albar.
Crece el uno, crece el otro,
los dos se van a juntar.
La reina, llena de envidia,
ambos los mandó cortar;
el galán que los cortaba
no cesaba de llorar.
De ella naciera una garza;
de él, un fuerte gavilán.
Juntos vuelan por el cielo,
juntos vuelan par a par.

Muchos han considerado que el romance «El conde Arnaldos» es la obra maestra de todo el género. En esa mañana de San Juan, iba a cazar el caballero cuando vio acercarse a la costa una nave y escuchó una canción única, que tenía efectos milagrosos:

Que la mar hacía en calma,
los vientos hace amainar,
los peces que andan al hondo
arriba los hace andar,
las aves que van volando
al mástil van a posar.

Muy pocas veces –si alguna– se ha expresado en nuestra lengua con tan sencilla belleza el poder milagroso de la música. Incapaz de resistir, el conde Arnaldos pide escuchar de nuevo esa melodía, pero el marinero le da una respuesta sorprendente:

Yo no digo esa canción
sino a quien conmigo va.

En la versión completa de este romance, que han conservado los judíos de Marruecos, el conde Arnaldos se embarca en la nave y encuentra a sus familiares, que lo estaban buscando. Es un desenlace lógico... pero tiene mucha menos gracia poética.

Como señaló Menéndez Pidal, el fragmentarismo es un rasgo esencial del Romancero. En este caso, «el corte brusco transformó un sencillo romance de aventuras en un romance de fantástico misterio».

¿Qué quería decir el marinero, con su enigmática frase? No podemos saberlo con seguridad, pero sí sentimos que deja abierto todo un mundo extraordinariamente sugestivo.

Me ha recordado esto algo muy lejano, aparentemente. Cuando el inteligentísimo Newman fue nombrado cardenal, eligió este lema: «Cor ad cor loquitur»; es decir, «Al corazón, sólo se llega desde el corazón».

Hemos de embarcarnos sin miedo, aunque no sepamos a dónde nos llevará el barco, si queremos escuchar la música de la vida. Lo definió san Agustín: «El amor lo es todo, lo vence todo».

«El conde Arnaldos»

¡Quién hubiese tal ventura
sobre las aguas del mar
como hubo el conde Arnaldos
la mañana de San Juan!
Con un halcón en la mano,
la caza iba a cazar.
Vio venir una galera
que a tierra quiere llegar.
Las velas traía de seda;
la jarcia, de un cendal;
marinero que la manda

diciendo viene un cantar
que la mar hacía en calma,
los vientos hace amainar;
los peces que andan al hondo,
arriba los hace andar;
las aves que van volando,
al mástil van a posar.
Allí habló el conde Arnaldos,
bien oiréis lo que dirá:
–Por Dios ruego, marinero,
dígasme ahora ese cantar.
Respondiole el marinero,
tal respuesta le fue a dar:
–Yo no digo mi canción
sino a quien conmigo va.

DON RODRIGO MANRIQUE ACEPTA SU MUERTE

Jorge Manrique
«Coplas a la muerte de su padre»

A fines del siglo XV, en la transición de la Edad Media al Renacimiento, Jorge Manrique (hacia 1440-1479) escribe una de las obras maestras indiscutibles de la literatura española: las «Coplas a la muerte de su padre».

Este poema es suficiente para que ocupe un puesto de primerísima fila en nuestras letras. Sólo los estudiosos recuerdan hoy el resto de su obra: unos cuarenta poemas de cancionero, de tema amoroso y satírico.

La reflexión sobre la muerte y el elogio de un muerto es un tema frecuente, desde los orígenes de la literatura española. A ese género literario se le suele llamar elegía, planto (la forma antigua de «llanto») y endecha.

Ya el Arcipreste de Hita, en su *Libro de Buen Amor,* incluye una originalísima imprecación a la muerte, en su «Planto por Trotaconventos». Para atacarla, le desea lo peor que a Juan Ruiz se le ocurre, que ella misma se muera:

> Ay, muerte, muerta seas, muerta y mal andante.
> Matases tú a mi vieja, ¡matases a mí antes!
> Enemiga del mundo, no tienes semejante,
> de tu memoria amarga no hay quien no se espante.

Dentro de nuestra poesía tradicional, es bellísima también la «Endecha a la muerte de Guillén Peraza», un caballero que murió hacia 1447, en un intento de conquista de la isla de La Palma, en Canarias:

> Llorad las damas, sí Dios os valga.
> Guillén Peraza quedó en La Palma,
> la flor marchita de la su cara [...].

Guillén Peraza, Guillén Peraza,
¿do está tu escudo, do está tu lanza?
Todo lo acaba la malandanza.

Un género típico de la Baja Edad Media, en toda Europa, es la Danza de la muerte. Quizá surgió con motivo de la epidemia de peste negra, en 1348 (que es también el punto de partida para el *Decamerón* de Boccaccio). La Muerte, en forma de esqueleto, llama a bailar la danza macabra a los representantes de distintos estamentos: el papa, el emperador, el labrador...

En la literatura española, se conserva una *Danza general de la muerte*, anónima, del siglo XV, luego ampliada en 1520.

Este tema inspira también los preciosos grabados de Holbein; en música, la *Danza macabra*, de Saint-Saëns; en el cine, aparece en *El séptimo sello*, de Ingmar Bergman; en el teatro popular, sigue viva en Verges (Gerona).

El poema de Jorge Manrique responde a una circunstancia histórica concreta: don Rodrigo Manrique murió en 1476. Poco después debió de escribir las *Coplas* su hijo Jorge.

Un acierto indudable es la métrica: va alternando dos versos de ocho sílabas con un verso de cuatro, llamado «pie quebrado». La solemne musicalidad que así se alcanza la han comparado algunos con el fúnebre redoble de una campana.

A partir de la muerte de un ser muy querido, Jorge Manrique se abre a consideraciones generales sobre la vida humana. Así, logra universalizar su dolor.

El poema aborda sucesivamente tres grandes temas: la muerte, los muertos, y el muerto concreto, don Rodrigo.

La parte primera es la más popular. Tradicionalmente, los escolares españoles se aprendían de memoria el comienzo:

Recuerde («despierte») el alma dormida,
avive el seso y despierte
contemplando
cómo se pasa la vida,
cómo se viene la muerte
tan callando.

También pasó a formar parte de la cultura popular española la triste conclusión:

> ...cómo, a nuestro parecer,
> cualquiera tiempo pasado
> fue mejor.

(No sé si los jóvenes españoles actuales siguen sabiendo estos versos. La actual barbarie pedagógica desprecia la memoria.)

Las cosas buenas de la vida –nos advierte Manrique– las deshacen tres grandes enemigos: el Tiempo, la Fortuna y la Muerte.

Para expresar el problema del Tiempo, recurre a dos imágenes tradicionales, desde la Biblia: la vida como camino y la vida como río (camino de agua):

> Nuestras vidas son los ríos
> que van a dar en la mar
> que es el morir.

Nos conviene «avivar el seso» para no olvidar lo más importante: el sentido de la vida y de la muerte.

Además del Tiempo, también deshace las cosas buenas de la vida la Fortuna, representada por una rueda, que nunca para: cualquiera que hoy esté en lo alto, ya está empezando a caer. Es un tema típico de fines de la Edad Media; culmina, en la literatura española, en el *Laberinto de fortuna,* de Juan de Mena.

La segunda parte del poema se refiere a los muertos ilustres. Utiliza aquí Manrique la fórmula tradicional del «Ubi sunt»: «¿Qué se hizo...?». Es la técnica típicamente medieval de los «exempla» (ejemplos): en este poema, lo que hoy nos queda más lejano.

Tiempo, Fortuna y Muerte igualan a todos los seres humanos: es una especie de democratismo trascendental, típico de la literatura española.

En la tercera parte del poema, llega Jorge Manrique a lo que de verdad le interesa: la muerte de su padre, don Rodrigo, al que presenta como un ejemplar caballero cristiano.

Al elogiarlo, señala que supo tratar a cada uno como merecía: «¡Qué amigo de sus amigos!». (En esto se inspira directamente García Lorca, en su «Llanto por Ignacio Sánchez Mejías»: «¡Qué gran torero, en la plaza!».)

La grandeza de don Rodrigo se manifiesta sobre todo por su forma de aceptar la llegada de la Muerte. Américo Castro consideraba típico de la «vividura hispánica» ese personalismo: «Y consiento en *mi* morir». Según eso, la muerte es algo que debemos asumir, hacerlo nuestro. (Cinco siglos después, el poeta en alemán Rilke subraya esta idea de la «muerte personal» de cada uno.)

Literariamente, es admirable la sencillez con la que, en las *Coplas*, aparece el personaje de la Muerte, sin nada parecido a esos efectos especiales tan estridentes con los que disimulan sus limitaciones estéticas tantas películas actuales.

El escenario es el habitual, cotidiano: «En la su villa de Ocaña». Y la Muerte no entra en la casa de una forma mágica, llamativa, sino que llama a la puerta, como cualquier amigo o vecino que visita a don Rodrigo.

Le advierte ella que existen tres vidas: la primera, la terrenal, tan efímera. Perdura un poco más la de la fama: es mejor, pero «tampoco no es eternal ni verdadera». La única que de verdad importa es la sobrenatural. Como buen cristiano, la ganó don Rodrigo haciendo buenas obras. (Ya lo decía la Biblia: «La fe, sin obras, es cosa muerta».) Lo que entonces se consideraban buenas obras, por muy políticamente incorrecto que hoy les pueda parecer a algunos pacatos:

> Mas hizo guerra a los moros,
> ganando sus fortalezas
> y sus villas.

En el momento final, tampoco hay teatralidad alguna, cuando muere don Rodrigo:

Cercado de su mujer
y de sus hijos, hermanos
y criados.

Exactamente igual que morían sus vecinos de Ocaña. Igual que podemos morir cualquiera de nosotros. Él no es un héroe de tebeo ni de película sino un «claro varón» castellano, la hermosa expresión de Hernando del Pulgar. No deja «grandes tesoros ni riquezas» pero sí un profundo afecto, en sus parientes y amigos.

Después de escuchar las palabras de la Muerte, nos da don Rodrigo su lección, con la sentenciosidad propia del pie quebrado:

Que querer hombre vivir,
cuando Dios quiere que muera,
es locura.

Y concluye el poeta con lo único que le queda por hacer a su padre, pedir perdón a Dios:

No por mis merecimientos,
mas por tu sola clemencia,
me perdona.

¿Qué consuelo le queda a los que tanto le quisieron? Lo señala con acierto su hijo:

Y, aunque la vida murió,
nos dejó harto consuelo
su memoria.

Por eso ha escrito estas *Coplas*: para conservar su recuerdo. Es lo mismo que hizo Federico García Lorca, cuando murió su queridísimo amigo Ignacio Sánchez Mejías: «No te conoce nadie. No. Pero yo te canto».

Gracias a Federico, sigue vivo Ignacio. Gracias a Jorge Manrique, no ha muerto del todo don Rodrigo.

Nos emociona profundamente este poema porque expresa el dolor con enorme sencillez, sin retórica alguna. Nos da la clave Pedro Salinas: «Jorge Manrique piensa lo que está en la mente de todos y lo dice con palabras que están en boca de todos, pero lo piensa y lo dice mejor que nadie». Ése es el secreto de la gran poesía.

«COPLAS A LA MUERTE DE DON RODRIGO MANRIQUE» (FINAL)

[...] Después de puesta la vida
tantas veces por su ley
al tablero,
después de tan bien servida
la corona de su Rey
verdadero,
después de tanta hazaña
a que no puede bastar
cuenta cierta,
en la su villa de Ocaña
vino la Muerte a llamar
a su puerta,
diciendo: «Buen caballero,
dejad el mundo engañoso
y su halago,
vuestro corazón de acero
muestre su esfuerzo famoso
en este trago;
y, pues de vida y virtud
hicisteis tan poca cuenta
por la fama,
esfuércese la virtud
para sufrir esta afrenta
que os llama.
No se os haga tan amarga
la batalla temerosa
que esperáis,
pues otra vida más larga
de fama tan gloriosa
acá dejáis.

Aunque esta vida de honor
tampoco no es eternal
ni verdadera,
mas, con todo, es muy mejor
que la otra, temporal,
perecedera.
El vivir que es perdurable
no se gana con estados
mundanales,
ni con vida deleitable,
en que moran los pecados
infernales.
Mas los buenos religiosos,
gánanlo con oraciones
y con lloros;
los caballeros famosos,
con trabajos y aflicciones
contra moros.
Y pues vos, claro varón,
tanta sangre derramasteis
de paganos,
esperad el galardón
que en este mundo ganasteis
por las manos.
Y con esta confianza
y con la fe tan entera que tenéis,
partid con buena esperanza,
que esta otra vida tercera
ganaréis».

Responde el Maestre:

«No gastemos tiempo ya
en esta vida mezquina
por tal modo,
que mi voluntad está
conforme con la divina
para todo.

Y consiento en mi morir,
con voluntad placentera,
clara y pura,
que querer hombre vivir,
cuando Dios quiere que muera,
es locura».

Oración

Tú, que por nuestra maldad
tomaste forma servil
y bajo nombre;
Tú, que a tu divinidad
juntaste cosa tan vil
como es el hombre;
Tú, que tan grandes tormentos
sufriste sin resistencia
en tu persona,
no por mis merecimientos,
mas por tu sola clemencia
me perdona.

Cabo

Así, con tal entender,
todos sentidos humanos
conservados,
cercado de su mujer
y de sus hijos, hermanos
y criados,
dio el alma a quien se la dio,
el cual la ponga en el cielo,
en su gloria.
Y, aunque la vida perdió,
nos dejó harto consuelo
su memoria.

UN MUY OLVIDADO POETA LUSO-ESPAÑOL

Gil Vicente
«Romance de don Duardos»

Si preguntamos a un grupo de personas de cierto nivel cultural cuáles han sido, a lo largo de la historia, los dramaturgos españoles de primera fila mundial, es seguro que coincidirán casi todos en una serie de nombres: Lope de Vega, Tirso de Molina, Calderón de la Barca, Moratín, Zorrilla, Benavente, Valle-Inclán, García Lorca, Buero Vallejo... Alguno, más especializado en el tema, añadirá quizá a Fernando de Rojas, Cervantes, Quiñones de Benavente, don Ramón de la Cruz, Arniches, Jardiel Poncela...

En cambio, también estoy seguro de que casi ninguno de ellos se acordará de Gil Vicente (hacia 1465-antes de 1540). Ya sé que, en arte, no caben los podios ni las clasificaciones deportivas, pero me atrevo a decir que, en mi modesta opinión, Gil Vicente es claramente un escritor de primerísima fila.

¿Por qué no se le recuerda más, entre nosotros? Por dos claras razones: por ignorancia y por considerar que es portugués. Dado el estado actual de la enseñanza, con la ignorancia sistemática de las humanidades, el abandono de los clásicos, el desprecio de la memoria y de la cronología, lo primero no es nada de extrañar.

En el país vecino, Gil Vicente es considerado «el padre del teatro portugués». Se concede un valor simbólico extraordinario a la representación cortesana que él hizo, como actor y autor, de su *Monólogo del vaquero,* el 8 de junio de 1502, para celebrar el nacimiento de don Juan III.

En ese sentido, es una figura paralela a la de Juan del Encina, por las representaciones que organizó en 1492, en el castillo de Alba de Tormes, ante los duques de Alba.

Lo mismo Gil Vicente que Juan del Encina parten del teatro medieval religioso e inauguran un teatro cortesano renacentista, que abre el camino al teatro moderno. Los dos son músicos y elevan estéticamente la poesía popular, en la que se basan.

Dentro de eso, Gil Vicente me parece muy superior, por su lirismo, su capacidad satírica y su libertad de pensamiento. Ya proclamó Menéndez Pelayo que no había quien lo igualase, en la España de su tiempo.

La ironía con que retrata Gil Vicente a muchos personajes y sectores sociales recuerda la norma clásica de la comedia: «castigat ridendo mores» («censura las costumbres sonriendo»). Algunos críticos han llegado a verlo como un antecedente de Molière.

Por su libertad de pensamiento, coincide Gil Vicente en no pocos aspectos con Erasmo de Rotterdam, su absoluto coetáneo. Un ejemplo: en su *Farsa de Inez Pereira,* se atreve a presentar en escena a una mujer «muito fantasiosa», que, al leer las profecías bíblicas, se pregunta por qué no puede ser ella la madre del Mesías...

Gil Vicente era poeta y era músico. En su obra, igual que en las de Cervantes y de Shakespeare, encontramos preciosos elogios de la música. Por ejemplo, éste:

> La música debe ser
> su madre de la tristura.

Como luego hará Lope de Vega, intercala Gil Vicente, en su teatro, numerosos poemas de tipo tradicional y de un exquisito lirismo. Gracias a Dámaso Alonso, su gran valedor español, que lo dio a conocer, influyó notablemente Gil Vicente en los poetas neopopularistas de nuestra Generación del 27: sobre todo, en Federico García Lorca y en Rafael Alberti.

Con frecuencia, no sabemos si una cancioncilla que aparece en una obra de Gil Vicente es originalmente suya o si está reelaborando alguna canción tradicional castellana. Es exactamente igual a lo que hace Lope de Vega; por ejemplo, en *El caballero de Olmedo,* a partir de una letrilla, plena de misterio:

Que de noche lo mataron
al caballero:
la gala de Medina,
la flor de Olmedo.

Vemos lo mismo en un poemita de Gil Vicente, de tema muy sencillo. Para elogiar la hermosura de una joven, recurre al testimonio de tres varones: un marinero, un caballero y un pastor. El poeta invita a los tres a compararla con lo más bello que conocen, dentro, cada uno, de su oficio. Y el poema queda abierto, sin conclusión, con una delicada belleza:

Muy graciosa es la doncella,
¡cómo es bella y hermosa!
Digas tú, el marinero,
que en las naves venías,
si la nave o la vela o la estrella
es tan bella.
Digas tú, el caballero,
que las armas vestías,
si el caballo o las armas o la guerra
es tan bella.
Digas tú, el pastorcico,
que el ganadico guardas,
si el ganado o los valles o la sierra
es tan bella.

Otro ejemplo, a partir de un estribillo popular:

Halcón que se atreve
con garza guerrera,
peligros espera.

Así lo glosa Gil Vicente:

La caza de amor
es de altanería:
trabajos, de día;

de noche, dolor.
Halcón cazador,
con garza tan fiera,
peligros espera.

Según Dámaso Alonso, Gil Vicente glosa también otras cancioncillas, tan bellas, que «no todas son suyas, sino canciones viejas castellanas»:

Dicen que me case yo:
no quiero marido, no.

¡Sañosa está la niña!

¡Ay, Dios! ¿Quién le hablaría?

¡Malaya quien los envuelve
los mis amores!,
¡malaya quien los envuelve!

En la huerta nace la rosa:
quiérome ir allá
por mirar al ruiseñor cómo cantavá (sic).

¿Por do pasaré la sierra,
gentil serrana morena?

Del rosal vengo, mi madre,
vengo del rosale.

¿Cuál es la niña
que coge las flores
si no tiene amores?

¡Qué serie de pequeñas joyas! Ésa es la riqueza de la poesía española de tipo tradicional, a la que se suman grandes poetas, como Gil Vicente.

Si él es uno de los mayores poetas portugueses, ¿por qué digo que debemos considerarlo también español? No por ningún intento de apropiación, como los que tantas veces han hecho los franceses y ahora llevan hasta el ridículo algunos catalanes independentistas.

La razón es muy simple: de un total de unas cincuenta obras de teatro de Gil Vicente, ocho están escritas exclusivamente en castellano; en las demás, escritas en portugués, muchos personajes hablan en castellano. (Algo semejante ocurre, referido al italiano y al portugués, en las obras de otro gran dramaturgo renacentista español, Torres Naharro.)

¿A qué se debe esto? Ante todo, a una razón social evidente: el bilingüismo real de aquella Corte y de aquella sociedad. También, a razones literarias: los modelos, el sentido del decoro clásico (la adecuación a los personajes), la musicalidad, el prestigio de esa lengua...

Por su gran sensibilidad poética, unida a su gran conocimiento, admiró muchísimo Dámaso Alonso a Gil Vicente: publicó una antología de sus *Poemas* y una edición con prólogo de una preciosa obra teatral, *La tragicomedia de don Duardos* (hacia 1522).

El argumento de ella se basa en un episodio de una novela de caballerías, el *Primaleón,* que forma parte del ciclo de los *Palmerines.* El protagonista, don Duardos, de familia real inglesa, se enamora de la princesa Flérida. Empeñado en conquistar su amor sólo por su persona y no por su condición social, se disfraza de hortelano y trabaja en el jardín de la princesa. Sus razones nos suenan mucho más modernas que medievales:

> Que el estado
> no es bienaventurado,
> que el precio está en la persona.

Se siente metido don Duardos en «otra más oscura / guerra, de tanta pasión / que la temo». Con su apuesta (no decir quién es), arriesga perder para siempre a su amada, pero confía en «los milagros del amor, / maravillas de Cupido». Para declararse de forma encubierta, utiliza una canción. Y, con sus palabras de fino amador, mantiene viva la llama:

> Que el amor es el señor
> de este mundo.

Está actualizando así la vieja fórmula de Virgilio: «Omnia vincit amor» (Todo lo vence el amor). Así sucede también en esta obra de Gil Vicente: Flérida se rinde al amor de don Duardos y sólo entonces descubre que también él es de familia real.

Después de Dámaso Alonso, hizo una versión del *Don Duardos* Carmen Martín Gaite. La dirigió, en la Compañía Nacional de Teatro Clásico, Ana Zamora, enamorada del teatro prelopista. Y Marina Mayoral utilizó el estribillo final como título de una novela: *Contra muerte y amor*.

En la conclusión ¿cómo mantendrá Gil Vicente la emoción, para que no se quede todo en un convencional «final feliz»? Igual que suele hacer Shakespeare en sus comedias: con un poema cantado. En este caso, como le gusta a Gil Vicente, glosa una cantiga tradicional:

> Al amor y a la Fortuna,
> no hay defensión ninguna.

El poema que he elegido esta vez es un romance, que mantiene siempre la rima en –ía. Nos sitúa en un ambiente idealizado: «En la noche más serena / que el cielo hacer podía». Por fin, Flérida ha vencido todas sus dudas, decide abandonarlo todo para marcharse con don Duardos: ha triunfado el amor.

Al partir, se despide de las flores de su jardín: son el símbolo de todo lo que ha sido su vida, hasta ese momento. Se disculpa, por abandonar a su padre:

> Digan que el amor me lleva,
> que no fue la culpa mía:
> tal tema tomó conmigo
> que me venció su porfía.

Intenta tranquilizarla el enamorado don Duardos, contándole todas las maravillas que la esperan, en su nueva vida: hermosos jardines, doncellas bien elegidas, palacios lujosos...

Cuando parte la galera, Flérida se adormece dulcemente, en brazos de don Duardos. Y él formula la bellísima conclusión:

> Sepan cuantos son nacidos
> aquesta sentencia mía:
> que, contra muerte y amor,
> nadie no tiene valía.

Y el patrón del barco apostilla:

> Lo mismo iremos cantando,
> por ese mar adelante...

Y así seguimos, los lectores actuales, navegando por ese mar de belleza, en el que nos ha embarcado Gil Vicente, ese gran poeta portugués y español.

«ROMANCE DE DON DUARDOS»

> En el mes era de abril,
> de mayo antes un día,
> cuando los lirios y rosas
> muestran más su alegría,
> en la noche más serena
> que el cielo hacer podía,
> cuando la hermosa infanta
> Flérida ya se partía,
> en la huerta de su padre,
> a los árboles decía:
> –Quedaos con Dios, mis flores,
> mi gloria que ser solían,
> voyme a tierras extranjeras,
> pues ventura allá me guía.
> Si mi padre me buscare,

que grande bien me quería,
digan que el amor me lleva,
que no fue la culpa mía:
tal tema tomó conmigo
que me venció su porfía.
Triste, no sé a dónde voy
ni nadie me lo decía–.
Allí hablaba don Duardos:
–No lloréis, mi alegría,
que, en los reinos de Inglaterra,
más claras aguas había
y más hermosos jardines,
son vuestros, señora mía.
Tendréis trescientas doncellas
de alta genealogía.
De plata son los palacios
para vuestra señoría;
de esmeraldas y jacintos,
de oro fino de Turquía,
con letreros esmaltados,
que cuentan la vida mía:
cuentan los vivos dolores
que me disteis aquel día,
cuando con Primaleón
fuertemente combatía.
Señora, vos me matasteis,
que yo, a él, no lo temía–.
Sus lágrimas consolaba
Flérida, que esto oía.
Fuéronse a las galeras
que don Duardos tenía:
cincuenta eran por cuenta,
todas van en compañía.
Al son de sus dulces remos,
la princesa se adormía
en brazos de don Duardos,
que bien le pertenecía.
Sepan cuantos son nacidos

aquesta sentencia mía:
que, contra muerte y amor,
nadie no tiene valía.

EL POETA SE LIMITA A ESCRIBIR LO QUE EL AMOR LE DICTA

Garcilaso de la Vega
«Soneto 5»

Lope de Vega, que algo sabía de versos –y de amores–, llamó a Garcilaso de la Vega «Archipoeta». El muy exigente Fernando de Herrera, el poeta que mereció el sobrenombre de «El divino», anotó las obras de Garcilaso (1499-1536), para que sirvieran de guía a los poetas españoles: llegó a compararlo con Virgilio, por la acertada combinación de afectos y elocuencia, por el equilibrio entre la gravedad y la dulzura:

> Garcilaso es dulce y grave (la cual mezcla estima Tulio por muy difícil). Es todo elegante y puro y terso y generoso y dulcísimo y admirable en mover los afectos [...]. Escribió mucho en poco, porque no dejó en aquel género lugar para los que le sucedieron.

Cuando murió Garcilaso, su compañero y amigo Juan Boscán le dedicó este soneto:

> Garcilaso, que al bien siempre aspiraste
> y siempre con tal fuerza le seguiste,
> que, a pocos pasos que tras él corriste,
> en poco enteramente lo alcanzaste.

Ya en su siglo, fue considerado Garcilaso «el príncipe de los poetas españoles». Muy pronto, aparecieron ediciones comentadas de sus obras por Boscán, el Brocense y Fernando de Herrera. Como dice Elías Rivers, «todos los poetas y lectores cultos del siglo XVI leían, y muchos aprendían de memoria sus poemas».

Uno de esos fieles lectores fue Cervantes, que cita versos de Garcilaso en muchas de sus obras. Baste con un solo ejemplo.

En *El licenciado Vidriera,* Tomás, al cambiar su vida de estudiante en Salamanca por la de soldado en Italia, «los muchos libros que tenía los redujo a unas *Horas de nuestra Señora* y a un Garcilaso sin comento».

Todos los poetas de la Generación del 27 lo admiran y se proclaman seguidores suyos. Así, el joven Rafael Alberti, en un poema incluido en *Marinero en tierra* (1924):

> Si Garcilaso volviera,
> yo sería su escudero:
> ¡qué buen caballero era!
> Mi traje de marinero
> lo trocaría en guerrera
> ante el brillar de su acero:
> ¡qué buen caballero era!

Lo elogia Federico García Lorca, en varias de sus conferencias y ensayos:

> Garcilaso es la emoción pura, el corazón tranquilo... En Garcilaso, todo está temblando, pero sin romperse; su dolor tiene música y su alegría es un orden de agua.

Jorge Guillén lo presenta como modelo de clasicismo y perfección formal, un antecedente de la poesía pura:

> Es el primer poeta moderno de nuestra lengua. En él, la emoción se hace forma y la forma, pura claridad. Consigue esa milagrosa conjunción de pasión y medida. Su dulzura no es blanda, su disciplina no es fría.

Dentro del 27, el exigentísimo Luis Cernuda es quizá el máximo admirador de Garcilaso:

> Garcilaso es el poeta de la juventud y de la armonía, el hombre que logra unir vida y poesía. Vive en una armonía imposible para el hombre moderno. Su voz nos llega con una nostalgia de paraíso perdido.

Así sucede –creo yo– con todos los grandes poetas... De un verso de Garcilaso, en la «Égloga III», tomó Pedro Salinas el título de su mejor libro, *La voz a ti debida*:

> [...] mas, con la lengua muerta y fría en la boca,
> pienso mover la voz a ti debida.

En la posguerra, un grupo de poetas, encabezados por José García Nieto, que querían defender como valores básicos la belleza y el clasicismo, crearon una revista y un movimiento que lleva su nombre, *Garcilaso*. Escribe García Nieto: «Los nombres Toledo, Garcilaso, poesía, están unidos en mi obra y en mi vida».

Disculpe el lector esta ristra de citas. En sí mismas, son hermosas e interesantes: todos nos definimos por lo que admiramos...

Además, nos ayudan a entender por qué, en todas las épocas, Garcilaso ha sido guía y símbolo. Además de extraordinario poeta, es el protagonista de la primera gran revolución de nuestra lírica (la segunda sería la modernista, que trajo Rubén Darío).

¿En qué consiste esa revolución de Garcilaso? Sencillamente, en la adopción de los metros italianos y en su incorporación a nuestra lírica, con un nivel poético de primera categoría.

Recordemos que, durante la Edad Media, predomina el verso de ocho sílabas, en la lírica popular; en la narrativa, los versos de catorce sílabas (cuaderna vía). En el siglo XV, Juan de Mena utiliza un verso culto, ambicioso, de doce sílabas.

El marqués de Santillana hizo ya un intento –meritorio, pero no muy feliz, estéticamente– de introducir el endecasílabo, en sus cuarenta y dos *Sonetos fechos al itálico modo*. Se advierte fácilmente el ritmo desigual, en el comienzo del primero de ellos:

> Cuando yo veo la gentil criatura
> que el cielo, acorde con naturaleza,
> formaron, loo mi buena ventura,
> el punto y hora que tanta belleza...

Un lector poco avisado puede creer que todo esto son pedanterías profesorales. No es así. La métrica es fundamental para cualquier poeta porque el tipo de verso elegido determina la musicalidad del poema. Dámaso Alonso, poeta y profesor, subrayó la novedad maravillosa que supuso el endecasílabo italiano de Garcilaso: su dulzura y suavidad extraordinarias, frente al «torpe aletazo» de los acentos, en la copla de arte mayor de Juan de Mena.

Cualquier lector puede comprobarlo. Basta con que recite en voz alta, subrayando los cuatro acentos rítmicos, estos versos de Juan de Mena, por ejemplo, para apreciar su ritmo machacón, insistente, cuando se lamenta de la inconstancia de la Fortuna:

> Tus casos falaces, Fortuna, cantamos,
> estados de gentes que giras e trocas;
> tus grandes discordias, tus firmezas pocas
> y los que en tu rueda quejosos hallamos.

Compárelo luego con la suave musicalidad de cualquier verso de Garcilaso. Por ejemplo, esta octava de la «Égloga III». La suavidad con que se encadenan los endecasílabos consigue esa armonía que es el ideal de la estética renacentista:

> Cerca del Tajo, en soledad amena,
> de verdes sauces hay una espesura
> toda de hiedra revestida y llena,
> que por el tronco va hasta el altura,
> y así la teje arriba y encadena
> que el sol no halla paso a la verdura;
> el agua baña el prado con sonido,
> alegrando la vista y el oído.

O, en la misma obra, la repetición del sonido *ese*, señalada por Dámaso Alonso, con el contraste entre el silencio y el runruneo de las abejas:

> En el silencio sólo se escuchaba
> un susurro de abejas que sonaba...

O la suave música del verso que evoca el sonido del agua pura y que renueva el *topos* del *locus amenus,* en la «Égloga I»:

> Corrientes aguas puras, cristalinas;
> árboles que os estáis mirando en ellas,
> verde prado de fresca sombra lleno...

Anecdóticamente, esta revolución poética tiene un origen muy concreto. Juan Boscán (1492-1542) fue un escritor barcelonés, amigo de Garcilaso (que le dedica una Epístola) y tradujo al castellano una obra clave del Renacimiento, *El cortesano*, de Baltasar de Castiglione.

Boscán había acudido a Granada con motivo de los esponsales de Carlos V con Isabel de Portugal. En una carta a la duquesa de Soma, que antecede a la edición de sus obras poéticas, le cuenta la entrevista que mantuvo, en los jardines de la Alhambra, con el embajador de Venecia, Andrea Navagiero, en la que éste le recomendó adoptar los metros italianos:

> Tratando con él en cosas de ingenio y de letras, y especialmente en las variedades de muchas lenguas, me dijo por qué no probaba en lengua castellana sonetos y otras artes de trovas usadas por los buenos autores de Italia; y no solamente me lo dijo así, livianamente, mas aún me rogó que lo hiciese. Y así comencé a tentar este género de versos. En el cual, al principio hallé alguna dificultad...

No sólo aceptó Boscán el consejo y lo llevó a la práctica sino que animó a su amigo Garcilaso de la Vega para que también escribiera endecasílabos. Lo comenta así Pedro Salinas:

> Boscán escribe los primeros endecasílabos. Pero, desgraciadamente, no era gran poeta. Tenía un íntimo amigo, un caballero poeta, como él mismo. Eran un par de amigos perfectos, unidos en la vida y en la muerte, por los gustos y los ideales. Y él animó e instó a su amigo a que él también escribiera poesía al nuevo «itálico modo». Sin tal amigo, no se hubiera efectuado la revolución con tan increíbles

rapidez y éxito. Pero el amigo, Garcilaso, era un hombre de genio, uno de los más grandes poetas españoles. Probó el nuevo estilo y su genio hizo este milagro: que, después de unos pocos años de haber escrito un reducido número de poemas, gozó de la admiración de todos y se estableció la nueva manera de escribir poesía hasta nuestros días.

Fue la genialidad poética de Garcilaso la que logró consolidar esta nueva métrica e iniciar así el nuevo rumbo de nuestra poesía.

Gracias a él, se generaliza en nuestra lírica el endecasílabo, con sus tres acentos rítmicos; se evita el verso agudo; se consolidan una serie de nuevas estrofas: el soneto, el terceto, la lira (con versos de once y siete sílabas, para adaptar la oda latina).

Como indica Rafael Lapesa en un libro fundamental, *La trayectoria poética de Garcilaso*, esta nueva métrica fue el vehículo ideal para expresar la nueva ideología del Renacimiento: el platonismo, con su idealización del amor; la exploración de los sentimientos del enamorado; el deleite ante el espectáculo de la naturaleza...

Por su biografía, encarna también Garcilaso de la Vega ese ideal renacentista de la unión de las armas y las letras, que defiende en un memorable discurso don Quijote (Primera Parte, cap. XXXVII):

> Hablo de las letras humanas, que es su fin poner en su punto la justicia distributiva y dar a cada uno lo que es suyo, y entender y hacer que las buenas leyes se guarden. Fin, por cierto, generoso y alto y digno de gran alabanza; pero no de tanta como merece aquel a que las armas atienden, las cuales tienen por objeto y fin la paz, que es el mayor bien que los hombres pueden desear en esta vida.

Parece ser que Garcilaso nació a fines del siglo XV, dentro de una familia toledana de tradición militar y literaria. Desde 1520, formó parte de la guardia de Carlos V y asistió a su coronación como emperador, en Bolonia, en 1530.

Representa Garcilaso el espíritu del primer Renacimiento español, la época de Carlos V: apertura a las ideas europeas, refinamiento, paganismo, exaltación del amor humano...

Dos años después, por apoyar un matrimonio no autorizado por el emperador, sufrió Garcilaso un confinamiento en una isla del Danubio y en Nápoles, de lo que quedan huellas en su obra poética.

> Con un manso ruïdo
> de agua corriente y clara,
> cerca el Danubio una isla...

Participó luego en la guerra contra Francisco I de Francia: fue herido en el asalto a la fortaleza de Fréjus y falleció en Niza, en 1536, antes de cumplir los cuarenta años.

Deja Garcilaso una obra poética exigua, pero, toda ella, de altísima categoría: ocho coplas, en octosílabos; treinta y ocho sonetos; cinco canciones; dos elegías; una epístola; tres églogas y tres odas en latín.

Su ideal estilístico coincide con el de Juan de Valdés: naturalidad, sencillez, selección, armonía, musicalidad, buen gusto... Es decir, lo propio del primer Renacimiento. Lo expresa en el prólogo a la traducción que hizo su amigo Boscán de *El cortesano*, de Castiglione:

> Guardó una cosa en la lengua castellana que muy pocos han alcanzado, que fue huir de la afectación sin dar consigo en ninguna sequedad y con gran limpieza de estilo...

No es Garcilaso un gran poeta gracias a la originalidad de sus temas: nos ofrece una visión de la naturaleza idealizada, eludiendo los aspectos desagradables. Lo mismo hace en su visión de la amada, convertida en símbolo de la belleza femenina.

Luego comentaré su precioso soneto XXIII, «En tanto que de rosa y azucena», a propósito de la versión barroca del mismo tema que hace don Luis de Góngora, «Mientras por competir con tu cabello».

Precisa Margot Arce que también son temas predilectos de Garcilaso el conflicto entre el amor y la pasión, el paso del tiempo, el contraste entre su dolor y la naturaleza idílica... Y a todo eso le añade un tono inconfundible de melancólica elegancia.

En un precioso texto, «Una ciudad y un balcón», presenta Azorín una serie de estampas similares. En una pequeña ciudad castellana, poco después del descubrimiento de un nuevo mundo, vemos a un hombre de barba afilada, que parece pintado por El Greco. Apoya el codo en el brazo del sillón y la cara pensativa, en la mano: «Los ojos de este caballero están velados por una profunda tristeza...».

Segunda escena: ha habido una revolución, han guillotinado a unos reyes, los señores visten casacas bordadas. En el mismo balcón, con la misma postura, un caballero nos mira con melancolía.

Tercera estampa: surcan las vegas carros de hierro; los cielos, extraños aparatos. En la misma ciudad, en el mismo balcón, con idéntica actitud, nos contempla un caballero melancólico. Azorín nos explica el significado de esta repetición:

> Eternidad, insondable eternidad del dolor. Progresará maravillosamente la especie, se realizarán las más fecundas transformaciones. Junto a un balcón, en una ciudad, en una casa, siempre habrá un hombre con la cabeza, meditativa y triste, reclinada en la mano. No le podrán quitar el dolorido sentir.

Al acabar de leer el texto de Azorín, la sorpresa nos ha hecho dar un respingo: toda esta estampa, tan azoriniana, en realidad era la glosa de unos versos de Garcilaso. En la «Égloga I», Nemoroso se lamenta por la pérdida de su amada:

> No me podrán quitar el dolorido
> sentir, si ya del todo,
> primero no me quitan el sentido.

Con enorme sensibilidad, Azorín nos ha mostrado el secreto de la actualidad de Garcilaso, algo que nunca pasa de moda: la serena belleza con que expresa ese «dolorido sentir».

He seleccionado ahora el Soneto V, de su primera época. De acuerdo con la tradición conjunta de la poesía provenzal y de la lírica petrarquista, Garcilaso canta el amor cortés, idealizado, luminoso, que constituye un camino de perfección, pero nos sorprende con una metáfora singular, ya en el primer verso: «Escrito está en mi alma vuestro gesto...».

No es esto nuevo, por supuesto, sino que obedece a una larguísima tradición, que se remonta a la Biblia. Dice Jeremías que el pecado de Judá «escrito está con cincel de hierro y punta de diamante, esculpido está en las tablas de su corazón».

E. R. Curtius menciona otro ejemplo semejante, en la Epístola a los Corintios de san Pablo:

> Vosotros sois carta de Jesucristo [...] escrita no con tinta sino con el espíritu de Dios vivo; no en tablas de piedra, sino en tablas de carne, que son vuestros corazones.

También Platón mencionaba al alma como tabla rasa, que hacía posible escribir en ella. En la Edad Media, era frecuente hablar del «Libro de la Vida», escrito por Dios en el corazón del hombre.

En el soneto de Garcilaso, es el *gesto* de la amada el que está «escrito» en el alma del enamorado. Igual daría que hubiera dicho «impreso» o «grabado» pero, al elegir «escrito», el poeta parece subrayar su vinculación personal con lo que escribe.

Esa metáfora ya aparece en poetas bien conocidos por Garcilaso, como Petrarca y Ausiàs March. Según Sofía Carrizo, hasta en poetas de otra línea, como Juan de Mena, que menciona el «gesto» de la dama, la misma palabra que Garcilaso:

> Hombre que tu gesto vea
> nunca puede ser perdido.

El verso tres de este soneto subraya la entrega total del enamorado: «Vos sola lo escribisteis, yo lo leo».

A esta metáfora se une, en el segundo cuarteto, otra figura retórica frecuente en la época: la llamada hipérbole o exageración religiosa. Lo que leemos en este cuarteto tiene «un fuerte sabor teologizante», según Lapesa. Incluso algún estudioso, también él hiperbólico, ha buscado sus posibles fuentes litúrgicas...

Formalmente, se ha enlazado el primer cuarteto con el segundo mediante la repetición de la fórmula «en esto». Subraya la determinación del poeta utilizando el mismo verbo en dos tiempos («estoy y estaré») y un rotundo adverbio temporal («siempre»).

El enamorado se ha convertido ya en un devoto de la religión del amor. Igual que le pasa al que cree en Dios, le mueve la fe («tomando ya la fe por presupuesto»), cuando la razón no es suficiente para comprender lo que le sucede: «De tanto bien lo que no entiendo, creo». Esta última palabra, situada en lugar preferente, al final del verso, constituye el mensaje esencial de este cuarteto; la podemos escribir con mayúsculas, para subrayar su importancia: «CREO».

Como señala Francisco Rico, Garcilaso se ha liberado de los convencionalismos, propios del amor cortés: «Confiere a sus palabras un tono de sinceridad y afinado sentimiento que extrema la identificación de los amantes».

El verso ocho afirma tajantemente que ese amor es el destino del que no puede ni quiere escapar el poeta: «Yo no nací sino para quereros». (Es lo mismo que afirma una canción romántica de Paul Anka, en los años cincuenta: *You are my Destiny*.)

En los versos diez-once, aparece una nueva e importante metáfora:

> Mi alma os ha cortado a su medida;
> por hábito del alma misma os quiero.

Téngase en cuenta que la palabra «hábito» tiene un doble sentido: «vestimenta religiosa» y «costumbre». Según eso, lo quiera o no el poeta, su alma se ha cortado a sí misma el hábito del amor; igual que un sastre corta un vestido a partir de un patrón. Y, a la vez, eso se ha convertido en su costumbre invariable, aceptada con felicidad.

El verso doce, «cuanto tengo confieso yo deberos», vuelve a tener resonancias religiosas. Recordemos que *Totus tuus* es el lema que adoptó el papa Juan Pablo II para proclamar su entrega absoluta a la Virgen María. Del mismo modo, el poeta se entrega aquí absolutamente a su amada.

En este soneto, curiosamente, el enamorado Garcilaso ha dado un curioso quiebro: no es el poeta el que escribe sobre el amor, sino que éste es una realidad, encarnada y escrita por la mujer amada, que él se limita a leer y transcribir.

Frente al amor inconstante, al mero capricho, proclama así su fidelidad a la amada; y, aunque no alcance a entender algo de ese amor, se mantendrá fiel a esa «fe»: para él, una auténtica religión.

En definitiva, con sutil elegancia, Garcilaso presenta al amor como la única razón para existir. Y, en los dos bellísimos versos finales, con una impecable enumeración paralelística, también lo proclama: está vivo, gracias al amor. Y morirá, si ese amor no es correspondido:

Por vos nací, por vos tengo la vida,
por vos he de morir y por vos muero.

Como resume Pedro Salinas, Garcilaso idealiza la realidad: la realidad de la naturaleza y la realidad del amor. En su poesía, ese amor es lo único que nos lleva de la Tierra al Cielo.

No es de extrañar que, como descubrió Dámaso Alonso, san Juan de la Cruz se basara luego en los poemas de Garcilaso, vertidos a lo divino, para expresar la mística unión del alma con Dios.

Soneto V

Escrito está en mi alma vuestro gesto
y, cuanto yo escribir de vos deseo,

vos sola lo escribisteis, yo lo leo
tan sólo, que aun de vos me guardo en esto.

En esto estoy y estaré siempre puesto,
que, aunque no cabe en mí cuanto en vos veo,
de tanto bien lo que no entiendo, creo,
tomando ya la fe por presupuesto.

Yo no nací sino para quereros,
mi alma os ha cortado a su medida;
por hábito del alma misma os quiero.

Cuanto tengo confieso yo deberos,
por vos nací, por vos tengo la vida,
por vos he de morir y por vos muero.

EL MÁS BELLO CANTO ESPAÑOL A LOS OJOS DE LA MUJER AMADA

Gutierre de Cetina
«Madrigal»

Diez versos le han bastado a Gutierre de Cetina (hacia 1517-1554) para conseguir la inmortalidad, afirma Begoña López Bueno, su principal estudiosa. Lo define como un poeta del Renacimiento español y defiende que ha dejado una de las producciones poéticas más numerosas y variadas de nuestro siglo XVI.

Cetina fue muy apreciado en su tiempo: Herrera, en sus *Anotaciones a Garcilaso*, lo coloca entre «los ingenios que más se esmeran en el estilo nuevo»; Francisco Pacheco lo incluye en su *Libro de los retratos*.

Su «Madrigal» es, sin duda, uno de los poemas más populares de toda nuestra literatura. Para los estudiosos, supone, además, el perfecto ejemplo de españolización del madrigal italiano.

Tiene esto también su lado negativo: la fama de este poema ha dejado algo en sombra el resto de la obra de su autor. A eso contribuyó el que, durante mucho tiempo, sus poemas –igual que los de otros escritores de su época– circularon sólo en manuscritos y tardaron tres siglos en tener buenas ediciones.

La biografía de Cetina plantea muchas dudas. Sí está claro que sus fechas coinciden prácticamente con las del reinado de Carlos V: debió de nacer poco antes de que éste fuera coronado, en Aquisgrán, como rey de Alemania (1520). Cetina pertenece, así pues, a la primera generación petrarquista española, la de Garcilaso de la Vega. Por su temprana muerte, no llegó a vivir la Contrarreforma: representa plenamente el primer Renacimiento español.

Nació en Sevilla, quizá en una familia acomodada pero no noble. Recientemente, algunos estudiosos especulan sobre su posible origen converso, como ahora está de moda señalar, pero no conozco documentos que lo demuestren ni veo huellas de eso en su obra. Debió de formarse en alguna de las academias humanistas de su ciudad natal.

Igual que Garcilaso de la Vega, Gutierre de Cetina fue soldado y poeta, de acuerdo con el ideal renacentista de la unión de las armas y las letras, que expone don Quijote en su hermoso discurso (Parte Primera, capítulo XXXVII). Como tantos escritores y artistas españoles de la época, estuvo en Italia, lo que debió de ser muy importante para su formación.

Pasó luego a las Indias, en busca de mejor fortuna. En la ciudad mexicana de Puebla fue acuchillado y murió, en 1554. Cuenta la historia –o la leyenda– que sucedió esto debajo de la ventana de una dama; y, para hacerlo más novelesco, que se trató de un error, pues a quien querían atacar era a su acompañante. Escribió un contemporáneo: «¿Cómo podía morir, sino de amores?».

La poesía de Cetina supone el punto medio entre Garcilaso y Fernando de Herrera. Une la corriente popular española con la complejidad psicológica del petrarquismo: el tema de la amada lejana, desdeñosa. Utiliza tanto los versos italianos como los tradicionales. En unos cuantos poemas, comenta los de Ausiàs March, el gran poeta valenciano al que, ya en su tiempo (primera mitad del siglo XV), se le llamaba «el Petrarca español». A Cetina se le suele considerar el introductor de la poesía italianista en Hispanoamérica.

Para Lara Garrido, Cetina «culmina una lírica sosegada y cortesana». Una y otra vez, analiza en sus poemas el sentimiento amoroso. Dentro de eso, señala la crítica una peculiaridad de su poesía: su afición a cantar partes del cuerpo femenino; especialmente, por supuesto, los ojos.

Responde esto a una larguísima tradición, que llega a España a través de los poetas provenzales del «amor cortés» y del petrarquismo.

Recordemos algunos ejemplos. Con su aparente ingenuidad, Juan del Encina une estos códigos con un tema de origen popular: la belleza de unos ojos femeninos y su indiferencia ante los que los admiran (modernizo un poco el lenguaje):

Ojos garzos ha la niña:
¡quién los enamoraría!
Son tan bellos y tan vivos
que a todos tienen cautivos
mas muéstralos tan esquivos
que roban el alegría.
Roban el placer y gloria,
los sentidos y memoria:
de todos llevan victoria,
con su gentil galanía.
Con su gentil gentileza
ponen fe con más firmeza:
hacen vivir en tristeza
al que alegre ser solía.
No hay ninguno que los vea
que su cautivo no sea.
Todo el mundo los desea
contemplar de noche y día.

Ya el Arcipreste de Hita había incluido, en su *Libro de Buen Amor,* una mención a ese tema, en el caso de la casquivana Cruz Cruzada, que traicionó al poeta, yéndose con el mensajero que él le había enviado:

Mis ojos no verán luz
pues perdido he a Cruz.

También, en los consejos para que busque mujer, Trotaconventos los señala:

Ojos grandes, cercanos, pintados, relucientes,
con las pestañas largas, muy bien parecientes...

Los poetas de la Generación del 27 se hacen eco de un bellísimo ejemplo, en nuestra lírica tradicional:

En Ávila, mis ojos,
dentro, en Ávila.

En Ávila del Río
mataron a mi amigo,
dentro, en Ávila.

En fechas cercanas a Cetina, el mayor poeta portugués, Luis de Camoens, escribe también algunos poemas en castellano. En ese momento, eso no es raro: como ya hemos visto, hace lo mismo Gil Vicente, un genio de ambas literaturas, la portuguesa y la española. Glosa Camoens un «mote» (estribillo) tradicional español (conservo el imperativo *volvé*, para mantener el ritmo):

Ojos, herido me habéis:
¡acabad ya de matarme!
Mas, muerto, volvé a mirarme,
porque me resucitéis.

Siglos después, el tema de los ojos de la mujer amada aparece en la poesía de Bécquer:

Porque son, niña, tus ojos,
verdes como el mar, te quejas:
verdes los tienen las náyades,
verdes los tuvo Minerva
y verdes son las pupilas
de las hurís del profeta.

También titula *Los ojos verdes* una de sus *Leyendas*:

Yo creo que he visto unos ojos como los que he pintado en esta leyenda. No sé si en sueños, pero yo los he visto. De seguro no los podré describir tal cuales ellos eran: luminosos, transparentes como las gotas de la lluvia que se resbalan sobre las hojas de los árboles, después de una tempestad de verano.

También comienza por una mirada femenina una de sus más populares *Rimas*:

Por una mirada, un mundo;
por una sonrisa, un cielo...

Antonio Machado le da a este tema un nuevo sentido, muy profundo y conmovedor, en su poema «Los ojos», al lamentar la fugacidad de los recuerdos:

Cuando murió su amada,
pensó en hacerse viejo
en la mansión dorada [...].
Mas, pasado el primer aniversario,
¿cómo eran –preguntó– pardos o negros
sus ojos? ¿Glaucos? ¿Grises?
¿Cómo eran, santo Dios, que no recuerdo?

No puedo dejar de mencionar los preciosos versos de Rafael de León, que tantas veces hemos canturreado todos:

Ojos verdes, verdes como la albahaca,
verdes como el trigo verde
y el verde, verde limón.

Para García Lorca, los ojos son un camino hacia ese misterio que a él tanto le obsesionaba:

En los ojos se abren
infinitos senderos...

A Gutierre de Cetina, este tema poético le llega, sin duda, a través de la tradición neoplatónica del Renacimiento italiano, que considera los ojos como el mayor atributo de la hermosura y como el gran mensajero del amor. Se encuentra con frecuencia en la poesía italiana culta y popular desde el siglo XV.

Su lejano origen está en Platón. En el *Fedro*, afirma que «el amante recibe, por medio de la vista, la emanación de la belleza».

Continúa esto el neoplatónico León Hebreo: «Los ojos no son carnales, sino lúcidos, diáfanos y espirituales».

Y Castiglione, en *El cortesano*, que tanto influye en todo el Renacimiento europeo: «Los ojos son diligentes mensajeros que a cada paso llevan fuertes mensajes de parte del corazón. Muchas veces, muestran las pasiones del alma con una fuerza que no tienen la lengua, ni las cartas, ni otros recaudos».

Además del famoso «Madrigal», Cetina trata también el tema de los ojos de la mujer amada en un conceptuoso poemita, escrito en versos octosílabos:

> Bien sé yo que sois graciosos
> mas, ojos, para entenderos,
> decidme, ¿cómo sois fieros?;
> si fieros, ¿cómo hermosos?

En los sonetos de Cetina encontramos de nuevo múltiples menciones de los ojos, como principales transmisores del amor. Éstos son algunos ejemplos:

> Por los ojos Amor entra y derrama
> en el alma un ardor que la enflaquece...

> Ojos, rayos del sol, luces del cielo,
> que con un volver manso y piadoso,

También les aplica Cetina en otros poemas el adjetivo «serenos», no sólo en el «Madrigal»:

> Ni todo cuanto hay más ni cuanto hay menos
> de hermoso en el mundo, igualaría
> vuestro dulce mirar, ojos serenos.

Por otro lado, no olvidemos que la mirada femenina puede también expresar desdén, falta de piedad. Lo afirma Cetina en unos versos muy conceptuosos, repitiendo tres veces seguidas la misma palabra:

> Ojos, ¿ojos sois vos? No sois vos ojos,
> antes ira del cielo extraña y fiera...

La aportación principal de Cetina, por supuesto, es su castellanización del madrigal, un género poético de origen italiano. Suele tratar un tema amoroso; es breve (no más de quince versos); posee el atractivo musical de combinar libremente versos de once y de siete sílabas (una de las combinaciones que mejor funcionan, en nuestra lengua). Luego, a Cetina le siguieron Barahona de Soto, Baltasar del Alcázar, Quevedo...

El poema que he seleccionado es, sin duda, el más famoso madrigal de toda la literatura española. Está dedicado a Laura Gonzaga: una dama –se supone– que pertenecería a esa ilustre familia renacentista italiana.

Existe una versión más reducida del poema, que suprime el verso octavo: «Ay, tormentos rabiosos». La prefería Cejador, porque, en ese contexto, le chirriaba este adjetivo, pero Aubrey Bell demostró que es favorito de Cetina, lo usa muchas veces.

Al «Madrigal» de Cetina se le han buscado fuentes en Italia: poemas de Strozzi y Poliziano. También, Cejador señaló un villancico castellano, incluido en el *Romancero general*:

> Aunque, con semblante airado,
> me miréis, ojos serenos,
> no me negaréis al menos
> que vos me habéis mirado.

Desde el comienzo, este «Madrigal» de Cetina alcanzó gran popularidad: fue traducido, imitado y vuelto «a lo divino», como entonces era habitual. (Dámaso Alonso ha demostrado que la poesía «a lo divino» influye nada menos que en san Juan de la Cruz.)

Ayudó a su popularidad el hecho de que pasó muy pronto a la música: lo musicaliza uno de nuestros más grandes compositores del Renacimiento, Francisco Guerrero (1528-1599). En la música contemporánea, es uno de los elegidos por Cristóbal Halffter en su obra *Tres poemas de la lírica española* (1986), un encargo de la Orquesta Filarmónica de Berlín.

Conviene fijarse en que Cetina no describe o elogia los ojos de la mujer amada sino que les habla a ellos, directamente, convertidos en símbolo de toda la persona, como si pudieran escucharle. Por eso, los increpa, en los tres primeros versos. Pasa luego, en el verso cuarto, a una sugerencia o súplica: «No me miréis con ira». Concluye resignándose, con un juego ingenioso: «Ya que así me miráis, miradme, al menos».

El éxito del poema le impulsó a Cetina a escribir otro, algo así como su continuación o segunda parte, que también incluyo aquí. De nuevo, se dirige al mismo interlocutor: «Cubrid los bellos ojos...».

En este caso, utiliza la metáfora continuada de la deslumbrante luz del sol, con un nuevo juego de ingenio: esa luz es más hermosa precisamente cuando no nos está hiriendo de modo directo, sino que se intenta ocultarla («mientras se cela») pero sigue iluminándonos, dulcemente tamizada. Es algo semejante a lo que hace la dama, cuando cubre los ojos con su mano, para no deslumbrar al que los admira.

También había utilizado Gutierre de Cetina esta metáfora en una *Canción*:

> Que, si el sol no se puede
> mirar porque su luz la vista excede,
> la mano puesta en medio es el remedio
> y, así, a vuestra beldad, la ausencia es medio.

La abundancia de coincidencias y de posibles fuentes no resta ningún valor a este poema: lo que cuenta no es la originalidad sino la felicidad expresiva (ya lo vimos a propósito de las *Coplas* de Jorge Manrique).

En cualquier obra literaria, sea larga o corta, Pero Grullo nos dice que es fundamental un comienzo atractivo y un final «redondo», que cierre la obra con lógica y con belleza. En el caso del famoso «Madrigal», creo que son decisivos los dos adjetivos que utiliza Cetina, en el primer verso, para describir esos «ojos»: son «claros» y «serenos». Ese verso es el que muchísimos españoles se sabían de memoria, antes de que llegara la actual y bárbara pedagogía.

Esa pareja de adjetivos, «claros» y «serenos», nos sitúa plenamente dentro de la estética del Renacimiento, tan atractiva: armonía y calma; todo encaja con naturalidad en un mundo de tranquila belleza. Es lo mismo que sentimos al contemplar un cuadro de Botticelli o de Leonardo y al escuchar una canción de aquella época, acompañada a la vihuela.

La belleza renacentista no pasa de moda; el «Madrigal» de Gutierre de Cetina parece escrito ayer mismo... Cabe aplicarle los versos de Octavio Paz: «Tus ojos son... silencio que habla».

«Madrigal»

I
Ojos claros, serenos,
si de un dulce mirar sois alabados,
¿por qué, si me miráis, miráis airados?
Si, cuanto más piadosos,
más bellos parecéis a aquel que os mira,
no me miréis con ira,
porque no parezcáis menos hermosos.
¡Ay, tormentos rabiosos!
Ojos claros, serenos,
ya que así me miráis, miradme al menos.

II
Cubrid los bellos ojos
con la mano que ya me tiene muerto,
cautela fue, por cierto,
que así doblar pensasteis mis enojos.
Pero de tal cautela,
harto mayor ha sido el bien que el daño,
que el resplandor extraño
del sol se puede ver mientras se cela.
Así que, aunque pensasteis
cubrir vuestra beldad única, inmensa,
yo os perdono la ofensa,
pues, cubiertos, mejor verlos dejasteis.

LA «LUZ NO USADA» Y LA MÚSICA DE LAS ESFERAS

Fray Luis de León
«A la vida retirada»

En Salamanca, después de admirar la maravillosa filigrana plateresca de la fachada de la Universidad Vieja, el viajero debe entrar en el edificio y visitar el aula donde fray Luis de León (1527-1591) daba sus clases. Es una sala rectangular, más ancha que larga. Cuentan que allí asistió el emperador Carlos V a una lección de Francisco de Vitoria, el creador del Derecho Internacional.

Al fondo del aula está el púlpito, con la cátedra –el asiento del maestro– y el alto atril, para colocar el libro que comentaba. (En eso consistía una lección, en nuestro Siglo de Oro.) Allí –se supone– pronunció su famosa frase, después de cuatro años en la cárcel: «Decíamos ayer...». Sin ninguna retórica, allí sentimos lo grande que ha sido España.

En el aula de fray Luis, al viajero le llamarán la atención los muebles de época. Sólo son largas vigas de madera rudimentarias, apenas desbastadas, las mismas que servían a los alumnos como pupitre y asiento. (En aquella época, en muchas universidades, los alumnos se sentaban en el suelo.) Imaginamos el privilegio que era, para los estudiantes, escuchar a un personaje tan extraordinario como fray Luis de León...

Unas inscripciones, en la madera, nos devuelven a la realidad. Mientras el agustino daba su clase, algunos alumnos tallaban en la madera, con una navajita, lo que más les importaba: algunos nombres de chicas... Unamuno, que fue rector de esa universidad, escribió sobre esto unos hermosos versos:

> Allí, Teresa, Soledad, Mercedes,
> Carmen, Olalla, Concha, Blanca o Pura,
> nombres que fueron miel para los labios,
> brasa en el pecho [...].

> Y, cuando el maestro calla, aquellos bancos
> dicen amores...

En su *Libro de retratos* (1599), Francisco Pacheco, maestro y suegro de Velázquez, hace un precioso dibujo a lápiz de fray Luis de León y también describe su carácter:

> En lo moral, el hombre más callado que se ha conocido, si bien de singular agudeza en sus dichos, con extremo abstinente y templado en la comida, bebida y sueño; de mucho secreto, verdad y fidelidad, puntual en palabras y en promesas, compuesto, poco o nada risueño.

¡Qué bien escribían en nuestro Siglo de Oro hasta los pintores! Coincide este retrato de fray Luis con el que hace Dámaso Alonso, uno de sus mejores estudiosos: tenía la «comezón de apasionada crítica, de intervenir en todo, de armar una ojeriza sobre una nonada». No era de piedra sino «un humanísimo ser de carne y hueso».

Fray Luis era orgulloso, consciente de «haber abierto un camino no usado». Todos los testimonios dicen que fue vehemente, hasta colérico: un luchador que aspiró siempre a la serenidad, sin lograrla nunca. Coinciden la mayoría en considerarlo un asceta, no un místico. (Sí reivindica para él este título el poeta Antonio Colinas, gran admirador suyo.)

Eligió fray Luis como emblema una carrasca, la rama desmochada de una encina, y el hacha que lo hizo, con esta inscripción: «Ab ipso ferro». Lo glosa así:

> Que, de ese mismo hierro que es cortada,
> cobra vigor y fuerza renovada.

A la monja Ana de Espinosa le pidió que «le envíe una caja de esos polvos que ella solía hacer... para mis melancolías y pasiones de corazón».

Nació fray Luis probablemente en 1527, el mismo año que Felipe II y que Arias Montano, su buen amigo; veinticinco años después que Garcilaso; en la época de Herrera y san Juan de la Cruz. Era descendiente de judeo-conversos.

Vivió en la segunda mitad del siglo XVI, en lo que se ha llamado el Renacimiento cristiano, cuando, al haber fracasado el sueño de un imperio europeo de Carlos V y su intento de concordia religiosa, el Concilio de Trento había reaccionado contra la reforma protestante: una etapa en que la sociedad –no sólo la española– se cierra. Resume Rafael Lapesa: «Europa entera se viste de negro».

En 1544, a los catorce años, entró fray Luis en el convento de los agustinos de Salamanca; en 1551, se ordenó sacerdote. Estudió en la Universidad de Salamanca: parece que fue discípulo de Melchor Cano; continuó la línea de Francisco de Vitoria y de la Escuela de Salamanca, que unía teología y humanismo. Aspiró a varias cátedras, en esa universidad: fracasó alguna vez, pero obtuvo las de Santo Tomás, Durando y, en 1579, la cátedra de Biblia, que desempeñó hasta su muerte.

Fue condenado por la Inquisición y estuvo en la cárcel de Valladolid cuatro años, de 1572 a 1576, fecha en que pudo volver a sus clases. Volvió a ser denunciado a la Inquisición en 1578: lo absolvieron, pero le recomendaron prudencia.

¿Por qué encarcelaron a fray Luis? Además de las rivalidades entre órdenes religiosas –y del carácter de fray Luis, no hay que olvidarlo– había un problema de fondo: él era partidario de basar la exégesis bíblica en los textos originales hebreos, no en la versión latina (Vulgata); también, quería usar la lengua romance, para acercar más la Biblia al pueblo: por ejemplo, sin la obligada licencia tradujo el Cantar de los Cantares.

Una arraigada tradición le atribuye haber dejado escritos estos versos en la pared de su celda, al abandonarla:

> Aquí, la envidia y mentira
> me tuvieron encerrado.
> ¡Dichoso el humilde estado
> del sabio que se retira
> de aqueste mundo malvado
> y, con pobre mesa y casa,

> en el campo deleitoso
> con sólo Dios se compasa,
> y a solas su vida pasa,
> ni envidiado ni envidioso.

En su madurez, le encargaron la censura de las obras de santa Teresa de Jesús. Además de aprobarlas, escribió una carta-prólogo al *Libro de la vida* de la santa, que incluye una frase en la que fray Luis respira por la herida:

> En el juzgar de las cosas, se debe atender a si ellas son buenas en sí y convenientes para sus fines, y no a lo que hará de ellas el mal uso de algunos. Que, si a esto se mira, ninguna hay tan santa que no se pueda vedar.

Es lógico suponer que las denuncias, los procesos y el encarcelamiento supusieron para él una prueba muy dura: algo que le afectó mucho, en su carácter, y que se refleja en su obra.

Fue fray Luis un sabio y un extraordinario escritor, en prosa y en verso. Durante su vida, estuvo siempre metido en polémicas. Él significa, para España, la cumbre del humanista cristiano.

Su reconocimiento ha sido unánime: Lope le proclamó «el honor de la lengua castellana»; Quevedo, «el mejor blasón de la lengua castellana». Modernamente, escribe Menéndez Pelayo: «Nadie ha volado tan alto ni infundido, como él, en las formas clásicas, el espíritu moderno». Y Azorín: «Como estilo, es, sencillamente, un prodigio... Un espíritu libre, independiente, modernísimo».

Recientemente, lo han definido con acierto dos buenos amigos míos. Para Francisco Rico, fue un gran poeta neolatino en romance. Según Alberto Blecua, quiso ser, y lo fue, el primer poeta humanista español en lengua vulgar. Coinciden los dos en que, además de deleitarnos con su poesía, debemos situarla dentro de la adecuada perspectiva, la del humanismo clásico. Como dice uno de sus recientes editores, Antonio Ramajo, «cuando escribe, tiene la mente llena de Virgilio y Horacio».

En latín, escribió fray Luis una veintena de tratados teológicos. Tradujo, en prosa y en verso, la *Exposición del libro de Job*; en octavas, el Cantar de los Cantares; también, poemas de Virgilio, Horacio, Petrarca, Pietro Bembo...

En prosa castellana, escribió *La perfecta casada*, basada en la Biblia y en Luis Vives. También, *De los nombres de Cristo*, que utiliza el esquema del diálogo humanístico para comentar los nombres que le da la Biblia: «Monte, Pimpollo, Brazo de Dios, Cordero, Príncipe de Paz».

En esta obra, expone su ideal estilístico de naturalidad y selección, muy semejante al de Juan de Valdés, en unas frases memorables, plenamente vigentes:

> En las palabras, elige las que todos hablan, las que convienen, y mira el sonido de ellas y aún cuenta a veces, las pesa y las mide y las compone para que no solamente digan con claridad lo que pretenden decir sino también con armonía y dulzura.

Para un lector actual, los poemas son, sin duda, lo más atractivo, dentro de la obra literaria de fray Luis de León. Tenía él un altísimo concepto de la poesía, a la que atribuye un origen divino:

> Es una comunicación del aliento celestial y divino [...] para que el estilo del decir se asemeje al sentir, y las palabras y las cosas fuesen conforme.

No publicó fray Luis en vida sus poesías. Las editó Quevedo, en 1631, junto con las de Francisco de la Torre, como una triaca contra el «veneno» del culteranismo gongorino. ¿Por qué? No se sabe. Sí parece cierto que sus poemas circularon mucho, en manuscrito: Cristóbal Cuevas ha localizado nada menos que ochenta y siete.

En 1581, fray Luis completó su *corpus* poético y lo dedicó a su amigo Pedro de Portocarrero. Escribió entonces unas frases que se han repetido mucho:

> Entre las ocupaciones de mis estudios, en mi mocedad y casi en mi niñez, se me cayeron de entre las manos estas obrecillas [...] a las cuales me apliqué más por inclinación de mi estrella que por juicio o voluntad.

Lo hizo así porque conocía «los juicios errados de muchas gentes»; para evitar «ponerme por blanco a los golpes de mil juicios desvariados (...) siendo yo de mi naturaleza aficionado al vivir encubierto, que, después de tanto como viví en este reino, son tan pocos los que me conocen en él (...). Mi gusto era vivir desconocido».

Basándose en estas frases, muchos críticos atribuyeron a los poemas de fray Luis una fecha temprana, juvenil. Hoy, esta perspectiva ha cambiado mucho: son mayoría los que creen que esas frases se deben a una lógica cautela, parecida a la que utiliza muchas veces Cervantes, y creen que las escribió –al menos, en su forma definitiva– en la madurez, después de la dura experiencia de la cárcel.

Dámaso Alonso señala un grupo de poemas que parecen reflejarlo y Emilio Alarcos lo apoya, basándose en criterios formales. Eso no quiere decir que se deba a la prisión todo el desengaño que reflejan algunos poemas suyos, que tienen también unas fuentes clásicas indudables.

He elegido yo uno de los poemas más populares de fray Luis, la oda que suele llevar el número 1, «A la vida retirada». Igual que otros poemas que he comentado, hace años, en el colegio solíamos aprender de memoria su comienzo:

> Qué descansada vida
> la que huye del mundanal ruido...

Eso no nos causaba ningún perjuicio. Me temo que, hoy día, ya no sucede.

Escribió fray Luis este poema en liras, una estrofa de origen italiano. Alterna versos de siete y once sílabas, que riman así, en consonante: 7a, 11B, 7a, 7b, 11B. Ya la había nacionalizado Garcilaso, en su canción «A la flor de Gnido»:

Si de mi baja lira
tanto pudiese el son, que en un momento
aplacase la ira
del animoso viento
y la furia del mar y el movimiento.

Cultivaron la lira con maestría san Juan de la Cruz (por ejemplo, en la *Noche oscura del alma*) y fray Luis de León. Con su ritmo quebrado, la lira le obliga a éste a recurrir al hipérbaton (alteración del orden de las palabras) y a los encabalgamientos abruptos, prolongando la frase de un verso al siguiente.

En su gran libro *Literatura europea y Edad Media latina* (1948), el crítico alemán Ernst Robert Curtius defendió que la primera derivaba de la segunda y propugnó el método de los *tópoi* o lugares comunes, que persisten, a lo largo de los siglos. Lo aplicó a la literatura española, en 1966, Otis H. Green en su libro *España y la tradición occidental.*

En la oda «A la vida retirada», de fray Luis, se aprecian claramente cinco de estos grandes temas: 1/ *Beatus ille.* 2/ *Locus amoenus.* 3/ *Aurea mediocritas.* 4/ Bucolismo. 5/ «Vivir quiero conmigo».

La primera fuente clásica es evidente: el *Beatus ille*, de Horacio (Épodos, 2, 1): «¡Qué descansada vida...!». Ya lo había recreado Garcilaso, en su «Égloga II»:

¡Cuán bienaventurado
aquél puede llamarse
que con la dulce soledad se abraza
y vive descuidado!...

Propone Horacio abandonar los negocios y liberarse de deudas, volviendo al campo. No tienen en cuenta Garcilaso ni fray Luis la ironía horaciana de que ese consejo lo dé un usurero...

Hace años, algunos críticos pusieron en relación este poema de fray Luis con el retiro de Carlos V a Yuste: hoy, es una teoría desechada.

A eso une fray Luis la influencia del Salmo número 1, *Beatus vir*, que él también tradujo:

Es bienaventurado
varón, el que en concilio malicioso
no anduvo descuidado
ni el paso perezoso
detuvo del camino peligroso.

Como precisa Rafael Lapesa, a la versión de Garcilaso añade fray Luis dos cosas importantes: el sentimiento religioso y las referencias a la sabiduría.

El segundo gran tema es el del *locus amoenus*, basado en los *Idilios* de Teócrito y en las *Bucólicas* de Virgilio: el lugar idílico en el que reinan la belleza y la tranquilidad. Es algo cercano a la nostalgia del jardín del Edén.

En su «Égloga III», canta Garcilaso:

Cerca del Tajo, en soledad amena,
de verdes sauces hay una espesura...

El apasionado fray Luis estalla en exclamaciones: «¡Oh monte, oh fuente, oh río!...».

Uno de los ideales estoicos es la *aurea mediocritas,* la dorada medianía: lo contrario de la *hybris* griega, la desmesura, que siempre atrae el castigo de los dioses. Ícaro es el ejemplo mitológico frecuente: por querer volar demasiado alto, el Sol derritió la cera de sus alas y cayó al mar. Escribe fray Luis:

A mí una pobrecita
mesa, de amable paz bien abastada,
me basta.

El cuarto gran tema, muy relacionado con el *locus amoenus*, es el bucolismo: preferir la vida campesina a la cortesana. En el Renacimiento español, alcanzó gran difusión, por ejemplo, el libro de fray Antonio de Guevara, *Menosprecio de corte y alabanza de aldea* (1539).

Una de las estrofas más populares del poema de fray Luis es la novena, que evoca su huerto, la Flecha, situado en las afueras de Salamanca:

> Del monte en la ladera
> por mi mano plantado tengo un huerto...

Muy atractivo, pero más enigmático, es el tema que abre la estrofa octava: «Vivir quiero conmigo...». Se aleja del uso habitual de la lengua, pero su sentido está claro: la voluntad de retirarse del ajetreo de la vida social y bastarse a uno mismo. Como ha aclarado Francisco Rico, es una de las grandes metas de la sabiduría estoica, la llamada *apatheia*: liberarse de las pasiones.

Para Séneca, «el primer índice de una mente serena es que pueda permanecer en un lugar y habitar consigo mismo». La máxima de Cicerón coincide todavía más con el verso de fray Luis: «Secum ese, secum vivere» («ser consigo mismo, vivir consigo mismo»).

La oda de fray Luis refleja lo que él ha vivido, pero también, por supuesto, lo que él ha leído: su cultura humanística. Es un poema perfectamente estructurado, en diecisiete estrofas. Conviene repasarlas, con breves comentarios.

La primera plantea el tema central del poema, en forma exclamativa. Aparece ya aquí el dualismo básico, que se repetirá con variantes: lo «mundanal» frente a los «sabios». Sentencia Horacio: «Odi profanum vulgus» («odio al vulgo ignorante»).

Lo mundano es el desagradable «ruido», frente al placentero «manso ruido» del aire, en el huerto (estrofa decimosegunda) y, por supuesto, frente al «son dulce» de la música divina, al final.

Lo contrario de lo mundano –según fray Luis– es «la escondida senda». Horacio, en las *Epístolas*, dice exactamente lo mismo: «Secretum iter».

También menciona positivamente fray Luis a «los pocos sabios». Parece referirse a los filósofos antiguos, añadiendo un claro eco de lo que transmite el Evangelio de san Mateo (VII-14):

«Porque estrecha es la puerta y angosto el camino que lleva a la vida y pocos son los que la hallan». (En el siglo XX, André Gide titula *La puerta estrecha* su confesión íntima.)

En la segunda estrofa, el sabio está libre de la envidia, no le importa la soberbia de los poderosos. Es lo mismo que dice Horacio (Épodos, II, 7-8): «Superba civium» («la soberbia de los ciudadanos»).

En medio de tantas referencias bíblicas y grecolatinas, propias de la común cultura europea, aparece ahora una referencia peculiar española. Para expresar que el sabio tampoco envidia el lujo, recurre fray Luis a un ejemplo peculiar de nuestra tierra: el «dorado techo... del sabio moro».

En efecto, los preciosos techos de madera son peculiares de la arquitectura hispanomusulmana: podemos seguir admirándolos hoy en Granada, Teruel, Segovia... (Últimamente, un arquitecto especializado en carpintería, Enrique Nuere, ha logrado reproducirlos, con la ayuda de un programa informático.)

En la estrofa tercera, continúa el dualismo: el sabio busca «la verdad sincera»; el hombre mundano, «la fama» y la adulación («la lengua lisonjera»). Pero el poeta no desdeña la gloria literaria que corona el mérito auténtico: por eso es «coronado», en la última estrofa.

En forma interrogativa, cuestiona fray Luis, en la estrofa cuarta, el valor de la opinión ajena, a la que califica de inestable «viento», en contraste con el suave «aire» que «el huerto orea» (estrofa decimosegunda). Es mala, sobre todo, por los efectos perniciosos que causa, al que la busca:

> Ando desalentado,
> con ansias vivas, con mortal cuidado.

Una nueva exclamación abre la siguiente estrofa, la quinta: en la soledad y en el refugio de la naturaleza, el sabio no sólo alcanza la contemplación; además, disfruta de encontrarse amparado, tras un peligroso viaje.

El ansiado «seguro» tiene un doble sentido: es algo apartado, oculto a los demás, pero también alude a «acogerse a sagrado» alguien que es perseguido: una práctica vigente hasta el siglo XX. Y ese «seguro» es calificado como «almo»; es decir, algo excelente, benéfico.

El símbolo contrario es el del barco, «casi roto», por la furia del mar. Es algo contrario a lo que dice Espronceda en «La canción del pirata»: el barco, como un tesoro; el mar, como símbolo de libertad. También es un símbolo positivo el barco cuando hablamos del Arca de Noé, de la nave de la Iglesia...

Opinan algunos que la visión negativa del mar que da fray Luis tiene que ver con algo que sucedía en aquel momento: la ambición de los que se embarcaban en busca del oro de América. Creo que es un símbolo muy anterior y que tiene muchos significados. (Hace años, José Manuel Blecua publicó una preciosa antología: *El mar en la poesía española*.)

Habla fray Luis en su poema del «mar tempestuoso». Es casi igual a lo que dice su fuente básica, el *Beatus ille* de Horacio: «Iratum mare» («mar airado»). Y lo repite Ovidio: «Ira maris» («la ira del mar»).

La Iglesia aceptó este simbolismo. San Gregorio Magno, el papa que ha dado nombre a la música gregoriana, describe así su entrada en un monasterio: «Escapé del naufragio de la vida».

Pasó esto a formar parte de la cultura occidental, incluida la española. Lo vemos en la lírica tradicional:

> Aguas de la mar,
> miedo he,
> que en vosotras moriré.

Es frecuente, después de fray Luis, en la lírica barroca. Por ejemplo, Quevedo exhorta a una nave: «¿Dónde vas, ignorante navecilla?». Y Carrillo y Sotomayor:

> ¡Oh rotos leños y mojado lino,
> honor a la ambición más lisonjera!

Era tradicional oponer a los riesgos del mar la sombra de un árbol, benéfica y no mudable. Llega eso hasta una de las más hermosas arias de Händel, «Ombra mai fu» («Nunca hubo una sombra...»), de la ópera *Jerjes*: muchos creen que se trata de una canción de amor, pero, en realidad, está dirigida a la apacible sombra que da un plátano.

La estrofa sexta se inicia con un canto a la tranquilidad del sabio. Como señaló Emilio Alarcos, el foco se centra en el complemento directo («un sueño, / un día») que precede al verbo («quiero»). Se opone a la segunda parte de la lira: «No quiero...». El sabio busca la tranquilidad, desprecia la opinión de los nobles y de los ricos. Lo repite fray Luis en la «Oda a Salinas»:

El oro desconoce
que el vulgo vil adora.

La estrofa séptima canta la tranquilidad del sabio, que duerme en paz:

Despiértenme las aves
con su cantar sabroso...

Ya Horacio cantaba «el trino inaugurado de los pájaros». Es un canto «no aprendido»: la música de la naturaleza.

Comienza la estrofa octava con ese sorprendente verso que ya he comentado: «Vivir quiero conmigo». Defiende fray Luis la independencia del individuo, la vida interior, la alegría orgullosa que se gana por el dominio de sí mismo.

A Bías y a Séneca se les atribuye la máxima latina: «Omnia mea mecum porto» («todo lo mío lo llevo conmigo»). Un lector actual recuerda, sin duda, cómo se describe Antonio Machado, al final de su poema «Retrato»: «ligero de equipaje».

Así, el sabio consigue liberarse de todo lo que puede perturbarle, que resume fray Luis en cinco términos:

De amor, de celo,
de odio, de esperanzas, de recelo.

En la estrofa novena, introduce la famosísima y preciosa descripción de su huerto: «Del monte en la ladera...». Una vieja tradición literaria elogia a la naturaleza como el ámbito adecuado para dirigirse a Dios. A eso añade el poema algunos preciosos detalles realistas. Acierta en su escueta calificación Jorge Guillén: nos da aquí fray Luis «maravillas concretas».

Siguiendo con el huerto, las dos liras siguientes (décima y undécima) se centran en «una fontana pura». El simbolismo de la fuente es bien conocido: la vida, la purificación (recuérdese el mito de la fuente de la eterna juventud). Para Jung, la fuente simboliza la vida interior, el origen de todo.

El cristianismo llama a Cristo y a la Virgen «fuente viva». Por eso, al final de los tiempos, se secarán las fuentes. En el Apocalipsis 16, 4, «el tercer ángel derramó su copa sobre las fuentes de las aguas y se convirtieron en sangre». También en el Paraíso islámico hay una fuente, de la que nacen cuatro ríos (como en el Patio de los Leones, de la Alhambra).

En la lírica popular castellana, la fuente va unida muchas veces al amor. Señalo un solo ejemplo:

En la fuente del rosel
lavan la niña y el doncel [...].
Él a ella y ella a él.

Del amor humano pasa este símbolo al amor divino san Juan de la Cruz, tan cercano a fray Luis: «La fuente que mana y corre / aunque es de noche».

Insiste luego fray Luis en temas ya mencionados: orea el huerto un aire suave (estrofa duodécima), no un temible viento (estrofa cuarta). Se escucha «un manso ruido», no el «mundanal ruido» (estrofa primera), ni «el cierzo y el ábrego» (estrofa decimotercera). Se olvidan allí la riqueza y el poder. Insiste el poeta –como en la estrofa quinta– en los riesgos de embarcarse en un «falso leño»: pueblan el mar los náufragos (estrofa decimocuarta). La sabiduría consiste en limitar los deseos (estrofa decimoquinta).

La última estrofa completa el sentido de toda la oda: el que siga estos consejos será coronado con una doble corona: de hiedra, como sabio, y de laurel, como poeta. Y podrá escuchar una música maravillosa:

Al son dulce, acordado,
del plectro, sabiamente meneado.

Conviene fijarse bien en las palabras elegidas por el poeta. No escuchará un «ruido» (estrofa primera) sino un son «acordado», armónico. Para el instrumento musical, escoge ahora un cultismo, «plectro»: la púa, para tocar los instrumentos de cuerda.

Expone aquí fray Luis de León una muy difundida teoría, la de la música de las esferas. Su origen está en la doctrina pitagórica: el movimiento de los cuerpos celestes se rige por proporciones numéricas, musicales. Surge así la noción del cosmos como armonía.

Boecio distingue tres clases de música: la mundana, no aprendida (por ejemplo, la de las aves, que menciona fray Luis); la del ser humano, como un pequeño microcosmos; y la instrumental (lo que hoy solemos llamar música).

Añaden los neoplatónicos que la música nos devuelve la memoria perdida y nos conduce a su primera fuente: el demiurgo, que ordena así el mundo. Fray Luis de León lo cristianiza: ese demiurgo es Dios, que toca su divino instrumento.

Lo explica con claridad y belleza en la oda que dedica a Salinas, el músico ciego, su gran amigo. (En la Catedral Vieja de Salamanca podemos ver el órgano que él tocaba, adornado con una talla del árbol de Jesé, la genealogía de Jesús.) El comienzo de la oda ya es deslumbrante:

El aire se serena
y viste de hermosura y luz no usada,
Salinas, cuando suena,
la música extremada,
por vuestra sabia mano gobernada.

Sólo un extraordinario poeta ha podido imaginar la «luz no usada» de la música... Al escucharla, el alma, «que en olvido está sumida», recupera la perdida memoria de su origen (platonismo). En un movimiento vertiginoso, esa música «traspasa el aire todo / hasta llegar a la más alta esfera». Allí, escucha, maravillada, una nueva melodía: la que está tocando «el gran maestro», en una «inmensa cítara». Y las dos músicas se unen, en una «dulcísima armonía».

Nunca ha estado tan cerca fray Luis de León de la mística. Ya no es el personaje vehemente, colérico, que anhela la paz, sin alcanzarla nunca. La poesía y la música le han conducido hasta el mismo Dios.

Volverá luego a sufrir las envidias y calumnias, pero ya ha descubierto la única verdad. Por eso, le escribe a su amigo: «No siempre es poderosa, / Carrero, la maldad». Sabe que, por mucho que lo intenten, al varón justo «jamás le harán daño». Y, con belleza extraordinaria, nos transmite esa esperanza.

«A la vida retirada»

1. ¡Qué descansada vida
la que huye del mundanal ruido
y sigue la escondida
senda por donde han ido
los pocos sabios que en el mundo han sido!

2. Que no le enturbia el pecho
de los soberbios grandes el estado,
ni del dorado techo
se admira, fabricado
del sabio moro, en jaspe sustentado.

3. No cura si la fama
canta con voz su nombre pregonera,
ni cura si encarama
la lengua lisonjera
lo que condena la verdad sincera.

4. ¿Qué presta a mi contento
si soy del vano dedo señalado;
si, en busca de este viento,
ando desalentado,
con ansias vivas, con mortal cuidado?

5. ¡Oh monte, oh fuente, oh río!
¡Oh secreto seguro, deleitoso!
Roto casi el navío,
a vuestro almo reposo
huyo de aqueste mar tempestuoso.

6. Un no rompido sueño,
un día puro, alegre, libre quiero;
no quiero ver el ceño
vanamente severo
de a quien la sangre ensalza o el dinero.

7. Despiértenme las aves
con su cantar sabroso, no aprendido;
no los cuidados graves
de que es siempre seguido
el que al ajeno arbitrio está atenido.

8. Vivir quiero conmigo,
gozar quiero del bien que debo al cielo,
a solas, sin testigo,
libre de amor, de celo,
de odio, de esperanzas, de recelo.

9. Del monte en la ladera,
por mi mano plantado tengo un huerto
que, con la primavera,
de bella flor cubierto,
ya muestra en esperanza el fruto cierto.

10. Y, como codiciosa
por ver y acrecentar su hermosura,
desde la cumbre airosa,

una fontana pura
hasta llegar, corriendo se apresura.

11. Y luego, sosegada,
el paso entre los árboles torciendo,
el suelo de pasada,
de verdura vistiendo
y con diversas flores va esparciendo.

12. El aire el huerto orea
y ofrece mil olores al sentido,
los árboles menea
con un manso ruïdo
que del oro y del cetro pone olvido.

13. Ténganse su tesoro
los que de un falso leño se confían;
no es mío ver el lloro
de los que desconfían
cuando el cierzo y el ábrego porfían.

14. La combatida antena
cruje, y en ciega noche el claro día
se torna, al cielo suena
confusa vocería
y la mar enriquecen a porfía.

15. A mí una pobrecilla
mesa, de amable paz bien abastada,
me basta y la vajilla
de fino oro labrada
sea de quien la mar no teme airada.

16. Y mientras miserable-
mente se están los otros abrasando
con sed insacïable
del peligroso mando,
tendido yo a la sombra esté cantando.

17. A la sombra tendido,
de hiedra y lauro eterno coronado,
presto el atento oído
al son dulce, acordado,
del plectro, sabiamente meneado.

UN CANTO REGOCIJADO A LA ALEGRÍA DE VIVIR

Baltasar del Alcázar
«Cena jocosa»

Algunos escritores aciertan rotundamente al escribir una obra; eso tiene el inconveniente de que los lectores lo identifiquen con ella, relegando las otras que escribió. Así le sucede a Jorge Manrique (las «Coplas a la muerte de su padre») y, por supuesto, a Cervantes (*El Quijote*). En la música española, sería el caso de Albéniz (la *Iberia*) y de Rodrigo (el *Concierto de Aranjuez*).

Lo mismo le ocurre a Baltasar del Alcázar (1530-1606): su «Cena jocosa» es, dentro de su género (burlesco) y de su tema (gastronómico), una obra maestra, que alcanzó enorme popularidad. Antes, cuando en las escuelas se fomentaba aprender poemas, muchos españoles se sabían de memoria algún fragmento; sobre todo, el comienzo y el final.

También fue muy popular otra de sus letrillas irónicas, sobre un tema semejante:

Tres cosas me tienen preso
de amores el corazón:
la bella Inés, el jamón
y berenjenas con queso.

No por eso debemos menospreciar su poesía. Ya el Arcipreste de Hita, en su *Libro de Buen Amor,* incluye un brillante episodio humorístico sobre un tema gastronómico: la batalla de don Carnal y doña Cuaresma:

De mí doña Cuaresma, justicia de la mar,
alguacil de las almas que se habrán de salvar,
a ti, Carnal goloso, que nunca te has de hartar,
el Ayuno, en mi nombre, te va a desafiar.

De hoy en siete días, a ti y a tu mesnada
haré que en campo abierto batalla sea dada;
hasta el Sábado Santo habrá lid continuada,
de muerte o de prisión no tendrás escapada.

No olvidemos que los humanistas del Renacimiento, desde Erasmo, eran fervientes defensores de la cultura popular, en sus múltiples manifestaciones.

Como era habitual en la época, Baltasar del Alcázar fue poeta y soldado. Lo elogiaron Juan de la Cueva, Jáuregui, Cervantes, Gracián... Pintó su retrato Pacheco, el maestro y suegro de Velázquez. Pertenecía a la llamada «escuela sevillana de la sal». Unía la influencia latina (de los epigramas de Marcial) con un tono aparentemente popular. Quizá alguno de sus poemas burlescos influyó en Quevedo.

En mi libro *Las cien mejores poesías taurinas,* comento yo otro divertido poema de Baltasar del Alcázar, «A la fiesta de toros en Los Molares», en el que describe con óptica caricaturesca, antecedente de Eugenio Noel o de Camilo José Cela, la que él presenció en ese pueblo sevillano, cercano a Utrera, del que le habían nombrado alcaide.

El poema «Cena jocosa» está escrito en redondillas, una de las estrofas españolas más populares y más fáciles de recordar: cuatro octosílabos que riman abba. Con aparente sencillez, presenta una escena costumbrista, cercana a los bodegones de la pintura española y flamenca de la época: alguien va a contarle una historia a una mujer, pero se interrumpe para extenderse en el elogio de una serie de manjares.

En el Siglo de Oro, los españoles tenían fama de frugales, en la comida y en la bebida diarias, en contraste con la abundancia de que se gozaba en los banquetes y festines. La base de la alimentación eran las legumbres y la carne, pero se cumplía rigurosamente la vigilia. El pescado, generalmente, se comía seco o en escabeche (sólo los más ricos podían permitirse comerlo fresco). El plato nacional era la olla, con muchas variantes, según la época del año y el poder adquisitivo de cada familia.

La bebida por excelencia era el vino; se bebía sobre todo en las tabernas, vigiladas por los alguaciles (los taberneros tenían fama de aguarlo y de mezclar los vinos caros con los baratos).

Se ha estudiado mucho la gastronomía que se menciona en *El Quijote*. Al comienzo de la novela, para caracterizar al personaje como un *hidalgo* (la categoría inferior de la nobleza), Cervantes nos cuenta lo que solía comer:

> Una olla de algo más vaca que carnero, salpicón las más noches, duelos y quebrantos los sábados, lentejas los viernes, algún palomino de añadidura los domingos consumían las tres partes de su hacienda.

El menú de la «cena jocosa» que comenta Baltasar del Alcázar se compone de ensaladilla y salpicón, como entrantes; de plato fuerte, la morcilla; finalmente, queso y aceitunas; además, naturalmente, del pan y el vino. Todos ellos son manjares populares, no refinados pero muy sabrosos.

Comento algunos. El queso extremeño pinto, curado en aceite, tenía un sabor algo picante, que está reclamando la bebida.

Para subrayar el atractivo de la morcilla, usa el poeta algunas exclamaciones retóricas; la llama «gran señora, digna de veneración». Igual solemnidad irónica tiene el elogio de las tabernas:

> Delicada fue
> la invención de la taberna.

También muestra su virtuosismo verbal resumiendo, en una enumeración de verbos, lo que él suele hacer, en la taberna:

> Porque allí llego sediento,
> pido vino de lo nuevo,
> mídenlo, dánmelo, bebo,
> págolo y voyme contento.

Dejando aparte la ironía, el lenguaje y el tono del poema son populares, fáciles de entender. Para el lector actual, algunas palabras han quedado anticuadas, necesitan explicación.

Llamaban *salpicón* a un guiso de carne, pescado o marisco, cortado en trozos y adobado. *Ajuelo* es el ajo, tan frecuente siempre en la cocina española, para horror de algunos cursis viajeros extranjeros (hasta Victoria Beckham, hace pocos años, se quejaba de eso). El *tufo* es, en este caso, el buen aroma de la comida.

Al comentar la bebida, el *franco toque* significa una prueba generosa. El *aloque* era un vino de color rojo claro; el *cuartillo,* una medida, poco más de un litro.

La venerada morcilla tiene *través* (costados) y *enjundias* (contenido). El vino *trasañejo* era el más añejo; el *pichel,* la jarra.

Para animar a Inés a que se lance a comer y beber, se usa una interjección, ¡sus!: «¡ánimo, a ello!». Por haber bebido bastante, el personaje ya no ve un candil, sino que *remanecen* («aparecen de pronto») *dos.*

Todo el poema respira humor, alegría de vivir: la buena comida y la buena bebida son placeres honestos que no se deben despreciar. El quiebro final cierra brillantemente el círculo, con una inesperada y sabia conclusión:

> Las once dan; yo me duermo:
> quédese para mañana.

«Cena jocosa»

> En Jaén, donde resido,
> vive don Lope de Sosa
> y direte, Inés, la cosa
> más brava dél que has oído.
>
> Tenía este caballero
> un criado portugués...
> pero cenemos, Inés,
> si te parece, primero.
>
> La mesa tenemos puesta;
> lo que se ha de cenar, junto;

las tazas y el vino, a punto;
falta comenzar la fiesta.

Rebana pan. Bueno está.
La ensaladilla es del cielo;
y el salpicón, con su ajuelo,
¿no miras qué tufo da?

Comienza el vinillo nuevo
y échale la bendición:
yo tengo por devoción
de santiguar lo que bebo.

Franco fue, Inés, ese toque,
pero arrójame la bota;
vale un florín cada gota
deste vinillo aloque.

¿De qué taberna se trajo?
Mas ya; de la del cantillo;
diez y seis vale el cuartillo,
no tiene vino más bajo.

Por Nuestro Señor, que es mina
la taberna de Alcocer;
grande consuelo es tener
la taberna por vecina.

Si es o no invención moderna,
vive Dios, que no lo sé;
pero delicada fue
la invención de la taberna.

Porque allí llego sediento,
pido vino de lo nuevo,
mídenlo, dánmelo, bebo,
págolo y voyme contento.

Esto, Inés, ello se alaba;
no es menester alaballo;
sólo una falta le hallo:
que con la priesa se acaba.

La ensalada y salpicón
hizo fin: ¿qué viene ahora?
La morcilla. ¡Oh, gran señora,
digna de veneración!

¡Qué oronda viene y qué bella!
¡Qué través y enjundias tiene!
Paréceme, Inés, que viene
para que demos en ella.

Pues, ¡sus!, encójase y entre,
que es algo estrecho el camino.
No eches agua, Inés, al vino,
no se escandalice el vientre.

Echa de lo trasañejo,
porque con más gusto comas:
Dios te salve, que así tomas,
como sabia, mi consejo.

Mas di: ¿no adoras y precias
la morcilla ilustre y rica?
¡Cómo la traidora pica!
Tal debe tener especias.

¡Qué llena está de piñones!
Morcilla de cortesanos
y asada por esas manos,
hechas a cebar lechones.

¡Vive Dios!, que se podría
poner al lado del rey,
puerco, Inés, a toda ley,
que hinche tripa vacía.

El corazón me revienta
de placer. No sé de ti
cómo te va. Yo, por mí,
sospecho que estás contenta.

Alegre estoy, vive Dios.
Mas oye un punto sutil.
¿No pusiste allí un candil?
¿Cómo remanecen dos?

Pero son preguntas viles;
ya sé lo que puede ser:
con este negro beber,
se acrecientan los candiles.

Probemos lo del pichel.
¡Alto licor celestial!
No es el aloquillo tal,
no tiene que ver con él.

¡Qué suavidad! ¡Qué clareza!
¡Qué rancio gusto y olor!
¡Qué paladar! ¡Qué color,
todo con tanta fineza!

Mas el queso sale a plaza,
la moradilla va entrando,
y ambos vienen preguntando
por el pichel y la taza.

Prueba el queso, que es extremo:
el de Pinto no le iguala;
pues la aceituna no es mala:
bien puede bogar su remo.

Pues haz, Inés, lo que sueles:
daca de la bota llena
seis tragos. Hecha es la cena:
levántense los manteles.

Ya que, Inés, hemos cenado
tan bien y con tanto gusto,
parece que será justo
volver al cuento pasado.

Pues sabrás, Inés hermana,
que el portugués cayó enfermo…
Las once dan: yo me duermo;
quédese para mañana.

EL MISTERIO DE LA POESÍA INEFABLE

San Juan de la Cruz
«Noche oscura»

¿Se puede explicar un poema? Cabe contestar a esta pregunta con dos respuestas radicales. Afirman algunos, de raíz romántica, que es totalmente imposible: como obra de arte, un poema es algo único, indefinible, misterioso, mágico, que se siente o no se siente, nada más. Creen otros, más positivistas, que sí se puede, por supuesto; de hecho, se hace, todos los días, en clases, libros, artículos... A eso, entre otras cosas, se dedican profesores, editores, críticos, suplementos culturales...

El sentido común nos dice que, en un poema, existen bastantes cosas que sí es posible comentar y explicar: los datos de publicación, la biografía del autor, la circunstancia histórica, la métrica, el tema, el estilo... Todo eso, se puede –y se debe– comparar con otros poemas, con otros autores, con otras obras de arte, para señalar semejanzas y diferencias. Pero también afirma el sentido común que la belleza de un poema –de cualquier obra de arte– incluye un elemento irreductible a la explicación lógica, racional.

El resultado de todo este dilema es una evidente paradoja: cuanta menos categoría estética tenga un poema, más fácil será explicarlo; cuanto más hermoso sea, más tendremos que aceptar los comentaristas que llegaremos sólo hasta cierto límite; más allá de eso, sólo nos quedará el goce estético.

Desde otro punto de vista, para acercarnos al secreto de un poema, es bueno que cada lector intente relacionarlo con alguna experiencia que él haya vivido. Según eso, el mayor grado de dificultad y de comprensión lo ofrecerá la poesía mística porque canta el éxtasis, la unión con Dios: algo que ninguno de nosotros hemos experimentado.

Para que el lector no se quede absolutamente fuera de ese mundo poético, el escritor místico tendrá que recurrir a todos los recursos que su imaginación y su experiencia literaria le ofrezcan.

En este sentido, el caso de san Juan de la Cruz (1542-1591) es absolutamente paradigmático: ha vivido la experiencia mística del éxtasis, de salir de sí mismo para unirse con Dios. Además, lo ha expresado en unas obras de extraordinaria profundidad y belleza.

Vivió san Juan de la Cruz en la segunda mitad del siglo XVI: la época de Felipe II; la de ese «renacimiento espiritual» (la expresión de Max Dvořák) que busca la expresión, el sentimiento, más que la belleza clásica. Fue hermano espiritual de grandes artistas como El Greco, Sánchez Coello, Pantoja de la Cruz, Juan de Herrera, Juan de Juni, Francisco Guerrero, Tomás Luis de Victoria, Cristóbal de Morales, Mateo Flecha, Luis de Milán, Luis de Narváez, Alonso de Mudarra, Diego Ortiz, Antonio de Cabezón...

Si negamos los tópicos interesados de la leyenda negra, es evidente que aquélla era una España grande. Y, como declaró tajantemente El Greco, en un documento judicial, «ser pequeño es lo peor que puede tener cualquier género de forma».

Todos estos artistas eran grandes por la forma y por el espíritu. Juan de Yepes –ése era el nombre de san Juan de la Cruz– conoció en 1567 a Teresa de Jesús y participó activamente en su empresa reformadora de los carmelitas: eso le costó estar preso e incomunicado nueve meses en la cárcel de Toledo, donde escribió la primera redacción del *Cántico espiritual*.

Comenta poéticamente el encuentro de los dos Pedro Salinas:

> Estas dos almas excepcionales, de temple único, van a formar desde entonces una pareja, una de esas parejas unidas no por el amor mundanal, ni de persona a persona, sino por la comunión en un mismo ideal. El espíritu de san Juan, lleno de secreto ardor, ardía en deseos de servir a Dios: su encuentro con santa Teresa fue como una chispa que encendió su alma [...]. Se le encarceló en Toledo, en

> una estrecha y oscura celda. La habitación tenía un ventanillo cerca del techo, de manera que, cuando san Juan quería leer su libro de oraciones, tenía que ponerse de pie sobre una piedra para acercarse a la luz: tan poca había en la habitación [...]. Y en ese terrible período de soledad y desolación se puso a componer sus primeros versos místicos. Y se vio sujeto a una de las más horribles torturas imaginables: la de no poder escribirlos porque no tenía tinta ni papel.

Escribe san Juan tres poemas mayores: *Noche oscura*, *Cántico espiritual* y *Llama de amor viva*. Algunos incluyen también en este grupo «El pastorcico»: «Un pastorcico, solo, está penado...». Además, escribe coplas, canciones a lo divino, algún romance...

Y algo bastante enigmático: acompaña sus poemas mayores con comentarios en prosa, teniendo clara conciencia de que sólo va a dar «alguna luz general» a sus versos, que no se pueden «bien explicar».

Así lo afirma en su Prólogo al comentario en prosa al poema *Cántico espiritual*:

> Por haberse, pues, estas canciones compuesto en amor de abundante inteligencia mística, no se podrán declarar al justo, ni mi intento será tal, sino sólo dar alguna luz general [...]. Y esto tengo por mejor, porque los dichos de amor es mejor declararlos en su anchura, para que cada uno de ellos se aproveche según su modo y caudal de espíritu, que abreviarlos a un sentido a que no se acomode todo paladar. Y así, aunque en alguna manera se declaran, no hay para qué atarse a la declaración, porque la sabiduría mística, la cual es por amor de que las presentes canciones tratan, no ha menester distintamente entenderse para hacer efecto de amor y afición en el alma, porque es a modo de la fe, en la cual amamos a Dios sin entenderle.

Para Dámaso Alonso, su gran estudioso, «las mayores dificultades de la poesía española nos las ofrece san Juan de la

Cruz. El problema más arduo que plantea es el de las relaciones mutuas entre poesía y experiencia mística, y entre poesía y comentarios en prosa».

He elegido yo uno de los grandes poemas de san Juan de la Cruz, «Noche oscura». El título completo es: «Canciones del alma que se goza de haber llegado al alto estado de la perfección, que es la unión con Dios, por el camino de la negación espiritual».

En este poema, una voz femenina (el alma enamorada) sale de su casa, disfrazada, para unirse con el amado (Dios). Como otros místicos, recurre san Juan de la Cruz a la metáfora de lo único que puede darnos un atisbo de ese feliz éxtasis: el amor humano.

Elige como estrofa la lira, heredada de Garcilaso y fray Luis de León: cinco versos de siete y once sílabas, que riman en consonante: aBabB. Este poema se compone de ocho liras. Dentro de eso, rompe san Juan la regularidad formal, le da gran rapidez rítmica, logra una enorme variedad musical.

Como resume el padre Crisógono de Jesús, uno de los grandes estudiosos y editores de san Juan de la Cruz, este poema aclara la unión del alma con Dios, a través de tres vías. La primera es la purgativa, para despojarse de lo terreno: «estando ya mi casa sosegada» (estrofas primera y segunda). La segunda vía es la iluminativa, al sentir ya la presencia de Dios: «Oh noche que juntaste / Amado con amada» (versos veintitrés-veinticuatro). La tercera es la unitiva, al unirse misteriosamente a Él, en el éxtasis: «amada en el Amado transformada» (desde el verso veinticinco).

El comienzo del poema nos sitúa en el mundo del Cantar de los Cantares: «En mi lecho, por las noches, busqué al que ama mi alma».

Dos notas léxicas: «en celada» (estrofa segunda) significa «a escondidas»; «ventalle» (estrofa sexta), «abanico».

En el centro del poema, en la estrofa quinta, estallan las exclamaciones del alma, con repeticiones, agradeciendo a la noche que le haya permitido conducirla hasta el Amado: «¡Oh noche, que guiaste!».

En las tres últimas estrofas, cuando se consuma la mística unión con el Amado, vuelve san Juan a la atmósfera del Cantar de los Cantares. (No escribió él comentario a estos versos.) Para Dámaso Alonso, son éstas «las estrofas más delgadas, de una belleza formal más aspirante, más exquisita y aérea, de toda la obra de san Juan de la Cruz».

Al final, los amantes han subido a lo más alto, a «la almena» (estrofa séptima). El aire que los refresca ayuda al refinado clima erótico, pero evoca también el soplo del Espíritu Santo. En el verso último, la inesperada mención de unas «azucenas» evoca la más refinada pintura italiana del Renacimiento: Ghirlandaio, Botticelli, Leonardo... Concluye Dámaso Alonso: «¡Qué deseo de volvernos al amor que salva y, con san Juan de la Cruz, abandonar nuestro cuidado entre las azucenas!».

Para expresar un mundo tan complejo, utiliza el poeta con virtuosismo una serie de recursos formales. Como señala certeramente Francisco Rico, «su necesidad de comunicar una experiencia mística, inefable como tal, le encaminó hacia el hallazgo de una lengua poética hecha de símbolos, exclamaciones, motivos bíblicos y tradicionales, y una sensualidad vuelta a lo divino».

Al estudiar a san Juan de la Cruz «desde esta ladera» (la filológica), renunciando humildemente al misterio último, muestra Dámaso Alonso cómo convierte él «a lo divino» tanto la lírica tradicional como la mejor poesía española del Renacimiento, desde Garcilaso a fray Luis de León. Le influye de modo muy especial el libro de Sebastián de Córdoba *Obras de Boscán y Garcilaso, trasladadas a materias cristianas y religiosas* (1575). Comenta Dámaso Alonso:

> Difícilmente puede el hombre contemporáneo darse cuenta de lo que esto pudo representar en cien y cien conventos españoles, en donde, vertidos a Dios, vivían miles de hombres de letras, exactamente las generaciones para cuya juventud la tierna y nueva voz de Garcilaso había sido una revelación de la belleza y –¡ay!– una tentación, quizá la más peligrosa, eliminada, reprimida por la ascética,

> la contemplación y el servicio del altar. Y ahora, ante el librillo de Sebastián de Córdoba, sucedía que las dulces imágenes antiguas se suscitaban en el recuerdo, y que ya no había necesidad de reprimirlas, porque eran todas convertibles al amor divino.

En sus tres grandes poemas, suele utilizar san Juan con sabiduría efectos de aliteración: la repetición musical de sonidos, de acuerdo con lo que quiere expresar. Por ejemplo, el silbido de las eses, en este poema: «Estando ya mi casa sosegada...» (estrofa segunda). Y en otros poemas: «Por estos sotos con presura»; «El silbo de los aires amorosos».

Alguna vez, la simple musicalidad del verso, con su repetición de un sonido, sugiere ya la actitud del poeta, que balbucea, como un tartamudo, ante la imposibilidad de dar cuenta exacta de su experiencia mística: «Un no sé qué que quedan balbuciendo...».

No nos da san Juan una alegoría, algo que tiene una traducción exacta, como hacía Gonzalo de Berceo. Lo que nos ofrece son símbolos, que no se pueden definir, sino que conducen al lector a un misterio abierto, más atractivo.

Desde el punto de vista filosófico, lo estudió el historiador de las religiones francés Jean Baruzi en un libro clásico, *San Juan de la Cruz y el problema de la experiencia mística*:

> El simbolismo nocturno posee en sí mismo un valor metafísico. Juan de la Cruz ignoró la investigación filosófica. Careció de inspiración propiamente metafísica pero redujo el misticismo a su esencia y por eso, en su contemplación, aparece envuelta una metafísica [...]. Ese simbolismo es exactamente el lenguaje con que se expresa esa contemplación. Juan de la Cruz supo elegir un simbolismo sistemático, que traduce una visión del mundo. Y esto constituye un hecho singular, en la historia de la mística.

Curiosamente, el prólogo a una traducción de este libro lo hizo un escritor de talante muy diferente, el castellano profundo José Jiménez Lozano, que había publicado ya una novela sobre Juan de Yepes, *El mudejarillo*. Señala su honda diferencia con Teresa de Jesús:

> San Juan de la Cruz es intelectual y complejo, con su escolástica y todo eso. Vitalmente, las cosas son al revés: san Juan de la Cruz es la pura simplicidad, la Teresa tiene tres o cuatro cerebros y dos o tres manos izquierdas.

Me temo que eso de «la pura simplicidad», tan atractivo, es una licencia literaria... Por su simbolismo, san Juan de la Cruz se acerca a la poesía contemporánea; en definitiva, a la gran poesía de todos los tiempos, la que indaga en el misterio que existe detrás de todas las cosas.

Para el lector, además, supone esto un indudable atractivo: sea cual sea nuestra experiencia biográfica, a todos nos conmueve profundamente esta «noche oscura» porque, de una forma o de otra, todos hemos vivido algunos momentos o etapas que pueden aproximarse a ella.

Se ha relacionado esta «noche oscura» de san Juan con pasajes de la tragedia griega, de Esquilo y Sófocles; de la filosofía sufí y budista; de la psicología de Jung...

La explica así la filósofa francesa Simone Weil, a la que Albert Camus juzgaba «el único gran espíritu de nuestro tiempo» (era de familia judía y, según el testimonio de su amiga Simone Deltz, fue bautizada poco antes de morir):

> Es cuando el alma exhausta deja de esperar a Dios, cuando la desgracia exterior o la sequedad interior le hace creer que Dios no es real, pero, sin embargo, lo sigue amando. Si le horrorizan los bienes que buscan sustituirlo, es entonces cuando Dios, al pasar un tiempo, se acerca de nuevo a ella, se muestra, le habla y la premia. Esto es lo que san Juan de la Cruz llama *noche oscura*.

Para expresar ese misterio, suele recurrir san Juan a los opósitos, a las aparentes contradicciones: aquí, en la estrofa quinta, la oscuridad es una guía, más cierta que la luz; la noche es más amable que la alborada. Otras veces, la soledad es sonora; la música es callada... (No es extraño que esta última paradoja inspirara a uno de nuestros músicos más profundos, Federico Mompou.)

Volvamos al sentido general del poema y a los problemas que plantea al lector. Tener creencias religiosas ayuda, por supuesto, a entender la poesía de san Juan de la Cruz pero no es imprescindible. El lector que no logre alcanzar ese terreno, se quedará, en todo caso, con la belleza deslumbrante de estos poemas.

Lo explica así Luis Cernuda:

> Leyendo a san Juan de la Cruz con un espíritu profano, ciertamente quedamos hechizados por la hermosa sensualidad que respira. ¿En qué poeta hallamos expresiones tan puras, tan reveladoras sobre el amor? La pasión amorosa parece a veces que le hace desmayar, volviéndole inhábil para buscar otro encadenamiento lógico que aquel dictado por su deliquio. La lira, que ha servido, tal un ostensorio, para albergar el triunfo del verbo, de la palabra radiante, apenas si es ahora artificio de un divino balbuceo. Hay momentos en que ni siquiera construye frases completas, sino que se limita a señalar, como si el arte del poeta fuese ya inútil, el nombre mismo de las cosas, cuya hermosura es para él cristal trasparente, a través del cual admira la faz de su creador.

En su precioso libro *Lenguaje y poesía*, Jorge Guillén dedica a san Juan el capítulo titulado «Lenguaje insuficiente. San Juan de la Cruz o lo inefable místico»:

> Son tres poemas amorosos. Este amor configura un mundo con su atmósfera, sus noches, sus medias luces, sus días, y en una soledad que sólo acoge a estos enamorados, y en una lejanía donde ellos reinan sobre ellos y sobre la Creación [...]. San Juan de la Cruz acierta con el equilibrio supremo entre la poesía inspirada y la poesía construida,

en oposición a tantos modernos, para quienes la poesía y el arte presentan una contradicción irreductible. El poema se erige como la más sutil arquitectura, donde cada pieza ha sido trabajada por el artífice más cuidadoso de aproximarse a la perfección; y la perfección artística se aúna a la espiritual. Sólo así ha podido crearse ese portento de la *Noche oscura*...

La ambición máxima de cualquier escritor es asomarse a las fronteras últimas del misterio. San Juan es uno de los más grandes poetas de todos los tiempos porque hace «fable» (expresable) lo «inefable»: lo que, por definición, no se puede expresar. Y, a la vez, nos deslumbra, con relámpagos concretos de sorprendente belleza: «el ventalle (abanico) de cedros» (estrofa sexta); «el aire de la almena» (estrofa séptima); «las azucenas» (estrofa octava).

Usando los términos de Kant, no nos ofrece san Juan de la Cruz «lo bello» sino «lo sublime»: lo que supera todas las reglas. Más allá de los conceptos, su poesía se acerca a la música: nos eleva a la más alta espiritualidad.

«Noche oscura»

1. En una noche oscura,
con ansias, en amores inflamada,
¡oh dichosa ventura!,
salí sin ser notada,
estando ya mi casa sosegada.

2. A oscuras y segura,
por la secreta escala, disfrazada,
¡oh dichosa ventura!,
a oscuras y en celada,
estando ya mi casa sosegada.

3. En la noche dichosa,
en secreto, que nadie me veía,

ni yo miraba cosa,
sin otra luz y guía
sino la que en el corazón ardía.

4. Aquesta me guiaba
más cierto que la luz del mediodía,
a donde me esperaba
quien yo bien me sabía,
en parte donde nadie parecía.

5. ¡Oh noche, que guiaste!
¡Oh noche, amable más que la alborada!
¡Oh noche, que juntaste
Amado con amada,
amada en el Amado transformada!

6. En mi pecho florido,
que entero para él solo se guardaba,
allí quedó dormido,
y yo le regalaba,
y el ventalle de cedros aire daba.

7. El aire de la almena,
cuando yo sus cabellos esparcía,
con su mano serena,
en mi cuello hería,
y todos mis sentidos suspendía.

8. Quedeme y olvideme,
el rostro recliné sobre el Amado,
cesó todo y dejeme,
dejando mi cuidado
entre las azucenas olvidado.

EL MISTERIO DE UN SONETO ANÓNIMO

«No me mueve, mi Dios, para quererte...»

Durante siglos, se ha discutido quién es el autor de este soneto: sin duda, uno de los mejores de la lírica española. No es la única obra maestra de nuestra literatura en que eso ocurre: no conocemos el nombre del autor del *Lazarillo de Tormes,* la primera novela moderna; también se ha discutido mucho sobre Fernando de Rojas, supuesto autor de *La Celestina,* y sobre Juan Ruiz, supuesto autor del *Libro de Buen Amor*.

El soneto «A Cristo crucificado» se suele citar también por su primer verso: «No me mueve, mi Dios, para quererte». Aparece en todas las antologías de poesía española; en la mayoría, figura como obra anónima.

Todos los comentaristas lo ponen en relación con el ambiente religioso español, en la época de la Contrarreforma. Es frecuente ilustrarlo con cuadros de Velázquez, Ribera, Zurbarán o Murillo. También podría señalarse su cercanía a la gran música española de la época; por ejemplo, al extraordinarísimo Tomás Luis de Victoria.

Se discute también la fecha de su composición. Con un análisis puramente estilístico, Helmut Hatzfeld lo sitúa ya en el siglo XVII, como un poema plenamente barroco, que se ha creado a partir del juego entre la forma sintáctica condicional y la concesiva.

Sin embargo, Marcel Bataillon, el autor del monumental estudio sobre *Erasmo y España,* demuestra que usaba ya ese recurso literario Juan de Ávila, en la segunda mitad del siglo XVI; es decir, en la fecha en la que muchos estudiosos sitúan este poema.

Circuló este soneto, como entonces era habitual, en muchos manuscritos españoles –y, también, italianos–. Apareció impreso por primera vez en 1628, en una obra del presbítero Antonio de Rojas, *La vida del espíritu*, que incluye un apartado titulado «Poesía mística»: sin duda, es una selección de los poemas que a él más le gustaban, no de los poemas escritos por él. Muy pronto, se tradujo el soneto a las principales lenguas.

Sin entrar en demasiados detalles, resumo las polémicas sobre su autoría. Como posibles autores, se ha mencionado a santa Teresa, san Juan de la Cruz, san Ignacio de Loyola, san Francisco Javier, Lope de Vega, Quevedo... Ninguno de los defensores de estas teorías han logrado aportar pruebas documentales, ideológicas o estilísticas que resulten plenamente convincentes.

Santa Teresa suele usar versos más cortos, no endecasílabos. Ni san Francisco Javier ni san Ignacio de Loyola tienen el prestigio poético suficiente para atribuirles este soneto.

John V. Falconieri ha vuelto a defender la autoría de san Francisco Javier porque así aparece en varios manuscritos italianos de la época, pero no ha logrado ninguna prueba documental que lo confirme.

Eso no quiere decir –como luego veremos– que no haya influido en el autor del poema la técnica devocional contemplativa que proponen los *Ejercicios espirituales*.

Por la calidad poética del soneto, defendió el erudito catalán Manuel de Montoliu (1877-1961) que pudo escribirlo Lope de Vega. (Recordemos que sus *Rimas sacras* incluyen más de cien sonetos.) Sin embargo, como precisa Bataillon, los hallazgos expresivos de Lope son muy diferentes del «vigor afirmativo e insistente» de este soneto.

También se ha pensado en Quevedo, aunque el estilo de este poema coincide poco con el suyo, basándose en que un manuscrito florentino de la época en la que el escritor estaba allí lo atribuye a «don Francisco Quelala»: una posible mala lectura de su apellido. Además, Quevedo era muy amigo de Virgilio Malvezzi, que glosó este soneto.

No olvidemos que, en España, en ese momento, existía una amplia tradición de poemas espirituales. Desde una perspectiva neorromántica, el hispanista alemán Ludwig Pfandl, en su libro *Cultura y costumbres del pueblo español de los siglos XVI y XVII* (1924), lo veía como una «poesía o cancioncilla piadosa», que conmovió el alma de los españoles porque coincidía con las creencias populares de la época:

> Su carácter notoriamente místico consiste en que exalta el despertar del amor a Cristo crucificado como fruto de la meditación. Llega por ese medio a la contemplación, al amor y la unión amorosa; muestra un conmovedor realismo en la representación y, por este medio, un ahondamiento de la meditación, hasta encender la llama del amor: tal es el contenido y la concatenación de sus espléndidos versos.

A Pfandl le encantaban los cuartetos, pero opinaba que bajaba el último terceto, con sus repeticiones. Con mayor bagaje filológico, Leo Spitzer ha demostrado la unidad del poema y su carácter refinadamente artístico. Evidentemente, el hecho de que un poema acabe siendo muy popular no quiere decir que fuera popular su origen.

En 1915, el erudito mexicano Alberto Carreño propuso una nueva atribución, la del agustino fray Miguel de Guevara, un misionero de Michoacán, porque incluye este soneto en una obra manuscrita, dedicada al aprendizaje de una lengua indígena. Pero esa obra es de 1638; es decir, diez años posterior a la edición que ya he mencionado.

Estudió las distintas atribuciones que se habían propuesto el muy sabio don Marcelino Menéndez Pelayo, en su discurso de ingreso en la Real Academia. Su escéptica conclusión me sigue pareciendo razonable: «No hay el más leve fundamento para atribuirlo a tan alto origen. Hemos de resignarnos a tenerlo por obra de algún fraile oscuro».

Es lógico pensar que algunas teorías propuestas en México han obedecido al deseo de atribuir un poema tan hermoso a un poeta mexicano; también, que algunos frailes han intentado «apropiárselo», defendiendo que lo escribió alguien de su misma Orden.

Más allá de esta larguísima polémica, conviene centrarse en la doctrina básica que expone este soneto: el puro amor a Dios, que no obedece a la esperanza en el premio ni al temor por el castigo.

En 1950, un estudio ejemplar del gran erudito francés Marcel Bataillon mostró la conexión de lo que dice este soneto con algunas obras en prosa de san Juan de Ávila (1500-1569), el llamado «apóstol de Andalucía», retratado por El Greco, al que canonizó Pablo VI en 1970 y que ha sido declarado Doctor de la Iglesia por Benedicto XVI en 2012. Mantuvo relación con san Ignacio de Loyola, santa Teresa de Jesús, fray Luis de Granada... Como otros autores de la época, fue procesado por la Inquisición. Su comentario al Salmo XLIV, *Audi, filia,* de carácter ascético, tuvo gran repercusión e influencia.

Un texto de Juan de Ávila tiene que ver con la contemplación de Cristo crucificado, en el segundo cuarteto del soneto, que invita al amor de Dios:

> Todo cuanto vieren mis ojos, todo convida al amor: el madero, la figura y el misterio, las heridas de tu cuerpo; y, sobre todo, el amor interior me da voces de que te ame.

Otro texto de Juan de Ávila corresponde al primer terceto:

> Aunque no hubiese infierno que amenazase, ni paraíso que convidase, ni mandamiento que constriñese, obraría el justo por sólo el amor de Dios lo que obra.

Al margen de quien lo escribiera, no cabe duda de que se trata de un soneto logradísimo, de impecable factura, que hoy mismo, exactamente igual que cuando fue escrito, sigue impresionando fuertemente a cualquier lector.

A este gran tema del puro amor al Crucificado añade el autor del soneto algo que recuerda el método de meditación que propone san Ignacio, con su desarrollo psicológico, que apela a cuatro elementos: la memoria, la imaginación (guiada por el entendimiento), la emoción y la voluntad. Así lo resume Pfandl (las mayúsculas son mías):

> Las potencias del alma son despertadas y llamadas a la actividad en forma metódica y gradualmente intensificada.

> La MEMORIA recibe y desarrolla el material que se le da. La IMAGINACIÓN lo cerca y lo penetra, le da vida y fuego, le atribuye movimiento, forma, luz, fuerza y plasticidad, de manera no desordenada, por supuesto, sino gobernada y guiada siempre por la fuerza del ENTENDIMIENTO. Viene entonces la EMOCIÓN, la cual, en forma negativa o positiva, por el camino de la conmoción o el de la elevación, concentra en el individuo la experiencia espiritual que hasta entonces ha sido impersonal, y parece hacerle ver su lugar y su parte, su debe y su haber en este mundo. Por último, el acto de la VOLUNTAD pone cima a este artificioso juego de las potencias del alma, con la resolución de aplicar la enseñanza positiva de ese aprendizaje a la disciplina, al dominio de sí mismo.

Es curioso advertir que los místicos españoles solían identificar la imaginación y el entendimiento, entendidos los dos como facultades para representarse, ante los ojos del espíritu, ciertas ideas.

El gran crítico E. R. Curtius ha mostrado el paralelismo que existe entre este cuádruple ejercicio espiritual de san Ignacio y nuestro soneto.

En la parte primera (primer cuarteto), la memoria nos recuerda que ni el temor al infierno ni la esperanza del cielo deben ser la causa de nuestro amor a Dios. Se aparta así de lo que defienden muchos textos cristianos sobre la contrición, por temor al castigo. No hay aquí, en el poema, nada sensorial sino una rotunda afirmación dogmática: «No me mueve, mi Dios...».

En el segundo cuarteto, la imaginación nos conduce a recrear sensorialmente la imagen de Cristo Redentor, en la Cruz, y a que suscite en nosotros una benéfica emoción: «Tú me mueves, Señor, muéveme el verte...».

Coincide esto con lo que dice un himno de san Francisco Javier (traduzco): «Tú, tú, Jesús mío, te has abrazado completamente conmigo, en la cruz».

Nótese, en el soneto anónimo, la repetición enfática del verbo «muéveme», nada menos que cinco veces, como causa de nuestra emoción (el tercer elemento del método ignaciano).

El comienzo del primer terceto, «Muéveme, en fin, tu amor y en tal manera...», marca la transición al último peldaño de la escala: la voluntad. Hace el poema una declaración firme:

> Que, aunque no hubiera cielo, yo te amara
> y aunque no hubiera infierno, te temiera.

Ha culminado ya el soneto con esta rotunda afirmación del puro amor a Dios, al margen de cualquier temor de castigo o esperanza de recompensa.

Podía haber acabado aquí el poema, pero queda todavía rematarlo con una especie de apóstrofe directo a Dios («No me tienes que dar porque te quiera...») para proclamar la inquebrantable resolución que tiene el alma de abrazar el puro amor. Se ha completado así el ciclo del «ejercicio espiritual».

Para reforzar la unidad del poema, su anónimo autor recurre a numerosas repeticiones de sonidos y a muchos juegos estructurales. Señalo solamente algunos. En los seis últimos versos, se repiten muchas veces «que» y «te». Se logra la rima con el uso de formas verbales del mismo tiempo y modo: «amara... temiera... esperara... quisiera». En la primera mitad del soneto, el pronombre «te», que se refiere nada menos que a Dios, va enclítico, unido al infinitivo: «quererte... ofenderte... verte»; en la segunda parte, en cambio, el pronombre precede al verbo, en forma personal: «te amara... te temiera... te quiera... te quiero... te quisiera». Etcétera...

Todas estas tecniquerías sirven sólo para confirmar algo que parece evidente: este soneto es una muy compleja obra de arte. Su autor domina la retórica y teje una tela de araña en la que nos envuelve, para que quede mejor grabada en el lector la idea básica: la doctrina del amor a Dios, puro, desinteresado, que culmina en el paralelismo de los versos décimo y undécimo:

> Que aunque no hubiera cielo, yo te amara
> y aunque no hubiera infierno, te temiera.

A partir de los estudios de Bataillon y Spitzer, parece lógico pensar que este soneto nació en un ambiente jesuítico, conocedor de las ideas de Juan de Ávila y del método de meditación de san Ignacio. Gracias a la educación teológica que impregnaba entonces el espíritu popular español y a la perfección formal del poema, congenió fácilmente con el espíritu popular español.

Sea cual sea su autor, no cabe duda de que éste es uno de los más hermosos frutos que produce la literatura religiosa de nuestro Siglo de Oro: también, un valioso testimonio de la sensibilidad española de aquel momento.

Para Unamuno, es «una oración pura, sin teología ni estética: sólo el alma desnuda, ante su Dios».

Jorge Guillén elogia su perfección formal: «Todo está dicho en su medida exacta, sin exceso ni retórica».

A propósito de este soneto, comentó hace unos años mi amigo y excelente poeta Luis Alberto de Cuenca: «Todos los españoles nos lo sabemos de memoria». ¿Sigue sucediendo así hoy, en la España de Pedro Sánchez y de la pedagogía que desprecia la memoria? La respuesta es obvia.

1. No me mueve, mi Dios, para quererte
el cielo que me tienes prometido;
ni me mueve el infierno tan temido
para dejar por eso de ofenderte.

5. Tú me mueves, Señor: muéveme el verte
clavado en una cruz y escarnecido;
muéveme ver tu cuerpo tan herido;
muévenme tus afrentas y tu muerte.

9. Muéveme, en fin, tu amor, y en tal manera
que, aunque no hubiera cielo, yo te amara
y, aunque no hubiera infierno, te temiera.

12. No me tienes que dar porque te quiera
pues aunque cuanto espero no esperara,
lo mismo que te quiero te quisiera.

LA GUASA SEVILLANA

Miguel de Cervantes
«Soneto al túmulo de Felipe II»

Hace años, algunos eruditos miopes motejaron a Cervantes (1547-1616) de «ingenio lego» y opinaron que su única obra valiosa era *El Quijote.* (Hasta Unamuno cayó en esa simpleza.) Evidentemente, se equivocaban.

Es inverosímil que el genial autor de *El Quijote* escribiera obras mediocres. Ninguna de las suyas está al nivel de su gran novela, que no tiene comparación con ninguna otra de cualquier época. Pero también está claro que en todas las obras cervantinas existen elementos muy valiosos.

Dentro de su género, son extraordinarios sus *Entremeses.* (Recuerdo, por ejemplo, la admiración que sentía Bertolt Brecht por *El retablo de las maravillas.*) Son magníficas las *Novelas ejemplares*: contienen sutilezas que suelen escapar al lector apresurado.

Su teatro fue aplastado por el éxito popular de las comedias de Lope, pero merece ser reivindicado, como hizo mi amigo Paco Nieva. Ahora mismo, ha estrenado una nueva versión de la *Numancia* otro gran autor y amigo, José Luis Alonso de Santos.

Lo que más le cuesta hoy apreciar al lector medio son *La Galatea* y el *Persiles*, porque siguen las pautas de dos géneros muy alejados de la sensibilidad actual, la novela pastoril y la bizantina, respectivamente, pero las dos tienen aspectos y detalles de gran interés.

¿Y la poesía de Cervantes? Un famoso terceto suyo, incluido en el *Viaje del Parnaso,* se ha usado muchas veces como arma crítica para descalificar su poesía, como si él mismo estuviera reconociendo su incapacidad:

> Yo, que siempre trabajo y me desvelo
> por parecer que tengo de poeta
> las gracias que no quiso darme el cielo...

Han tomado en serio esta afirmación Menéndez Pelayo, Schevill-Bonilla, Valbuena, Alborg... El que conozca de veras a Cervantes lo interpretará de otro modo: con dolorida ironía, repite lo que decían de él otros escritores, aunque él no lo compartiera. Así lo afirman, entre otros, Ricardo Rojas, Blecua, Elías Rivers...

Ésa es exactamente la misma actitud que expone en el prólogo a sus *Ocho comedias y ocho entremeses nuevos*:

> En esta sazón, me dijo un librero que él me las comprara [las obras], si un autor de título no le hubiera dicho que, de mi prosa, se podía esperar mucho, pero que, del verso, nada; y, si va a decir la verdad, cierto que me dio pesadumbre el oírlo.

Es cierto que Cervantes, como poeta, no alcanzó, en su época, el mismo éxito que Góngora, Lope o Quevedo y que muchos lo criticaron.

A inquina personal, más que a juicio literario válido, hay que atribuir la censura de Lope de Vega, porque incluye también al *Quijote*. Según Lope, de los muchos poetas que hay, «ninguno es tan malo como Cervantes, ni tan necio que alabe a *Don Quijote*». Pero luego rectificará, en *El laurel de Apolo*, elogiando sus «versos de diamantes». Así era Lope...

El autor del *Quijote* no publicó, en vida, un volumen de versos. Tampoco lo hicieron fray Luis de León, Góngora, Quevedo o los Argensola, pero los lectores buscaban los manuscritos de sus poemas, que muchos citaban. En cambio, los poemas atribuidos a Cervantes, en manuscritos coetáneos, no pasan de una docena.

También es indiscutible que él estimaba al máximo la que llama «dulcísima poesía», a la que prodiga tantos elogios:

> Es como una doncella tierna, de poca edad, y en todo extremo hermosa, a la que sirven otras muchas doncellas, que son todas las otras ciencias.

Lo repite en el *Persiles*, con una hermosa metáfora:

> La excelencia de la poesía es como el agua clara, que a todo lo no limpio aprovecha.

Cree Cervantes que «del vientre de su madre, el poeta natural sale poeta» pero también afirma que «el natural poeta que se ayudare del arte, será mucho mejor y se aventajará».

En *La Galatea*, nos da una interesantísima y algo enigmática definición de la poesía:

> Que no está en la elegancia
> y modo de decir el fundamento
> y principal sustancia
> del verdadero cuento
> que en la pura verdad tiene su asiento.

Como tantas veces, no es fácil interpretar lo que aquí dice Cervantes: ¿a qué llama «la pura verdad»? ¿Es ésta una defensa del realismo? Creo que no. No olvidemos que estuvo en Italia y que esa estancia debió de ser muy importante para él, como ya subrayó Américo Castro en su temprano e importante libro *El pensamiento de Cervantes*. En Italia, sin duda, conoció las polémicas de la época sobre la distinción entre la verdad histórica y la verdad poética: ésta última es la única que realmente le importa al poeta.

Aunque no lo reconocieran algunos colegas suyos, envidiosos, él sabía que era poeta. Lo proclama en el prólogo a *La Galatea*: «La inclinación que a la poesía siempre he tenido». Lo repite en el *Viaje del Parnaso*:

> Desde mis tiernos años amé el arte
> dulce de la agradable poesía.

En la misma obra, así lo saludan otros escritores: «¡Oh Adán de los poetas, oh Cervantes!». Insiste, en la *Adjunta al Parnaso*: «Yo, por la gracia de Apolo, soy poeta, o, por lo menos, deseo serlo». Por eso, despreciaba a la muchedumbre de malos poetas: «¡Cuerpo de mí, con tanta poetambre!».

Otra cosa es que sepa lo que opinan de él sus contemporáneos y que haga su autocrítica, con desengañada ironía, en *El Quijote*:

> Muchos años ha que es grande amigo mío ese Cervantes y sé que es más versado en desdichas que en versos.

En el *Viaje del Parnaso,* se califica: «Yo, socarrón; yo, poetón, ya viejo». Y en el prólogo del *Persiles,* responde así a unas frases elogiosas:

> Ése es un error donde han caído muchos aficionados ignorantes. Yo, señor, soy Cervantes, pero no el regocijo de las musas ni ninguna de las demás baratijas que ha dicho.

Su poesía posee raíces clásicas, italianas; viene de Garcilaso, Herrera y fray Luis de León. También sabe acercarse a la gracia popular, como en las deliciosas seguidillas, incluidas en el *Rinconete y Cortadillo*:

> Por un sevillano rufo a lo valón,
> tengo socarrado todo el corazón.
> Por un morenico de color verde,
> ¿cuál es la fogosa que no se pierde?...
> Riñen dos amantes, hácese la paz:
> si el enojo es grande, es el gusto más.

Con frecuencia, sus versos, de apariencia ligera, suelen disimular su sabia ironía. Así sucede en las redondillas de *El curioso impertinente*:

> Es de vidrio la mujer
> pero no se ha de probar
> si se puede o no quebrar
> porque todo podría ser...

Para valorar con justeza al poeta Cervantes, hay que tener en cuenta, por supuesto, no sólo los poemas sueltos sino también los que están incluidos en sus obras narrativas y teatrales.

Así lo ha hecho, por ejemplo, un estudioso con tanta sensibilidad como José Manuel Blecua, que ha subrayado la vinculación de Cervantes con Garcilaso. También, el muy exigente Luis Cernuda, que valora mucho la poesía cervantina de meditación, algo poco frecuente en la lírica española, y lo emparenta con el monólogo dramático de Browning.

Como muestra de «altísimo poeta», señala el solemne diálogo de España y el Duero, en la tragedia senequista *Numancia*. Según Cernuda, «no debe faltar en ninguna antología de poesía española, como ejemplo de poesía dramática»:

> Alto, sereno y espacioso cielo,
> que con tus influencias enriqueces
> la parte que es mayor de este mi suelo
> y sobre muchos otros lo engrandeces;
> muévate a compasión mi amargo duelo
> y, pues al afligido favoreces,
> favoréceme a mí en ansia tamaña
> que soy la sola y desdichada España.

El rotundo verso final de la estrofa conmovía al exiliado Luis Cernuda, igual que ha conmovido a muchos españoles, desde que Cervantes lo escribió.

Utilizando este procedimiento, extraer los poemas de las obras narrativas y teatrales de Cervantes, el argentino Ricardo Rojas recopiló nada menos que quince mil versos: eso demuestra cumplidamente que su vocación poética fue auténtica, además de precoz.

Ya observó Américo Castro que, en todas sus obras, Cervantes combina la prosa con el verso y que los poemas incluidos en *El Quijote* no son un adorno postizo:

> La lírica y su poeta, fundidos, presidieron el nacimiento del personaje literario cervantino.

En *La Galatea*, destaca el soneto de Gelasia, que concluye con una rotunda afirmación de la libertad femenina. Para

Blecua, es uno de los mejores tercetos de toda la literatura española. Alberto Sánchez lo considera un símbolo de todo Cervantes:

> Del campo son y han sido mis amores,
> rosas son y jazmines mis cadenas,
> libre nací y en libertad me fundo.

En *El Quijote*, encontramos nada menos que cuarenta y siete poemas, de diversos géneros. Es inolvidable, al comienzo, el «Diálogo entre Babieca y Rocinante». Incluye un verso de tal fuerza satírica que, para Salvador de Madariaga, «cubre a lo menos dos siglos de toda España»:

> –Metafísico estáis.
> –Es que no como...

Conmovedor, sobre todo en su final, es el «Epitafio de don Quijote», una décima, que Cervantes atribuye al bachiller Sansón Carrasco, al que puso música Rodolfo Halffter:

> Yace aquí el hidalgo fuerte
> que a tanto extremo llegó
> de valiente, que se advierte
> que la muerte no triunfó
> de la vida con su muerte.
> Tuvo a todo el mundo en poco;
> fue el espantajo y el coco
> del mundo, en tal coyuntura,
> que acreditó su ventura
> morir cuerdo y vivir loco.

En el *Persiles,* destaca el «Soneto a Roma», como símbolo de la ciudad de Dios. Al descubrirla, desde una colina, lo dice un peregrino sin nombre, que lo escribió «no como poeta sino como cristiano». Posee un tono clásico solemne, grandioso, como una portada clásica. Aquí, el adjetivo «alma» significa «sagrada», «fecunda». Para Alberto Sánchez, este poema resume todo el significado religioso y trentino de la novela:

> ¡Oh grande, oh, poderosa, oh sacrosanta,
> alma ciudad de Roma! A ti me inclino,
> devoto, humilde y nuevo peregrino
> a quien admira ver belleza tanta.

En *La gitanilla,* el soneto dedicado a la protagonista, lleno de finura y delicadeza, es uno de los más hermosos de nuestro Siglo de Oro:

> Cuando Preciosa el panderete toca
> y hiere el dulce son los aires vanos,
> perlas son que derrama con las manos,
> flores son que despide de la boca.

Lo glosó Rubén Darío; lo incluyó en su selección de sonetos, en la colección Jardinillos, Juan Ramón Jiménez; le rindió homenaje poético García Lorca:

> Su luna de pergamino
> Preciosa tocando viene.
> Al verla, se ha levantado
> el viento que nunca duerme.

Sin duda alguna, el poema de Cervantes que más éxito popular ha alcanzado, desde su época hasta hoy, es el «Soneto al túmulo de Felipe II, en Sevilla». Con orgullo lo recuerda él, en su *Viaje del Parnaso*:

> Yo el soneto compuse que así empieza,
> por honra principal de mis escritos:
> «Voto a Dios que me espanta esta grandeza».

Es bien conocida la circunstancia vital en la que este poema nació. Vivía entonces Cervantes en aquella Sevilla, que era la capital del mundo; disfrutaba con su refinada belleza humanística y también se divertía, asomándose a la picaresca de los patios de Monipodio.

Desde las gradas de la catedral, contemplaría Cervantes aquel mundo variopinto, esa unión de grandeza y de miseria que se da en cualquier sociedad. Había solicitado permiso para pasar a las Indias, pero no se lo concedieron: si lo hubiera logrado, quizá se habría enriquecido, pero también es probable que no hubiera escrito *El Quijote*...Trabajaba entonces como recaudador de impuestos y fue encarcelado, por supuestas irregularidades.

En Sevilla, en la céntrica calle Sierpes, leemos hoy una placa de mármol, con esta inscripción:

> En el recinto de esta casa, antes Cárcel Real, estuvo preso 1597-1602 Miguel de Cervantes Saavedra y aquí se engendró, para asombro y delicia del mundo, *El ingenioso hidalgo don Quijote de la Mancha*. La Real Academia de Buenas Letras acordó perpetuar este glorioso recuerdo. Año de MCMLXV.

La base de esto es una frase del prólogo del *Quijote*: afirma allí que el libro «se engendró en una cárcel, donde toda incomodidad tiene su asiento y donde todo triste ruido hace su habitación».

Es posible que responda esto a la realidad, pero no es seguro. Quizá se trata sólo de una metáfora: el alma, presa en la cárcel del cuerpo...

En aquella Sevilla de grandes señores y de grandes pícaros, Cervantes conoció el túmulo que se erigió a la muerte de Felipe II. Era habitual, entonces, levantar túmulos funerarios para honrar a reyes o a grandes personajes: un ejemplo de arquitectura efímera, algo típico del arte barroco.

El túmulo del que habla este poema se construyó en cincuenta y dos días, a fines del año 1598. No era sólo un conjunto de «lienzo, pasta, papelón, madera con dorados, colorines y otras garambainas», como supuso, a fines del siglo XIX, el divertido erudito que firmaba como Doctor Thebussem (el seudónimo de Mariano Pardo de Figueroa).

En realidad, en la construcción y decoración de ese túmulo colaboraron varios grandes artistas; entre otros, el genial Juan Martínez Montañés, que ya había aprobado entonces el examen de escultor y diseñador de retablos, por lo que había sido declarado «hábil y suficiente para ejercer dichos oficios y abrir tienda pública».

Poco después, en 1611, un libro entero del Licenciado Collado describe ese túmulo. (Comenta Rodríguez Marín: «una andaluzada».) Y se mantuvo durante meses, hasta que los personajes sevillanos se pusiesen de acuerdo sobre el modo de sentarse durante la ceremonia fúnebre; el conflicto fue tan grande que hasta tuvieron que intervenir la Inquisición y el Real Consejo. Toda esta balumba, ¿cómo no iba a atraer la atención del irónico Cervantes?

A partir de esta realidad histórica, imagina una escena dialogada. Escuchamos primero el discurso solemne y asombrado de un personaje, sin saber quién está hablando. Luego, averiguamos que se trata de un soldado –lo mismo que había sido Cervantes– el que muestra su hiperbólica admiración por el túmulo.

Aparece después un segundo personaje, un «valentón», vanidoso y dogmático: el heredero hispano del «miles gloriosus» de la comedia latina. Escuchamos su réplica, concisa y sentenciosa:

> Es cierto
> cuanto dice voacé, señor soldado…

Como señala Blecua, unos pocos versos le bastan a Cervantes para lograr una escena de entremés. Además de las palabras, el poeta indica los gestos de los personajes, como si fueran las acotaciones de una obra de teatro.

Unos datos léxicos: «Incontinente» significa «al instante». «Chapeo» es el «sombrero». «Requirió la espada» indica que el valentón la sacó un poco de la vaina, para mostrar que estaba presta para ser usada (un signo claro de que amenazaba con buscar camorra).

Admira Cervantes el túmulo, pero se burla del solemne lenguaje barroco que emplea el soldado. No se burla de todo lo que dice: él cree firmemente que aquella Sevilla es «Roma triunfante en ánimo y nobleza» (es decir, el centro de la cristiandad).

Concluye este soneto con un estrambote: un terceto más, que se añade a los catorce endecasílabos. Para Gerardo Diego, es «la tangente por la que se escapa Cervantes de la jaula sonetil».

En el estrambote, el valentón va hinchando el globo de la retórica barroca, desmesurada... para pincharlo luego de golpe. Francisco Ayala lo compara con «una gigantesca pompa de jabón, que terminará por desvanecerse en la nada». Este final en anticlímax supone una cumbre del humor cervantino, que queda grabada indeleblemente en la memoria colectiva. El mito –comenta Américo Castro– se ha despeñado, «entre guiños y desplantes jaquetones».

Nos pinta aquí Cervantes una España barroca, de gestos, de apariencias, no de realidades. ¿Es algo exclusivo de aquel momento? Me temo que no. A lo largo de nuestra historia, ¿cuántas veces no han vuelto los españoles su mirada a este soneto, para resumir lo que estaban viendo?: «Miró al soslayo, fuese y no hubo nada».

Si atendemos a la estructura, los dos primeros cuartetos parecen serios:

> ¡Vive Dios que me espanta esta grandeza
> y que diera un doblón por describilla!

En el primer terceto, asoma la desmesura barroca, que conduce al ridículo disparate de que un muerto prefiera estar en este túmulo, en vez de gozar del cielo:

> Apostaré que el ánima del muerto,
> por gozar este sitio hoy ha dejado
> la gloria, donde vive eternamente.

La transición irónica del segundo terceto («Esto oyó un valentón y dijo: "Es cierto..."») desemboca en el estrambote:

el derrumbamiento total de este castillo de naipes, levantado por la vanidad y la retórica vacía.

El poeta utiliza aquí sabiamente recursos tomados de otros géneros literarios. Al comienzo, como en una dramatización, escuchamos una voz, sin saber quién está hablando. Luego, como si fuera un novelista, el autor crea dos personajes, tan bien caracterizados, tan humanos, que nos parece estar viéndolos y escuchándolos. El final vuelve a ser teatral, dramático, con muchos gestos efectistas. La última palabra del soneto es como la caída del telón: «Nada».

No ha llegado aquí Cervantes a la grotesca caricatura, como suele hacer Quevedo. Además de su habitual ironía, esta vez parece que se le ha contagiado algo de la guasa popular sevillana...

Gracias, sobre todo, a ese extraordinario final, este soneto alcanzó enseguida enorme éxito. Por eso, han llegado a nosotros bastantes variantes del poema; también, continuaciones o réplicas que hicieron otros poetas: Villamediana, Lope, Calderón...

Con exageración andaluza, decía el erudito Rodríguez Marín que éste es «el soneto más popular del mundo». Y añadía: «No habrá pueblo donde falte quien lo conozca y recite. Muchos millones de españoles lo saben, como el padrenuestro».

En la España actual, me pregunto si muchos millones siguen sabiendo de memoria este soneto. ¿Y el padrenuestro?...

«Soneto al túmulo del rey Felipe II en Sevilla»

«¡Voto a Dios que me espanta esta grandeza
y que diera un doblón por describilla!
Porque ¿a quién no suspende y maravilla
esta máquina insigne, esta riqueza?

Por Jesucristo vivo, cada pieza
vale más de un millón, y que es mancilla
que esto no dure un siglo, ¡oh gran Sevilla!,
Roma triunfante en ánimo y nobleza.

Apostaré que el ánima del muerto,
por gozar este sitio, hoy ha dejado
la gloria, donde vive eternamente.»

Esto oyó un valentón y dijo: «Es cierto
cuanto dice voacé, señor soldado.
Y el que dijere lo contrario, miente».

Y, luego, incontinente,
caló el chapeo, requirió la espada,
miró al soslayo, fuese, y no hubo nada.

AGARRA EL MOMENTO

Luis de Góngora
«Mientras por competir con tu cabello...»

Dicen algunos que «el himno de la España pos-pandemia» es una canción, titulada *Momentismo absoluto*. La canta mi inteligente amiga Alaska, con Fangoria, su grupo:

> Momentismo absoluto, minuto a minuto,
> al futuro le he dejado atrás [...].
> El ayer me atormentaba, el momento me asustaba.
> Sólo creo en el momento actual.

Y, para que quede claro, la canción proclama luego su fuente latina: «*Carpe diem* es la única verdad».

El origen parece ser un fragmento de una oda de Horacio: «Abraza el día, dale el mínimo crédito al futuro». Puede también traducirse así: «Aprovecha el día, agarra el momento...».

Es éste un concepto muy importante en la filosofía latina y se convirtió en uno de los tópicos más frecuentes de la literatura occidental.

Su significado está muy cercano al de otro verso latino; en este caso, de Ausonio: «Collige, virgo, rosas». Es decir, «coge, oh doncella, las rosas», disfruta de la juventud y de la belleza, antes de que el tiempo las destruya.

La poesía europea ha tratado este tema muchas veces. Ayudó a ponerlo de moda, quizá, Lorenzo de Médicis, el personaje retratado por Benozzo Gozzoli, en los maravillosos frescos del Palazzo Medici-Riccardi de Florencia, como un rey mago, vestido de blanco, igual que si fuera un moderno Apolo.

Uno de sus amores fue la hermosa Simonetta Vespucci, retratada por Botticelli en *El nacimiento de Venus*. En uno de sus *Cantos carnavalescos,* escribe Lorenzo:

¡Qué hermosa es la juventud
que se escapa cada día!
El que quiera ser feliz, que lo sea:
del mañana, no hay certeza.

En Francia, recoge el «collige virgo rosas» el renacentista Ronsard:

Vive ahora, no aguardes a que llegue el mañana.
Coge hoy mismo las rosas que te ofrece la vida.

En España, Garcilaso de la Vega dedica a este tema un precioso soneto, el número XXIII, que comienza así:

En tanto que de rosa y azucena
se muestra la color en vuestro gesto...

En los cuartetos, canta Garcilaso la belleza de la amada y destaca tres de sus rasgos físicos: el color, «de rosa y azucena»; el cabello, que parece de oro; el cuello, «blanco, enhiesto...».

Todo el conjunto responde a la ley renacentista de la armonía, sin que asome siquiera la sombra de la melancolía.

En el primer terceto, surge ya la invitación:

Coged de vuestra alegre primavera
el dulce fruto...

Culmina el poema con un verso espléndido, por su contraste, que abre el último terceto: «Marchitará la rosa el viento helado...».

Sin embargo, a pesar de la amenaza del tiempo, el tono general del soneto es de alegría, de felicidad, en un mundo presidido por la belleza.

Éste es el soneto XXIII de Garcilaso de la Vega:

En tanto que de rosa y azucena
se muestra la color en vuestro gesto

y que vuestro mirar ardiente, honesto,
enciende el corazón y lo refrena;

y en tanto que el cabello, que en la vena
del oro se escogió, con vuelo presto,
por el hermoso cuello, blanco, enhiesto,
el viento mueve, esparce y desordena;

coged de vuestra alegre primavera
el dulce fruto, antes que el tiempo airado
cubra de nieve la hermosa cumbre.

Marchitará la rosa el viento helado,
todo lo mudará la edad ligera,
por no hacer mudanza en su costumbre.

Resulta muy curioso comprobar cómo utiliza el mismo tema clásico otro poeta tan grande como Garcilaso, pero de sensibilidad muy diferente, don Luis de Góngora y Argote (1561-1627).

De uno a otro soneto, ha transcurrido casi un siglo: de la armonía y la serena belleza del Renacimiento hemos pasado a los fuertes contrastes del Barroco.

Probablemente, no fue Góngora un personaje fácil ni simpático, pero sí era un poeta absolutamente extraordinario, uno de los más grandes de toda nuestra literatura. Ha alcanzado una gloria muy difícil, ser un «poeta de poetas» (igual que algún maestro es reconocido como «torero de toreros»).

Lo ensalza, identificándose con él, Luis Cernuda, otro gran poeta y complicado personaje:

El andaluz envejecido que tiene gran razón para su orgullo,
el poeta cuya palabra lúcida es como diamante...

A Góngora lo retrató Velázquez con gesto ceñudo, nariz afilada y mirada inteligente. Sus contemporáneos le acusaron de orgulloso, jugador, judío, poco religioso, incomprensible...

Quevedo inventó la palabra «jerigóngora», en vez de «jerigonza», para denigrar su estilo como algo incomprensible. Las polémicas de Góngora con Lope, Quevedo y otros poetas son las más ingeniosas y más duras de la literatura española.

La crítica académica, tradicional, distinguía «dos Góngoras»: el «ángel de la luz» y el «ángel de las tinieblas». El primero –decían– era un poeta extraordinariamente dotado, que, en su etapa inicial, escribió brillantes poemas humorísticos: letrillas, romances, sonetos...

Vale la pena recordar algunos ejemplos de esa línea.

Titula Góngora uno de sus poemas satíricos con un refrán popular, Ándeme yo caliente.

Lo repite como estribillo, al final de cada estrofa, para expresar una filosofía muy divulgada, en aquel momento: el menosprecio de la corte, el elogio neo-estoico de la dorada medianía, la defensa de los pequeños placeres de la comida y la bebida:

> Traten otros del gobierno
> del mundo y sus monarquías,
> mientras gobiernan mis días
> mantequillas y pan tierno,
> y las mañanas de invierno,
> naranjada y aguardiente,
> *y ríase la gente.*

Segundo ejemplo: tradicionalmente, se veía a la flor del romero como símbolo de los celos, que preceden a la miel; es decir, el amor. A partir de esto, escribe Góngora un precioso poemita, de gran refinamiento, por debajo de su apariencia neopopular:

> Las flores del romero,
> niña Isabel,
> hoy son flores azules,
> mañana serán miel.
> Celosa estás, la niña,

celosa estás de aquel
dichoso, pues lo buscas;
ciego, pues no te ve [...].
Enjuguen esperanzas
los que lloran por él,
que celos entre aquellos
que se han querido bien
hoy son flores azules,
mañana serán miel.

Federico García Lorca, tan sensible a la belleza de nuestra poesía neopopular, se inspiró en este poemita para su «Cancioncilla sevillana», de las *Canciones para niños*. La dedicó a mi amiga Solita Salinas, la hija de Pedro Salinas, que entonces era una niña:

Amanecía
en el naranjel.
Abejitas de oro
buscaban la miel.
¿Dónde estará
la miel?
Está en la flor azul,
Isabel,
en la flor azul
del romero aquel.

Un ejemplo más de este Góngora fácil, luminoso, con un delicioso y pícaro final:

Hermana Marica,
mañana que es fiesta,
no irás tú a la miga
ni iré yo a la escuela [...].
Bárbola, la hija
de la panadera,
la que suele darme
tortas con manteca,

porque algunas veces
hacemos yo y ella
las bellaquerías
detrás de la puerta.

(Curiosamente, suele editarse el verso tercero como «ni irás tú a la amiga». Creo que Góngora alude a la miga: la escuelita no oficial, para párvulos, que existía hasta hace poco en muchos pueblos andaluces.)

Más tarde –decían–, como si hubiera contraído una extraña y misteriosa enfermedad, llamada culteranismo, Góngora pasó a escribir unos poemas incomprensibles, el *Polifemo* y las *Soledades,* que muy pronto atrajeron a sabios comentaristas, para descifrar sus misteriosos intríngulis.

Esta construcción crítica dual se vino abajo por la reivindicación de Góngora que hicieron los poetas del 27. La generación recibe ese nombre porque en esa fecha, 1927, se cumplían trescientos años de la muerte de Góngora. Para conmemorarlo, acudieron entonces al Ateneo de Sevilla un grupo de jóvenes poetas, convocados por el inteligentísimo torero Ignacio Sánchez Mejías (aunque, ahora mismo, el actual ministro de Cultura Urtasun lo ignore o no quiera mencionarlo).

El lema de estos poetas era simple y rotundo: «¡Viva don Luis!». Todos lo estimaban al máximo: García Lorca, Rafael Alberti, Gerardo Diego, Jorge Guillén, Pedro Salinas, Vicente Aleixandre, Luis Cernuda...

Para homenajear a Góngora, Manuel de Falla puso música a su soneto sobre Córdoba, su ciudad natal:

¡Oh excelso muro, oh torres coronadas
de honor, de majestad, de gallardía!
¡Oh gran río, gran rey de Andalucía,
de arenas nobles, ya que no doradas!...

Después de los actos del Ateneo, Ignacio Sánchez Mejías invitó a los poetas que habían venido de Madrid a una fiesta, en su finca sevillana de Pino Montano. Allí, se disfrazaron de moros; Fernando Villalón intentó ejercicios de hipnotismo; escucharon a Manuel Torres cantar lo que él llamaba *Las placas de Egito*: en realidad, un antiguo disco de gramófono que él había escuchado sobre un Faraón (probablemente, *La corte del Faraón*). Y el cantaor los sorprendió a todos con una enigmática sentencia:

> En el cante jondo, lo que hay que buscar siempre, hasta encontrarlo, es el tronco negro de Faraón.

Esa noche, además, Dámaso Alonso deslumbró a sus amigos, al recitar de memoria los enigmáticos versos de la «Primera Soledad», de don Luis de Góngora:

> Era del año la estación florida
> en que el mentido robador de Europa
> (media luna las armas de su frente
> y el Sol todos los rayos de su pelo),
> luciente honor del cielo,
> en campos de zafiro pace estrellas.

Y así continuó, hasta recitar de memoria los mil noventa y un versos... Para premiar tal hazaña, luego, en la Venta de Antequera, coronaron poéticamente a Dámaso Alonso al estilo romano, con una corona de laurel, cortada por Ignacio Sánchez Mejías.

La contribución de Dámaso Alonso ha sido decisiva para la revalorización del Góngora «oscuro». En una serie de estudios tan eruditos como brillantes, demuestra Dámaso que don Luis es el creador de una lengua poética nueva.

Nunca se limita Góngora a decir algo con sencillez. En vez de eso, construye una verdadera obra de arte, gracias a la sabia acumulación de una serie de figuras retóricas: hipérbaton (cambiar el orden habitual de las palabras); cultismos; perífrasis (rodeos); metáforas encadenadas; hipérboles (exageraciones); alusiones mitológicas; paralelismos y dualismos; versos bimembres; fórmulas del tipo «no A sino B»...

Todo ello responde, en el fondo, a una tensión barroca, al gusto por los dramáticos contrastes. Gracias a los estudios de Dámaso Alonso, los lectores actuales podemos entender y apreciar mucho mejor los suntuosos versos de don Luis de Góngora.

Recurriendo a los fáciles paralelismos con la pintura, la serena armonía de Garcilaso puede compararse con la de Botticelli; el virtuosismo de Góngora, con el arte suntuoso de Rubens. (Y la sabia serenidad de Cervantes, por supuesto, con la de Velázquez.)

Es bien curioso comprobar cómo, en su soneto «Mientras por competir con tu cabello...», Góngora utiliza el tema clásico del «collige virgo rosas», que ya hemos mencionado, en una línea estética muy diferente a la de Garcilaso.

La estructura de este soneto gongorino está calculadísima. En los cuartetos, los versos impares (primero, tercero, quinto y séptimo) comienzan con la repetición de la palabra «mientras». Cada dos versos, un rasgo físico de la belleza femenina se compara con un elemento de la naturaleza: el «cabello», con el «oro bruñido al sol»; la «blanca frente», con el «lirio»; el «labio», con el «clavel»; el «cuello», con el «cristal».

En el primer terceto, el verso noveno formula el mensaje vitalista: «goza cuello, cabello, labio y frente...». Y se recapitulan los rasgos físicos y los elementos que antes había mencionado.

Esta sabia estructura desemboca en una lección desengañada, tan alejada del vitalismo renacentista de Garcilaso. Culmina el poema con un verso último absolutamente magistral, con su enumeración creciente hacia el vacío: «En tierra, en humo, en polvo, en sombra, en nada».

Es ésta una perfecta y muy hermosa síntesis del pesimismo barroco.

Añado una cita más, muy reciente. Este tema poético llega hasta mi buen amigo Luis Alberto de Cuenca, tan culto como buen poeta, que sabe rematar una seria lección con la ironía final de una frase hecha:

Niña, arranca las rosas, no esperes a mañana.
Córtalas a destajo, desaforadamente,
sin pararte a pensar si son malas o buenas [...].
Y que la negra muerte te quite lo bailado.

«SONETO»

Mientras por competir con tu cabello,
oro bruñido, el sol relumbra en vano;
mientras con menosprecio en medio el llano
mira tu blanca frente el lilio bello;

mientras a cada labio, por cogello,
siguen más ojos que al clavel temprano,
y mientras triunfa con desdén lozano
del luciente cristal tu gentil cuello,

goza cuello, cabello, labio y frente,
antes que lo que fue, en tu edad dorada,
oro, lirio, clavel, cristal luciente,

no sólo en plata o vïola troncada
se vuelva, mas tú y ello, juntamente,
en tierra, en humo, en polvo, en sombra, en nada.

LAS INFINITAS CONTRADICCIONES DEL AMOR

Lope de Vega
«Desmayarse, atreverse, estar furioso...»

La fama –más que merecida– de Lope de Vega (1562-1635) como autor de teatro ha oscurecido su prestigio como poeta: es lógico, teniendo en cuenta la gran revolución que supuso su teatro, al lograr lo que tantos buscaban: unir la calidad literaria y la teatralidad en una comedia de gran categoría y atractiva para el gran público.

No es sencillo, además, valorarlo como poeta porque su obra poética es inmensa y dispersa. Fuera del ámbito académico, no encajan bien con el gusto actual algunos géneros poéticos que cultiva Lope, como los poemas épicos (*La Dragontea, La Jerusalén conquistada*) y los poemas mitológicos (*La Filomena, La Circe*). Tampoco atraen hoy día a un lector de poesía recopilaciones como *El laurel de Apolo* y *La vega del Parnaso*.

Los poemas líricos de Lope que hoy nos emocionan más aparecen en las *Rimas, Rimas sacras, Rimas humanas y divinas del licenciado Tomé de Burguillos*. No olvidemos que buena parte de los mejores poemas de Lope forman parte de sus comedias.

Fue un gran mérito de mi maestro y amigo don José Fernández Montesinos incluirlos en la antología que preparó para Clásicos Castellanos: ese libro tuvo una influencia decisiva en el nacimiento de la Generación del 27, en su vertiente neopopularista: García Lorca, Alberti, Gerardo Diego...

En todo caso, la obra poética de Lope es inmensa: los especialistas hablan, por ejemplo, de más de tres mil sonetos. Y no hay que olvidar que Lope se sentía poeta, ante todo y por encima de todo.

No busco llamar la atención si digo –valga mi opinión lo que valga– que valoro el teatro de Lope, por supuesto, pero que me emociona mucho más su poesía lírica.

Tampoco soy muy original, en esta preferencia. Me basta con citar el testimonio de mi amigo Luis Alberto de Cuenca, excelente poeta y gran lector de poesía: «Si me dijeran que eligiera un poeta, uno solo, de la literatura en lengua castellana, respondería sin vacilar: Lope de Vega». Y cita un verso suyo admirable, que le sirve de guía –creo– en su propia poesía: «Oscuro el borrador y el verso claro...».

Más allá de la brillantez o del virtuosismo, hay algo que singulariza la grandeza de Lope como poeta: escribe poesía como respira, con la misma naturalidad y sencillez. Une, quizá más que nadie, vida y poesía.

En sus obras encontramos abundantes testimonios que lo confirman. Baste con unos pocos. Cuando le envía una epístola la desconocida poetisa «Amarilis» –quizá una invención del propio Lope–, le contesta él con una preciosa epístola en tercetos, *Belardo a Amarilis,* en la que le cuenta, con muy pocas veladuras, sus amores, sus hijos, sus penas, su vida cotidiana...

Después de referirse a sus estudios y a su etapa juvenil, afirma:

Lo demás, preguntad a mi poesía:
ella os dirá, si bien tan mal impresa,
de lo que me ayudé cuando escribía.

Y sintetiza, tajantemente: «Mi vida son mis libros...». En otra ocasión, el severo Lupercio Leonardo Argensola le aconseja que no escriba tanto (y, quizá, que no ame tanto). Le responde Lope con un precioso soneto, que concluye así:

El mismo amor me abrasa y atormenta
y de razón y libertad me priva.
¿Por qué os quejáis del alma que lo cuenta?

¿Que no escriba, decís, o que no viva?
Haced vos con mi amor que yo no sienta,
que yo haré con mi pluma que no escriba.

En *La hermosura de Angélica*, interrumpe Lope la historia de los amores de la protagonista y Medoro con esta confesión autobiográfica:

> Amé furiosamente, amé tan loco
> como lo sabe el vulgo, que me tuvo
> por fábula gran tiempo...

Muchos años más tarde, ya con más de setenta, lo afirma Fernando, en la preciosa obra autobiográfica *La Dorotea*:

> Porque amar y hacer versos todo es uno: que los mejores poetas que ha tenido el mundo, al amor se los debe.

Concluye Francisco Rico: «Nunca vida y literatura anduvieron tan unidas como en Lope de Vega». Pero eso no quiere decir que debamos interpretar autobiográficamente toda su obra, como advierte con razón Felipe Pedraza:

> En verdad, voz y carne se aúnan en Lope y se espolean mutuamente. A menudo, el autor confunde una y otra. Lope convierte su biografía en creación literaria, al tiempo que actúa en la vida real de acuerdo con los modelos que le ofrecían los libros y la creación poética popular.

Nada de esto es nuevo, recordemos la conocida frase de Flaubert: «Madame Bovary c'est moi». Este proceso no puede reducirse a una fórmula sencilla, ya lo advierte Virginia Woolf: «¿La literatura? ¿La vida? ¿Convertir la una en la otra? ¡Qué monstruosamente difícil!». Justamente eso es lo que hace con toda naturalidad y maestría Lope de Vega.

Dámaso Alonso, el mejor crítico de nuestra poesía de los Siglos de Oro, explica admirablemente la profunda originalidad de Lope:

> Cuando nos acercamos a la poesía de Lope, a una buena parte de su poesía, notamos ese tono nuevo. Algo que es

> profundamente original, y que no encontramos en toda la poesía europea del siglo XVI ni del siglo XVII; por lo menos con esa amplitud, con esa generosidad, con esa constancia. Es una sensación de sinceridad, de verdad, vivida, realísima [...]. Es la crónica diaria de la vida lo que resalta [...]. Esa nota de frescura y verdad, este estar, día a día, hora a hora, convirtiendo en materia de arte la sustancia de su vida es totalmente nuevo en poesía española y aun europea. No sólo es nuevo sino que es aislado. Lope –se ha dicho varias veces– empalma en este sentido con el Romanticismo.

No es difícil encontrar ejemplos admirables, en la obra poética de Lope. En 1610, compra la casa madrileña de la calle Francos, con su jardincillo, que tanto consuelo le da. En la epístola a Matías de Porras, poetiza Lope los momentos de felicidad que allí vive; ante todo, al ver cómo juega su hijo Carlos Félix (Carlillos) y al escucharle hablar, con su «media lengua»:

> Cuando Carlillos, de azucena y rosa
> vestido el rostro, el alma me traía,
> cantando por donaire alguna cosa [...].
> Cualquiera desatino mal formado
> de aquella media lengua era sentencia
> y el niño a besos de los dos traslado.
> Y contento de ver tales mañanas,
> después de tantas noches tan oscuras,
> lloré tal vez mis esperanzas vanas.

Esa felicidad no le hacía olvidar a Lope su inalterable pasión por la poesía, hasta que le llamaban para comer y la madre recurría al querido niño para que dejase de escribir:

> Íbame desde allí con el cuidado
> de alguna línea más, donde escribía
> después de haber los libros consultado.
> Llamábanme a comer; tal vez decía

que me dejasen, con algún despecho:
así el estudio vence, así porfía.
Pero de flores y de perlas hecho,
entraba Carlos a llamarme y daba
luz a mis ojos, brazos a mi pecho.
Tal vez que de la mano me llevaba,
me tiraba del alma, y a la mesa
al lado de su madre me sentaba.

Para Luis Alberto de Cuenca, son éstos «los versos familiares más entrañables de la poesía española». Parece que Lope nos ha introducido en la serena belleza de un interior de Vermeer...

Un par de años después, ese niño sufrió «unas tercianas dobles» y murió, causando a Lope el más hondo dolor. Le escribió entonces una bellísima elegía, con pequeños detalles de esa feliz intimidad:

Yo para vos los pajarillos nuevos,
diversos en el canto y los colores,
encerraba, gozoso de alegraros;
yo plantaba los fértiles renuevos
de los árboles verdes; yo, las flores,
en quien mejor pudiera contemplaros.
Pues a los aires claros
del alba hermosa, apenas
saliste, Carlos mío,
bañado de rocío,
cuando, marchitas las doradas venas,
el blanco lirio, convertido en hielo,
cayó en la tierra, aunque traspuesto al cielo.
¡Oh, qué divinos pájaros agora,
Carlos, gozáis, que con pintadas alas
discurren por los campos celestiales.

En una epístola poética dirigida a Herrera Maldonado, le cuenta Lope su sentimiento de padre, tan orgulloso como apenado, cuando ve a su hija Marcela ingresar en la clausura del convento de las Trinitarias Descalzas, estrenando en esa ceremonia sus primeros chapines:

> No vi en mi vida tan hermosa dama,
> tal cara, tal cabello y gallardía;
> mayor pareció a todos que su fama.
> Ayuda a la hermosura la alegría;
> al talle, el brío; al cuerpo, que estrenaba
> los primeros chapines aquel día.

También sufre Lope otra terrible tragedia cuando su amada Marta («Amarilis», en la poesía) queda ciega y pierde la razón:

> Aquella que gallarda se prendía
> y de tan ricas galas se preciaba,
> que a la aurora de espejo le servía
> y en la luz de sus ojos se tocaba,
> curiosa los vestidos deshacía,
> y, otras veces, estúpida, imitaba,
> el cuerpo en hielo, en éxtasis la mente,
> un bello mármol de escultor valiente.

El 7 de abril de 1632 murió Marta. La evoca en *La Dorotea,* en un precioso romance elegíaco:

> Tan triste vida paso
> que todo me atormenta:
> la muerte, porque huye;
> la vida, porque espera.

Lope no es sólo un galán mujeriego y escandaloso: es un ser humano al que la vida le ha enseñado, con sufrimiento, y eso lo traslada también a sus poemas. Por eso, es también un poeta meditativo. Sus reflexiones llegan directamente al gran público –a los lectores de sus poemas y a los espectadores de sus comedias– porque su talento literario incluye la sencillez, la naturalidad, la ausencia de pedantería. Baste con un par de ejemplos, incluidos en *La Dorotea.*

Fernando le pide a Julio que escuche un «romance de Lope» (así lo dice), quizá el más famoso suyo, que equilibra el desahogo personal con la lección moral, para todos:

A mis soledades voy,
de mis soledades vengo,
porque, para andar conmigo,
me bastan mis pensamientos.
No sé qué tiene el aldea
donde vivo y donde muero
que, con venir de mí mismo,
no puedo venir más lejos.
Ni estoy bien ni mal conmigo,
mas dice mi entendimiento
que un hombre que todo es alma
está cautivo en su cuerpo.

Al escribir esa misma obra, Lope, herido por la muerte de su amada, Marta de Nevares, escoge la barquilla rota como símbolo de esa trágica ruptura:

Pobre barquilla mía,
entre peñascos rota,
sin velas desvelada
y, entre las olas, sola.
¿A dónde vas, perdida?
¿A dónde, di, te engolfas? [...].
Mas, ¡ay, que no me escuchas!,
pero la vida es corta:
viviendo, todo falta;
muriendo, todo sobra.

El acierto de estos dos poemas, de apariencia tan sencilla, se demuestra porque se han mantenido durante muchos años en la memoria de los españoles, hasta el punto de que algunos de sus versos se han convertido en cita habitual, casi en refranes.

De la meditación filosófica a la poesía religiosa hay un breve trecho. Lope no tuvo ciertamente una vida moralmente ejemplar, pero no era ningún descreído. Fue pecador, pero no dejó por eso de ser creyente sincero: igual que tantos compatriotas suyos.

En sus poemas religiosos, no hay que buscar la profundidad teológica (aunque a veces lo intente, por competir con Góngora) sino la emoción sincera de un hombre que se arrepiente de sus errores.

Un ejemplo. Lope ha leído las maravillosas *Confesiones* de san Agustín, otro pecador arrepentido. Lo comprobamos en un soneto, «Agustino a Dios»:

> Siempre, Señor, te digo «espera un poco»
> y pasan tantos pocos cada día
> que sola tu piedad me esperaría.

Desarrolla este tema en uno de sus sonetos más conmovedores:

> ¿Qué tengo yo que mi amistad procuras?
> ¿Qué interés se te sigue, Jesús mío,
> que a mi puerta, cubierto de rocío,
> pasas las noches del invierno oscuras?
>
> ¡Oh, cuánto fueron mis entrañas duras,
> pues no te abrí! ¡Qué extraño desvarío,
> si de mi ingratitud el hielo frío
> secó las llagas de tus plantas puras!
>
> ¡Cuántas veces el Ángel me decía!:
> «¡Alma, asómate agora a la ventana,
> verás con cuánto amor llamar porfía!».
>
> ¡Y cuántas, hermosura soberana,
> «Mañana le abriremos», respondía,
> para lo mismo responder mañana!

Éste es, sin duda, el gran Lope. No está presumiendo de erudición sino que pone sus lecturas al servicio de lo que él ha vivido realmente: el deseo de cambiar y el reconocimiento de que ha vuelto a caer. ¿Quién arrojaría contra él la primera piedra? Ya lo dijo san Pablo: «Veo lo mejor y lo apruebo, pero sigo lo peor...».

No debe sorprendernos ni escandalizarnos el hecho de que aplique aquí a Jesús lo que él ha vivido, lo que nos cuenta en *La Dorotea*: las frías noches que pasaba en la calle, de joven, esperando la llamada de una amante ingrata que nunca respondía... En Lope –quizá, en cualquier ser humano– se unen el cielo y la tierra, el amor a una mujer y la búsqueda de Dios o del sentido de la vida.

Lope es, por supuesto, un gran poeta lírico que canta al amor, como si estuviera escribiendo un nuevo *Cancionero* de Petrarca. Así resume él toda su obra:

> Versos de amor, conceptos esparcidos;
> engendrados del alma en mis cuidados;
> partos de mis sentidos abrasados,
> con más dolor que libertad nacidos.

Canta Lope al amor en sus innumerables matices y motivos. Su poesía refleja todo ese mundo de contradicciones que él mismo ha vivido en su carne y en su sangre. Con indudable simpatía por el personaje, anota José Fernández Montesinos:

> Lope enamorado era candoroso, pueril, brutal, tierno, violento, sarcástico, y de todo ello tienen sus poemas. Su maestría nos hace pasar sobre el tópico y la cita, y logra transmitirnos violentamente la violencia de ese grito perdido sobre el mar. Sobre la literatura, sobre los elementos acarreados por una tradición, la nota personal, siempre.

He elegido, como ejemplo, el conocidísimo soneto que lleva el número 126, en las *Rimas*: «Desmayarse, atreverse, estar furioso...».

Pertenece a un género de clara ascendencia petrarquista: el de las definiciones, con una sucesión de antítesis y paradojas.

Lo cultiva también Lope cuando define la ausencia:

Ir y quedarse y, con quedar, partirse,
partir sin alma e ir con alma ajena,
oír la dulce voz de una sirena
y no poder del árbol desasirse.

No nos sorprende la enorme popularidad de este soneto, que describe con tanta brillantez las contradicciones del amor: «Croce e delizia», escuchamos en *La Traviata*, de Verdi.

Lo define Lope con una efectista enumeración de infinitivos y de adjetivos contradictorios. (Este poema supone también un verdadero examen para actores y recitadores.)

Dos detalles lingüísticos: «liberal» (verso segundo) significaba, en el Siglo de Oro, «generoso». En el verso diez, la palabra «süave» ha de llevar diéresis, debe pronunciarse con tres sílabas («su-a-ve»), para mantener el ritmo.

Como señala Dámaso Alonso, este poema es el último eslabón de una larga cadena literaria. A la vez, cuando lo leemos, nos parece contemplar un autorretrato del Lope más apasionado: «Uno de esos poemas que le salían de su vida y de su alma».

Culmina el soneto con un verso final rotundo, lapidario, inolvidable: «Esto es amor; quien lo probó, lo sabe». Evidentemente, Lope había probado el amor. Por eso, y por ser un gran poeta, sabía cantarlo con tanta precisión y con tanta belleza.

«Rima 126»

Desmayarse, atreverse, estar furioso,
áspero, tierno, liberal, esquivo,
alentado, mortal, difunto, vivo,
leal, traidor, cobarde y animoso;

no hallar fuera del bien centro y reposo,
mostrarse alegre, triste, humilde, altivo,

enojado, valiente, fugitivo,
satisfecho, ofendido, receloso;

huir el rostro al claro desengaño,
beber veneno por licor süave,
olvidar el provecho, amar el daño;

creer que un cielo en un infierno cabe,
dar la vida y el alma a un desengaño:
esto es amor; quien lo probó, lo sabe.

LA MÁS HERMOSA EPÍSTOLA MORAL DE LA LITERATURA ESPAÑOLA

Andrés Fernández de Andrada
«Epístola moral a Fabio»

De nuevo, como en el soneto «No me mueve, mi Dios, para quererte», otro de los mejores poemas de la literatura española ha suscitado, a lo largo de los siglos, bastantes dudas sobre su autor. Me refiero a la bellísima «Epístola moral a Fabio», enormemente popular y elogiada al máximo por todos los poetas y críticos.

Pertenece a un género clásico, desde la literatura latina: la epístola moral. Suele exponer, en forma de carta, dirigida a un interlocutor (real o ficticio) una reflexión doctrinal sobre temas graves: la inestable Fortuna, el paso del tiempo, la vanidad de los bienes terrenos, el sentido de nuestra vida...

Con frecuencia, expone este género poético los principios de la filosofía estoica, tomados de Horacio, Cicerón, Catón o Marcial, pero cristianizada. Esta cristianización del estoicismo no es exclusiva pero sí muy característica de la literatura española de los Siglos de Oro. Escriben epístolas morales, por ejemplo, Boscán, Rioja y Quevedo.

En sentido amplio, forman parte estos poemas de la lírica de meditación, cultivada también por Garcilaso, Herrera, fray Luis de León, Rodrigo Caro, Cervantes, Góngora, los Argensola... Es ésta una de las principales corrientes, dentro del amplio caudal de nuestra poesía clásica. (Fuera de España, podemos compararla con la poesía metafísica inglesa, en la que destaca el extraordinario John Donne.)

Estas epístolas morales suelen estar escritas en tercetos: tres endecasílabos, que riman primero con tercero, quedando suelto el segundo. Pero son tercetos encadenados, lo que añade dificultad: ese segundo verso libre pasa a rimar con el primero y tercero de la siguiente estrofa. La fórmula es ésta: ABA-BCB (etcétera).

La joya mayor de este género es la «Epístola moral a Fabio», de autor discutido, durante años. No debe confundirse con otra obra semejante, pero de autor cierto, la «Canción a las ruinas de Itálica», de Rodrigo Caro. Las ideas de los dos poemas son semejantes. Los dos, además, parecen proceder del mismo ambiente cultural: los círculos humanistas de la gloriosa Sevilla del siglo XVI.

Contribuye a la posible confusión el hecho de que los dos poemas van dirigidos a un imaginario Fabio (un nombre de origen latino). La «Canción a las ruinas de Itálica», de Rodrigo Caro, se refiere a este conjunto arqueológico, situado a pocos kilómetros de Sevilla, y comienza así:

> Estos, Fabio, ¡ay dolor!, que ves ahora,
> campos de soledad, mustio collado,
> fueron un tiempo Itálica famosa.

Es un hermoso poema, pero –en mi modesta opinión– muchísimo mejor es la «Epístola moral a Fabio», que comienza:

> Fabio, las esperanzas cortesanas,
> prisiones son do el ambicioso muere
> y donde al más activo nacen canas.

Durante mucho tiempo, se atribuyó esta epístola a Francisco de Rioja (1583-1659), autor del precioso poema «A la rosa», una metáfora de la brevedad de la vida:

> Pura, encendida rosa,
> émula de la llama
> que sale con el día...

Se ha atribuido también la «Epístola moral a Fabio» a otro poeta sevillano: Francisco de Medrano (1570-1607), clasicista, seguidor de Horacio, reivindicado por Dámaso Alonso y por Luis Cernuda.

También se atribuyó este poema a los hermanos Argensola, Lupercio Leonardo y Bartolomé Leonardo, aragoneses, que escriben poemas morales, inspirados en la tradición latina. (Según un testimonio antiguo, Bartolomé declaró que le habría gustado ser su autor.) Popularísimo se hizo el escéptico final de un soneto de Bartolomé, dedicado a *una mujer que se afeitaba y estaba muy hermosa*:

> Porque ese cielo azul que todos vemos
> ni es cielo ni es azul. ¡Lástima grande
> que no sea verdad tanta belleza!

Resolvió la cuestión Dámaso Alonso, al atribuir la «Epístola moral a Fabio» al capitán sevillano Andrés Fernández de Andrada (hacia 1575-1648), militar y poeta, vinculado también a las academias humanísticas de su ciudad, que se trasladó luego a Méjico, donde murió. Dámaso llega a compararlo con Rimbaud: un gran poeta que deja la poesía –no sabemos por qué razón– al viajar a otro país y dedicarse a labores más prosaicas.

Es posible que este «Fabio» se refiera a un personaje real, un corregidor mexicano, buen amigo suyo, y que el poema intente disuadirlo de ser un pretendiente en la Corte. También puede ser un nombre literario, de origen latino, para designar a un interlocutor ficticio.

Sea o no cierta esa anécdota sobre su origen, lo que importa es el resultado. En su Epístola, Fernández de Andrada plantea una reflexión general sobre la vida y la muerte: algo válido para cualquier ser humano, en cualquier circunstancia, en todas las épocas.

No hemos de buscar en este poema la originalidad sino la hondura de pensamiento y el acierto expresivo. Los tercetos se encadenan con una suavidad y perfección muy difíciles de igualar. Igual que Jorge Manrique, Andrés Fernández de Andrada logra formular sentencias que se han incorporado a la memoria colectiva de muchos españoles.

Comenta el estilo de esta Epístola Dámaso Alonso: «Todo cayó en su sitio justo, con las palabras precisas y exactas que tenía que decir». Y Juan Luis Alborg elogia su musicalidad: «Notas suaves, sin estridencias».

Recoge este poema una larga tradición de pensamiento, que podemos concretar en la gran corriente del estoicismo clásico. El poeta sevillano lo cristianiza, añadiéndole argumentos y ejemplos tomados del medieval desprecio del mundo (*contemptu mundi*).

Comienza denunciando que son un engaño «las esperanzas cortesanas». Defendían los estoicos, para conseguir la serenidad, que nos centremos en los placeres sencillos. Elige Fernández de Andrada una hermosa palabra, «sosiego». No era rara en aquella España. Cuentan que Felipe II solía usarla como muletilla, para tranquilizar a sus visitantes: «¡Sosegaos!».

El Tiempo aparece en muchos textos medievales como uno de los grandes enemigos de la felicidad. Defendían los estoicos la necesidad de aceptar que todo cambia, basándose en Heráclito: «Nunca te bañas dos veces en el mismo río». Insiste también la Epístola en la fugacidad de los placeres terrenos: «¿Qué es nuestra vida más que un breve día...?».

Para expresarlo, recurre a la tradicional metáfora del heno:

> A la mañana verde,
> seco a la tarde.

Es algo paralelo al precioso tríptico de El Bosco, en el Museo del Prado, que, en su tabla central, representa *el carro de heno*.

Se trata de una imagen antigua, para indicar la caducidad de todo lo mundano: el «heno» ejemplifica cualquier hierba o planta.

En otros poemas, se prefiere indicar la fugacidad de la belleza con el ejemplo de la rosa (lo hemos visto ya en el poema de Rioja). García Lorca usa un poemita sobre la «rosa mutabile» en su precioso drama poético *Doña Rosita la soltera*:

> Cuando se abre en la mañana,
> roja como sangre está,
> el rocío no la toca
> porque se teme quemar [...].
> Y, cuando toca la noche
> blando cuerno de metal

y las estrellas avanzan
cuando los aires se van,
en la raya de lo oscuro
se comienza a deshojar.

La metáfora de la hierba aparece muchas veces en la Biblia. Por ejemplo, en las pesimistas profecías de Isaías: «Se secará la hierba, se marchitarán los retoños. Todo verdor perecerá». (Esta última frase la adoptó como título de una novela el argentino Eduardo Mallea.)

Se menciona la misma idea en el implacable pesimismo de los Proverbios: «Las cosechas se acaban. La hierba se seca». Lo resume uno de los Salmos: «La vida del hombre es como la flor del heno...».

Nos previene Fernández de Andrada contra un «ciego desvarío: ¿Será que de este sueño se recuerde?». La comparación de la vida humana con el sueño (en latín, *vita somnium*) subraya que es una ilusión, una apariencia, de la que sólo despertaremos con la auténtica realidad, la muerte.

Es ésta una idea que existía ya en el budismo y en la mística persa. La desconfianza en los sentidos es un tema repetido en la filosofía y la poesía del Barroco. En la literatura española, por supuesto, Calderón de la Barca alcanza la formulación definitiva:

¿Qué es la vida? Una ilusión,
una sombra, una ficción,
que toda la vida es sueño
y los sueños, sueños son.

Para los estoicos, la verdadera filosofía consiste en afrontar dignamente la muerte. Afirma Cicerón: «La vida entera del sabio es una preparación para la muerte». Séneca ve el lado positivo de esto: «Te aprecio, vida, gracias a la muerte».

Expresa esta idea nuestra Epístola con un juego conceptista:

¿Será que pueda ser que me desvío
de la vida viviendo, y que esté unida
la cauta muerte al simple vivir mío?

Repite Fernández de Andrada la metáfora de los ríos, consagrada por Jorge Manrique: «Como los ríos que en veloz corrida...». Su inevitable desembocadura es el mar, símbolo de la muerte:

> Se llevan a la mar, tal soy llevado
> al último suspiro de mi vida.

Lo repetirá muchas veces Antonio Machado; por ejemplo, al final de su autobiográfico «Retrato»:

> Y cuando llegue el día del último viaje
> y esté al partir la nave que nunca ha de tornar,
> me encontraréis a bordo, ligero de equipaje,
> casi desnudo, como los hijos de la mar.

Utiliza la Epístola ejemplos tomados de la naturaleza para mostrarnos que todo pasa, *tempus fugit*: «Pasáronse las flores del verano...».

También, que nadie escapa al vaivén de la rueda de la Fortuna: «Las hojas que en las altas selvas vimos cayeron».

El estoicismo nos ha conducido aquí al cristianismo, al temor de Dios:

> Temamos al Señor, que nos envía
> las espigas del año...

Proclama la Epístola que debemos vivir con medida, evitar los excesos: «mediana vida... estilo común y moderado». Es el mismo precepto clásico de la *aurea mediocritas*.

Lo formula Horacio, en su «Oda a Licinio»:

> El que se contenta con su dorada medianía,
> no padece, intranquilo,
> las miserias de un techo que se desmorona.

Sentencia Terencio: «Ne quid nimis» («nada en exceso»). Lo cristianiza santo Tomás de Aquino: va unida a la sabiduría práctica, a la prudencia. Y lo elogia al máximo el muy sabio Montaigne: «Lo más perfecto: la excelente medianía».

Nos anima el poeta a despreciar lo que diga el vulgo: «Que la opinión vulgar es devaneo». Ya lo aconsejaba Marco Aurelio: «No pierdas el tiempo buscando el aplauso de los demás».

Para la vida cotidiana, concreta su ideal Fernández de Andrada en tres cosas:

> Un ángulo me basta entre mis lares,
> un libro y un amigo...

Lo primero va unido al repetido tópico del «menosprecio de la corte», que sube ya al título de la obra (1539) de fray Antonio de Guevara.

Lo segundo, la referencia a los buenos libros, como perfectos compañeros de nuestra vida, aparece ya en Séneca: «El ocio, sin leer, es la muerte y sepultura del ser humano».

Lo expresa con gran belleza Quevedo:

> Retirado en la paz de estos desiertos,
> con pocos pero doctos libros juntos,
> vivo en conversación con los difuntos
> y escucho con mis ojos a los muertos.

Llega hasta las conocidas frases de Borges: «Hay quienes no pueden imaginar un mundo sin pájaros; hay quienes no pueden imaginar un mundo sin agua; en lo que a mí se refiere, no puedo imaginar un mundo sin libros...».

Junto al libro, nos consuelan la compañía y el afecto de un buen amigo. Lo afirma rotundamente Cicerón: «Sin amistad, la vida no vale nada». Marco Aurelio hace una curiosa comparación: «Hemos nacido para colaborar, igual que los pies, las manos...». Con su habitual precisión y elegancia, lo dice Cervantes: «De las miserias, suele ser alivio una compañía».

En 1624, pocos años después de la publicación del *Quijote,* el poeta metafísico inglés John Donne nos da una hermosa lección: «Nadie es una isla, completo en sí mismo [...]. La muerte de cualquier hombre me disminuye porque estoy ligado a la humanidad».

Como es habitual en la métrica clásica, la serie de tercetos de la «Epístola moral a Fabio» se cierra con el broche solemne de un cuarteto, que insiste en el envío a un destinatario, real o simbólico: «Ya, dulce amigo, huyo o me retiro...».

En la brevedad de estos cuatro versos, todavía introduce el poeta un nuevo tema: debemos ser dueños de nosotros mismos, no esclavos de nuestros deseos.

Lo había recomendado ya san Pablo a los Gálatas: «Andad en el Espíritu, no satisfagáis los deseos de la carne».

Defendían los estoicos la soledad, la meditación. Por ejemplo, Séneca: «Recógete en tu interior todo lo que te sea posible. Dios está cerca de ti, está contigo, dentro de ti».

Añade esta Epístola algo que no es pura retórica: «Ven y verás el grande fin que aspiro». Subrayo el adjetivo «grande». El estoicismo cristiano ha llamado a esta virtud «magnanimidad». La definió santo Tomás, en la *Suma Teológica*: «Una tendencia del ánimo hacia cosas *grandes*». La lleva a su estética Miguel Ángel Buonarroti: «La perfección no es cosa pequeña».

Culmina la Epístola con uno de los más hermosos versos de toda la lírica española: «Antes que el tiempo muera en nuestros brazos».

No había más que decir ni cabía decirlo mejor.

«EPÍSTOLA MORAL A FABIO»

Fabio, las esperanzas cortesanas
prisiones son do el ambicioso muere
y donde al más activo nacen canas;
el que no las limare o las rompiere,
ni el nombre de varón ha merecido
ni subir al honor que pretendiere [...].
Busca, pues, el sosiego dulce y caro,
como en la oscura noche del Egeo

busca el piloto el eminente faro;
que, si acortas y ciñes tu deseo,
dirás: «Lo que desprecio he conseguido,
que la opinión vulgar es devaneo».
Más quiere el ruiseñor su pobre nido
de pluma y leves pajas, más sus quejas
en el monte repuesto y escondido,
que agradar lisonjero las orejas
de algún príncipe insigne, aprisionado
en el metal de las doradas rejas [...].
¿Qué es nuestra vida más que un breve día
do apenas sale el sol, cuando se pierde
en las tinieblas de la noche fría?
¿Qué es más que el heno, a la mañana verde,
seco a la tarde? ¡Oh ciego desvarío!
¿Será que de este sueño se recuerde?
¿Será que pueda ser que me desvío
de la vida viviendo, y que esté unida
la cauta muerte al simple vivir mío?
Como los ríos que en veloz corrida
se llevan a la mar, tal soy llevado
al último suspiro de mi vida.
De la pasada edad, ¿qué me ha quedado?
¿O qué tengo yo a dicha en la que espero,
sino alguna noticia de mi lado?
¡Oh, si acabase, viendo cómo muero,
de aprender a morir, antes que llegue
aquel forzoso término postrero;
antes que aquesta mies inútil siegue
de la severa muerte dura mano
y la común materia se la entregue!
Pasáronse las flores del verano,
el otoño pasó con sus racimos,
pasó el invierno con sus nieves cano;
las hojas que en las altas selvas vimos
cayeron, ¡y nosotros a porfía
en nuestro engaño inmóviles vivimos!
Temamos al Señor que nos envía

las espigas del año y la hartura
y la temprana lluvia y la tardía.
No imitemos la tierra, siempre dura
a las aguas del cielo y al arado,
ni a la vid cuyo fruto no madura.
¿Piensas acaso tú que fue criado
el varón para el rayo de la guerra,
para surcar el piélago salado,
para medir el orbe de la tierra
o el cerco por do el sol siempre camina?
¡Oh, quien así lo piensa, cuánto yerra!
Esta nuestra porción, alta y divina,
a mayores acciones es llamada
y en más nobles objetos se termina [...].
Un ángulo me basta entre mis lares,
un libro y un amigo, un sueño breve,
que no perturben deudas ni pesares.
Esto tan solamente es cuanto debe
naturaleza al parco y al discreto,
y algún manjar común, honesto y leve [...].
Una mediana vida yo posea,
un estilo común y moderado,
que no le note nadie que le vea [...].
Sin la templanza, ¿viste tú perfecta
alguna cosa? ¡Oh, muerte! Ven callada,
como sueles venir en la saeta [...].
Ya, dulce amigo, huyo y me retiro;
de cuanto simple amé rompí los lazos;
ven y sabrás al grande fin que aspiro
antes que el tiempo muera en nuestros brazos.

EL AMOR, MÁS PODEROSO QUE LA MUERTE

Francisco de Quevedo
«Cerrar podrá mis ojos la postrera...»

Indiscutiblemente, Quevedo (1580-1645) es uno de los más grandes escritores españoles de todos los tiempos: en poesía y en prosa, en lo serio y en lo burlesco, en casi todos los géneros (sólo en el teatro que conocemos no alcanza el más alto nivel). En la poesía del Siglo de Oro, comparte la cumbre, como autor de sonetos, con Lope y con Góngora.

Para el muy exigente Jorge Luis Borges, Quevedo «es menos un hombre que una dilatada y compleja literatura».

Encarna Quevedo los dualismos del Barroco: las burlas y las veras; la profundidad filosófica y el juego verbal; la picaresca desengañada del *Buscón* y la caricatura de los *Sueños*; la hondura doctrinal de la *Política de Dios y gobierno de Cristo*, la sabiduría clásica de la *Vida de Marco Bruto* y el humor grosero de las *Gracias y desgracias del ojo de culo*; en los poemas de amor, el idealismo más elevado y el descenso a lo corporal y escatológico...

Resume José Manuel Blecua: «La poesía como expresión de la autenticidad del ser y la poesía como juego».

Sobre los datos reales de su biografía, se ha construido una leyenda, contra cuyos excesos ha protestado Pablo Jauralde. Algunos han convertido al personaje, para mal, en un maldiciente, estrafalario, protagonista de cien anécdotas y chascarrillos; para bien, en un gran espadachín y un patriota ejemplar, que encarna las virtudes de un caballero español del Siglo de Oro.

Aunque tengan algún fundamento histórico, las dos versiones se adornan muchas veces con episodios novelescos.

No parece haber sido Quevedo un santo varón: por ejemplo, sus opiniones sobre las mujeres y sobre los judíos resultan hoy difíciles de aceptar. A la vez, es indudable que se trata de un escritor de primerísima categoría, que juega con el lenguaje con un ingenio y una maestría muy difíciles de igualar.

Por eso, hoy, es frecuente compararlo con James Joyce y con Valle-Inclán. No es raro que el vanguardista Ramón Gómez de la Serna escribiera las biografías de los dos escritores, Quevedo y Valle.

En el terreno personal, comentan algunos que Quevedo era hijo de un hidalgo pobre; cojo y miope; y que, para contrapesar eso, su timidez le hizo agresivo.

En lo político, se fabula sobre su amistad con el duque de Osuna, su actuación en Nápoles y su participación en la conjura de Venecia. Luego, sobre su relación con el Conde-Duque de Olivares y su encarcelamiento en el convento leonés de San Marcos (hoy, el Parador de Turismo, con su fachada plateresca única).

Ya Marañón puso en duda la leyenda de que, debajo de una servilleta, dejara la «Epístola satírica y censoria», que tiene un comienzo de admirable y solemne retórica:

> No he de callar por más que, con el dedo,
> ya tocando la boca, ya la frente,
> silencio avises o amenaces miedo.
> ¿No ha de haber un espíritu valiente?
> ¿Siempre se ha de sentir lo que se dice?
> ¿Nunca se ha de decir lo que se siente?

En el terreno literario, es admirable el ingenio con que se zahieren Góngora y Quevedo. Coincidieron por primera vez en Valladolid, en 1603. Quevedo era veinte años más joven y quizá quiso ganar fama atacando a don Luis, ya un poeta consagrado. Luego, en Madrid, los afilados insultos personales se unían a la polémica literaria entre los culteranos (Góngora) y los conceptistas (Quevedo).

Se burlaba el cordobés de los anteojos de su rival:

> Prestádselos un rato a mi ojo ciego
> porque a luz saque ciertos versos flojos
> y entenderéis cualquier gregüesco luego.

(Los *gregüescos* eran unos pantalones de hombre, cortos, abombachados, con frecuencia acuchillados, que se pusieron de moda y fueron satirizados por Cervantes, Lope y Tirso.)

Por su parte, Quevedo acusaba a Góngora de sodomita, judío, sucio en su persona y en su obra:

Hombre en quien la limpieza fue tan poca
(no tocando a su cepa)
que nunca, que yo sepa,
se le cayó la mierda de la boca.

Con enorme ingenio, Quevedo parodió el enrevesado lenguaje poético de los culteranos, al que bautizó como *jerigóngora*, uniendo la palabra «jerigonza» –un lenguaje muy difícil de entender– con el nombre de su enemigo:

Quien quisiere ser culto en sólo un día
la jeri (aprenderá) gonza siguiente:
fulgores, arrogar, joven, presiente,
candor, construye, métrica armonía.

(La paradoja histórica es evidente: muchos de los términos que Quevedo consideraba pedantes, incomprensibles, forman parte hoy del léxico común. Este ejemplo puede servirnos como vacuna contra el excesivo purismo.)

Como se advierte en sus poemas, Quevedo posee una amplia cultura clásica. Eso no le impide citar con frecuencia a autores «modernos», extranjeros: Rabelais, Boccalini, Justo Lipsio, Maquiavelo...

Sentía especial fervor –eso confirma su inteligencia– por «el señor de la Montaña», como él traducía el apellido de Montaigne. Lo explica Juan Marichal: veía en él un modelo de lo que quería ser, «un sabio humanista, un avisado político y un celoso católico».

Combatió Quevedo incansablemente el culteranismo. Su gusto poético está claro: editó las obras de fray Luis de León y propuso como modelo a Francisco de la Torre.

El estilo de Quevedo, en sus poemas, no es sencillo: utiliza caricaturas expresionistas, comparaciones hiperbólicas; hace juegos constantes con el doble sentido de las palabras... Sin embargo, da la impresión –bastante falsa– de nitidez porque no elige el ornato culterano sino la condensación expresiva, propia del conceptismo.

En cierta medida, realiza la síntesis de los dos movimientos. Para Dámaso Alonso, «quiebra los tabiques de separación entre los dos grandes mundos estilísticos del Siglo de Oro, el Escila y Caribdis...».

Posee Quevedo un extraordinario dominio de los recursos del idioma. Así lo valora Rafael Lapesa: «Su labor da a la lengua una ductilidad no superada, haciéndola apta para el mayor ingenio o la mayor hondura».

No le niega eso –pero sí otras cosas– el agudísimo Baltasar Gracián, con una malvada y brillante metáfora: «Estas hojas de Quevedo son como las del tabaco, de más vicio que provecho, más para reír que para aprobar».

Pero hoy advertimos claramente que, incluso detrás del Quevedo más aparentemente chocarrero, hay un moralista.

Durante muchos años trabajó José Manuel Blecua en la edición de la *Obra poética* de Quevedo: juzgó que era «el más complicado problema de transmisión de una obra literaria europea, desde el Renacimiento».

El heredero de Quevedo, Pedro de Aldrete, firmó contrato con Coello, un editor, autorizándole a buscar por su cuenta los poemas. Encargó éste la tarea a González de Salas, que editó la primera parte, *Las nueve Musas*, corrigió pruebas y algunos poemas; el propio Aldrete editó la segunda parte, tres *Musas* más. Ya en su época, le achacaron a González de Salas algunas correcciones que quizá se debían a una revisión del propio Quevedo...

Señala Blecua la extraordinaria amplitud temática de esta poesía, con seis capítulos: 1/ La angustia ante la vida, una expresión del neoestoicismo cristiano. 2/ La poesía moral, muy corrosiva, aunque luzca atuendo clásico. 3/ La poesía burlesca y satírica, con un derroche de imaginación poética y las más audaces fórmulas expresivas de la poesía española de todos los tiempos. 4/ Las jácaras y bailes, emparentados con los entremeses. 5/ La parodia de algunos poemas italianos. 6/ La poesía erótica: según Blecua, Quevedo es «uno de los más grandes poetas de amor de todos los tiempos».

La visión del mundo que suele ofrecer la poesía de Quevedo es claramente pesimista: ve la vida como algo incierto, fugitivo, inconsistente. Cabe vencer transitoriamente el dolor humano con una serie de remedios o evasiones: la memoria, el placer de la naturaleza, la renuncia biológica, la lectura, el amor...

Lo expresa, en su poesía, con rotundas antítesis: «Amo la vida con saber que es muerte». Pero afirma también lo contrario: «Amo la muerte por saber que es vida».

Para expresar los conceptos abstractos, utiliza un lenguaje coloquial, desgarrado, como si estuviera llamando a la puerta de una casa cerrada:

¡Ah de la vida!... ¿Nadie me responde?
¡Aquí de los antaños que he vivido!

Consigue una rotundidad lapidaria, sentenciosa, con el simple juego de los distintos tiempos verbales:

Ayer se fue, mañana no ha llegado;
hoy se está yendo sin parar un punto;
soy un fue, y un será, y un es cansado...

Siente Quevedo una verdadera obsesión por la fugacidad: el gran destructor de los bienes que el mundo nos ofrece es «el tiempo que ni vuelve ni tropieza». (Julián Marías eligió este hermoso verso como título de uno de sus libros.)

El ejemplo –tan barroco y tan romántico– de las ruinas de Roma le lleva a una conclusión paradójica, modernísima (algunos han llegado a relacionarla con Proust y con Borges):

Buscas en Roma a Roma, ¡oh peregrino!,
y en Roma misma a Roma no la hallas [...].
Huyó lo que era firme y solamente
lo fugitivo permanece y dura.

A veces, la expresión de Quevedo es tan rotunda, tan solemne y, a la vez, tan sencilla, que parece estar pidiendo ser grabada en mármol:

> Cargado voy de mí: veo delante
> muerte...

Para Dámaso Alonso, sus sonetos son, rotundamente, «la más alta poesía de amor, por los deslumbrantes chispazos de pasión». Les caracteriza «el desgarrón afectivo. Quevedo es una explosión de afectividad desmesurada rompiendo el marco tradicional de los valores estéticos».

El soneto que he elegido lleva el número 472 y el título «Amor constante más allá de la muerte». Suele recordarse por su primer verso: «Cerrar podrá mis ojos la postrera...».

Opinan muchos que éste es el mejor soneto de toda la literatura española. Aunque esas valoraciones sean siempre subjetivas, no cabe duda de que éste es uno de los mejores.

Cito el texto por la edición de Blecua, el gran especialista. Aporta dos importantes –y discutidas– novedades. En el verso undécimo, «medulas», un latinismo sin acento porque así lo pide la musicalidad. En el verso duodécimo, «dejará», en singular, en vez de la frecuente lectura «dejarán», en plural: será «el alma» la que «dejará» el cuerpo para ir a la otra orilla. Los tercetos ofrecen una clara correlación: las «venas... serán ceniza»; las «medulas... polvo serán».

En pocos sonetos se advierte tan claramente como en éste –señala con acierto Fernando Lázaro– la unidad estructural. Algunos han llegado a compararlo con un silogismo de la lógica aristotélica: los dos cuartetos constituyen la primera premisa; el primer terceto, la segunda premisa; el segundo cuarteto, la conclusión.

Luchan aquí dos enemigos: por un lado, el amor; por el otro, el tiempo, unido a la muerte. Con metáforas encadenadas, los cuatro primeros versos significan, simplemente, «aunque me muera».

Se abre el soneto con un futuro hipotético repetido: «podrá... podrá». Pero esa hipótesis es la realidad más segura: la muerte. (Cesare Pavese titula uno de sus libros de poemas con un futuro semejante: «Verrà la morte e avrà i tuoi occhi».)

No olvidemos algo que podemos olvidar, porque parece obvio, pero no lo es: este soneto habla primero de la muerte, antes que del amor.

Ya he señalado la importancia que concede la poesía de Quevedo al tema del Tiempo. Aquí, lo concreta y casi personifica en la «hora» (verso cuatro).

Recordemos que una de sus grandes obras satíricas, en prosa, la sube al título: *La Hora de todos y la Fortuna con seso*. Cuando la Fortuna, por mandato divino, recupera el buen sentido (el «seso»), decide dar a cada uno lo que de verdad merece. La trompeta que anuncia este nuevo Apocalipsis es la frase implacable, repetida: «Y le llegó la hora».

El «mas» que abre el segundo cuarteto equivale a una concesiva, «aunque», que abre una posible esperanza: quizá no todo desaparezca...

En ese segundo cuarteto, aparece un nuevo sujeto: la «memoria» (verso seis). Como mostró Gonzalo Sobejano, su papel es más importante de lo que parece, al resistirse dramáticamente al olvido, unido a la muerte.

Coincide con otro concepto frecuente en la poesía de Quevedo, el de «cuidado», que aquí aparece en el último terceto (verso doce). Pedro Laín lo identificó con lo que Heidegger llama «sorge»: la tensión angustiosa del ser humano ante su propio destino, para no caer en la trivialidad cotidiana.

Menciona el soneto varias palabras, que coinciden en una sola área semántica: «ardía» (verso seis), «mi llama» (verso siete), «fuego» (verso diez). Esta metáfora básica estaba ya en la lírica petrarquista, pero Quevedo la emplea sistemáticamente, con variantes.

La «llama» significa, por supuesto, la pasión de amor; por extensión, la vitalidad, el deseo de sobrevivir. En la poesía de Quevedo, encontramos numerosísimos ejemplos de ello:

> La llama de mi amor, que está clavada,
> en el alto cenit del firmamento.

Ardiendo en vivas llamas, siempre amante...

Aún arden, de la llama habitados,
sus huesos, de la vida despoblados.

Etcétera. Resume certeramente Gonzalo Sobejano: «A pesar de sus tonos lúgubres, la poesía de Quevedo siempre está ardiendo». Ese «fuego» que no se consume contribuye a hacer también inmortal a su poesía.

En brusco contraste, leemos que esa «llama» de amor está nadando el «agua fría». Se refiere, por supuesto, a la laguna Estigia, que separa el mundo de los vivos del inframundo. El barquero Caronte conduce en su barca las almas de los muertos: lo cuentan Virgilio y Dante (*Infierno*), lo ha pintado Patinir.

No olvidemos que se refiere también Quevedo al agua del río Leteo, que surge de la fuente del Paraíso: tiene el poder de hacer que uno olvide el pasado y concede así la eterna juventud.

La Estigia y el Leteo, tan próximos, según la mitología, casi se confunden, en muchos textos. Por ejemplo, en los *Diálogos de amor* de León Hebreo, traducidos al castellano por el Inca Garcilaso de la Vega, que tan amplia influencia tuvieron sobre el pensamiento y la literatura del Renacimiento: «No me acuerdo haberte prometido otra cosa que amarte y padecer tus desdenes, hasta que Caronte me pase el río del olvido...».

Así lo recoge también Garcilaso de la Vega, en su «Égloga III»:

Libre mi alma de su estrecha roca,
por el Estigio lago conducida
celebrándote irá, y aquel sonido
hará parar las aguas del olvido.

Con magnífica hipérbole, muestra este soneto la imaginaria victoria del cuidado amoroso sobre ese olvido, en el que, según la mitología, tenían que purificarse milenariamente las almas no condenadas.

Toda esta rica urdimbre de ideas y símbolos la expresa Quevedo con lacónica brillantez (eso es, en definitiva, el conceptismo). Por hermoso que esto sea, se está moviendo todavía en los tópicos de la lírica amorosa propia del amor cortés (según Otis H. Green) o del neoplatonismo renacentista (según José María Pozuelo).

Como ya señaló Amado Alonso, se produce ahora un salto de calidad: lo verdaderamente grande del poema llega con los tercetos.

Ante todo, cambia el protagonista de la primera frase: es el «Alma» (verso nueve), que ya había sido mencionada en el verso tres.

En *La cuna y la sepultura*, Quevedo define el alma con una singular metáfora: «La mayor provincia que Dios crio en este mundo». Pero el alma es un lugar de hospedaje para las pasiones. Y el amor es un dios que cautiva al alma en su «prisión». Se refiere, por supuesto, a Cupido, el dios mitológico del amor.

Junto al alma, aparecen ahora otros dos sujetos, las «venas» y las «medulas». «Humor» (verso diez) se llamaba en el Siglo de Oro a cada uno de los fluidos corporales de un organismo vivo. La teoría de Hipócrates, desarrollada por Galeno, distinguía cuatro humores básicos, en el ser humano: flema, sangre, bilis negra y bilis amarilla. El exceso o defecto de alguna de ellas causa las enfermedades.

Las «medulas» (con acento llano) son un latinismo que –según Gonzalo Sobejano– debió de aprender Quevedo en su lectura juvenil de la *Eneida* de Virgilio, tan difundida entonces. En uno de los poemas dedicados *a Lisi y a la hermosa pasión de su amante*, escribe Quevedo algo cercano al soneto que nos ocupa:

> En los claustros del alma, la herida
> yace callada; mas consume hambrienta
> la vida, que en mis venas alimenta
> llama por las medulas extendida.

Para referirse a la herida del amor, en los dos poemas menciona la «llama», las «venas» y las «medulas». A estas últimas las define como «claustros del alma».

Comenta Dámaso Alonso: «¡Cómo le gustaba el latinismo *medula,* expresión de lo íntimo de lo íntimo, canales más interiores por donde corre la gran llama devastadora!».

En los tercetos, la simetría de correlaciones es absoluta: el «alma» dejará su cuerpo; las «venas» serán ceniza; las «medulas» se convertirán en «polvo».

La «ceniza» (verso trece), amante y macilenta, juega un papel importante y hasta necesario en los poemas de Quevedo. Si el amor es fuego, las cenizas suponen la continuidad de una pasión destructora: cuando se ha quemado la vida, las cenizas todavía arden.

Hay bastantes ejemplos, en la poesía de Quevedo, de cómo la llama del amor permanece en la ceniza. Cito solamente dos, que me parecen los más claros:

> Llevara yo en el alma adonde fuese
> el fuego en que me abraso, y guardaría
> su llama fiel con la ceniza fría
> en el mismo sepulcro en que durmiese.

> Ardiendo en vivas llamas, siempre amante,
> en sus cenizas, el amor reposa.

La «ceniza» es, pues, la demostración de la continuidad del fuego del amor, tras la vida terrena.

Eso nos lleva a una tercera metáfora, la del «polvo» (verso catorce). Arrimando el ascua a su propia sardina, afirma Pablo Neruda que, en este verso, Quevedo eleva por primera vez la materia a protagonista poética: es decir, justamente lo que Neruda hacía, en sus poemas, y lo que defendía, en sus teorías.

La frase queda bonita pero no es muy exacta. El muy sabio Borges señaló ya una fuente clara, en las *Elegías* de Propercio: «Pulvis amore vacet».

Hay otra frase latina que recordará cualquiera que esté educado en la cultura cristiana, sin necesidad de ser un erudito, porque, a partir del Génesis, se ha incorporado a la liturgia del Miércoles de Ceniza: «Polvo eres y en polvo te convertirás».

Más allá de las fuentes, importa cómo las utiliza Quevedo, en su soneto. Había citado antes a «un Dios»: Cupido, el mitológico dios del amor. Ahora, la alusión religiosa se amplía en una hipérbole sorprendente, que roza la herejía. No triunfa aquí el pesimismo barroco. La lección que nos da el soneto es positiva: el amor humano es capaz de vencer a la muerte y al olvido.

Para Amado Alonso, lo más relevante de este soneto es «la exaltada plenitud de la vida en el amor». Fernando Lázaro matiza: lo esencial es «la negativa patética y violenta del alma a morir del todo».

No parece muy arriesgado suponer que la primera intuición de Quevedo fue este extraordinario verso final. A partir de ahí, pudo construir los tercetos, con su clara simetría; luego, escribió los cuartetos, usando una serie de símbolos, habituales en sus poemas de amor.

Los últimos versos del soneto constituyen la más esperanzada afirmación de la religión del amor: si he amado de verdad, mis entrañas no dejarán nunca de arder. Ni siquiera la muerte podrá vencer al amor: hasta mis cenizas continuarán siendo, para siempre, «polvo enamorado». El amor habrá dado pleno sentido a mi vida.

Con extraordinaria belleza, Quevedo proclama así triunfalmente nuestra mejor esperanza.

«Amor constante más allá de la muerte»

Cerrar podrá mis ojos la postrera
sombra que me llevare el blanco día
y podrá desatar esta alma mía
hora a su afán ansioso lisonjera;

mas no, de esotra parte, en la ribera,
dejará la memoria en donde ardía:
nadar sabe mi llama el agua fría
y perder el respeto a ley severa.

Alma a quien todo un Dios prisión ha sido,
venas que humor a tanto fuego han dado,
medulas que han gloriosamente ardido

su cuerpo dejará, no su cuidado:
serán ceniza, mas tendrán sentido;
polvo serán, mas polvo enamorado.

LA CARICATURA DE UN NARIZOTAS

Francisco de Quevedo
«A un hombre de gran nariz»

Hemos visto ya la gran calidad de Quevedo como poeta serio, meditativo. En un extraordinario soneto, nos mostraba que el alma que ha amado de veras vencerá a la muerte y al olvido:

> Su cuerpo dejará, no su cuidado;
> serán ceniza, mas tendrán sentido;
> polvo serán, mas polvo enamorado.

Lo asombroso es que Quevedo sea tan extraordinario poeta en lo burlesco como en lo serio. En el eterno tema del amor, por ejemplo, asciende a las alturas del mayor idealismo, como hemos visto, pero se divierte también descendiendo a lo corporal:

> ¡Ay, Floralba! Soñé que te... ¿direlo?
> Sí, pues que sueño fue: que te gozaba...

Tanto en la honda meditación como en lo burlesco y satírico, Quevedo es un genio del lenguaje, que acumula metáforas e inventa nuevas palabras. Lo hace con una libertad y una creatividad que son claros antecedentes de las vanguardias contemporáneas.

El poema que hoy leemos, sobre un narigudo, pertenece a un género típico del Barroco: la caricatura. Se trata de exagerar hasta el límite algo que no es pura invención del escritor, sino que sí existe, en la realidad. De sobra sabemos que es imposible que este personaje tuviera una nariz tan grande como la que pinta Quevedo, pero no podemos pensar que fuera chato. (Ése es, exactamente, el mismo procedimiento que utiliza el esperpento de Valle-Inclán.)

No se puede llamar a esto realismo: también aquí, el poeta idealiza, pero hacia abajo, con ánimo de burla y de crítica social.

Las caricaturas de Quevedo difieren mucho de las suaves ironías de Cervantes. Este último respeta la realidad, mira compasivamente las debilidades humanas. Quevedo, en cambio, descuartiza lo real, con ánimo denigratorio.

Eso no quiere decir que no parta de la realidad de la época, incluso del costumbrismo madrileño, para sus caricaturas. Se burla de muchos oficios: médicos, boticarios, sacamuelas, pasteleros, taberneros, alguaciles, jueces... Se burla también de los pedantes, «eruditos de embeleco». Muestra su ingenio con los calvos, los desdentados, los que se tiñen, los borrachos, las busconas... Conoce el lenguaje de germanía y lo utiliza, en sus jácaras.

De acuerdo con la estética barroca, Quevedo desmitologiza a los dioses y héroes clásicos: Dafne se convierte en «escabeche» («laurel»); llama «piojoso» a Medoro; Hero y Leandro se reducen a ser «tonto y mentecata»; se ríe de *las necedades y locuras de Orlando*...

El matrimonio le ofrece muchos temas: los cornudos, los maridos pacientes, los adúlteros: «Fue mártir porque fue casado y pobre». Basta con que dure un mes para que la boda se convierta en un suplicio:

> Mujer que dura un mes, se vuelve plaga;
> aun con los diablos fue dichoso Orfeo
> pues perdió la mujer que tuvo en paga.

Acumula metáforas Quevedo con tanta libertad que a veces parece anticiparse a las greguerías de Ramón Gómez de la Serna. Así sucede en este romance sobre una «Boda de negros», jugando con ese color:

> Vi, debe haber tres días,
> en las gradas de San Pedro,
> una tenebrosa boda,

porque era toda de negros.
Parecía matrimonio
concertado en el infierno:
negro esposo y negra esposa
y negro acompañamiento.
Sospecho yo que, acostados,
parecerán sus dos cuerpos,
junto el uno con el otro,
algodones y tintero.

Las mujeres son uno de los objetivos favoritos de las sátiras de Quevedo. Es un apasionadísimo enamorado, pero también –reconoce Blecua– «es tan misógino como Gracián o más». Se burla de las mujeres gordas:

Érase una gran montaña,
érase una inmensidad...

De las mujeres que «se afeitan» (ahora decimos: se maquillan):

Érase una calavera [...]
y con las cejas pintadas.

Acumula metáforas burlescas sobre «una mujer puntiaguda con enaguas»:

Si eres campana, ¿dónde está el badajo?;
si pirámide andante, vete a Egito [...]
llámate doña Embudo con guedejas;
si mujer, da esas faldas al demonio.

Propone este «Epitafio de una dueña, que idea también puede ser de todas»:

Fue más larga que paga de tramposo;
más gorda que mentira de indiano;
más sucia que pastel en el verano;

más necia y presumida que un dichoso [...].
De mula de alquiler sirvió en España,
que fue buen noviciado para dueña,
y muerta pide y enterrada engaña.

Es implacable con las viejas, se complace en presentar las ruinas físicas que les ha traído el paso del tiempo. Resume así, en su brillante soneto, «A la edad de las mujeres»:

De quince a veinte es niña; buena moza
de veinte a veinticinco, y por la cuenta
gentil mujer de veinticinco a treinta.
¡Dichoso aquel que en tal edad la goza!

De treinta a treinta y cinco no alboroza
mas puédese comer con salpimienta;
pero de treinta y cinco hasta cuarenta
anda en vísperas ya de una coroza.

A los cuarenta y cinco es bachillera,
ganguea, pide y juega del vocablo;
cumplidos los cincuenta, da en santera,

y a los cincuenta y cinco echa el retablo.
Niña, moza, mujer, vieja, hechicera,
bruja y santera, se la lleva el diablo.

Aclaro algunos términos: en el Siglo de Oro, la *coroza* era el cono de papel que, como afrenta, se ponía en la cabeza de algunos condenados, con figuras alusivas a su delito; también se le ponía a los condenados por la Inquisición. Pueden verse corozas en el precioso cuadro de Pedro Berruguete *Auto de fe presidido por santo Domingo de Guzmán*, que está en el Museo de Prado; también en varios óleos y grabados de Goya.

Santera es la cuidadora de un santuario y de sus imágenes. Hoy diríamos que esa mujer ha quedado «para vestir santos».

«Echar el retablo» es metáfora para «morir». Hoy diríamos: «echar el telón».

Rafael Alberti ve a Quevedo presidiendo un aquelarre general, una danza de los muertos... o de los vivos.

Dejo ya los ejemplos, por muy brillantes que sean, y vuelvo a la comparación con Cervantes, que me parece muy iluminadora. Tenía éste treinta y tres años cuando nació Quevedo. Como afirma Alberto Sánchez, uno de los mejores estudiosos del autor del *Quijote,* «toda su vida estuvo madurada en la penuria económica y el esfuerzo heroico». En su literatura, perdura la naturalidad y llaneza expresiva del Renacimiento. Quevedo, en cambio, es mucho más pesimista: «Complica las agudezas del arte barroco en un lenguaje audaz y personal, descoyuntado en retruécanos, polisemias y juegos de palabras».

Los dos son genios españoles pero su familia estética es distinta: Cervantes pertenece a la de Velázquez, que acerca a la realidad cotidiana a los dioses mitológicos y que nos muestra la dignidad humana de los enanos y bufones; Quevedo, en cambio, pertenece a la familia del Goya de los *Caprichos* y de las *pinturas negras.*

El soneto burlesco que he elegido, «A un hombre de gran nariz», es uno de los suyos que han alcanzado mayor popularidad.

La burla de un narigudo no es un tema poético nuevo. Ya González de Salas, el editor de los poemas de Quevedo, señaló que pudo encontrarlo en los autores clásicos de epigramas, que «tropezaron mucho en las narices grandes».

Ignacio Arellano sitúa certeramente este poema dentro del género barroco de la sátira de «figuras»: es decir, personajes extravagantes o exageradamente ridículos. Pueden serlo por naturaleza: los calvos, los cojos, los contrahechos... O por haberse construido a sí mismos: los lindos, los valentones, los aduladores...

En la métrica, éste es un soneto perfectamente clásico, con una estructura llena de simetrías. De los catorce versos, nada menos que once se inician con el mismo verbo: «Érase... era...». Es la fórmula tradicional para iniciar un cuento popular y Quevedo la utiliza también en otros poemas.

La estructura es sencilla: una sucesión de metáforas, orientadas todas hacia el mismo objetivo. En los doce primeros versos, cada uno enuncia una metáfora; el verso trece, dos; el último, recapitula y cierra solemnemente la composición, como un simbólico arco de triunfo.

Desde el comienzo, el sujeto del poema es la nariz; no el hombre, reducido a puro soporte físico del monstruoso apéndice. No se nos presenta aquí a un ser humano que tenga una nariz grande, sino a una desmesurada nariz, que es la que absorbe toda nuestra atención, como lo único notable de este personaje.

Hemos de llegar al expresionismo contemporáneo para encontrar algo semejante: en la ópera *La nariz*, de Shostakóvich, basada en un relato de Gógol, el apéndice nasal se independiza de su portador y vive una vida propia.

No es este soneto el único poema que dedica Quevedo a un narigudo. En un romance, *celebra la nariz de una dama*, también con una serie de hiperbólicas metáforas:

> Promontorio de la cara,
> pirámide del ingenio...

En el soneto que comento, se acumulan las metáforas, cada vez más desaforadas y sorprendentes, como en una exhibición de fuegos de artificio.

Se compara la nariz a toda clase de cosas: ante todo, a un pez espada («peje»). Otras veces, lo menciona Quevedo con un doble sentido erótico; por ejemplo, para burlarse del que presume de su virilidad:

> Con peje espada presume el bellaco
> que a la hora de pescar, ni espina saca.

«Mal encarado» juega también con un doble sentido: se refiere al palo o estilete que marca la hora en un reloj de sol; en este caso, está mal orientado y, por ello, la señala mal. También puede referirse a un personaje mal encarado: de cara sombría, amenazante.

La «alquitara» o alambique es una herramienta para destilar licores, que concluye en un largo conducto de cristal; por su extremo, rezuma el líquido: en este caso, es una malévola alusión a los mocos. (En otro poema burlesco, «A una mujer escuálida y vieja», la llama Quevedo «alquitara pensativa».)

La enorme nariz (o, más bien, el cuerpo entero del narigudo) recuerda a la trompa de un «elefante», que está tumbado «boca arriba»: un disparate que sólo vemos en el circo o en un juguete infantil.

Al avanzar el poema, va aumentando el tamaño del objeto con el que se compara a esta nariz: si nos parece enorme «el espolón de una galera», mucho más monumental es, sin duda, «una pirámide de Egipto».

Esta gigantesca nariz evoca también a algunos personajes: al poeta latino Ovidio, apellidado Nasón; es decir, como si fuera un aumentativo, «narigudo». Es un chiste frecuente en el Barroco: también lo usa Góngora.

Puede estar pensando también Quevedo en los judíos, que tienen fama de narizotas; «sayón» se refiere a los verdugos de Cristo; «escriba», a los jueces que lo condenaron. La sátira de los judíos, frecuente ya en esa época, es un tema recurrente en Quevedo.

Opinan algunos que este poema forma parte del grupo que escribió Quevedo contra Góngora, su gran enemigo, al que motejaba de judío. Otros han señalado que satiriza a Olivares: en sus retratos, se advierte que poseía una nariz más que notable.

El «Anás» del verso final era otro judío, el pontífice. A la vez, popularmente, su nombre puede interpretarse también como «sin nariz», porque su «A» inicial nos recuerda el prefijo a-, que tiene valor negativo, en tantas palabras: afónico, anormal, analfabeto, apolítico, asexual... Por eso, en Anás, «fuera delito» una nariz semejante.

El vértigo creciente de las metáforas llega hasta «las doce tribus de narices», como si esta gigantesca nariz incluyera a la totalidad del pueblo judío. Y todo ello desemboca en una visión surrealista, fantasmal, imposible: un «naricísimo infinito».

Un manuscrito ofrece una versión distinta de los dos últimos versos:

Frisón archinariz, caratulera,
sabañón garrafal, morado y frito.

Los «frisones» eran caballos holandeses, de gran envergadura. «Caratulera» es una invención quevedesca, deriva de «carátula», la máscara de carnaval.

Para Fernando Lázaro, el arte del concepto, complementario del culteranismo, alcanza aquí su más alta cumbre.

Curiosamente, este poema, que no es fácil de interpretar, con su acumulación de metáforas, se ha hecho popularísimo: tal es su fuerza expresiva que hace sonreír a cualquiera que lo lee, aunque no comprenda algunas alusiones.

¿Aporta este soneto alguna reflexión, alguna idea notable? Creo que no, ni lo intenta. Pero el ingenio y el virtuosismo lingüístico de Quevedo no tienen límite: siguen siendo, para el lector, una fuente de permanente regocijo.

«A UN HOMBRE DE GRAN NARIZ»

Érase un hombre a una nariz pegado,
érase una nariz superlativa,
érase una nariz sayón y escriba,
érase un peje espada muy barbado.

Era un reloj de sol mal encarado,
érase una alquitara pensativa,
érase un elefante boca arriba,
era Ovidio Nasón más narigado.

Érase un espolón de una galera,
érase una pirámide de Egipto,
las doce tribus de narices era.

Érase un naricísimo infinito,
muchísimo nariz, nariz tan fiera,
que en la cara de Anás fuera delito.

EL PODER DEL DINERO

Francisco de Quevedo
«Poderoso caballero...»

Ya he elogiado el extraordinario talento de Quevedo, en su doble faceta: tanto en la poesía que idealiza como en la que degrada; en la honda meditación, como en la grotesca sátira. Canta al «Amor constante más allá de la muerte», igual que «A un hombre de gran nariz»; a «La brevedad de lo que se vive, y cuán nada parece lo que se vivió», lo mismo que a «La voz del ojo, que llamamos pedo...».

Muchos de sus poemas más populares pertenecen a la sátira política, literaria o de costumbres. No quiere eso decir que sean fáciles de entender, ni que tengan un estilo llano. Abundan también, en ellos, los juegos verbales, las metáforas, las antítesis, los dobles o triples sentidos...

Muchos de los lectores que, a lo largo de los siglos, han disfrutado con estos poemas, se han debido de regocijar con su mensaje burlesco básico, sin entrar a descifrar la complejidad de su retórica. En ella reside, sin embargo, la mayor parte de su mérito literario.

Un ejemplo claro de todo ello es la popularísima letrilla «Poderoso caballero / es don Dinero» (modernamente, la ha cantado Paco Ibáñez). En ese pareado se condensa un mensaje muy claro, que da lugar a un desarrollo literario muy complejo.

Se cree que es una obra juvenil, parece haberse difundido hacia 1603 (un par de años antes que la edición de la Primera Parte del *Quijote*). Pertenece, por supuesto, a la festiva sátira de costumbres. Opinan muchos que, en este poema, está glosando Quevedo un refrán o una frase hecha, muy popular.

Como he mostrado en mi libro *Filosofía vulgar. La verdad de los refranes,* la denuncia del enorme poder que tiene el dinero es uno de los temas más frecuentes, en el refranero. Por ejemplo: «El dinero hace, al malo, bueno», «El dinero abre todas las puertas», «El santo más milagrero es san Dinero», «Dios es omnipotente y el dinero, su teniente»...

En fórmula coloquial: «Del que tiene dinero, suenan bien hasta los pedos», «Dame pan y llámame tonto». Nadie escapa a su influencia: «Por dinero, baila el perro», «Dádivas quebrantan peñas». Nos da alegría o tristeza: «Donde no hay harina, todo es mohína». Nos proporciona consuelo: «Los duelos, con pan, son menos».

Menciona Sancho Panza un refrán implacable: «–Tanto vales, cuanto tienes» –decía una abuela mía–». Curiosamente, invirtiendo el orden, llega eso hasta una canción reciente, popularizada por Lola Flores: «Tanto tienes, tanto vales». Etcétera.

A partir de una creencia tan común, ¿qué es lo que hace Quevedo? Fijémonos en la estructura del poema. Comprende diez estrofas, que concluyen todas con la repetición del mismo estribillo: «Poderoso caballero / es don Dinero».

Cada estrofa consta de seis versos octosílabos –la medida más habitual, en nuestra lengua–, más el estribillo. El último verso, el octavo de la estrofa, es un pie quebrado de cuatro sílabas.

La rima es consonante: ababac... Este último verso, el sexto, con su palabra final terminada en -ero, sirve para que vuelva a nuestra memoria el estribillo.

Es éste uno de los esquemas más antiguos de la poesía en castellano, lo usaba ya la poesía tradicional: un cantor iba recitando estrofas y, al final de cada una, introducía la rima, en un verso de «vuelta», como señal consabida para que el coro popular repitiera el estribillo.

Si atendemos al contenido, cada una de las diez estrofas aporta un aspecto diferente de la idea básica: la omnipotencia del dinero.

Nos sorprende ya el primer verso. Un poema sobre ese tema, ¿por qué comienza con la invocación de una joven enamorada, dirigida a su madre?:

Madre, yo al oro me humillo,
él es mi amante y mi amado...

En realidad, está utilizando aquí Quevedo un esquema tradicional. Ya en las «canciones de amigo», de origen gallego-portugués, la joven enamorada se quejaba a su madre –o a sus amigas, o a la naturaleza– de la lejanía de su amado o de su desamor.

Se hizo muy popular este comienzo: «Madre, la mi madre...». En el Siglo de Oro, muchos autores mencionan una «seguidilla vieja» (así la llama Gonzalo Correas, en su *Arte de la lengua española castellana*, 1626), que comienza así:

Madrid, la mi madre,
la mi dulce amiga...

Con su sabia ironía desengañada, Cervantes adapta este comienzo a otro tema: es imposible guardar a una mujer si ella no quiere que la guarden. Lo hace en un poemita, incluido en *El celoso extremeño* y en la comedia *La entretenida*, al que ha puesto música el catalán Amadeo Vives, el autor de la zarzuela *Doña Francisquita*:

Madre, la mi madre,
guardas me ponéis;
que, si yo no me guardo,
no me guardaréis.

En el poema de Quevedo, la joven le confiesa a su madre estar enamorada... de «don Dinero»: es decir, de una grotesca personificación.

En la primera estrofa, aparecen ya dos juegos con el doble sentido de las palabras: ese galán es «amarillo», por estar enamorado; también, por el color del oro.

«Doblón» era el nombre de una moneda antigua española; se llamó así porque, inicialmente, duplicaba el valor de los «excelentes» de oro, la moneda introducida por los Reyes Católicos.

Concluye la estrofa con la rotunda proclamación del mensaje básico: don Dinero «hace todo cuanto quiero».

Cuenta la segunda estrofa una triste realidad de la economía española de la época: el oro que venía de las Indias moría en España, porque no se utilizaba para empresas productivas; acababa en manos de los banqueros genoveses, que jugaron un papel clave en la financiación de nuestra monarquía. Ha señalado Américo Castro que el conflicto de las castas –cristianos, moros y judíos– es el origen de esta actitud anticapitalista.

El oro da belleza al que es «fiero» («feo»). En lo mismo insiste la estrofa tercera: «es galán», aunque tenga el color «quebrado» («enfermizo»). Es más fuerte que la ley (el «fuero») y que la virtud («el decoro»). Iguala incluso las castas que dividían a aquella sociedad: «tan cristiano como moro».

En la estrofa cuarta, el poder del dinero alcanza también a otorgar nobleza. Juega Quevedo con el doble sentido de la palabra «venas»: «vasos de sangre» y «minas de oro». Y otro doble sentido, el de «reales»: «de familia real» y las «monedas de plata», que comenzaron a acuñarse en el siglo XIV.

Insiste el poeta en el tema de la nobleza en la estrofa siguiente, añadiendo una variante eclesiástica. El dinero puede hacer obispo a alguien humilde: «silla» alude a «sede episcopal». También hace valiente al «cobarde».

Añade Quevedo un nuevo juego de palabras: «Blanca de Castilla» es el nombre de una reina; «blanca», el de otra moneda española, de origen medieval (persiste hoy la expresión popular «estar sin blanca»).

En la estrofa sexta, aparece una de las metáforas más oscuras del poema:

> Y pues a los mismos robles
> da codicia su dinero...

Puede aludir a que incluso los barcos que traen el oro de América codician las minas donde ese oro se encontró. Y recurre a otro juego de palabras; esta vez, triple: «escudos» alude a los que protegen a los guerreros, a las figuras heráldicas y a una moneda. Así de sutil es el conceptismo de Quevedo.

Continúa enumerando manifestaciones del poder del dinero, en la estrofa séptima: ablanda a los jueces y vence la honestidad femenina, los «recatos», en los «tratos» («acuerdos eróticos»). Y hace otro brillante juego de palabras: los viejos se protegen de los «gatos» («ladrones») guardando sus monedas en «gatos» («bolsas hechas con piel de gato»).

Insiste en la estrofa octava en que el dinero da autoridad, iguala a nobles y plebeyos. «Cuartos» alude a una «cuarta parte» y también a una moneda.

La rendición de las damas al dinero se ejemplifica, en la estrofa novena, con un juego de palabras de triple sentido: «caras» puede referirse al rostro femenino, a la parte anterior de una moneda y a algo que no es barato.

La repetida metáfora de los «escudos» aporta al poema la triste conclusión: el dinero es lo único que nos defiende de todos los males...

Disculpe el lector tanta pedantería. Por muy popular que sea el poema de Quevedo, resulta evidente que no es nada sencillo de entender: es algo así como una complicada y refinadísima maquinaria conceptista. Deseo no haber destruido el encanto poético con tantas explicaciones.

Quedan muy claras algunas cosas, me parece: Quevedo es un refinadísimo poeta conceptista, juega con el lenguaje con una habilidad extraordinaria. Todo ese brillante virtuosismo oculta una almendra muy amarga, una visión social enormemente pesimista: todo lo puede el dinero. ¿Se atreverá alguien a decir que se equivocaba Quevedo?

Otra pregunta es inevitable: ¿sucedía eso solamente en aquella sociedad? ¡Por supuesto que no! Comprobamos, una vez más, que los clásicos lo son porque nunca pasan de moda: nos siguen hablando del ser humano, que, en lo esencial, no ha cambiado, por mucho que lo pretendan algunos ignorantes, en nombre de la tecnología.

El propio Quevedo nos da algo de luz, después de tanta negrura, cuando escribe al duque de Osuna:

Sólo el necio
confunde valor y precio.

Con una mínima variante, lo repite don Antonio Machado:

Todo necio
confunde valor y precio.

Pregunta inevitable: hoy día, ¿somos todos necios?

«PODEROSO CABALLERO...»

1. Madre, yo al oro me humillo;
él es mi amante y mi amado,
pues, de puro enamorado,
de contino anda amarillo;
que, pues, doblón o sencillo,
hace todo cuanto quiero,
poderoso caballero
es don Dinero.

2. Nace en las Indias honrado,
donde el mundo le acompaña;
viene a morir en España
y es en Génova enterrado.
Y pues quien le trae al lado
es hermoso, aunque sea fiero,
poderoso caballero
es don Dinero.

3. Es galán y es como un oro,
tiene quebrado el color,
persona de gran valor,
tan cristiano como moro.
Pues que da y quita el decoro
y quebranta cualquier fuero,
poderoso caballero
es don Dinero.

4. Son sus padres principales
y es de nobles descendiente,
porque en las venas de Oriente
todas las sangres son reales.
Y, pues es quien hace iguales
al duque y al ganadero,
poderoso caballero es don Dinero.

5. Mas, ¿a quién no maravilla
ver en su gloria sin tasa
que es lo menos de su casa
doña Blanca de Castilla?
Pero, pues da al bajo silla
y al cobarde hace guerrero,
poderoso caballero
es don Dinero.

6. Sus escudos de armas nobles
son siempre tan principales
que, sin sus escudos reales,
no hay escudos de armas dobles.
Y, pues a los mismos robles
da codicia su minero,
poderoso caballero
es don Dinero.

7. Por importar en los tratos
y dar tan buenos consejos,
en las casas de los viejos,
gatos le guardan de gatos.
Y, pues él rompe recatos
y ablanda al juez más severo,
poderoso caballero
es don Dinero.

8. Y es tanta su majestad
(aunque son sus duelos hartos)
que, con haberle hecho cuartos,

no pierde su autoridad.
Pero, pues da calidad
al noble y al pordiosero,
poderoso caballero
es don Dinero.

9. Nunca vi damas ingratas
a su gusto y afición,
que, a las caras de un doblón,
hacen sus caras baratas.
Y, pues las hace bravatas
desde una bolsa de cuero,
poderoso caballero
es don Dinero.

10. Más valen en cualquier tierra
(¡mirad si es harto sagaz!)
sus escudos, en la paz,
que rodelas, en la guerra.
Y, pues al pobre le entierra
y hace propio al forastero,
poderoso caballero
es don Dinero.

UN ESCANDALOSO DONJUÁN PROCLAMA SUS ANGUSTIAS Y SUS CONTRADICCIONES

El conde de Villamediana
«Buscando siempre lo que nunca hallo»

Juan de Tassis, conde de Villamediana (1582-1622), es, probablemente, el poeta español cuya biografía ha dado lugar a una leyenda más amplia y novelesca: aristócrata, mujeriego, camorrista, tahúr, gran jinete, derrochador, maldiciente, escandaloso, dandi, desterrado... Resume Felipe Pedraza: «Carne de leyenda». Y Francisco Rico: «Se ganó su leyenda a pulso».

Se le ha considerado antecedente y modelo del don Juan; también, un nuevo Macías, el poeta gallego enamorado; él mismo se identificaba con Faetón, el radiante conductor del carro del sol, cuya arrogancia le condujo al desastre...

Sin novelerías, lo define el doctor Marañón: «El tipo perfecto de noble español renacentista, de ingenio excelente, intrépido, lleno de todos los atractivos personales y fundamentalmente inmoral».

El 21 de agosto de 1622, cuando regresaba desde el Palacio Real a su casa, en la calle Mayor de Madrid, fue asesinado a cuchilladas por un desconocido. Lo cuenta Góngora a un amigo, en una carta:

> Salió de los portales que están a la acera de San Ginés un hombre, que se arrimó al lado izquierdo que llevaba el conde, y, con arma terrible de cuchilla, según la herida, le pasó del costado izquierdo al molledo del brazo derecho, dejando tal batería, que aun en toro diera horror.

No se sabe con seguridad quién lo mató ni por qué, pero no cabe duda de que muchos lo odiaban y que pudieron ser los instigadores del crimen: acreedores, amantes despechadas, maridos ultrajados, nobles a los que había escarnecido en sus sátiras, el valido Olivares, el propio rey o la reina...

Pronto circuló por la corte un poema dialogado, anónimo (algunos lo atribuyeron a Góngora) que explicaba el caso conceptuosamente, comparando a Villamediana con las leyendas del Cid Campeador, para implicar en el asesinato al monarca:

–Mentideros de Madrid,
decidnos, ¿quién mató al conde?
–Ni se sabe ni se esconde:
sin discurso discurrid.
–¿Dicen que lo mató el Cid
por ser el conde Lozano?
–¡Disparate chabacano!
La verdad del caso ha sido
que el matador fue Bellido
y el impulso, soberano.

Pocos años después, dedicó al mismo tema unas décimas efectistas Antonio Hurtado de Mendoza:

Ya sabéis que era Don Juan
dado al juego y los placeres,
amábanle las mujeres
por discreto y por galán.
Valiente como Roldán
y más mordaz que valiente,
más pulido que Medoro
y, en el vestir, sin segundo,
causaban asombro al mundo
sus trajes, bordados de oro.

Muy diestro en rejonear,
muy amigo de reñir,
muy ganoso de servir,
muy desprendido en el dar.

Tal fama llegó a alcanzar
en toda la Corte entera
que no hubo, dentro ni fuera,

grande que le contrastara,
mujer que no le adorara
ni hombre que no le temiera.

Junto a la leyenda de Villamediana, conviene recordar algunos datos de su biografía que parecen ciertos. Nació en Lisboa porque estaban allí sus padres, formando parte del séquito de Felipe II. Le educaron los humanistas Tribaldos y Jiménez Patón, pero no alcanzó título universitario. A los dieciocho años, acompañó a Valencia a Felipe III, a su boda con Margarita de Austria, y fue nombrado gentilhombre. Con veinte años, se casó con Ana de Mendoza; sus hijos se malograron. Al morir su padre, heredó el título y el cargo de Correo Mayor (por deudas, fue vendiendo luego el Correo de varias ciudades).

Fue desterrado tres veces por Felipe III. La primera, estuvo en Francia y Flandes; la segunda, en Nápoles, le permitió hacerse amigo del poeta Marino; la tercera, quizá en Andalucía, por haber criticado al duque de Lerma y a Rodrigo Calderón. Felipe IV le concedió el perdón real. Ganó el primer premio en las Justas poéticas por la beatificación de san Isidro.

Se hicieron famosas las anécdotas sobre sus amores. Cuenta la leyenda que, en el estreno de su comedia *La gloria de Niquea,* él mismo provocó el incendio del coliseo de Aranjuez, para salvar en sus brazos a la reina Isabel, de la que estaba enamorado: un ejemplo llamativo de llevar a la práctica la desmesura barroca.

Se presentó una vez en un baile con una capa, cubierta de reales (monedas de oro), y, jugando conceptuosamente con el nombre, esta leyenda: «Son mis amores reales». La tomó como título de su drama en verso, en 1925, Joaquín Dicenta.

Villamediana era un gran jinete, gastaba mucho dinero en mantener una buena cuadra y poseía notable destreza como torero a caballo. Una vez, lo alabó la reina: «Pica bien». Y el rey matizó, con una frase que se ha hecho popular: «Pica bien pero pica muy alto...».

A todo esto se une otro elemento polémico. Narciso Alonso Cortés descubrió un documento que implicaba a Villamediana en un proceso judicial por lo que se llamaba entonces el «pecado nefando» (la sodomía). No llegó a ser condenado el conde, pero queda en duda hasta qué punto estuvo implicado.

Al ser una figura tan polémica, Villamediana tiene fervorosos partidarios y también detractores. Escribieron sobre él, en su siglo, Céspedes y Meneses, el conde de Saldaña, Vélez de Guevara; en el Romanticismo, el duque de Rivas y Hartzenbusch; luego, varios folletinistas y novelistas populares.

En general, los románticos lo defienden, como enamorado. Menéndez Pelayo lo censura, por su barroquismo gongorista. Luis Rosales le dedicó su *Discurso* de ingreso en la Real Academia y, luego, un libro: lo reivindica, como persona y como poeta; defiende que su proceso fue un intento de destruir su memoria.

Han escrito novelas sobre él dos notables escritores: Néstor Luján, *Decidme, ¿quién mató al conde?* (1987); Fernando Fernán Gómez, *Capa y espada* (2001).

Últimamente, Carlos Aganzo lo define así: «Un escritor que rompió todos los moldes. Caballero entre los caballeros. Poeta entre los poetas. Donjuán entre los donjuanes. Tahúr entre los tahúres. Gozaba del *don de la insolencia*» (ése es el título de su libro, publicado en 2024).

El atractivo novelesco del personaje no debe hacernos olvidar la categoría del poeta, ya muy reconocida en su tiempo. Comenzó a publicar sonetos a los diecisiete años. Además de alguna obra teatral, escribió más de doscientos poemas: mitológicos, satíricos, políticos, eróticos...

Si los comentaristas discrepan en su valoración del conde de Villamediana como personaje, muchos grandes poetas, de estilos muy distintos, lo admiran y han escrito poemas sobre él. Señalo sólo tres ejemplos.

Gerardo Diego lo *glosa* (ése es su título), como si fuera un vanguardista:

> Tú miras allá lejos, allá lejos [...]
> y, en la mica tan glauca de tu espejo,
> tan soberbia en su luz, escondes trémulos
> cristales piadosísimos de lágrimas.

Jorge Guillén se identifica con su hondo conceptismo:

He llegado a lo más alto;
delante de mí, el abismo:
me apetece dar un salto.

A Pablo Neruda, en cambio, le acompaña Villamediana en su torrencial erotismo:

Crujen minutos en tus pies naciendo,
tu sexo asesinado se incorpora
y levantas la mano en donde vive
todavía el secreto de la espuma.

Como poeta satírico, Villamediana destaca por su afilado ingenio. No es de extrañar que le temieran y le odiaran algunas damas (¿antiguas amantes?) y ciertos personajes de la corte. Casi nos inspira ternura, por ejemplo, el alguacil Pedro Vergel, del que se burla sin piedad:

No causes tan grande inopia
al mundo, toro cruel,
que, si matas a Vergel,
destruirás la cornucopia [...].
De otras armas te apercibe,
toro, para tu defensa,
que a Vergel no hacen ofensa
cuernos, pues con ellos vive.

En los poemas de amor de Villamediana se aprecian dos claras líneas, la petrarquista y la barroca, gongorina. Para algunos, se trata de dos etapas sucesivas. Creo yo, más bien, que las dos influencias conviven, en mayor o menor medida, a lo largo de su biografía.

Ya he comentado el maravilloso soneto de Lope de Vega que define las contradicciones del amor: «Desmayarse, atreverse, estar furioso...». No le va muy a la zaga el soneto de Villamediana sobre el mismo tema:

Determinarse y luego arrepentirse,
empezarse a atrever y acobardarse,
arder el pecho y la palabra helarse,
desengañarse y luego persuadirse [...].
Y, sin saber por qué, desvanecerse.
Efectos son de amor: no hay que espantarse
que todo del amor puede creerse.

Juan Manuel Rozas, uno de sus recientes estudiosos, reivindicó un grupo de poemas del conde, a los que bautizó como el «cancionero del desengaño». Muy original, por ejemplo, y casi cervantino, me parece su elogio del silencio:

Silencio, en tu sepulcro deposito
ronca voz, pluma ciega y triste mano
para que mi dolor no cante en vano
al viento dado ya, en la arena escrito.

El soneto que he seleccionado pertenece a un grupo de poemas que me parecen especialmente atractivos, en los que Villamediana se analiza y proclama sus contradicciones. Éste es otro ejemplo:

Cuando me trato más, menos me entiendo;
hallo razones que perder conmigo;
lo que procuro más, más contradigo...

Algunos atribuyen estas contradicciones a la conocida técnica petrarquista de los «opósitos», subrayada por la estética barroca. Ésa puede ser su raíz, pero no es suficiente para algo que parece ser un rasgo personal de Villamediana.

Lo confirma el soneto seleccionado, con sus constantes antítesis: buscar / no hallar. «Culpa» / «castigo». «Lo que digo» / «lo que callo». Condenarme / valerme. Ser «dichoso» / no serlo. «Dar razones» / no encontrarlas. Defenderse / rendirse. Confiar / dudar. Vivir / morir. «Amor» / «agravio»...

Más allá de la repetida tradición poética de las quejas del enamorado, lo que puede llamar más la atención del lector actual es que, al mirar dentro de sí, encuentra Villamediana la ruptura de la coherencia personal; el tormento de Sísifo, como en Albert Camus; la repetición cotidiana del dolor, como en Miguel Hernández: «Pena con pena y pena desayuno».

Hasta el verso cuarto del soneto no aparece el culpable de todo esto: el «Amor», de quien el poeta se declara «vasallo». Dos veces repite el mismo verbo: «sufrir... yo sufro». Lo único seguro que advierte es la duda y, al final, la muerte. No descubre ningún horizonte de esperanza...

El amor nos conduce a todos a vivir entre contradicciones. Al ser consciente de esta ley inexorable, el conde de Villamediana no se queda en los juegos verbales sino que mira dentro de sí: se asoma a un abismo de autoanálisis, en el que nada es firme ni seguro...

Por eso, más allá de las anécdotas, por sugestivas que puedan parecernos, sentimos a Villamediana tan moderno, tan próximo a nosotros.

«Buscando siempre lo que nunca hallo»

Buscando siempre lo que nunca hallo,
no me puedo sufrir a mí conmigo
y, encubierta la culpa, y no el castigo,
me tiene Amor, de quien nací vasallo.

Yo sufro y no me atrevo a declarallo,
con ser tan imposible el bien que sigo,
que, cuando me condena lo que digo,
no me puedo valer con lo que callo.

Sigo como dichoso, no lo siendo;
quisiera dar razones y no hay modo
y de puro rendido me defiendo.

Del tiempo fío lo que en todo dudo
y, en fin, he de mostrar claro muriendo,
que, en mí, el amor más que el agravio pudo.

EL INGENIO BARROCO DE UNA ESCENA ERÓTICA

Fray Damián Cornejo
«Esta mañana, en Dios y en hora buena...»

La poesía española –igual que todas las demás– trata el tema del amor desde perspectivas muy variadas: es frecuente la idealización, sobre todo a partir del amor cortés provenzal y del petrarquismo, pero no faltan el tono burlesco, la meditación filosófica, el realismo ni el erotismo, sugerido o directo.

Esta última línea ha merecido menos comentarios, por pudor y por censura. Eso no quiere decir que no exista; tampoco, que no haya sido leída con placer por muchos lectores.

En nuestra poesía anónima tradicional de fines de la Edad Media encontramos poemas de indiscutible belleza. Por ejemplo, éste, que le encantaba a Rafael Alberti y que cantaba Paco Ibáñez:

No me las enseñes más,
que me matarás.
Estábase la monja
en el monasterio,
sus teticas blancas
bajo el velo negro.
No me las enseñes más,
que me matarás.

O este otro, de finura sugestiva:

En la fuente del agua clara,
con sus manos lava la cara,
él a ella y ella a él;
lavan la niña y el doncel.
En la fuente del agua clara,
lavan la niña y el doncel.

En los Siglos de Oro, es importantísima la línea del amor idealizado, neoplatónico, de herencia petrarquista. Y, como contrapunto, también se da en nuestra poesía la crudeza erótica, que alcanza cimas estéticas en el barroquismo de Góngora, Quevedo, Villamediana...

En el siglo XVIII, nuestra Ilustración, aparentemente muy púdica, esconde también una tendencia libertina: es *La cara oscura del siglo de las luces,* según el certero título de Guillermo Carnero. De hecho, Camilo José Cela toma de esta época muchos de los ejemplos que incluye en su *Diccionario secreto.*

Un ejemplo claro. Samaniego, que ha pasado a la historia literaria como el autor de las populares *Fábulas morales*, que leían los niños en la escuela, escribió también un libro de poemas eróticos explícitos, *El jardín de Venus.* Incluye poemas como «El voto de los benitos»:

> Luego que oyó el abad y el consistorio
> el medio tan sencillo y tan notorio
> de obviar las tentaciones,
> decretaron los ínclitos varones
> que un voto, de común consentimiento,
> se añadiese en las reglas del convento,
> por el cual no pudiera
> fraile alguno vivir sin lavandera.

En el XIX, varios eruditos se divierten publicando, en ediciones minoritarias, este tipo de literatura *non sancta*: es entonces –creo– cuando se publica por primera vez el soneto que he elegido. A partir del siglo XX, son varias las antologías de poesía erótica española que lo incluyen.

¿Quién era su autor? El lector medio desconoce hasta el nombre de fray Damián Cornejo (1629-1707), aunque en su tiempo alcanzó notable fama. Lo reivindican varios estudios recientes, a partir de la Tesis Doctoral de Zoraida Sánchez Mateos. Fue franciscano, llegó a ser obispo de Orense, Consejero Real de Teología y cronista seráfico: en 1680, recibió el encargo de escribir la vida de san Francisco y de sus discípulos (esta obra suya es una de las más citadas en el *Diccionario de Autoridades*).

No resulta fácil valorar justamente su poesía: ante todo, por los graves problemas de autoría que plantea. Intento explicar con sencillez un tema bastante complejo. Parece ser que Damián Cornejo escribió poemas a lo largo de toda su biografía pero nunca se presentó a certámenes poéticos –como entonces solían hacer los poetas– ni quiso publicarlas. Sí debieron difundirse porque se han localizado en bastantes manuscritos en bibliotecas españolas.

Aparecen impresos sus poemas por primera vez formando parte de unas recopilaciones hechas por otro poeta, Manuel León Marchante. A más de ochenta poemas afecta la duda de si los escribió Cornejo o los escribió Marchante, que había publicado varios poemarios. Los dos poetas estudiaron y trabajaron en la Universidad de Alcalá; sus obras pudieron transmitirse a la vez en los mismos círculos; quizá llegaron a ser amigos...

Según Antonio Carreira, la poesía de fray Damián aventaja a la de Manuel León Marchante en ironía, tono desenfadado y reflexión metapoética.

El resto de la obra poética de Cornejo circuló manuscrita hasta el siglo XIX. (Era un procedimiento de difusión mucho más frecuente e importante de lo que solemos pensar, como demostró Rodríguez-Moñino.)

En 1862, publicó algunos de sus poemas el erudito Bartolomé José Gallardo, en su *Ensayo de una biblioteca española de libros raros y curiosos*. Luego, se incluyeron, a su nombre, en colecciones de obras «alegres». A partir del siglo XX, son varias las antologías de poesía erótica las que recogen algunos de sus poemas.

Cornejo escribe, a fines del siglo XVII, en el estilo propio del barroco tardío: lo que suele llamarse el Bajo Barroco. Conocía, por supuesto, la gran poesía española, desde Garcilaso a Quevedo, pero escribe de acuerdo con las tendencias de su momento histórico.

Desde la época de Felipe IV, se pusieron de moda nuevas formas de expresión poética que, evidentemente, reflejaban los cambios de la sociedad española. Damián Cornejo fue una figura religiosa y literaria muy reconocida, en la decadente España de Carlos II: la que retrata un precioso cuento de Francisco Ayala (*El Hechizado*) y una novela de Ramón J. Sender (*Carolus Rex*). Es lógico que sus poemas reflejen también la libertad de costumbres de aquella sociedad.

Su estilo oscila entre la claridad, la naturalidad de Garcilaso y la artificiosidad del barroco. En su obra literaria, existen dos líneas muy diferentes: por un lado, la sagrada; por otro, la burlesca, satírica o claramente erótica.

En realidad, este contraste no debe sorprendernos demasiado: existe también, por ejemplo, en Quevedo, cuya enorme influencia llega hasta la época ilustrada, a las obras en prosa y en verso de don Diego de Torres y Villarroel, tan popular gracias a sus famosos *Almanaques*.

Para llegar a todos los lectores, fray Damián Cornejo intenta sorprenderlos con golpes de ingenio, heredados del conceptismo. A la vez, busca temas cotidianos y elige expresiones familiares, que todos conocen y emplean. Se ha hablado, por eso, de su prosaísmo (Alain Bègue), que limita su calidad estética, pero no cabe negarle la habilidad en el uso de los recursos expresivos.

Un ejemplo claro: en un poema satírico bastante largo –Cornejo domina los recursos de la poesía narrativa–, cuenta las miserias que sufre un fraile cuando visita un pueblo, que se convierte en símbolo de la desdichada vida rural. El personaje se ve obligado a alojarse en una fonda inmunda y la juzga con más claridad que un joven:

> Porque a mi obligación mucho desdice
> que diga yo la caca que él no dice.

La habitación que le dan está llena de ratones, pulgas y chinches; es muy sombría, nunca le da un rayo de sol:

> Este aposento, pues, en que me hundo
> es el culo del mundo.

En ese pueblo, son frecuentes las caídas porque las calles son infectas; las comidas, intragables; las mujeres, «cocos con basquiñas», que lucen «de par en par sus abultadas tetas». Llega incluso Cornejo a burlarse de lo que encuentra en la iglesia: las imágenes de santos, una Virgen de bulto, una vieja cruz, una ronca campana... (Otras veces, se atreve a recrear cómicamente las tentaciones que sufren los santos.)

Nos interesan hoy de modo especial sus reflexiones metapoéticas, para oponerse a sus posibles críticos, que, con su descaro, suenan muy modernas:

> Y, si algún mentecato me murmura
> que es sin pies ni cabeza esta pintura,
> le diré: «Majadero,
> yo soy pintor y pinto lo que quiero».

El feminismo actual, que invade también la crítica literaria, aplaude que Damián Cornejo se aparte de la visión tópica de la dama petrarquista, que lleva una vida puramente contemplativa, para presentar a unas mujeres mucho más activas, que toman la iniciativa, hasta en el terreno sexual.

El soneto que he elegido lleva en algunas ediciones el título «A la brevedad del mayor anhelo»: una forma elegante de revelar y ocultar, a la vez, su escabroso tema.

Comienza el poema utilizando una expresión popular, de origen religioso: «En Dios y en hora buena...». Según el *Vocabulario de refranes y frases proverbiales* de Gonzalo Correas, era un juramento usado, en la época, sobre todo, por las mujeres.

La ironía básica consiste en que se use para iniciar el relato, en primera persona, de un personaje que sale en busca de un encuentro erótico pagado. Sostienen algunos historiadores que aquella sociedad española, oficialmente tan católica, consideraba la prostitución como un pecado menor, porque podía ayudar a evitar el adulterio, la sodomía –el llamado «pecado nefando»–, el incesto y la pederastia. Según Cantizano, se creía que, si se pagaba a cambio por un favor erótico, no se cometía delito.

Aunque en el primer momento nos sorprenda, no debe chocarnos mucho el uso de esta expresión religiosa, en un poema que trata este tema. Si san Juan de la Cruz utilizaba el amor humano como metáfora del amor divino, que era el que él quería cantar, muchos escritores de los Siglos de Oro hacían lo contrario: usar términos religiosos para ponderar el amor humano (y, también, para burlarse de él, por supuesto).

La dama retratada en el soneto posee algún rasgo que conecta con el idealismo neoplatónico: es «blanca la frente y rubia la melena». Choca con esto un dato realista: sus ojos negros, propios de las mujeres árabes o andaluzas. La unión de las dos cosas añadiría un especial encanto a esta mujer.

En otra versión del poema, existe una curiosa variante: «vi un ojo negro, al parecer *tapado*». Una versión idealizada de esto la tenemos en la zarzuela *La linda tapada*, del maestro Alonso, con libreto de Tellaeche, que se desarrolla en el siglo XVII. Pero existe también otra interpretación, la que ofrece Deleito y Piñuela, en su estudio sobre la mala vida de esa época: las mujeres «tapadas» solían ser prostitutas, que se tapaban la cara en parte para hacerse pasar por damas y para aumentar el interés masculino.

Pero la versión que recojo aquí, la más frecuente, dice algo más enigmático: «vi un ojo negro, al parecer *rasgado*». Quizá es un simple elogio de la belleza de esta mujer, pero también puede suponer una alusión metafórica al órgano sexual femenino. (Quevedo se refería a él con esta perífrasis: «por donde el hombre nace y por quien muere».)

En el segundo cuarteto, el varón utiliza, para requebrar a la mujer, un lenguaje solemne, con antítesis, que proceden claramente de la tradición petrarquista: «gloria... pena; muerto... vivo». A Calderón de la Barca, a Góngora o a Quevedo recuerda la doble metáfora: «Ese encanto de áspid o sirena». En realidad, esta retórica no hace más que aumentar la básica ironía: ese lenguaje poético sería lógico para cantar el amor cortés, no un encuentro erótico venal.

El poema culmina en los dos tercetos, con una estructura realmente llamativa: una lacónica enumeración de verbos, usados en tercera y en primera persona, en un juego de ingenio barroco brillantísimo.

La frase final tiene también su miga. El poeta vuelve a recurrir al lenguaje religioso: «y fuime como un santo». Decía Gonzalo Correas que ésta era una frase que empleaban frecuentemente las mujeres, para referirse a su amor. También se usa, por supuesto, para alguien muy virtuoso...

Ninguna de las dos cosas son adecuadas para lo que aquí se nos ha contado: la felicidad del varón que ha cumplido rápidamente y sin ningún contratiempo su deseo sexual... No le faltaba ironía a este enigmático fray Damián Cornejo.

En el fondo, este poema supone una burla del amor cortés y una clara proclamación de la satisfacción erótica: algo que rompe muchos tópicos sobre nuestro Siglo de Oro. En todas las épocas, el brillante juego verbal es lo que más fama le ha dado a este soneto.

A fines del siglo XIX, este poema le pareció tan escandaloso a cierto escritor que juzgó que el que lo había publicado «merecía la cárcel». Espero tener yo mejor suerte.

«Soneto»

Esta mañana, en Dios y en hora buena,
salí de casa y víneme al mercado;
vi un ojo negro, al parecer rasgado,
blanca la frente y rubia la melena.

Llegué y le dije: «Gloria de mi pena,
muerto me tiene vivo tu cuidado.
Vuélveme el alma, pues me la has robado
con ese encanto de áspid o sirena».

Pasó, pasé; miró, miré; vio, vila;
dio muestras de querer, hice otro tanto;
guiñó, guiñé; tosió, tosí; seguila;

fuese a su casa y, sin quitarse el manto,
alzó, llegué, toqué, besé, cubrila...
dejé el dinero y fuime, como un santo.

LO BUENO NO LLEGA POR CASUALIDAD

Tomás de Iriarte
«El burro flautista»

Cuando empecé a ir al colegio, hace una infinidad de años, nos ponían dictados, nos hacían leer en voz alta fragmentos de un *Quijote para niños* y poemitas sencillos. La pedagogía actual considera retrógrado todo esto, exige dedicar el tiempo escolar a la tecnología digital, la inteligencia artificial, el cambio climático y otros dogmas que ahora se consideran imprescindibles para la vida.

Como entonces no se creía que la memoria fuese algo aborrecible sino una facultad preciosa, algunos de esos poemitas los aprendíamos de memoria y todavía hoy los recuerdo. Forman un pequeño tesoro –como dice Gabriel García Márquez– que algunos nunca hemos perdido: Antonio Machado, Bécquer, algún romance, una fabulilla...

En este último sector, era habitual que leyéramos «El burro flautista», de Iriarte. (Hace poco, ha adoptado este mismo título para un libro suyo el poeta Enrique García-Máiquez.) A todos los chiquillos, nos hacía muchísima gracia la vanidad de este burro, que presumía de músico...

Pasados los años, advertí que el propósito del poeta era bastante diferente y que los niños no podían comprenderlo. Sólo un lector adulto entenderá que, por detrás de su apariencia, tan sencilla, el poema tiene bastante miga.

Conviene detenerse un poco en lo que es la fábula, uno de los géneros literarios más antiguos: puede estar escrita en verso o en prosa. Los protagonistas suelen ser animales pero antropomorfizados: es decir, que piensan, sienten y hablan como seres humanos. Un breve relato conduce a una explícita lección final, la moraleja. Comparaba Hegel la fábula con un enigma, que va siempre acompañado por su solución.

Hay ejemplos de fábulas ya en los orígenes de las literaturas de Mesopotamia y de la India: llegan a la literatura occidental, incluida la española, a través de traducciones árabes o judeoespañolas. También nos influyen los fabulistas grecolatinos, Esopo y Fedro.

En la literatura medieval española, hay muchos ejemplos de fábulas: libros completos, como la *Disciplina clericalis*, de Pedro Alfonso; también, algunos episodios, en obras como el *Libro de Buen Amor* y *El conde Lucanor*.

En el siglo XVII, el francés La Fontaine traduce las fábulas del latino Fedro. En el XVIII, vuelve a ponerse de moda el género: su carácter didáctico encaja perfectamente con el ideal de la Ilustración, «docere et placere» (enseñar deleitando).

A esta época y estilo pertenecen los dos grandes fabulistas españoles, Iriarte y Samaniego. Las historias literarias suelen mencionarlos juntos pero se diferencian claramente por la moraleja: las del riojano Félix María de Samaniego (1745-1801) son *Fábulas morales* (1781), que escribió para el uso del Real Seminario Vascongado. Las del canario Tomás de Iriarte (1750-1791) son *Fábulas literarias* (1782).

Ya en su tiempo surgió la polémica sobre la precedencia. Aunque las de Samaniego se publican un año antes, las de Iriarte se anuncian como la «primera colección de fábulas enteramente originales»; en el prólogo, reivindica Iriarte ser el primer español que introdujo el género.

Más importante es la diferencia de fondo. Samaniego nos anima a practicar las virtudes morales: ser bondadosos, humildes, caritativos... Iriarte, en cambio, nos incita a respetar la estética neoclásica: escribir con orden, claridad, buen gusto... Aunque parezcan semejantes, son dos mundos muy diferentes.

Tomás de Iriarte es un buen ejemplo español del ilustrado: cortesano, sociable, cosmopolita. Pertenecía a una familia culta. A los catorce años, se trasladó a Madrid. Dirigió su educación su tío, el humanista Juan de Iriarte, al que Tomás sucedió en 1771 como traductor de la Secretaría de Estado. Era contertulio de la Fonda de San Sebastián; amigo de Cadalso y Nicolás Moratín, polemizó con Forner.

Una muestra curiosa de su inquietud cultural es su Plan de una Academia de Ciencias y Buenas Letras, que ha estudiado Joaquín Álvarez Barrientos: una especie de pequeña ciudad, que agrupe a estudiosos de diversas materias, para culturizar al pueblo y, a la vez, para elevar a la nación española al nivel cultural europeo.

Formaba parte Iriarte de la segunda generación de ilustrados españoles, la de Samaniego y Meléndez Valdés, plenamente neoclásicos. Sus obras aparecieron en el último cuarto del siglo, vivieron la conmoción que produjo la Revolución francesa.

Aunque apenas sobrepasó los cuarenta años, cultivó diversos géneros literarios. Suscitaron polémicas sus traducciones del *Arte poética* de Horacio y de la *Eneida,* de Virgilio.

En un momento en el que se discutía mucho la necesaria reforma de los teatros, alcanzaron notable repercusión dos «comedias morales» (de costumbres) suyas, influidas por Diderot: *El señorito mimado* y *La señorita malcriada.* A partir de dos ejemplos negativos, muestra Iriarte la necesidad de una buena educación. (Creían los ilustrados que la educación y la economía eran las dos herramientas básicas para lograr la reforma de la sociedad.)

Al «señorito mimado» lo presenta Iriarte como un «joven imprudente, superficial, indócil y de estragada conducta». La obra se atiene a la regla neoclásica de las tres unidades, fue elogiada por Moratín y tiene también –como las fábulas– su moraleja:

> Ya conoces
> el estado en que te han puesto
> la ociosidad, la ignorancia
> y los hábitos primeros
> de una mala educación.
> Corríjanse tus defectos.

Además de escritor, don Tomás era músico, tocaba varios instrumentos; escribió el melólogo (un monólogo declamado y cantado) *Guzmán el Bueno,* varias composiciones musicales y el poema didáctico *La música,* en el que muestra su devoción por Haydn.

Fue traducido a cuatro idiomas; obtuvo más éxito en Europa que en España; recibió elogios de Metastasio, uno de los más importantes libretistas de ópera del siglo XVIII. Está escrito en silvas: para Menéndez Pelayo, son «interminables, desmayadas». Me parece que tiene más valor para nuestra historia cultural que poético.

En la primera edición de sus obras, no se incluye el poema «La barca de Simón»: con este ejemplo, denuncia la corrupción de la Iglesia. Para Menéndez Pelayo, es «la poesía heterodoxa más antigua que yo conozco en lengua castellana». Probablemente, fue la causa de que Iriarte fuera sometido a un proceso por la Inquisición:

Tuvo Simón una barca
no más que de pescador
y no más que, como barca,
a sus hijos la dejó.
Mas ellos tanto pescaron
e hicieron tanto doblón
que ya tuvieron a menos
no mandar buque mayor.
La barca pasó a jabeque,
luego a fragata pasó;
de aquí, a navío de guerra
y asustó con su cañón.
Mas ya roto y viejo el casco,
de tormentas que sufrió,
se va pudriendo en el puerto.
¡Lo que va de ayer a hoy!
Mil veces lo han carenado
y, al cabo, será mejor
desecharle y contentarnos
con la barca de Simón.

Cree Iriarte en la función social de la poesía didáctica, que «conmemora perdurablemente los grandes hechos y las grandes virtudes». Defiende, por supuesto, la lectura:

Enseña el ver muchos libros
más que el ver muchas posadas.

Con todos estos antecedentes, es perfectamente lógico que haya recuperado el género clásico de la fábula. Cinco años antes de publicar las suyas, había traducido algunas fábulas clásicas, de Fedro.

Escribe Iriarte menos fábulas que Samaniego, sólo setenta y seis. Es lógico –señala Joaquín Arce– porque se limita a los problemas de la creación literaria. Sí aventaja claramente Iriarte a Samaniego por la gran variedad de los metros y estrofas que utiliza, incluidos versos que habían caído ya en desuso, como el dodecasílabo y el alejandrino.

Se preocupa Iriarte de atribuir a los animales actitudes y palabras que no rompan la verosimilitud. Busca la variedad: en sus *Fábulas,* también aparecen seres humanos (incluido el autor), hay cuadros de costumbres, epigramas, diálogos...

Alcanzaron notable repercusión estas *Fábulas literarias.* Aunque otros fabulistas se habían asomado ya al género, sí sorprendió que Iriarte se centrase en él, dedicándole un libro entero. Por eso mismo, lo elogia rotundamente Menéndez y Pelayo: «Es el inventor mundial de un nuevo género de poesía didáctica».

Nadie discutió que sus *Fábulas* marcaban un nuevo derrotero para un género clásico pero algunos rechazaron sus valores estrictamente poéticos. Iriarte se defendió: «Lo que hace buena o mala una fábula no es lo más o menos común de su máxima o sentencia, sino la invención adecuada, ingeniosa y clara del suceso que finge el poeta».

Se ha discutido sobre el valor estrictamente estético de estas *Fábulas.* Quintana prefería las de Samaniego: «Iriarte cuenta bien, es ingenioso y discreto, pero Samaniego es poeta gracioso y natural». El prerromántico Alberto Lista considera a Iriarte «más apto para comprender verdades que bellezas».

Recientemente, lo ha defendido Russell P. Sebold, considerándolo un «poeta de rapto racional»:

> Logra poesía auténtica a base de un racionalismo de tercer grado: porque se escriben en un ambiente racionalista, porque su tema son las reglas y porque él mismo las observa. Su prosaísmo es un elemento positivo y meditado, forjado con plena conciencia; su obra, un inmenso símbolo de la reconciliación entre la naturaleza y el arte.

Creía firmemente Iriarte en las reglas: «No fueron inventadas sino descubiertas, pues la naturaleza las da de sí». Es evidente, por tanto, que no puede ser valorado justamente desde una estética romántica o prerromántica.

¿Qué le impulsa a escribir las *Fábulas literarias*? Según Alberto Navarro, tres motivos: el prestigio literario de un género que venía de Francia. La originalidad del tema: poder ser el primero que lo trate en España. Y su afición a la «crítica blanca».

Muestra en ellas Iriarte cómo también pueden ser objeto de poesía las reglas neoclásicas: las mismas que formula, por ejemplo, Ignacio de Luzán, en su *Poética o Reglas de la Poesía en general y de sus principales especies* (1737). A la vez, muchas de esas reglas responden al sentido común y a la experiencia de cualquier buen lector.

Para Iriarte, la claridad es siempre preferible a la confusión y al recargamiento:

> ¿Os puedo yo decir con mejor modo
> que sin la claridad os falta todo?

Al escribir versos, siente verdadera obsesión por la verdad y por la claridad:

> Si algo bueno tienen,
> será sólo una cosa:
> que, aunque versos, contienen
> tanta verdad como si fueran prosa.

Defiende el lenguaje puro y propio, frente a los barbarismos y arcaísmos. Ataca a los malos traductores, a los plagiarios, a los falsos eruditos, a los que escriben rápido para buscar el éxito fácil: «así sale ella». Como es propio de los ilustrados, propone que la crítica vaya al fondo de las obras y atienda a lo verdadero, a lo acorde con la naturaleza, basándose en la razón y en el sentido común.

Es bien conocida la disculpa de Lope, en el *Arte nuevo de hacer comedias*:

> Porque, como las paga el vulgo, es justo
> hablarle en necio para darle gusto.

No acepta eso Iriarte, desde su clasicismo: cree que el escritor «no debe fundar su disculpa en el mal gusto del vulgo».

Especialmente significativas me parecen un par de fábulas. En la de «El jardinero y su amo», éste le pide que, en un jardín, el agua de una gran fuente permita que haya peces, además de servir para regar las flores:

> Si al pleno acierto aspiras,
> une la utilidad con el deleite.

Es un ejemplo muy claro para una regla neoclásica básica: unir lo dulce con lo útil. También me parece muy bien elegido el ejemplo del volatinero, que asombraba a la gente por sus arriesgados equilibrios, manteniendo el equilibrio gracias a «un gran palo». Un día, decide que ya no lo necesitaba:

> El equilibrio pierde... ¡Adiós! ¿Qué es eso?
> ¿Qué ha de ser? Una buena costalada.
> «¡Lo que es auxilio juzgas embarazo,
> incauto joven!», el maestro dijo.
> «¿Huyes del arte y método? Pues, hijo,
> no ha de ser éste el último porrazo.»

La fábula de Iriarte que he elegido, de origen clásico, tiene como protagonista a un burro: un animal que, igual que otros, ha tenido significados simbólicos múltiples y hasta contradictorios.

Muchas veces, se le ha atribuido un valor positivo, como símbolo de paciencia, trabajo, dulzura («Platero es pequeño, peludo y suave», escribe Juan Ramón) y también utilidad: es el animal elegido por Jesucristo para entrar en Jerusalén. Recuérdese que también es el símbolo del Partido Demócrata norteamericano y que ciertos independentistas catalanes exhiben su imagen, en la matrícula de sus automóviles.

A la vez, desde los egipcios, se ha visto al burro como ejemplo de pereza mental e ignorancia. Un episodio de la mitología clásica posee una curiosa cercanía con esta fábula: en el desafío musical de Apolo y Marsias, este último da la vuelta a la flauta y, naturalmente, no logra sacar de ella ningún sonido. Por eso, el juez ignorante aparece retratado muchas veces con orejas de burro: por ejemplo, en *La calumnia*, de Botticelli.

Muy cerca de Iriarte está Goya, que da expresión genial a muchas creencias de la Ilustración (lo muestra con brillantez Edith Helman, en su libro *Trasmundo de Goya*). En una serie de *Caprichos*, el burro aparece como símbolo de ignorancia: por ejemplo, en *El asno literato*, que aparece leyendo. También simboliza la vanidad nobiliaria: en *Hasta su abuelo*, un burro intenta demostrar la nobleza de su linaje...

No se encarniza Iriarte con el protagonista de su fábula, pero sí contempla con ironía su vanidad. Cuando surge por pura casualidad un sonido agradable, el arrogante pollino lo atribuye a su mérito:

¡Oh! –dijo el borrico–,
¡qué bien sé tocar!
¡Y dirán que es mala
la música asnal!

Métricamente, esta fábula se compone de siete estrofas de cuatro versos, de seis sílabas. La rima es la propia del romancillo, asonante en los versos pares; curiosamente, es rima aguda, algo no frecuente en castellano. Salvo la estrofa penúltima, todas concluyen repitiendo el mismo estribillo: «por casualidad».

Esta repetición indica a qué blanco apunta la sátira. No ha hecho nada mal el burro: su grave error consiste en atribuir a sus méritos lo que ha sido solamente fruto de la casualidad.

La última estrofa formula la moraleja, plenamente acorde con la estética neoclásica:

> Sin reglas del arte,
> borriquitos hay
> que una vez aciertan
> por casualidad.

Para un lector actual, no es fácil captar todo lo que esto significaba, a fines del siglo XVIII. La razón es clara: ahora, somos todos hijos de la estética romántica, que propugna la libertad absoluta del artista y niega la posibilidad misma de que existan reglas, en arte. Además, hace ya un siglo, las vanguardias dinamitaron las reglas: recuérdense los escándalos de *La consagración de la primavera*, de Stravinski; *Las señoritas de Aviñó* (ése es el verdadero nombre, por la calle de Barcelona, no *de Avignon*), de Picasso; *Un perro andaluz*, de Luis Buñuel; el *Ulises*, de Joyce...

Todo eso está bien... pero con ciertas reservas. Es perfectamente lógico aceptar que, en una sociedad muy diferente, ya no son obligatorias las normas dictadas en su momento por los clásicos grecolatinos. Sin embargo, cualquier artista sensato conoce de sobra y acepta la validez de ciertas reglas, nacidas de la experiencia de los grandes artistas.

Ejemplos claros: un novelista actual hará muy bien si lee detenidamente y saca lecciones de la forma de narrar de Cervantes, en *El Quijote*. Es lo mismo que debe hacer un dramaturgo, con las obras de Shakespeare, y, por supuesto, un músico de cualquier época, con las obras de Johann Sebastian Bach...

Acierta don Tomás de Iriarte al evitar la adusta rigidez del dómine neoclásico y adoptar una actitud irónica, humilde, en la que él mismo también se incluye:

Esta fabulilla,
salga bien o mal,
me ha ocurrido ahora
por casualidad.

La lección es clara: a todos nos sonríe alguna vez la suerte, pero no podemos confiar en eso; si lo hacemos, el lógico resultado será el fracaso. Por eso, debemos respetar «las reglas del arte»: aprender el oficio, tener en cuenta lo que hicieron los maestros, corregir los errores, buscar el mejor resultado que nos sea posible... Lo decía ya el sentido común, antes de los preceptistas neoclásicos.

¿Es esta fábula una lectura apropiada para niños? Sólo en cierta medida. Les divertirá, sin duda, y les inculcará ciertos valores básicos: el trabajo, el esfuerzo... Pero su contexto histórico (las reglas neoclásicas) y su real trascendencia sólo las puede apreciar un lector maduro.

No se refiere solamente esta fábula a la creación artística, apunta a algo mucho más amplio: rara vez nos llegan por puro azar las cosas buenas, en todas las facetas de la vida. Ésa es la lección que nos transmite el ilustrado racional y sensato don Tomás de Iriarte.

¿Estamos de acuerdo hoy con él? Desde la visión del mundo actual, tan caótico, su diagnóstico no es seguro: ¡tantas veces contemplamos éxitos que nos parecen absurdos! Pero su recomendación es indiscutible: debemos esforzarnos, trabajar siempre en busca de la excelencia, aunque no la alcancemos. Si no lo hacemos, actuaremos como unos auténticos burros.

«El burro flautista»

Esta fabulilla,
salga bien o mal,
me ha ocurrido ahora
por casualidad.

Cerca de unos prados
que hay en mi lugar
pasaba un borrico
por casualidad.

Una flauta en ellos
halló, que un zagal
se dejó olvidada
por casualidad.

Acercose a olerla
el dicho animal
y dio un resoplido
por casualidad.

En la flauta el aire
se hubo de colar
y sonó la flauta
por casualidad.

«¡Oh!» –dijo el borrico–,
«¡qué bien sé tocar!
¡Y dirán que es mala
la música asnal!».

Sin reglas del arte,
borriquillos hay
que una vez aciertan
por casualidad.

EL SUEÑO IMPOSIBLE DE LA LIBERTAD

José de Espronceda
«La canción del pirata»

Hace años, en el colegio, los chicos españoles leían «La canción del pirata», de Espronceda (1808-1842). A muchos les gustaba y la aprendían de memoria; por lo menos, el comienzo, tan rotundo y musical:

> Con diez cañones por banda,
> viento en popa, a toda vela...

Espronceda, junto con Larra y Zorrilla, son los tres grandes románticos españoles de la época romántica. (Bécquer y Rosalía son posteriores, de la segunda mitad del siglo XIX: románticos, por espíritu; posrománticos, por cronología.)

Discrepan los críticos en su valoración de la poesía de Espronceda pero coinciden todos en que encarna plenamente el Romanticismo español: «Romántico por su obra y por su vida», lo define Robert Marrast, su máximo estudioso.

Lo desarrolla más Pilar Espín:

> Reúne las características del héroe romántico hasta sus últimas consecuencias: destierro y persecución por el absolutismo; pasión amorosa por una mujer casada que acaba con la muerte y marginación social de la amada; inesperada y temprana muerte. Fue liberal progresista hasta el final de su vida.

Espronceda nació en Almendralejo (o en medio del campo, según una leyenda). Era hijo de un sargento mayor de caballería; pertenecía, por tanto, a la clase media. Estudió en Madrid, en el colegio de San Mateo, de Alberto Lista y Hermosilla.

Era un centro privado que, en su plan de estudios, defendía esto: «Una nación gobernada por principios liberales necesita ante todo que los jóvenes adquieran ciencia y virtudes».

Formó parte también de la Academia del Mirto. Estéticamente, eso suponía una educación de base neoclásica pero abierta a cierto pre-Romanticismo.

El joven Espronceda abrazó con entusiasmo la nueva escuela romántica, en lo estético: se burla del bucolismo neoclásico, que simboliza en «El pastor clasiquino». Y en lo político: cree firmemente en el liberalismo progresista.

De 1823 a 1825, formó parte de la sociedad secreta «Los Numantinos»: sus miembros se conjuraron para vengar la muerte de Riego. Por sus actividades políticas, sufrió una serie de destierros: en Guadalajara, Cuéllar, Lisboa, París, Londres...

Como ha estudiado Vicente Lloréns en su libro clásico, *Liberales y románticos*, ese castigo provocó que algunos jóvenes conocieran de cerca las nuevas ideas y volvieran a España, cuando pudieron hacerlo, más afianzados en ellas. Así le sucedió también a Espronceda.

En el destierro, en Lisboa, conoció a Teresa Mancha, hija de otro desterrado, casada: fue su gran amor. Así comenzó una tormentosa relación, que se prolongó durante años, en varios países. Ella murió joven. (Sobre este personaje escribió –por consejo de Ortega– una de sus mejores obras Rosa Chacel: *Teresa*.)

Gracias a la amnistía decretada a la muerte de Fernando VII, Espronceda pudo regresar a España: formó parte de la Milicia Nacional, escribió sus mejores obras, alcanzó amplia popularidad.

Nunca renegó de sus ideas liberales. En 1836, fue elegido diputado, en las mismas elecciones en las que lo logró Larra, que fueron anuladas. Seis años después, volvió a ser elegido, por el Partido Progresista. Murió con sólo treinta y dos años.

El retrato de Espronceda que escribió Zorrilla coincide con los grabados de la época: «cara pálida... cabellera negra, riza y sedosa... ojos límpidos e inquietos... boca desdeñosa».

No existe unanimidad sobre su carácter. Ortega Munilla lo define como «el poeta de los amores tristes y las indignaciones vehementes». Valbuena Prat sentencia: «Fue siempre un niño grande».

Domingo Ynduráin, que le dedicó su tesis doctoral, es implacable: «Como persona, un señorito chisgarabís, sin fundamento». También condena su «crítica superficial y anecdótica, que únicamente sirve para enmascarar –y preservar, claro– los conflictos e injusticias de la sociedad en que vive».

Más positiva es la imagen teatral de Espronceda que transmite Ferrer del Río, su amigo y biógrafo: «Hacía gala de no fiarse, insolente, de la sociedad... y, a escondidas, gozaba en aliviar los padecimientos de sus semejantes».

Muy ecuánime me parece la valoración de Rafael Lapesa, mi maestro: «Espronceda es la voz de una generación literaria apresurada e impulsiva: no hizo pasar sus versos por tamices exigentes, ni reprimir la gesticulación para dejar sólo la hondura del pensamiento».

Es decir, que sí que existe ese pensamiento, aunque la abundancia de adjetivos que emplea nos pueda parecer ahora excesiva. Por eso, a Espronceda lo han apreciado muchos poetas; incluso, alguno tan diferente de él como Vicente Aleixandre: a pesar de verlo como «declamador», lo considera «poeta verdadero».

Publicó Espronceda dos obras de tema histórico: el poema en octavas *El Pelayo* y la novela *Sancho Saldaña o el escudero de Cuéllar*. Además de los poemas sueltos, escribió, entre 1836 y 1840, dos ambiciosos poemas largos: *El estudiante de Salamanca* y *El diablo mundo*.

Cuenta el primero de ellos la historia de don Félix de Montemar, un disoluto, cercano al Tenorio, con el que algunos identificaron a Espronceda:

> Segundo don Juan Tenorio,
> irreligioso y valiente,
> altanero y reñidor [...].
> Corazón gastado, mofa

de la mujer que corteja
y hoy despreciándola deja
la que ayer se le rindió.

Don Félix revive luego la leyenda del libertino que asiste a su propio entierro y desafía a Dios.

Más complejo –pero menos logrado– es el inacabado poema filosófico *El diablo mundo*, influido por Voltaire (*Cándido o el optimismo*, *El ingenuo*) y por Goethe (*Fausto*).

A través de la experiencia de este nuevo Adán, plantea la existencia de Dios, el porqué de la muerte, el rechazo de las convenciones sociales, la duda permanente... La ambición del poema resulta evidente; su desigualdad, también.

El grito más agudo de *El diablo mundo* es el «Canto a Teresa», unánimemente elogiado. Lo definió bien Moreno Villa, otro poeta: «El canto más agudo del Romanticismo español». Se inspira, por supuesto, en la relación sentimental que mantuvo el poeta y él así lo proclama, advirtiendo al lector: «Un desahogo de mi corazón: sáltalo, si no quieres leerlo, sin escrúpulos». Concluye con el más triste desengaño:

Truéquese en risa mi dolor profundo.
Que haya un cadáver más, ¿qué importa al mundo?

El final de *El diablo mundo* es una visión más amplia del caos en el que vivimos:

Oh, cómo cansa el orden. No hay locura
igual a la del lógico severo
y aquí renegar quiero
de la literatura
y de aquellos que buscan proporciones
a la humana figura
que mide a compás sus perfecciones.

Como se ve fácilmente, estas filosofías son menos atractivas, para el lector, que el recuerdo de su amor por Teresa.

La popularidad mayor la obtuvieron los poemas sueltos de Espronceda. Varios de ellos exaltan a personajes marginales, los antihéroes, algo muy propio del individualismo romántico: el verdugo, el reo de muerte, el cosaco, el mendigo, la prostituta... Y, por supuesto, el pirata.

Es éste último un tema literario y cultural amplísimo. Para dar una breve idea de su riqueza y variedad, menciono sólo unos pocos ejemplos. Después de la novela histórica de Walter Scott, *El pirata* (1822), se publica esa joya absoluta que es *La isla del tesoro*, de Stevenson, con su inolvidable pirata John Silver.

De chicos, nos hacían soñar las novelas de Emilio Salgari: *El corsario negro*, *Los piratas de la Malasia*, *Sandokán*. Más tarde, descubrimos a Conrad (*Lord Jim*) y los folletines de Rafael de Sabatini: *El cisne negro*, con la figura del capitán Blood.

A otros planetas han llevado la piratería Edgar Rice Burroughs, el creador de *Tarzán*, y el maestro de la ciencia ficción, Isaac Asimov. Los más chicos se siguen divirtiendo con las aventuras de *El pirata Garrapata*, de Juan Muñoz, y con *Una de piratas*, de mi amigo Alonso de Santos.

En los cines de sesión continua, nos emocionábamos, de chicos, con las aventuras de piratas: la espectacularidad de *Los bucaneros*, de Cecil B. de Mille; las diferentes versiones de *Rebelión a bordo*; la originalidad de *La mujer pirata*, de Jacques Tourneur. Nuestros hijos o nietos siguen apasionándose ahora con la serie de los *Piratas del Caribe*.

Ese mismo tema, convertido en musical, es el de *El pirata*, con Gene Kelly y Judy Garland. Tardamos más en descubrir la ópera de Bellini del mismo título, que cantó no hace mucho, en el Teatro Real, el tenor mexicano Javier Camarena. Y Joaquín Sabina ha cantado que su modelo preferido es un pirata con la pata de palo...

Un ejemplo más, de otro sector artístico: a mi amigo el torero Juan José Padilla, que perdió un ojo y lleva un parche negro, el público comenzó a llamarlo cariñosamente «El pirata Padilla»; para seguir la broma, él daba la vuelta al ruedo tremolando una gran bandera negra, con su correspondiente calavera...

Tradicionalmente se ha dicho que el modelo próximo de Espronceda es *El corsario* (1814), de Byron: cuenta la historia del pirata griego Conrad, enamorado de Medora. Es lógico que se haya mencionado como fuente, por la proximidad de fecha y de escuela. Coinciden los dos, por ejemplo, en el desprecio de la muerte. Dice el protagonista de Byron: «¿Qué es la muerte? La muerte es el reposo / cobarde, eterno, aborrecible... ¡sea!». Y el protagonista de Espronceda:

> ¡Sentenciado estoy a muerte!
> Yo me río [...].
> Y, si caigo,
> ¿qué es la vida?

En realidad, basta con leer a Byron (y el estudio clásico de Esteban Pujals: *Lord Byron en España*) para comprobar que son dos obras muy diferentes. Quizá lo esencial, para el poeta inglés, es la exaltación del vitalismo: «Amemos / la vida de la vida». Frente al radical individualismo del poema de Espronceda, Byron presenta la escena del grupo de piratas, felices, en la playa... Creo que acierta el inteligentísimo don Juan Valera: los ingleses «no tienen más derecho a calificar de genio a lord Byron [...] que a Espronceda, nosotros».

«La canción del pirata» apareció por primera vez en la revista *El Artista*, tan importante para el Romanticismo español, en 1835; luego, en el volumen *Poesías* (1840). Supuso, desde luego, un nuevo rumbo de su poesía.

La métrica que utiliza es variada, compleja, muy lograda. Después de cuatro estrofas de introducción, comienza, en la quinta, lo que anuncia el título, «la canción del pirata»: en ella, repite cinco veces una cláusula rítmica, compuesta de dos estrofas, más el estribillo. Utiliza hábilmente el poeta el contraste entre los versos de ocho sílabas y los pies quebrados, de cuatro.

Comienza situándonos en un escenario atractivo, novelesco, con el que el protagonista se identifica: la luna, el viento, las olas del mar y las tormentas son sus cómplices. El barco, su «tesoro», simboliza poder moverse libremente; el mar, un territorio único, sin fronteras, sin leyes, en el que todos los hombres son iguales.

El pirata se muestra desafiante frente a todas las jerarquías: «Yo me río...». Se rebela contra los reyes, los poderosos: «el inglés». Desprecia el dinero:

> Sólo quiero
> por riqueza
> la belleza
> sin rival.

Rechaza la religión: «que es mi Dios...». No respeta la ley: «mi ley, la fuerza y el viento». Y también rechaza la patria: «mi única patria...». ¿Cabe un anarquismo más radical?

Lo esencial, por supuesto, es el repetido estribillo: «Que es mi barco, mi tesoro...». Y, dentro de él, el segundo verso: «Que es mi dios, la libertad». Ésta es la palabra clave, la que resume todo el poema, la actitud de su protagonista y, en general, todo el sentir romántico.

En España, lo definió con absoluta claridad Larra: «Libertad en literatura, como en las artes, como en la industria, como en el comercio, como en la *conciencia...*» (la cursiva es mía, para subrayar su importancia).

Identifica Espronceda poéticamente la tan ansiada libertad con el mar. Es lo mismo que hará, años después, Baudelaire, en un hermoso alejandrino: «Homme libre, toujours tu chériras la mer!»... Y lo mismo que repite Manuel Machado, con elegante indolencia:

> Para mi amarga vida fatigada,
> el mar amado, el mar apetecido,
> el mar, el mar y no pensar en nada.

El estribillo de «La canción del pirata» puede considerarse el himno del Romanticismo español. Con rotunda musicalidad, canta ese sueño eterno, imposible, de la absoluta libertad: algo que nunca alcanzamos pero que nunca dejamos de desear… No es extraño que muchos nos sigamos sabiendo de memoria estos versos.

«LA CANCIÓN DEL PIRATA»

Con diez cañones por banda,
viento en popa, a toda vela,
no corta el mar, sino vuela
un velero bergantín;
bajel pirata que llaman,
por su bravura, el *Temido*,
en todo mar conocido,
del uno al otro confín.
La luna en el mar rïela,
en la lona gime el viento
y alza en blando movimiento
olas de plata y azul;
y va el capitán pirata,
cantando alegre en la popa:
Asia, a un lado; al otro, Europa,
y allá a su frente, Estambul.

«Navega, velero mío,
sin temor,
que ni enemigo navío,
ni tormenta, ni bonanza,
tu rumbo a torcer alcanza
ni a sujetar tu valor.
Veinte presas
hemos hecho
a despecho
del inglés
y han rendido
sus pendones
cien naciones
a mis pies.

Que es mi barco, mi tesoro;
que es mi Dios, la libertad,
mi ley, la fuerza y el viento;
mi única patria, la mar.

Allá muevan feroz guerra
ciegos reyes
por un palmo más de tierra,
que yo tengo aquí por mío
cuanto abarca el mar bravío,
a quien nadie impuso leyes.
Y no hay playa,
sea cualquiera,
ni bandera
de esplendor
que no sienta
mi derecho
y dé pecho
a mi valor.

Que es mi barco, mi tesoro;
que es mi dios, la libertad;
mi ley, la fuerza y el viento;
mi única patria, la mar.

A la voz de ¡barco viene!,
es de ver
cómo vira y se previene
a todo trapo a escapar;
que yo soy el rey del mar
y mi furia es de temer.
En las presas
yo divido
lo cogido
por igual:
sólo quiero
por riqueza,
la belleza
sin rival.

Que es mi barco, mi tesoro;
que es mi Dios, la libertad;
mi ley, la fuerza y el viento;
mi única patria, la mar.

¡Sentenciado estoy a muerte!
Yo me río:
no me abandone la suerte
y, al mismo que me condena,
colgaré de alguna antena,
quizá, en su propio navío.
Y, si caigo,
¿qué es la vida?,
por perdida
ya la di,
cuando el yugo
del esclavo
como un bravo
sacudí.

Que es mi barco, mi tesoro;
que es mi Dios, la libertad;
mi ley, la fuerza y el viento;
mi única patria, la mar.

Son mi música mejor
aquilones,
el estrépito y temblor
de los cables sacudidos,
del ronco mar los bramidos
y el rugir de mis cañones.

Y del trueno,
al son violento,
y del viento,
al rebramar,
yo me duermo
sosegado,
arrullado
por el mar.

Que es mi barco, mi tesoro;
que es mi Dios, la libertad;
mi ley, la fuerza y el viento;
mi única patria, la mar».

LA ESCENA DEL SOFÁ

José Zorrilla
Don Juan Tenorio

En sentido estricto, éste no es un poema suelto, sino un fragmento de una obra de teatro, escrita en verso, pero posee unidad y se puede separar del resto de la obra sin problemas.

José Zorrilla (1817-1893) era, ante todo, poeta. Se dio a conocer de una manera muy efectista. En el entierro de Larra, un joven desconocido se adelantó a declamar teatralmente unos versos, que causaron gran sensación:

> Ese vago clamor que rasga el viento
> es la voz funeral de una campana,
> vano remedo del postrer lamento
> de un cadáver sombrío y macilento,
> que en sucio polvo dormirá mañana.

Esta escena retrata adecuadamente, para bien y para mal, la personalidad poética de Zorrilla: son unos versos retóricos, altisonantes, de seguro efecto. Si analizamos fríamente lo que dicen, nos encontraremos con una serie de disparates o de obviedades: la voz de un moribundo suele ser débil; los cadáveres no suelen tener un aspecto muy alegre... Sin embargo, el éxito fue rotundo: el joven Zorrilla quedó ya consagrado públicamente como poeta romántico.

Su poesía es siempre brillante, efectista, espectacular. Vivió como un bohemio, como un moderno juglar, disfrutó de una enorme popularidad.

Sigue Zorrilla las líneas habituales del Romanticismo: sentimentalismo, exotismo, defensa de los héroes «malditos»... Alcanzaron enorme popularidad sus *Leyendas*, en las que recrea poéticamente tradiciones de nuestra historia: *A buen juez, mejor testigo*; *Margarita la Tornera*; *El capitán Montoya...*

En la década que va desde 1834 (*La conjuración de Venecia,* de Martínez de la Rosa) hasta 1844 (*Don Juan Tenorio,* de Zorrilla), varios estrenos teatrales suponen la plena españolización del Romanticismo.

Estas obras se subtitulan dramas, no «comedias» ni «tragedias», porque mezclan todo: lo trágico y lo cómico, lo alto y lo bajo, el amor y la política, el lenguaje refinado y el vulgar.

Su protagonista da muchas veces título a la obra: *Don Álvaro, El trovador, Don Juan Tenorio*... Pueden estar situadas en épocas pretéritas, pero manejan la historia con libertad: aunque su protagonista viva en la Edad Media o en el Siglo de Oro, encarna los anhelos de un romántico. Estos dramas suelen estar escritos en verso, con polimetría, y dividirse en «jornadas».

Don Juan Tenorio es, sin duda alguna, la obra más popular de todo el teatro español. Se ha representado muchas más veces que las más conocidas: *La vida es sueño, La venganza de don Mendo, El alcalde de Zalamea, La corte del Faraón, Los intereses creados*...

Durante más de un siglo, *Don Juan Tenorio* ha sido la única obra de teatro española que se representaba todos los años en fecha fija, en la festividad del Día de los Difuntos.

Esa costumbre pasó también a la cultura hispanoamericana. En el documental *¡Que viva México!*, del director ruso Eisenstein, el último episodio se refiere a cómo celebra el pueblo mexicano esa fiesta de los muertos: bailan disfrazados de esqueletos, comen calaveras de azúcar... En un momento dado, gira la cámara para enfocar un cartel, en la pared: anuncia que, esa noche, se representará *Don Juan Tenorio.*

Algunas peculiaridades más. El *Tenorio* era la única obra teatral que los españoles acudían a verla todos los años, aunque ya la conocieran. Por eso, al comienzo de la segunda parte de *La Regenta*, el inteligentísimo Clarín se inventa un caso singular: el de Ana Ozores, que, por rara excepción, nunca ha presenciado una representación del *Tenorio.* Eso le permite *ver* de verdad la obra por primera vez, sin prejuicios, algo que a los demás les está vedado: un requisito necesario, según Clarín, para valorarla con justicia.

Como conocían tan bien el *Tenorio,* muchos espectadores españoles eran capaces de valorar, por comparación, cómo representaba ese papel cada uno de los grandes actores, lo mismo que hacen los ingleses con *Hamlet*: Rafael Calvo, Fernando Díaz de Mendoza, Emilio Thuillier, Morano, Enrique Borrás, Ricardo Calvo...

Durante muchos años, no ha habido ningún primer actor español que no haya interpretado ese personaje. Incluso se atrevió a encarnarlo Ana Mariscal. En la madrileña Residencia de Estudiantes, montaron el *Tenorio* nada menos que Luis Buñuel, Federico García Lorca y Américo Castro, defensores de la obra de Zorrilla.

En Madrid y en Barcelona, era habitual que, al llegar noviembre, la cartelera ofreciera a la vez varios *Tenorios*, para elegir. Un caso singular fue el del catalán Mario Cabré, que toreó en la Plaza de Barcelona, por la tarde, y representó el papel de don Juan en un teatro, por la noche. En una versión cómico-musical, obtuvo gran éxito como doña Inés la popular Mary Santpere.

Don Juan Tenorio, además, era la única obra de la que muchos españoles se sabían versos de memoria y los aplicaban a la vida cotidiana. Por ejemplo, si un marido, al volver a casa, se encontraba con el barullo que estaba armando la chiquillería, repetía irónicamente la exclamación de don Juan que abre la obra: «¡Cuál gritan esos malditos!».

La popularidad de la obra de Zorrilla dio lugar también a numerosas parodias, el género teatral que tuvo tanto éxito a fines del siglo XIX y comienzos del XX. Evidentemente, sólo se parodia lo muy conocido; si no, la parodia no nos haría ninguna gracia.

La obra de Zorrilla fue parodiada en *El Tenorio modernista, Sagasta Tenorio, El Tenorio del toreo, Don Juan Notorio (burdel en cinco actos), Un Tenorio con sotana, Doña Juana Tenorio, Juan el perdío...*

Lo que hace Zorrilla, en su obra, es una versión romántica del viejo mito de don Juan, que tiene raíces muy lejanas. En España, ese mito cuajó en la obra de Tirso de Molina *El burlador de Sevilla y convidado de piedra*. Ese título alude ya a los dos elementos fundamentales de la leyenda.

Ante todo, don Juan es el burlador: «burla» (engaña) a las mujeres. Se ha dicho que aplica el maquiavelismo (el fin justifica los medios) al terreno erótico. Lo expresa Tirso con crudeza: «¡Esta noche he de gozalla!».

De acuerdo con el código del honor, vigente en la España del Siglo de Oro, don Juan no burla solamente a una mujer; también burla a su marido, a su hermano, a su padre, a toda la sociedad.

Paradójicamente, eso le otorga un gran atractivo, por su individualismo anárquico. Con ironía, comenta Ramiro de Maeztu que este don Juan encarna el ideal de muchos españoles: no cumplir ninguna ley, hacer lo que nos dé la gana.

Pero el protagonista de la obra de Tirso va todavía más allá, no respeta ni siquiera a los muertos: invita a cenar con él a un difunto. A mitad de la cena, éste aparece, lo coge de la mano y se lo lleva a los infiernos.

Nos guste o no, ésta es la conclusión lógica del personaje. (No podemos esperar que Al Capone acabe como un ejemplar ciudadano.) Con este ejemplo, Tirso –fraile mercedario, no lo olvidemos– nos da una lección moral, casi un sermón: si retrasamos el arrepentimiento de nuestros pecados para el último momento («tan largo me lo fiais», responde siempre don Juan), no nos dará tiempo a conseguir el perdón. La obra de Tirso es un drama religioso, casi un auto sacramental.

Zorrilla, en cambio, escribe un drama romántico: convierte al libertino seductor don Juan en un enamorado: decía Marañón que este don Juan «se enamora como un recluta».

Para el Romanticismo, eso implica que don Juan debe salvarse. ¿Cómo lo conseguirá? Igual que el Fausto de Goethe, gracias al amor de una mujer:

> Salvó el amor a don Juan
> al pie de la sepultura.

Coincide toda la crítica en que la obra de Tirso es más profunda que la de Zorrilla, pero ésta es muchísimo más popular.

¿Por qué? Porque es más teatral, funciona mejor en la escena. Según mi amigo Paco Ruiz Ramón, el protagonista de la obra de Zorrilla «es la categoría de lo teatral, hecha personaje».

Además, el final de la obra de Zorrilla gusta mucho más al público que el de la obra de Tirso. Lo aprueban los espectadores masculinos, porque a todos nos consuela pensar que se nos perdonarán nuestros pecados.

También encanta a las espectadoras, porque ese final subraya el papel trascendental de la mujer, al convertir a doña Inés en corredentora: muestra que cualquier chica inocente, si se enamora, es capaz de cautivar al más famoso seductor. (Un siglo después, Julio Iglesias cantará: «Por el amor de una mujer».)

El poema que vamos a leer es el texto de la más famosa escena de todo el teatro español. A causa de la escenografía tradicional, se la ha conocido como «la escena del sofá». En las versiones recientes, este sofá decimonónico ha desaparecido; lo sustituye un columpio, siguiendo lo que hizo Peter Brook, en su famoso montaje de *El sueño de una noche de verano*, de Shakespeare; o ningún mueble, para subrayar la fuerza elemental del instinto erótico.

El seductor ha escrito a la ingenua novicia una engañosa carta de amor, que la ha trastornado: ella se deja conducir a la quinta sevillana del caballero, junto al Guadalquivir. La declaración de amor de don Juan debe conseguir que caigan los últimos reparos de la timidez y del pudor de la joven.

Métricamente, son versos octosílabos (los más populares, en nuestra lengua). Una redondilla (cuatro versos: abba) sirve de pórtico a cinco décimas, absolutamente paralelísticas; las cuatro primeras, plantean una pregunta retórica: «¿No es verdad [...] que están respirando amor?». La última estrofa aporta la rotunda respuesta: «amor es».

Zorrilla creyó poco en el éxito de esta obra, cuando la escribió. Como estaba necesitado –como siempre– de dinero, vendió al editor Manuel Delgado «la propiedad absoluta, para siempre, del drama original titulado *Don Juan Tenorio*, por la cantidad de cuatro mil doscientos reales de vellón, para su impresión y representación».

Luego, cuando el poeta advirtió su equivocación, fue el primero de los críticos y se apresuró a censurar los defectos de su drama. No le sirvió de nada: el gran público ya había adoptado la obra como favorita.

No se libran estos versos de la crítica interesada del poeta:

> No se le ocurre hablar a su amada más que de lo bien que se está allí [...] en aquellas décimas, tan famosas como fuera de lugar [...]. De la desatinada ocurrencia mía de colocar en tan dramática situación tan floridas décimas, resulta que no ha habido ni hay actor que haya acertado ni pueda acertar a decirlas bien.

Evidentemente, al escribir esto, respiraba Zorrilla por la herida del interés, de la fortuna que podía haber ganado, con su obra... Se equivocaba, al despreciarla. Lo que ha fascinado a tantos espectadores españoles no es la profunda filosofía de unos versos que no la tienen, sino lo que poseen de sobra: musicalidad y efectismo teatral.

Desde que don Juan Tenorio vio a doña Inés, cambia radicalmente: el gran seductor ha caído en las redes del amor. A la vez, sigue necesitando seducir –esta vez, con la verdad– a una jovencilla que acaba de conocerlo y que, lógicamente, desconfía de la sinceridad de sus sentimientos.

En la sucesión de interrogaciones paralelas, don Juan le dedica a doña Inés una serie de apelativos metafóricos (en lenguaje coloquial: una serie de piropos). Para él, ella es un «ángel de amor», como la *donna angelicata* del *dolce stil novo*. Es una blanca «paloma», símbolo de inocencia. Y es una «estrella» que le va a guiar, como la que condujo a los Reyes Magos hacia el Niño Dios: «Vimos su estrella», dicen los Evangelios.

También la llama «gacela», un apelativo que tiene muy amplia tradición en la literatura árabe. Ante todo, los árabes llamaban «gacela» a un poema de amor breve. Llega eso hasta Federico García Lorca, en su poema «Gacela del amor desesperado» del libro *Diván del Tamarit*:

La noche no quiere venir
para que tú no vengas
ni yo pueda ir.

Además, la comparación de la mujer amada con la gacela es un tópico árabe, desde *Las mil y una noches*: la llaman así por su ligereza, por su figura esbelta, por sus ojos... Zorrilla usó esta metáfora varias veces: antes del *Tenorio,* describe a una jovencita:

Gacela del amor dulce,
la llamó un árabe errante.

Después del *Tenorio,* canta a una mujer:

Tienes de la gacela
los ojos francos...

En la escena de amor que los espectadores contemplamos, tiene importancia decisiva el escenario: todo sucede en una noche andaluza, cálida y sensual. En cada estrofa, menciona don Juan un par de elementos: «el aura» y «el agua limpia y serena»; «la armonía del viento» y «el acento del ruiseñor»; las «palabras y las ideas»; las «lágrimas» y el «color del semblante»...

Nada de esto es nuevo, todos estos elementos poseen una larga tradición literaria, pero conservan su eficacia, si se manejan con habilidad. En un ambiente de gran sensualidad, ayudan al erotismo las sensaciones que transmiten casi todos los sentidos: miradas, olores, sonidos...

El canto del «ruiseñor», que anuncia la llegada del día, es el mismo al que se refiere Shakespeare, en la escena del jardín del *Romeo y Julieta*, que tanto eco ha tenido: «Era el ruiseñor y no la alondra el que ha herido tu oído temeroso... Créeme, amor mío: era el ruiseñor».

El lejano eco de un pescador «que espera cantando el día» se anticipa a la canción del pastorcillo que anuncia la mañana, al comienzo del acto tercero de la *Tosca*, de Puccini:

Yo te envío tantos suspiros
como hojas mueve el viento...
¡Luz de oro, muero por ti!

Más allá de los ecos y de las tradiciones literarias, el acierto esencial de esta escena es la creación de un ambiente que empuja al amor. Se basa esto en una idea muy sencilla: no somos siempre los mismos; existen momentos y lugares que nos predisponen, nos impulsan suavemente a enamorarnos.

Podemos relacionar esto con la pintura impresionista. El ejemplo más claro es el de la fachada de la catedral de Rouen, pintada por Monet, que cambia radicalmente, según la luz y según las horas del día.

Es lo mismo que define bien una bonita canción norteamericana, que ha inspirado también una hermosa película chino-francesa: «I'm in the mood for love». La traducción más sencilla y directa sería: «Estoy a punto de enamorarme; me voy a enamorar». Por muy seductor que antes haya sido, eso es lo mismo que le sucede a don Juan, en cuanto ve a doña Inés.

Al final de la escena, con un gesto muy teatral, don Juan se arrodilla y confiesa su derrota, en eso que los psicólogos llaman «la secreta guerra de los sexos»: el seductor que tiranizó a tantas mujeres no puede ya evitar rendirse a «la esclavitud de tu amor». Al presenciarlo, cualquier espectador mínimamente sensible repetirá, como un eco, la conclusión de don Juan: «Amor es».

Hoy día, en tiempos de mayor libertad sexual, algunos espectadores o lectores podrán considerar que todo esto es una cursilería. Si así lo creen, me parece que se equivocan.

No nos descubre Zorrilla nada nuevo, no hacía falta; tampoco utiliza palabras rimbombantes. La musicalidad de sus versos nos hace emocionarnos ante ese milagro siempre que se repite, el nacimiento del amor: en el bellísimo cuadro de Botticelli, surge Venus, desde las olas del mar.

Don Juan Tenorio (acto IV, escena III)

¡Ah! ¿No es cierto, ángel de amor,
que en esta apartada orilla,
más pura la luna brilla
y se respira mejor?
Esta aura que vaga llena
de los sencillos olores
de las campesinas flores
que brota esa orilla amena;
esa agua limpia y serena
que atraviesa sin temor
la barca del pescador
que espera cantando el día,
¿no es cierto, paloma mía,
que están respirando amor?
Esa armonía que el viento
recoge entre esos millares
de floridos olivares,
que agita con manso aliento,
ese dulcísimo acento
con que trina el ruiseñor,
de sus copas morador,
llamando al cercano día,
¿no es verdad, gacela mía,
que están respirando amor?
Y estas palabras que están
filtrando insensiblemente
tu corazón, ya pendiente
de los labios de don Juan,
y cuyas ideas van
inflamando en su interior
un fuego germinador
no encendido todavía,
¿no es verdad, estrella mía,
que están respirando amor?
Y esas dos líquidas perlas
que se desprenden tranquilas

de tus radiantes pupilas
convidándome a beberlas,
evaporarse a no verlas,
de sí mismas al calor,
y ese encendido color
que en tu semblante no había,
¿no es verdad, hermosa mía,
que están respirando amor?
¡Oh, sí, bellísima Inés,
espejo y luz de mis ojos!
Escucharme sin enojos
como lo haces, amor es.
Mira aquí a tus plantas, pues,
todo el altivo rigor
de este corazón traidor
que rendirse no creía,
adorando, vida mía,
la esclavitud de tu amor.

UNA POPULAR LEYENDA PATRIÓTICA Y RELIGIOSA

José Zorrilla
«A buen juez, mejor testigo»

Ha pasado a la historia José Zorrilla, por supuesto, por ser el autor del popularísimo drama *Don Juan Tenorio*. Pero él era sobre todo y se consideraba poeta; más aún, fue el modelo indiscutible del poeta romántico español.

Su biografía es novelesca: se peleó con su padre; llevó una vida bohemia, pasó hambre; como consecuencia de un matrimonio desgraciado, sufrió la reiterada persecución de su mujer...

A la vez, llegó a encarnar, en España, lo mismo que Victor Hugo, en Francia: el mito romántico del poeta como un vate, un profeta; es decir, alguien que ve más lejos que los demás y, por ello, como un nuevo Moisés, enseña al pueblo el camino que deben seguir. Recibió honores insólitos: el emperador Maximiliano le nombró director del Teatro Nacional de México; fue coronado solemnemente poeta nacional, en Granada...

La poesía de Zorrilla no se caracteriza por la profundidad de pensamiento sino por la facilidad, la musicalidad, el efectismo; por todo ello, llega fácilmente al pueblo.

La enjuicia con dureza Pérez de Ayala: más que arte, posee una gracia inconsciente; canta sin reflexión, sin saber lo que dice, igual que un pájaro. Por eso mismo, su canto agrada a todos.

Aunque muchos viajeros consideraban que España era un país romántico por naturaleza, el Romanticismo literario triunfa plenamente en España en el teatro, en la década que va desde el estreno de *La conjuración de Venecia* (1830), de Martínez de la Rosa, hasta el estreno del *Don Juan Tenorio* (1844), de Zorrilla.

Pocos años antes de este estreno, desde 1837 a 1840, cuando Zorrilla acababa de cumplir los veinte años, publicó siete tomos de *Poesías*. En el segundo de ellos (1838) se incluye su leyenda «A buen juez, mejor testigo»: una de sus obras que alcanzó una mayor popularidad,

Una de las vertientes más conocidas del Romanticismo es el historicismo. A los románticos, no les gustaba el mundo en el que vivían, una sociedad que les parecía positivista, prosaica. Por ello, se refugiaban con la imaginación en épocas pretéritas. El ejemplo europeo más conocido es Walter Scott, con sus populares novelas históricas, que se han mantenido como lecturas para adolescentes: *Ivanhoe, Rob Roy, Waverley...*

En España, muchos escritores románticos situaron sus obras en la Edad Media y en los Siglos de Oro. Por supuesto, no lo hacían con el rigor histórico de un estudioso sino con la libertad de un poeta; por ello, incurrieron en no pocos anacronismos, algo que no les preocupaba demasiado. Los héroes que presentaban eran, en realidad, trasuntos del hombre romántico, movidos por los sentimientos; las mujeres, ejemplos del ideal femenino del Romanticismo.

Algo parecido sucede con la localización de esas obras. No les agradaban a los románticos las grandes ciudades (en España, la capital), salvo que se tratara de mostrar los bajos fondos, los crímenes. Solían elegir, para situar sus obras, ciudades *pintorescas,* de personalidad singular. (Podría ser romántico el lema turístico que inventó Fraga: «España es diferente».) Huían con la imaginación a ciudades como Toledo, Salamanca, Sevilla, Granada, Ronda...

Gran popularidad alcanzaron algunas *Leyendas* de Zorrilla, basadas –más o menos– en tradiciones de origen religioso: *El capitán Montoya, Margarita la tornera, Justicias del rey don Pedro...* Y por supuesto, *A buen juez, mejor testigo.*

Enlazan con los *Romances históricos* del duque de Rivas, pero no se centran en personajes históricos importantes. Zorrilla sabe contar una historia, es un maestro en la narración en verso, un género nada fácil: aumenta lo descriptivo y lo dramático; añade musicalidad, teatralidad, efectismo. En algunos aspectos, las suyas son un antecedente de las preciosas *Leyendas* de Bécquer.

¿Por qué elige Zorrilla este género de las leyendas en verso? Se han dado varias explicaciones. El ministro Olózaga le propuso escribir un Romancero de crímenes, que sustituyera a los romances de ciegos. En vez de eso, eligió escribir «un legendario tradicional».

¿Por qué lo hizo? Opinan algunos que fue un factor importante el deseo de agradar a su padre: todas sus obras juveniles –confiesa Zorrilla– pretendían «borrar de la memoria de mi padre el crimen de mi fuga del hogar paterno y alcanzar su perdón». Creen otros que buscaba el aplauso de un público amplio.

En todo caso, estas *Leyendas* reflejan las ideas conservadoras de Zorrilla: su rechazo a la España de su tiempo, que le parecía decadente, antipoética; su nostalgia de una época en la que «iba España por ambos hemisferios».

El patriotismo de Zorrilla es absolutamente indiscutible y va unido a la defensa de la religión. (Hace poco, Russell P. Sebold ha llamado a estas obras «leyendas fantásticas a lo divino».) Así lo proclama el poeta muchas veces:

> Cristiano y español, con fe y sin miedo,
> canto mi religión, mi patria canto.

Culmina esto en los *Cantos del trovador*:

> Mi voz, mi corazón, mi fantasía,
> la gloria cantan de la patria mía.

«A buen juez, mejor testigo» se sitúa en el Siglo de Oro, en Toledo: una ciudad romántica, con su mezcla de culturas, en la que Zorrilla había estudiado durante un breve período.

Cuenta una historia de amor y honor, que podría ser el argumento de una comedia de Lope o de Calderón: la joven Inés (el mismo nombre de la protagonista del *Tenorio*) es seducida por el soldado don Diego, que le promete matrimonio, cuando vuelva de las guerras de Flandes. Al regresar, convertido en capitán, niega su compromiso. Iván de Vargas, el padre de la joven, denuncia al seductor ante el juez don Pedro de Alarcón. Cuando éste pide un testigo de la promesa, sólo se le ocurre recurrir al Cristo de la Vega, que realiza el milagro.

Parte esta obra de una leyenda tradicional toledana: el Cristo está en su ermita, situada en la Vega, al lado del Tajo, fuera del casco histórico, cerca de la Puerta del Cambrón. Se construyó en el lugar donde estuvo la basílica de Santa Leocadia y donde tuvieron lugar los concilios de Toledo. Posee un hermoso ábside mudéjar. En Semana Santa, salen de ella, en procesión, el Cristo y la Virgen del Amparo.

La leyenda de un Cristo milagroso que desclava su brazo de la cruz para ayudar a un devoto existe también en Valladolid, la cuna de Zorrilla, en la Virgen de Pozo (la utiliza Lope, en una comedia).

En un curioso dibujo, Picasso recoge el tema de un exvoto del Cristo de Torrijos (Toledo): para proteger a un picador, caído en el suelo, a merced del toro, Cristo desclava el brazo derecho y, con un capote, le hace el quite, dándole al toro un lance.

Narciso Alonso Cortés estudió muchos antecedentes literarios de esta leyenda, desde la literatura medieval en latín. La recogen también una cantiga de Alfonso X y Gonzalo de Berceo.

Divide Zorrilla su poema en seis partes, más una conclusión (lo que yo recojo es sólo un fragmento de la sexta parte). La primera, sitúa la escena de la seducción en una misteriosa noche toledana. En la segunda, en una «tarde serena», aparece una hermosa visión de Toledo, iluminada por el sol poniente:

> Como una ciudad de grana,
> coronada de cristales.

El padre de la joven requiere al soldado a que se case con la joven, para reparar su honra. Diego promete hacerlo:

> Al año estaré de vuelta
> y contigo en los altares.

Iván le obliga a jurarlo en la ermita, delante del Cristo.

Comienza la tercera parte con unos versos que se han hecho populares:

Pasó un día y otro día,
un mes y otro mes pasó,
y un año pasado había
mas de Flandes no volvía
Diego, que a Flandes partió.

Inés lo espera llorando, a los pies del Cristo:

Pero, siendo una quimera,
en tan frágil realidad,
quien espera, desespera.

En medio del dramatismo, añade Zorrilla un detalle cómico, no logra consolar a la joven su confesor:

Que mal se cura el amor
con las palabras de un viejo.

Cuando vuelve el soldado, convertido en capitán, niega conocer a Inés. En la cuarta parte, escribe Zorrilla un memorable estribillo sentencioso:

Tanto mudan a los hombres
fortuna, poder y tiempo.

Todo desemboca en la escena final, de enorme teatralidad dramática:

¿Tienes testigo? Ninguno.
Capitán, idos con Dios...

Pero el padre alega que el juramento se hizo delante del Cristo. Acuden a la ermita y el Crucificado realiza el impresionante milagro de desclavar el brazo derecho, posarlo sobre los autos y testificar:

Y allá en los aires, «¡Sí juro!»,
clamó una voz más que humana...

La leyenda de Zorrilla alcanzó pronto una enorme popularidad. Dio lugar, en 1906, a una composición musical, para recitador y cuarteto de cuerda, de Conrado del Campo. Y, en 1926, a la versión cinematográfica del director Federico Deán Sánchez, con los actores Julio Rodríguez y Mary de Lucentum (alicantina, supongo, por su nombre artístico).

Continúa hoy atrayendo a los lectores la musicalidad de «A buen juez, mejor testigo», escrita en romance y en quintillas. También, su teatralidad, comparable a la de un drama en tres actos; el brillante retrato del soldado, que algunos han comparado a los de Velázquez; la habilidad con que conduce el relato, graduando el interés...

La extraordinaria popularidad del poema se debe, sobre todo, a la impresionante escena final, en la que vemos al Cristo actuar como un testigo:

Los labios tenía abiertos
y una mano, desclavada.

No es extraño que esta leyenda haya fascinado a tantos lectores y que muchos, incluso, se supieran de memoria alguno de sus versos.

«A BUEN JUEZ, MEJOR TESTIGO»
(fragmento)

Allá por el Miradero,
por el Cambrón y Bisagra,
confuso tropel de gentes
del Tajo a la vega baja.

Vienen delante don Pedro
de Alarcón, Iván de Vargas,
su hija Inés, los escribanos,
los corchetes y los guardias;
y detrás, monjes, hidalgos,
mozas, chicos y canalla.
Otra turba de curiosos
en la vega les aguarda,
cada cual comentariando (sic)
el caso según le cuadra.
Entre ellos está Martínez,
en apostura bizarra,
calzadas espuelas de oro,
valona de encaje blanca,
bigote a la borgoñona,
melena desmelenada,
el sombrero guarnecido
con cuatro lazos de plata,
un pie delante del otro
y el puño, en el de la espada.
Los plebeyos, de reojo
le miran de entre las capas;
los chicos, al uniforme,
y las mozas, a la cara.
Llegado el gobernador
y gente que le acompaña,
entraron todos al claustro
que iglesia y patio separa.
Encendieron ante el Cristo
cuatro cirios y una lámpara
y, de hinojos, un momento
le rezaron, en voz baja.
Está el Cristo de la Vega
la cruz en tierra posada,
los pies alzados del suelo
poco menos que una vara;
hacia la severa imagen,
un notario se adelanta,

de modo que, con el rostro,
al pecho santo llegaba.
A un lado tiene a Martínez;
a otro lado, a Inés de Vargas;
detrás, el gobernador,
con sus jueces y sus guardas.
Después de leer dos veces
la acusación entablada,
el notario a Jesucristo
así demandó, en voz alta:
–Jesús, hijo de María,
ante nos, esta mañana,
citado como testigo
por boca de Inés de Vargas,
¿juráis ser cierto que un día,
a vuestras divinas plantas,
juró a Inés Diego Martínez
por su mujer desposarla?–.
Asida a un brazo desnudo,
una mano atarazada
vino a posar en los autos
la seca y hendida palma
y, allá en los aires, «¡Sí juro!»
clamó una voz más que humana.
Alzó la turba medrosa
la vista a la imagen santa...
Los labios tenía abiertos
y una mano, desclavada.

LAS TRES MUJERES SOÑADAS

Gustavo Adolfo Bécquer
«Yo soy ardiente, yo soy morena...»

En la segunda mitad del siglo XIX, cuando el realismo está sustituyendo a la moda del Romanticismo, dos románticos rezagados, Gustavo Adolfo Bécquer y Rosalía de Castro, alcanzan la cima poética. Los dos eliminan la retórica grandilocuente que lastra a buena parte de la poesía romántica: «La canción del pirata», de Espronceda, y «Oriental», de Zorrilla, pueden ser claros ejemplos.

La poesía de Bécquer (1836-1870) une la intensidad sentimental con la sencillez expresiva. Es una poesía intimista: no es apropiada para declamar con énfasis, sino para decir en voz baja o susurrar, con tono de confesión, de confidencia.

El poeta sevillano recibe la influencia clara de algunos románticos europeos, como Byron y Heine, pero la transforma y la convierte en algo muy personal.

Desdeñan algunos la poesía de Bécquer como cursi y ñoña. Es la misma equivocación de los que rebajan a Murillo como «pintor de estampitas». En realidad, Murillo es un extraordinario pintor, cercano a Velázquez y Rembrandt, pinte vírgenes o pinte niños sevillanos del mundo de la picaresca, igual da.

Del mismo modo, Bécquer es un extraordinario poeta de los sentimientos, algo que nunca puede pasar de moda. Su huella es evidente en los Machado.

Ya en 1910, Manuel afirma: «Antes de Bécquer, la poesía española era declamación. Con él se hizo confidencia, música del alma». Años después, insiste: «Es el poeta más puro que ha tenido España. No fue un hombre de letras, sino un alma que canta». Después de la guerra, subtitula «Rima becqueriana» su poema «Amor, dolor»:

Gustavo Adolfo... en tu verso
está la ambición suprema

de hacer la vida poema
y el corazón, universo.

Bécquer es, sin duda, uno de los poetas más queridos por Antonio Machado: «Es el ángel de la verdadera poesía: nos enseñó que la poesía no es retórica ni elocuencia, sino emoción contenida, música interior».

En *Españoles de tres mundos*, Juan Ramón traza un retrato de Bécquer muy singular (también, por las mayúsculas, que conservo):

> Alrededor de Bécquer, como la suma flor ideal amarilla y plata, entre pájaros que la coronan todos unidos, el ardiente pico piador a ella, vuela La Rima, ente vulgar en tantos, antes y después; único, auténtico en él, como es sólo su asonante duro y gris. Son, Rima, ya no podrán en muchos años usarse en España, sin que vuelvan de Bécquer.

Influye decisivamente Bécquer en la Generación del 27. El ejemplo más claro es Rafael Alberti, que pone como lema, al comienzo de su libro *Sobre los* ángeles (1927-1928) un verso, en el que Bécquer se autodefine: «Huésped de las nieblas». (En México, en 1981, Rodolfo Halffter compuso una obra musical con ese mismo título.)

Por supuesto, la huella de Bécquer es evidente en toda la poesía sevillana posterior: Moreno Villa, Romero Murube... Y un caso que he conocido: desde Madrid, Rafael Montesinos consuela su melancolía de Sevilla escribiendo sobre *Bécquer. Biografía e imagen.*

Ya en su tiempo, don Gaspar Núñez de Arce, poeta «oficial» y político, se burló de los «suspirillos germánicos» de Bécquer, de su poesía «afeminada»; según él, debía haber cultivado la poesía social.

La consecuencia que esto tiene es muy clara: hoy, nadie lee a Núñez de Arce. En cambio, las *Rimas* de Bécquer han sido siempre un verdadero *best-seller*: su influencia y su popularidad nunca han disminuido. Curiosamente, la desnudez formal de Bécquer, que en su tiempo se disculpaba como una limitación, se estima ahora como un valor.

La valoración actual la resume el gran crítico Amado Alonso, con una pintoresca metáfora:

> En el siglo XIX, España da a la literatura sólo dos aportaciones de talla universal: Galdós y Bécquer. Llegó éste a lo universal humano recogiéndose en sí mismo, caracol el más sensible.

La biografía de Bécquer fue corta (sólo vivió treinta y cuatro años) y, en general, poco feliz. Nació en Sevilla en 1836, era hijo, hermano y sobrino de pintores. Siguió, con sus hermanos, estudios de pintura en el taller de su tío. (En el 2006, Jesús Rubio Jiménez ha publicado la mayor parte de sus dibujos.) Sabemos que desde los doce años comenzó a escribir poemas.

En 1854, a los dieciocho años, se estableció en Madrid. Vivió etapas difíciles, de bohemia, dificultades económicas y enfermedad. Colaboró en la prensa; estrenó varias obritas teatrales (algunas, con música). A partir de 1857, comenzaron las primeras entregas de su *Historia de los templos de España*. (Como indica José Luis Varela, era un conservador que adoraba la tradición, por estética.) A la vez, empezó a escribir las primeras *Leyendas* y las primeras *Rimas*.

En 1860, publicó las *Cartas literarias a una mujer*; cuatro años más tarde, las cartas *Desde mi celda*, compuestas durante su estancia en el monasterio de Veruela. En 1868, entregó el manuscrito de las *Rimas* al ministro González Bravo, su protector.

Se casó en 1861 pero su período de felicidad fue breve. Siete años después, se separó de su mujer. En 1870, murió su hermano Valeriano; tres meses después, Gustavo Adolfo, quizá a consecuencia de una pulmonía. En manos de Narciso Campillo, su amigo de la infancia, dejó el manuscrito del llamado *Libro de los gorriones*.

Su vida se compone de una sucesión de fracasos: su sensibilidad extremada provoca que todo le hiera y le incapacita para la dureza de «la lucha por la vida».

Además de gran poeta, Bécquer es también un excelente prosista. No olvidemos que, aunque no sea lo más popular, cerca del noventa por ciento de lo que escribió es prosa. Lo demuestra en sus *Leyendas*: es la otra cara del Romanticismo europeo, la historicista, que proviene de la novela histórica romántica, al estilo de Walter Scott, y de los romances. Une en ellas Bécquer la verosimilitud realista con el ambiente lírico y suelen concluir con un mensaje ético. (Señala María Rosa Lida su tono, «fuertemente ortodoxo y edificante».)

Algunas de sus *Leyendas,* muy logradas, han alcanzado justa fama y se siguen leyendo con gusto: *Los ojos verdes, El rayo de luna, Maese Pérez, el organista*... Por ellas, algún crítico lo califica como «nuestro Edgar Allan Poe».

Como señala Leonardo Romero Tobar, Bécquer «integró en su personalidad los varios modelos de la profesionalización artística que ofrecía el horizonte histórico de su tiempo». Fue dandi, bohemio, autor de teatro, crítico de arte, periodista... y, por supuesto, poeta, gran poeta: se instala en los orígenes de lo que Octavio Paz denomina «la modernidad literaria».

Los especialistas siguen discutiendo si los hermanos Gustavo Adolfo y Valeriano Domínguez Bécquer, el notable pintor e ilustrador costumbrista, tres años mayor y bastante más activo que él, forman parte del grupo de escritores y artistas que, con el seudónimo colectivo «Sem», publicaron *Los Borbones en pelota*: una serie de estampas en las que aparecen, en actitudes pornográficas, Isabel II, el rey consorte, el padre Claret, sor Patrocinio...

Entregó Bécquer un manuscrito de las *Rimas* a su protector, el ministro González Bravo, en 1868; luego, revisó su obra poética, en el titulado *Libro de los gorriones*. La edición príncipe de sus obras apareció póstumamente, en 1871.

En un texto básico para entender su obra, la recensión al libro de poemas *La soledad* (1861), de su amigo Augusto Ferrán, distingue Bécquer dos tipos de poesía:

> Hay una poesía magnífica y sonora, una poesía hija de la meditación y el arte, que se engalana con todas las pompas

> de la lengua, que se mueve con una cadenciosa majestad, habla a la imaginación, completa sus cuadros y la conduce a su antojo por un sendero desconocido, seduciéndola con su armonía y su hermosura [...]. Tiene un valor dado: es la poesía de todo el mundo [...]. Es una melodía que nace, se desarrolla, acaba y se desvanece [...]. Es el fruto divino de la unión del arte y de la fantasía.

Aunque la respeta y puede, incluso, admirarla, no es ésta la que a Bécquer de verdad le interesa. La que él intenta escribir es otra poesía, «la segunda» (la llama), que él define así:

> Hay otra natural, breve, seca, que brota del alma como una chispa eléctrica, que hiere el sentimiento con una palabra y huye, y, desnuda de artificio, desembarazada dentro de una forma libre, despierta, con una que las toca, las mil ideas que duermen en el océano sin fondo de la fantasía [...].
>
> La segunda carece de medida absoluta: adquiere las proporciones de la imaginación que impresiona: puede llamársele la poesía de los poetas [...].
>
> Es un acorde que se arranca de un arpa y se quedan las cuerdas vibrando, con un zumbido armonioso.

El lector de las *Rimas* recordará, sin duda, la que convierte esta comparación en poema:

> Del salón en el ángulo oscuro,
> de su dueño tal vez olvidada,
> silenciosa y cubierta de polvo,
> veías el arpa.
> ¡Cuánta nota dormía en sus cuerdas,
> como el pájaro duerme en las ramas,
> esperando la mano de nieve
> que sabe arrancarlas!
> ¡Ay!, pensé, cuántas veces el genio
> así duerme en el fondo del alma
> y una voz, como Lázaro, espera
> que le diga: «¡Levántate y anda!».

Continúa explicando Bécquer cómo es la poesía que él intenta escribir:

> Cuando se acaba, se inclina la frente, cargada de pensamientos sin nombre [...]. Es la centella inflamada que brota al choque del sentimiento y la pasión.

Todo esto supone necesariamente la participación activa del lector, algo muy moderno. Bécquer no *dice* todo sino que *sugiere*. Por eso, Dámaso Alonso inicia con él su libro *Poetas españoles* contemporáneos: lo ve como antecedente de Machado, Salinas, Guillén, Lorca, Aleixandre... Parte justamente del texto que acabamos de leer para proclamar que, aunque le influye Heine, su poesía es profundamente original:

> Bécquer ha definido aquí, antes que nada, su propio arte [...]. Lo esencial en las palabras de Bécquer es la distinción entre la poesía pomposa, adornada, desarrollada, y la poesía breve, desnuda, desembarazada en una forma libre [...]. Toda nuestra poesía –no popular– anterior a Bécquer, lo mismo la clásica que la romántica, pertenecía al primer tipo, y el gran hallazgo, el gran regalo del autor de las *Rimas* a la poesía española consiste en el descubrimiento de esta nueva manera que sólo un roce de ala despierta, un acorde en lo más entrañado del corazón y, la voz ya extinguida, lo deja –dulce diapasón conmovido– lleno de resonancia [...]. Allí se fundaba aquel día, en concepto, la nueva poesía española.

Otro tópico ve a Bécquer como un poeta inconsciente, arrebatado por la pasión romántica, que escribe movido únicamente por la inspiración: además de ser literatura barata, esto no corresponde en absoluto a la realidad.

Lo demuestra con precisión casi científica –que no disminuye la sensibilidad de gran poeta– don Jorge Guillén, en un capítulo de su libro *Lenguaje y poesía*, titulado «Bécquer o lo inefable soñado». Intento resumir lo esencial.

Para Bécquer, la poesía no es algo que se invente el escritor, sino una realidad que existe, previamente y al margen de lo que puedan escribir los poetas. La podemos encontrar en el mundo de las sensaciones: imágenes, luces, sonidos, perfumes... También, en el mundo de los sentimientos; sobre todo, en el amor. En definitiva, en el misterio que suponen el origen y el destino del hombre:

Mientras la humanidad, siempre avanzando,
no sepa a do camina;
mientras haya un misterio para el hombre,
¡habrá poesía!

El poeta es el que descubre esta realidad de la poesía y la hace suya. ¿Cómo? Sintiéndose emocionado, *con-movido* por la ley universal del amor. Por este camino, desemboca en los dos fines superiores: Dios y la mujer. Escribe Bécquer: «El amor es poesía y la religión es amor».

Todos recordamos la famosa rima XXI, que suele interpretarse como un banal piropo:

¿Qué es poesía?, dices mientras clavas
en mi pupila tu pupila azul.
¿Qué es poesía? ¿Y tú me lo preguntas?
Poesía... eres tú.

Lo justifica Bécquer porque la mujer es sentimental y es hermosa: el sentimiento vive identificado con su organismo. (En los últimos años, algunos han censurado esto como muestra de una tradición misógina.)

Si se trata de una emoción aguda, hace nacer mil imaginaciones vagas: en ese caso, el poeta siente un verdadero éxtasis estético.

La opinión vulgar creería que ese sentimiento debe arrastrar al poeta romántico a escribir en ese instante, sin la menor dilación. ¡Nada de eso! Bécquer lo desmiente de modo rotundo, con una sentencia: «Cuando siento, no escribo».

Esa emoción, sin necesidad de ideas, permanece en el recuerdo. Luego, la inteligencia reducirá a formas expresivas ese tesoro de sensaciones. Será más tarde, cuando se depure ese sentimiento a través del tamiz del recuerdo, cuando nacerá el poema.

Una sensación concreta, un sentimiento, han conducido a Bécquer al éxtasis, a una realidad trascendente. Luego, como Proust, la evoca a través del recuerdo.

Para lograr un resultado estético valioso, el poeta necesita empeñarse en una batalla perdida de antemano: dar forma precisa a ese sentimiento; intentar expresar con la mayor exactitud algo que, por naturaleza, es inefable, imposible de decir.

Lo afirma Bécquer, en las *Cartas literarias a una mujer*:

> Si tú supieras cómo las ideas más grandes se empequeñecen al encerrarse en el círculo de hierro de la palabra; si tú supieras qué diáfanas, qué ligeras, qué impalpables son las gasas de oro que flotan en la imaginación [...] y de las que sólo acertamos a reproducir el descarnado esqueleto [...]. ¿Cómo la palabra, cómo un instrumento grosero y mezquino [...] podrá servir de digno intérprete entre dos almas? Imposible.

También los místicos sentían que el idioma era incapaz de expresar fielmente el éxtasis, pero no por eso dejaron de escribir. De la lucha del poeta con el lenguaje surgirá la belleza del poema. Como definió certeramente don Jorge Guillén, Bécquer es el poeta de «lo inefable soñado». ¿Dónde ha quedado esa presunta blandura y cursilería de su poesía?

El amor es, por supuesto, el gran tema de las *Rimas* de Bécquer, pero no es el único: junto a él, aparecen la poesía, la nostalgia, el desengaño, la soledad y un dolor que llega hasta el sarcasmo y la desesperación.

Con trágica ironía –en la que algunos ven la huella de Byron–, Bécquer adopta a veces una actitud cínica, contraria a la que es realmente suya. Así, en la rima XXVI:

Voy contra mi interés al confesarlo;
no obstante, amada mía,
pienso, cual tú, que una oda sólo es buena
de un billete de Banco al dorso escrita [...].
Tú sabes y yo sé que, en esta vida,
con genio es muy contado el que la *escribe*
y, con oro, cualquiera *hace* poesía.

Como tantos poetas, canta Bécquer al paraíso perdido; encuentra una feliz metáfora para la nostalgia del tiempo en que fue feliz, en una rima de estructura paralelística:

Volverán las oscuras golondrinas
en tu balcón sus nidos a colgar,
y otra vez con el ala a tus cristales
jugando llamarán [...].
Pero mudo y absorto y de rodillas,
como se adora a Dios ante su altar,
como yo te he querido... desengáñate,
¡así... no te querrán!

No aparece frecuentemente en las *Rimas* la palabra «soledad» pero el lector sí la siente. Imagina Rafael Lapesa a Bécquer «deambulando a solas, entre sombras y a la luz de la luna, por los rincones de Toledo, atento a la lámpara trasparentada por las vidrieras de una iglesia y en espera de identificar una voz, entre las del coro de las monjas; o vagando, contemplativo y soñador, por Veruela o por las cercanías de Soria».

Siente a veces Bécquer «la embriaguez horrible del dolor», que le ha hecho envejecer. Pasa entonces la noche «mudo, sombrío, la pupila inmóvil, / clavada en la pared». Pide a los elementos enfurecidos –las olas gigantes, el huracán, las nubes tempestuosas– que se lo lleven, para huir de sí mismo:

Llevadme, por piedad, adonde el vértigo,
con la razón, me arranque la memoria...
¡Por piedad! ¡Tengo miedo de quedarme
con mi dolor a solas!

Tiene razón el muy exigente Luis Cernuda cuando sostiene que Bécquer no es un poeta amoroso al uso: debemos valorar, en sus poemas, «el tormento, las penas, los días sin luz, las noches sin tregua que tras esos breves poemas de amor se esconden [...] una pasión horrible, hecha de lo más duro y amargo, donde entran los celos, el despecho, la rabia, el dolor más cruel».

Métricamente, las *Rimas* de Bécquer suelen ser poemas cortos, divididos en estrofas, que combinan versos de arte mayor y menor; preferentemente, endecasílabos y heptasílabos. Lo decisivo es el uso de la rima asonante, que produce una musicalidad suave, cercana a la de la poesía popular.

Creo que se equivocaba Eugenio d'Ors, movido por sus prejuicios clasicistas, cuando menospreciaba, en Bécquer, «la zapatillera (sic) facilidad de la rima asonante». Éste es, justamente, uno de los elementos básicos para la peculiar musicalidad de Bécquer, en sordina.

¿Por qué, en estos poemas, el amor conduce inevitablemente al desengaño? Los poetas románticos –incluido Bécquer– suelen idealizar a la amada, atribuyéndole todas las perfecciones: ella es un ángel, un dios. El simple hecho de su existencia da sentido a nuestra vida; ese amor supone una verdadera religión. Lo afirma la rima XVII:

> Hoy, la tierra y los cielos me sonríen,
> Hoy llega al fondo de mi alma el sol,
> Hoy, la he visto... La he visto y me ha mirado...
> ¡Hoy creo en Dios!

Posteriormente, con la cercanía, la implacable realidad deshace muchos de esos sueños... Lo explica Bécquer en el poema que he elegido, la rima XI, con el ejemplo de tres visiones, tres mujeres.

En tres estrofas, totalmente simétricas, cada una de esas mujeres se presenta, definiéndose, y el poeta le responde. (Dámaso Alonso subrayó la importancia de las estructuras paralelísticas y de las correlaciones, en la poesía de Bécquer.)

La primera mujer que aparece en el poema, «Yo soy ardiente, yo soy morena...» es apasionada: representa el lado sensual del amor. A pesar de su evidente atractivo, el poeta la rechaza.

Sería lógico imaginar que busca otro tipo de mujer, tierna, cercana a un ángel: «Mi frente es pálida, mis trenzas, de oro...». Es decir, el lado espiritual del amor. Pero tampoco ésta le satisface.

La tercera estrofa nos proporciona la inexorable conclusión: «Yo soy un sueño, un imposible...». El poeta podrá amar solamente a ella, la mujer soñada, la que es «incorpórea, intangible»... Por eso, concluye el poema con una rotunda afirmación: «–No puedo amarte. –¡Oh, ven, ven tú!».

Coincide así Bécquer con los grandes poetas románticos alemanes y franceses en algo esencial: la unión de «l'âme romantique et le rêve» («el alma romántica y el ensueño»), según el título del libro de Albert Béguin. Así lo afirma Gérard de Nerval: «El sueño es una segunda vida». Y Hölderlin: «El hombre es un Dios, cuando sueña».

Igual que ellos, Bécquer lleva una existencia enteramente soñadora. En la vida cotidiana, eso le lleva inevitablemente al fracaso, a la desilusión, a la soledad. En la literatura, en cambio, le ha conducido a Bécquer a una de las cimas de la poesía española.

«Rima XI»

–Yo soy ardiente, yo soy morena,
yo soy el símbolo de la pasión.
De ansia de goces mi alma está llena.
¿A mí me buscas? –No es a ti, no.

–Mi frente es pálida; mis trenzas, de oro.
Puedo brindarte dichas sin fin.
Yo de ternura guardo un tesoro.
¿A mí me llamas? –No, no es a ti.

–Yo soy un sueño, un imposible,
vano fantasma de niebla y luz.
Soy incorpórea, soy intangible.
No puedo amarte. –¡Oh, ven, ven tú!

CONTINUAR SOÑANDO, A PESAR DE TODO

Rosalía de Castro
«Dicen que no hablan las plantas...»

Tanto en gallego como en castellano, Rosalía de Castro (1837-1885) escribe poemas de gran categoría. Es habitual compararla con Bécquer. A pesar de sus diferencias, los dos coinciden en el significado básico. Lo resume Francisco Rico: «Simplificar el lenguaje poético para convertirlo en un vehículo de expresión de la propia intimidad». Y, por eso, abren los dos el camino de la poesía española contemporánea.

Por la cronología, Bécquer y Rosalía pertenecen al pos-Romanticismo: escriben en la segunda mitad del siglo XIX. Por su estilo, los dos son plenamente románticos; más aún, son los más hondos poetas románticos españoles, los que han logrado liberarse de la retórica verbosa, en la que muchos de los anteriores escritores incurrían.

En 1863, Rosalía publica *Cantares gallegos*: la primera obra poética importante del renacimiento de esa lengua. Después, *Follas novas* (*Hojas nuevas*), en 1880, también en gallego, y *En las orillas del Sar* (1884), en castellano: indiscutiblemente, su obra más lograda. (Sus libros en prosa son interesantes, pero de menor importancia.) De hecho, el castellano fue su lengua habitual, desde los diez años.

Conviene recordar un par de cosas evidentes, si el sectarismo político no las oculta, sobre la elección de una u otra lengua. Ante todo, que el gallego y el catalán, dos grandes lenguas románicas, tuvieron un florecimiento literario importante durante la Edad Media.

Tal como resume Amado Alonso en un excelente libro, *Castellano, español, idioma nacional*, en el Siglo de Oro, el castellano se convirtió en la lengua común de todos los españoles: en nuestro idioma nacional, que es también uno de los más universales. Ante la fuerza expansiva del castellano, el gallego y el catalán quedaron relegados al habla cotidiana, con un mínimo cultivo literario. A fines del siglo XIX, el nacionalismo cultural y político subraya los hechos diferenciales: las dos lenguas vuelven a tener una importante dimensión literaria.

Segunda advertencia: al escribir, todos expresamos nuestros deseos más íntimos, nuestra visión del mundo. Ninguna autoridad puede obligarnos a escribir (igual que a rezar) en una lengua o en otra. Los escritores bilingües eligen, en cada momento, qué lengua prefieren utilizar. Intentar interferirse en esto es un dislate total y absoluto. Como dice Pedro Salinas, al escritor hay que dejarlo en paz, porque él tiene ya su propia guerra interior. La literatura –como todas las artes– es el reino de la libertad.

Rosalía de Castro eligió la lengua gallega para escribir las dos obras citadas, igual que eligió el castellano para escribir la tercera. Esto último es lo que han hecho también otros grandes escritores, tan gallegos como la Pardo Bazán, Valle-Inclán, Cela, Torrente Ballester, Julio Camba... Cada uno eligió lo que quiso: no por eso es mejor o peor escritor.

No ha sido nada fácil valorar con justicia a Rosalía. Hasta un galleguista ilustre como Otero Pedrayo proclama que su poesía «desarma el análisis».

El primero que advirtió su categoría literaria fue un lector tan sensible como Azorín. La considera «uno de los más grandes poetas de nuestra patria». Elogia que «fue la primera en romper con las formas métricas usuales». Y lamenta que «el silencio la rodeaba impenetrablemente». Por ello, critica que no fueron justos con ella nada menos que Valera, Clarín y Menéndez Pelayo.

También la defiende el siempre polémico Unamuno; sobre todo, su poesía en castellano: «Lo más personal, lo más íntimo de Rosalía hay que buscarlo en *En las orillas del Sar*».

También la ve con simpatía Juan Ramón Jiménez, pero la defiende con argumentos singulares, que no sé si aceptan o no los gallegos:

> Lírica gallega trájica (sic), desesperó, lloró, sollozó siempre, negra de ropa y pena, olvidada de cuerpo, dorada de alma en su propio pozo. Toda Galicia es mojado manicomio, donde se tiene encerrada ella misma. Galicia, cárcel de ventanas en condensación de agua, niebla, llanto, por las que Rosalía ve sólo grandes latidos de su alma.

En cambio, no la apreció Valle-Inclán. Y Cernuda escribe sobre ella de una forma que no sé si calificar como elogio o como censura:

> Desigual, informe en ocasiones, sentimental en otras muchas, su obra poética posee no obstante un atractivo que ha ido resistiendo el paso del tiempo [...]. Sin antecedentes en nuestra lírica clásica, sin continuadores en nuestra literatura contemporánea, nos parece aislada, un caso aparte. Pero hay que contar con ella.

Para acabar de enredar la cuestión, Salvador de Madariaga se apunta a lo paradójico, subrayando la importancia, en la obra poética de Rosalía, de Castilla: «Se acerca a esa otra Castilla, la de verdad, que vivió y estudió Unamuno: se trata del alma misma de Rosalía».

Con su gran sensibilidad, Federico García Lorca le dedica a Rosalía una nana, escrita en gallego, *Canzón de cuna pra Rosalía de Castro, morta*, imitando el estilo paralelístico de una preciosa *Cantiga de amigo*, de Nuno Fernandes Torneol: «Levántate, mi amiga, que ya cantan los gallos del día».

A todas esas opiniones hay que añadir el tópico –que no responde a la realidad– de que era una aldeana sencilla, inculta. Si ahora la canonizan nada menos que el galleguismo y el feminismo, ¿quién se atreverá a moderar cualquier elogio de la poesía de Rosalía de Castro?

Intentemos centrarnos en algunos datos biográficos concretos, tal como los resume Marina Mayoral, su mayor especialista. Nació Rosalía en Santiago de Compostela, en 1837. Figura inscrita como «hija de padres incógnitos». Su madre tenía entonces treinta y tres años; pertenecía a una familia hidalga, venida a menos. Su padre, de treinta y nueve, era sacerdote y encargó del cuidado de la niña a sus hermanas. Luego, la madre se hizo cargo de la niña: vivían juntas las dos cuando Rosalía tenía ya dieciséis años y ella sintió siempre un gran cariño por su madre.

Es fácil imaginar la presión social que sufrieron Rosalía y su madre. Parece lógico relacionar este origen con la frecuencia, en su obra, del tema de un amor pecaminoso, que trae consigo el sentimiento de culpa, el remordimiento. Desde el punto de vista psicológico, Rof Carballo subraya la importancia que debió de tener, en la formación de su personalidad, la ausencia de una «imago» paterna.

Quizá hay que interpretar en este sentido una frase de su obra *La hija del mar*, referida a una niña de la Inclusa:

> Hija de un momento de perdición, su madre no tuvo siquiera para santificar su yerro aquel amor con que una madre desdichada hace respetar su desgracia ante todas las miradas...

Otro dato biográfico decisivo: en 1858, a los veintiún años, Rosalía se casa con el historiador Manuel Murguía, cuatro años mayor que ella. Se ha escrito mucho sobre ese matrimonio, pero no es fácil saber cómo fue en realidad esa relación. Entre otras cosas, al final de su vida, él decidió destruir las cartas íntimas de su mujer:

> Como ya se acercan los días de la muerte, he decidido leer y romper las cartas de aquella que tanto amé en este mundo. Fui leyéndolas y renovándose en mi corazón alegrías, tristezas, esperanzas, desengaños, pero tan llenas de uno que, en realidad, al hacerlas pedazos, como cosas inútiles y que a nadie importan, sentí renovarse las alegrías y dolores de otros tiempos.

Cada uno juzgará todo lo que este gesto implica... Parece razonable pensar que Murguía fue decisivo para la carrera de su mujer, que influyó de modo importante en lo que ella escribía y que la introdujo en la vida literaria... pero no la hizo feliz. En alguna carta de ella que se conserva vemos sus reproches; también, sus disculpas por «la aspereza de mi carácter, que tú templas admirablemente»... Por muy atractivo que resulte el chismorreo, nadie sabe de verdad lo que ha sucedido en la vida íntima de cualquier pareja, famosa o no.

A partir de algunas anécdotas –no confirmadas– se fue forjando la leyenda de Rosalía como «representación del alma galaica, defensora de los oprimidos, de los labriegos, de los aldeanos, siempre llorosa, siempre triste por los dolores de los hijos de Galicia». Marina Mayoral lo corrige:

> Tenía un carácter fuerte y su bondad y generosidad no impedían que reaccionara con violencia cuando se sentía atacada o lo eran aquellos a quienes ella estimaba.

En su primer libro de poemas, *Cantares gallegos*, Rosalía glosa e inventa cantares populares, folclóricos, llenos de gracia o de *saudade*: es, quizá, el sector de su obra más conocido, pero no es el más importante. Parece ser que Murguía fue llevando estos poemas a la imprenta, sin que ella se enterara.

En ese momento, se basa Rosalía en el ejemplo de Antonio de Trueba, al que le llamaron «Antón el de los Cantares», porque había publicado en 1852 *El libro de los cantares*, al que siguieron *Cuentos populares, Cuentos de color de rosa, Cuentos campesinos*... Era vizcaíno, de familia humilde, quiso reflejar en sus obras las costumbres campesinas que iban desapareciendo, a causa de la revolución industrial.

Según Carballo Calero, Rosalía añade cosas que no están en Trueba: fuerza descriptiva, gracia, riqueza de sentimientos y expresión, además de un elemento de reivindicación patriótica. Con frecuencia, adopta la forma dramática, con monólogos o diálogos. Suele aportar elegancia y espontaneidad a las coplas de origen popular, como ésta:

Adiós ríos, adiós fontes,
adiós, regatos pequenos,
adiós, vista dos meus ollos,
non sei cándo nos veremos.

El siguiente libro de Rosalía es *Follas novas*. Avisa la autora, al comienzo: «La mayor parte de estos versos fueron escritos en el desierto de Castilla». Es inexacta la imagen de Rosalía de Castro como una mujer sólo dulce, sentimental. Dentro de su obra, es importante la faceta de poeta social: haciéndose eco de su pueblo, nos habla del hambre, de la emigración, de las mujeres que esperan la vuelta de aquellos que se han marchado a buscar trabajo. Se ha hecho popular su imprecación:

Castellanos de Castilla,
tratade ben os galegos:
cando van, van como rosas;
cando vén, vén como negros.

En uno de sus poemas más populares, siente Rosalía que la persigue insistentemente una simbólica «negra sombra»:

Cando penso que te fuches,
negra sombra que me asombras,
ó pe dos meus cabezales
tornas, fazéndome mofa.

(Cuando pienso que has huido,
negra sombra que me asombras,
a los pies de mi cabecero
vuelves, haciéndome burla.)

Opinan algunos que esto tiene la clave biográfica que he mencionado, por ser Rosalía hija de un sacerdote. Pero el simbolismo de la «negra sombra» es más amplio, emociona a muchísimos lectores. Paradójicamente, este poema, que refleja un dolor tan íntimo, ha acabado convirtiéndose en una especie de himno no oficial de los gallegos. Comenta Marina Mayoral:

> Rosalía utiliza el símbolo para transmitir sus vivencias más hondas y complejas [...]. Las notas que atribuye a la negra sombra coinciden con las que atribuye al dolor existencial; por ello, creo que la negra sombra es un símbolo muy amplio que representa el dolor de vivir, no una desgracia ni una circunstancia concreta sino la conciencia del ser humano como ser doliente, lo que Rubén Darío llamaba «dolor de ser vivo».

En un poema de *Follas novas*, compara Rosalía de Castro su dolor con un clavo, que ella lleva «clavado en el corazón». Como le hace sufrir tanto, pide a Dios que se lo arranque:

> Unha vez tiven un cravo
> cravado no corazón
> i eu non me acordo xa se era aquel cravo
> de ouro, de ferro ou de amor.
> Soio sei que me fixo un mal tan fondo,
> que tanto me atormentóu...
>
> (Una vez tuve un clavo
> clavado en el corazón
> y yo no me acuerdo ya de si era aquel clavo
> de oro, de hierro o de amor.
> Sólo sé que me hizo un mal tan hondo,
> que tanto me atormentó...)

Sin embargo, cuando Dios accede a su súplica, ella descubre que echa de menos el sufrimiento que le causaba aquel clavo... Es una metáfora muy cercana a la de la espina de Antonio Machado, en una tarde melancólica:

> En el corazón tenía
> la espina de una pasión;
> logré arrancármela un día:
> ya no siento el corazón.

Al caer la noche, el poeta comprende la verdad:

Aguda espina dorada,
quién te pudiera sentir,
en el corazón clavada.

El poema que he elegido pertenece al libro de madurez de Rosalía, *En las orillas del Sar*. Lo escribe ya en castellano, en contra de la opinión de Murguía, porque Rosalía cree «haber pagado ya la deuda en que me parecía estar con mi tierra».

La vida de Rosalía estuvo marcada por muchas penalidades: problemas conyugales, de salud, económicos... Lo compensa refugiándose en su literatura, igual que lo han hecho tantos grandes escritores; también, en su soledad (o *saudade*).

Como precisa Rafael Lapesa, esa soledad comprende una serie de rasgos fundamentales: es algo impuesto por el Destino. Aparece como un fantasma aterrador. Se manifiesta en la indiferencia, la hostilidad y las burlas de los demás, ante el silencio y la impasibilidad del Cielo. Supone sentirse desamparado, ante el dolor. Produce miedo. Conduce a la pérdida de la fe, a la nada, al profundo vacío:

Todo acabó quizás, menos mi pena,
puñal de doble filo;
todo, menos la duda que nos lanza
de un abismo de horror en otro abismo.
Desierto el mundo, despoblado el cielo,
enferma el alma y en el polvo hundido
el sacro altar en donde
se exhalaron fervientes mis suspiros,
en mil pedazos, roto,
mi Dios cayó al abismo,
y, al buscarlo anhelante, sólo encuentro
la soledad inmensa del vacío.

A la vez, por trágica paradoja, ese mismo dolor es el único compañero que mitiga su soledad:

No va solo el que llora.
No os sequéis, por piedad, lágrimas mías;

basta un pesar del alma;
jamás, jamás le bastará una dicha.
Juguete del Destino, arista humilde,
rodé triste y perdida;
pero conmigo lo llevaba todo:
llevaba mi dolor por compañía.

El poema que he elegido comprende catorce versos (pero no tiene nada que ver con un soneto). Métricamente, son versos de dieciséis sílabas, divididos en dos hemistiquios (ocho más ocho), que riman en asonante; es decir, que se trata de un romance, pero escrito según la forma primitiva, antes de que se dividiera por la mitad cada verso: en realidad, son octosílabos, la medida más natural, en castellano. Por eso, su musicalidad nos resulta tan sencilla, tan fácil de recordar.

Se divide en tres partes desiguales, de siete, cinco y dos versos; cada una, tiene su propia rima, que marca claramente la transición. La primera, con rima á–o, comprende los siete primeros versos.

Desde Petrarca, es habitual, en la lírica europea, comparar, por armonía o por contraste, la naturaleza con los sentimientos del poeta. Aquí, eso le sirve a Rosalía para presentar su soledad, su trágico aislamiento.

En el verso inicial, una voz que todos sentimos como una confesión de la propia Rosalía recoge una creencia anónima: «Dicen que no hablan las plantas...». Pero en el verso tres, lo contradice: «Lo dicen, pero no es cierto...». Y, en el verso cuatro, recoge lo que parece ser la opinión del mundo entero sobre ella; todos los elementos de la naturaleza son enemigos que la señalan, al pasar: «Ahí va la loca, soñando...». Hemos entrado en un terreno de irrealidad, casi de locura.

En el verso ocho, el cambio de rima (á–a) marca el comienzo de la segunda parte. Ya no hablan los elementos de la naturaleza sino la protagonista del poema. Ha pasado el tiempo, se ha cumplido la segura profecía: «Hay canas en mi cabeza». Ahora, esa misma naturaleza parece acompañarla, en armonía con su dolor: «Hay en los prados escarcha...». Pero ella sigue soñando «con la eterna primavera» (verso diez, que repite lo dicho en el verso cinco).

Lo confirma en la tercera parte, brevísima, que sólo comprende los dos últimos versos (con rima é–o). La protagonista contesta ahora directamente a esos elementos de la naturaleza que la miraban con tanta crueldad y les replica con una lacónica conclusión: sin los sueños, no podríamos vivir, aunque sepamos que nunca se van a cumplir: ésa es nuestra tragedia.

Todo esto, tan tremendo, lo expresa Rosalía con sencillez, sin retóricas ni adornos solemnes. Gracias a eso, llega al lector tan fácil y tan profundamente.

¡Qué lejos queda esta Rosalía de las imágenes sentimentales, casi cursis, que a veces se han dado de ella! Es una mujer sola, angustiada, acompañada únicamente por su dolor. No se trata de una pena concreta, sino del dolor de estar vivo; la angustia del ser que se siente abandonado, en un mundo que no comprende. Por eso, muchos críticos relacionan ahora a la escritora gallega con el existencialismo.

En varios poemas de Rosalía se alude al suicidio:

Lo que encontró después posible y cierto
el suicida infeliz, ¿quién lo adivina?
¡Dichoso aquel que espera
tras de esta vida, hallarse en mejor vida!

Algunos críticos han interpretado que ella sintió realmente la tentación del suicidio, vinculada a la metáfora del mar, inmenso, amenazante, atractivo.

Cuenta González Besada que, antes de morir, Rosalía le dijo a su hija esta frase: «Abre esa ventana, que quiero ver el mar». Pero, desde Padrón, donde estaban, era imposible verlo... ¿Quién sabe qué quería decir?

Aunque la experiencia le diga que es imposible, que es inútil, Rosalía de Castro continúa soñando. Igual que cualquiera de nosotros. Lo explica bien Benina, la protagonista de *Misericordia*, de Galdós: «Los sueños, los sueños, digan lo que quieran, son también de Dios».

«DICEN QUE NO HABLAN LAS PLANTAS...»

Dicen que no hablan las plantas, ni las fuentes, ni los pájaros,
ni el onda con sus rumores, ni con su brillo los astros:
lo dicen, pero no es cierto, pues siempre, cuando yo paso,
de mí murmuran y exclaman: –Ahí va la loca, soñando
con la eterna primavera de la vida y de los campos,
y ya bien pronto, bien pronto, tendrá los cabellos canos
y ve temblando, aterida, que cubre la escarcha el prado.

–Hay canas en mi cabeza, hay en los prados escarcha,
mas yo prosigo soñando, pobre, incurable sonámbula,
con la eterna primavera de la vida que se apaga
y la perenne frescura de los campos y las almas,
aunque los unos se agostan y aunque las otras se abrasan.

Astros y fuentes y flores, no murmuréis de mis sueños:
sin ellos, ¿cómo admiraros, ni cómo vivir sin ellos?

ESCRIBIR PARA VENCER A LA MUERTE

Miguel de Unamuno
«Mi destierro»

Sin duda alguna, Unamuno (1864-1936) es no sólo un escritor de primera categoría sino también un pensador de talla internacional. Para bien y para mal, su singularidad personal y literaria son indiscutibles.

Comienzo por lo personal, unos pocos datos de su biografía. Nació en Bilbao, en 1864. A su ciudad natal le dedicó su primera novela, *Paz en la guerra* (1897), pero vivió casi toda su vida en Salamanca, como catedrático. Allí murió, al comienzo de la Guerra Civil, el 31 de diciembre de 1936. En el edificio contiguo al de la vieja universidad se conserva su Casa-Museo, con un riquísimo archivo personal: cartas, manuscritos...

Por mucho que lo estimemos, no cabe negar que don Miguel no fue una persona de carácter fácil. Recuerdo dos anécdotas. Fue a pasar un día con él a Salamanca don Jorge Guillén, siempre modelo de educación. Escribió luego que, en toda esa jornada, Unamuno monopolizó tanto la conversación que él sólo pudo intercalar breves apostillas afirmativas: «¡Ah!... ¡Sí!... ¡Bueno!... ¡Claro!...».

De la segunda anécdota, puedo dar yo testimonio directo. Durante la Primera Guerra Mundial, un grupo de grandes escritores españoles, partidarios del bando aliado («aliadófilos», se les llamaba entonces) visitaron el frente de guerra. Luego, algunos de ellos publicaron sus impresiones: *La media noche*, de Valle-Inclán; *Hermann encadenado*, de Pérez de Ayala... También formaban parte del grupo Azaña, Unamuno y Américo Castro. Esa experiencia fue decisiva para la formación del espíritu liberal, en la generación de 1914.

Le pregunté yo una vez a don Américo, mi maestro y amigo, quién había hecho más difícil la convivencia, en aquellas jornadas. Con su habitual vehemencia, no dudó ni un segundo:

«¡Unamuno, por supuesto! Al volver a España, cuando nos despedimos de don Miguel, todos lanzamos un suspiro de satisfacción».

Además del carácter, existía un problema de fondo: el radical individualismo de Unamuno. Era absolutamente reacio a formar parte de un grupo, un club, un partido...No le gustaban las abstracciones, quería partir siempre del hombre concreto. Y, dentro de eso, evidentemente, el hombre concreto que tenía más cerca, el que conocía mejor, era él mismo. Por eso, se ha dicho que lo suyo no era egoísmo (con la connotación peyorativa que eso tiene) sino «yo-ismo».

Lo aclara alguna anécdota de su vida pública. Aunque vivía en Salamanca, era vasco y así se sentía. Le invitaron a dar una conferencia, en Bilbao, sobre el carácter vasco, creyendo que lo ensalzaría, pero dijo lo contrario de lo que esperaban, que los vascos estaban dormidos en las glorias pasadas y debían aprender de los castellanos, un pueblo honrado, austero... Imagínense cómo sentó esto en Bilbao...

Llegaron noticias de todo ello a Salamanca, lo recibieron triunfalmente, le invitaron a hablar sobre el carácter castellano y lo hizo. Denunció que los castellanos estaban dormidos en las glorias pasadas, debían aprender de los vascos, trabajadores y emprendedores... Imagínense cómo sentó esto en Salamanca...

El pueblo sevillano llama al que es así «un tío contra». Para bien y para mal, así era Unamuno. Uno de sus libros lleva un título que lo resume bien: *Contra esto y aquello.*

Lo demuestran sus sucesivas actitudes políticas. De joven, se sintió cercano al socialismo, pero luego se distanció de él. Criticó con dureza a la monarquía. Atacó a la Dictadura de Primo de Rivera y fue condenado al destierro. (Después de Fuerteventura y París, cuando pudo elegir, escogió vivir en Hendaya: la localidad francesa más cercana a España.)

Abrazó la causa de la República: de hecho, la proclamó, simbólicamente, en Salamanca, en la Plaza Mayor. En la primera elección, fue uno de los más votados para ocupar la presidencia de la República. Luego, también se distanció de ella: le quitaron todos sus cargos y honores...

Valoró positivamente las ideas de José Antonio Primo de Rivera, en un principio. Luego, también criticó a la Falange. Lo simboliza el episodio del famoso acto académico, en la Universidad de Salamanca, que últimamente se ha contado tan mal y tan sectariamente. De hecho, sus últimos días los pasó confinado, en su casa salmantina...

Quiere esto decir que Unamuno tuvo el dudoso honor –o el defecto, como prefiramos– de pelearse con todos los regímenes políticos que fue conociendo, a lo largo de su vida.

Un gran crítico de la literatura europea, Ernst Robert Curtius, lo calificó como «excitator Hispaniae»: es decir, «el excitador de España», el que la pincha, por considerar que ésa es la mejor manera de sacarla del letargo en que está sumida...

Al comienzo de la guerra civil, Unamuno llegó a la trágica conclusión de que España padecía «una enfermedad mental colectiva, una epidemia de locura, con un sustrato patológico». Temía por igual que la juventud española cayera «en la increíble abyección en que han caído las juventudes de Rusia, de Italia y de Alemania». Se sintió perdido «entre hunos (sic) y otros».

Cultiva Unamuno todos los géneros literarios: novela, poesía, teatro, filosofía, ensayo, libros de viajes... A la vez, cualquiera de sus lectores sabe bien que, fiel a una estética de raíz romántica, niega los géneros literarios: por eso se escuda en que escribe «nivolas», no novelas; «drumas», no dramas; poesía prosaica y prosa poética... Todas sus obras son «autodiálogos».

Quiere eso decir que reivindica siempre su libertad para volcar todas sus inquietudes en lo que escribe, sin atenerse a norma alguna. Eso tiene una consecuencia clara: a diferencia de lo que suele suceder con otros escritores, lo habitual es que los lectores sientan fervor –o desinterés– por Unamuno en bloque, por su persona y por todas sus obras, en cualquiera de los géneros, no por una sola.

De toda la amplia obra literaria de Unamuno, ¿qué libro suyo considero yo esencial, para comprenderlo? Sin duda, el ensayo filosófico *Del sentimiento trágico de la vida*. ¿Qué libro suyo considero yo más logrado, estéticamente? Sin duda, la novela *San Manuel Bueno, mártir*. Y resulta que, desde distintos géneros literarios, los dos libros dicen prácticamente lo mismo.

Anecdóticamente, hace años, la Iglesia católica incluyó en su Índice de Libros Prohibidos dos obras básicas de Unamuno: *Del sentimiento trágico de la vida* y *La agonía del cristianismo*. Eso suponía, entre otras cosas, que estaban automáticamente prohibidas por la censura de Franco.

Luego, no sólo desapareció ese Índice sino que la Iglesia designó, para estar al frente de la Congregación de la Doctrina de la Fe, al belga Charles Moeller, el autor del célebre estudio *Literatura del siglo XX y cristianismo*, al que apasionaba tanto Unamuno que aprendió español para leerlo en su propia lengua...

Con su habitual claridad –la «cortesía del filósofo», según Ortega, su maestro– señaló Julián Marías la raíz del pensamiento de Unamuno:

> Se anticipa al existencialismo, yendo más allá. La única cuestión, para él, es si hemos de morir del todo o no. Plantea el tema de la muerte como tema decisivo de la filosofía.

Esa gran pregunta, que a tantos ha angustiado, la resuelven muchos aceptando lo que dice su Iglesia. Eso no le bastaba a Unamuno, acérrimo individualista. No era católico ortodoxo, pero mucho menos, protestante. (Algunos se equivocan porque su imagen parecía la de un pastor, con los picos de la camisa asomando sobre un jersey de cuello alto negro.) Al revés, consideraba superior al catolicismo por su dimensión estrictamente religiosa, frente a la ética del protestantismo.

Otra frecuente respuesta a esa gran pregunta es la que distingue el cuerpo humano –que es lógico que muera, porque es material– de otro elemento que existe también en nosotros, llámese alma, espíritu o como se quiera: por no ser material, quizá no tenga que morir. Pero Unamuno tampoco acepta este dualismo. Necesita que sobreviva para siempre todo su ser: cuerpo, sangre, uñas...

Opinan algunos que esa inmortalidad, sencillamente, no existe. Creen otros que lo imposible es saber si existe o no. No está de acuerdo Unamuno con ninguna de las dos posturas; cree que ambas son formas de eludir el problema, para quedarse tranquilos. Insiste él: «Si del todo morimos todos, ¿para qué todo?».

No logra creer Unamuno en la inmortalidad, pero tampoco la rechaza: se queda en la duda. Ahora bien, matiza que la suya no es una duda escéptica, cómoda, en definitiva, sino una incertidumbre activa, que no para de buscar respuesta, aunque no la encuentre; es decir, una incertidumbre luchadora, agónica. A eso se refiere –no a la cercanía del fin– cuando titula otro libro *La agonía del cristianismo*.

Esta incertidumbre condiciona todo su pensamiento, tiene múltiples consecuencias. Por ejemplo, para él, el amor supone también un remedio incompleto, una medicina contra la muerte: es el consuelo recíproco de dos personas que saben que van a morir.

La angustia por la muerte es el tema central de la obra filosófica *Del sentimiento trágico de la vida* y de la novela *San Manuel Bueno, mártir*. ¿Cómo puede tratarse el mismo tema, tan radical, tan decisivo, en dos géneros literarios tan distintos?

Para Unamuno, lo esencial de una novela no es el argumento; tampoco, la descripción de los escenarios y personajes. Usando la fórmula de un escritor norteamericano, Oliver Wendell Holmes, llega a formular su paradoja de los Juanes y los Tomases, que podemos resumir así: cuando hablan dos personas, ¿cuántos hablan, en realidad? No un solo Juan sino varios: el Juan que Tomás *ve*, el Juan que Juan *cree* ser y, sobre todo, el Juan que Juan *quiere* ser. Éste último es el decisivo. (Y lo mismo sucede del lado de Tomás, por supuesto.)

Por eso, don Miguel concibe la novela como una búsqueda, un método de conocimiento, un intento de desvelar el misterio de nuestra existencia.

El ejemplo de don Manuel Bueno es claro: se trata de un personaje enigmático, misterioso. Lo vemos desde fuera (la novela está escrita en tercera persona), no alcanzamos a descifrar su secreto. Es un sacerdote que tiene graves dudas de fe; paradójicamente, los habitantes del pueblo lo veneran como a un santo, a una figura simbólica de Jesucristo: se llama Manuel, es decir, Emmanuel, «Dios con nosotros». Él contagia sus inquietudes a Lázaro (el nombre del amigo al que Jesús resucita). Al final, la narradora, Ángela («enviada por Dios») nos mantiene en la duda:

> Creo que San Manuel y mi hermano se murieron creyendo no creer en lo que más nos interesa. Dios nuestro Señor, por no sé qué sagrados y no escudriñaderos designios, les hizo creerse incrédulos. Y que acaso, en el acabamiento de su tránsito, les cayó la venda.

Juega aquí sabiamente Unamuno con las palabras (que es lo mismo que decir: juega con las ideas). Utiliza el doble sentido del verbo «creer»: evidentemente, significa «tener fe religiosa». Pero también puede querer decir «imaginarse algo», sugiriendo que no es verdad. (En el lenguaje coloquial, si, hablando de una chica, yo digo: «se cree guapa», estoy sugiriendo claramente que no lo es.)

Don Manuel y Lázaro «se murieron creyendo no creer»; es decir, imaginando que no tenían fe religiosa. El sujeto de la frase siguiente es Dios, no son ellos. Quiere decirse: la fe religiosa es un don de Dios, no depende sólo de nuestra voluntad.

En el momento de morir, a los dos amigos «se les cayó la venda»: es decir, vieron claro. Pero no dice el autor si lo que vieron es que la fe religiosa es verdad o es solamente una ilusión que nos hacemos. En todo caso, la frase depende de un adverbio de duda, que deja abierto todo: «quizá».

Todavía añade Unamuno un mensaje más, en forma de pregunta: «Y yo, ¿creo?». No se lo plantea un personaje tan singular como don Manuel, sino Ángela; es decir, una mujer vulgar y corriente, sin estudios ni experiencias extraordinarias. Por lo tanto, cuando ella se hace esa pregunta, está sugiriendo claramente Unamuno que la gran cuestión nos afecta por igual a todos los seres humanos, hombres o mujeres, sabios o ignorantes. El hecho de que se lo pregunte también Ángela equivale a implicar también al lector, a preguntarle: y tú, lector, ¿crees?

Del sentimiento trágico de la vida se publicó en 1913. *San Manuel Bueno,* mártir está fechado en Salamanca en 1930. No nos extraña que vuelva sobre el mismo tema diecisiete años después: le obsesionó a Unamuno toda su vida. Lo sorprendente es que trate en una novela lo que antes había estudiado en un tratado filosófico.

Evidentemente, la filosofía supone un tratamiento más racional, con un lenguaje más preciso. A cambio de eso, la novela nos permite ver el problema encarnado en un ser de carne y hueso (una obsesión de Unamuno); también, llegar a un lector más amplio, porque a todos nos afecta...

Unamuno publicó también varios libros de poemas: *Poesías, Rosario de sonetos líricos, El Cristo de Velázquez, De Fuerteventura a París, Romancero del destierro...*

Dentro de la obra literaria de Unamuno, la poesía ha sido, tradicionalmente, lo menos apreciado por la crítica. Algunos atribuyeron al origen vasco su dureza de oído; se le acusó de haber renunciado a lo irrenunciable: el mundo sensorial.

Según Guillermo de Torre, la suya fue una poesía «a contratiempo». No es extraño, Unamuno desdeñaba las modas literarias: «No Modernismo, *eternismo* es lo que yo quiero...».

A pesar de eso, nada menos que el máximo modernista, Rubén Darío, afirmó que Unamuno fue, «ante todo, poeta». De hecho, la poesía fue su debilidad máxima y permanente. Sin embargo, no publicó su primer libro de versos, *Poesías,* hasta 1907, a los cuarenta y tres años.

Han defendido su excepcional categoría como poeta, entre otros, José María de Cossío, Julián Marías, Pedro Laín, Luis Rosales, Dionisio Ridruejo, Ricardo Gullón, José María Valverde...

Un lector tan exigente como Luis Cernuda opina que «los defectos no impiden que Unamuno sea, probablemente, el mayor poeta que España ha tenido en lo que va de siglo».

Prefería Unamuno un estilo «esquinudo (sic), picoso, hecho de ángulos y no de curvas», porque –decía– «no todo ritmo se desenvuelve en curvas».

Llegó a dictaminar algo sorprendente y tajante: «Algo que no es música es la poesía». Es decir, justamente lo contrario de lo que había preconizado Verlaine, maestro del modernismo: «De la musique avant toute chose». Si no supiera yo lo que pretende con esta afirmación Unamuno, alejarse de la poesía hueca, banal, diría que es un disparate. Evidentemente, la poesía no es sólo música, pero también es música, y de modo muy importante. Así de dogmático era a veces Unamuno, con sus profundos aciertos y sus rotundos errores.

Al comienzo de su primer libro, formula ya su objetivo en un «Credo poético»: densidad del contenido, fusión de sentir y pensar, desnudez en la expresión, cántico interior...

He escogido un poema del *Cancionero,* la obra póstuma de Unamuno, publicada por Federico de Onís en 1953. Comprende mil setecientos cincuenta y cinco poemas, de tema muy variado. El subtítulo aclara lo que es: un *Diario poético,* escrito desde 1928 hasta su muerte, en 1936. Por eso, quería incluir en él todos sus poemas de una época, los mejores y los peores. Como dice Ricardo Gullón, es «un corpus sin antecedentes en la poesía española»: un libro inacabable, que había de quedar inacabado.

El mismo Luis Cernuda señala su desigualdad; elogia que, en él, a veces, Unamuno «alcanza la mayor fluidez y gracia poética». Otras veces, en cambio, lo censura con dureza: «Para el admirador del poeta, la lectura es penosa en muchas ocasiones por lo absurdo, si no grotesco, de muchos de estos versos».

Cernuda podía ser malvado, pero era un excelente lector de poesía. En el *Cancionero,* encuentro hermosos poemas meditativos, junto a otros, más difíciles de apreciar. A Unamuno le arrastran, a veces, el juego fónico y conceptista, las posibilidades creadoras de la palabra y de la rima, el asociacionismo verbal...

Como se trata de un diario –eso sí, escrito en verso–, cualquier hecho, sentimiento, recuerdo o lectura puede ser el punto de partida para el comentario de Unamuno.

Por ejemplo, la famosísima frase de Hamlet, en su monólogo: «Morir, dormir… Dormir, tal vez soñar» (que también inspiró a Antonio Machado). La glosa Unamuno en el último poema del *Cancionero,* fechado así: «28 –día de Inocentes– XII–36», tres días antes de morir:

> Morir soñando, sí, mas si se sueña
> morir, la muerte es sueño: una ventana
> hacia el vacío; no soñar; nirvana;
> del tiempo al fin la eternidad se adueña.

Quiero también recordar esta sencilla y conmovedora oración:

> Méteme, Padre mío, en tu pecho,
> misterioso hogar,
> que vengo deshecho
> de tanto bregar.

El poema que he elegido está fechado en 1929, un par de años antes de *San Manuel Bueno, mártir*. Su antecedente claro es otro, del mismo libro, que trata del tema de la lectura, entendida como la auténtica vida:

> Leer, leer, leer, vivir la vida
> que otros soñaron.
> Leer, leer, leer, el alma olvida
> las cosas que pasaron.
> Se quedan las que quedan, las ficciones,
> las flores de la pluma,
> las solas, las humanas creaciones,
> el poso de la espuma.
> Leer, leer, leer, ¿seré lectura
> mañana también yo?
> ¿Seré mi creador, mi criatura,
> seré lo que pasó?

El tema que ahora me interesa aparece en los últimos cuatro versos; sobre todo, en esa penúltima pregunta:

¿Seré lectura
mañana también yo?

Por supuesto, estaba claro que las obras de Unamuno iban a seguir leyéndose, después de su muerte: él lo sabía de sobra, lo deseaba y lo cuidaba. Todo lo que hoy se conserva en la Casa-Museo de Salamanca lo demuestra de sobra. Pero ¿de qué forma iban a leerse? ¿Para qué? ¿Con qué sentido? Eso es lo que le preocupa de verdad.

El poema elegido, «Mi destierro», consta de cuatro redondillas: versos octosílabos, que riman en consonante abba. Comienza con una divagación filosófica algo oscura sobre la memoria y el recuerdo. Lo que me interesa destacar, por supuesto, son los últimos seis versos, desde «Cuando me creáis más muerto...».

Citando a Walt Whitman, había repetido muchas veces Unamuno la frase que podría resumir todo su *Cancionero*: «Esto no es un libro, es un hombre».

Para entender el final del poema, hemos de volver a lo comentado sobre *Del sentimiento trágico de la vida*. Unamuno se declara incapaz de resolver lo único que de verdad le importa: «Si del todo morimos todos». Se queda en una incertidumbre agónica, luchadora. En su permanente búsqueda, no encuentra un remedio total pero sí encuentra dos pequeños, insuficientes consuelos: los hijos y los libros.

Ante todo, la herencia física, biológica. Mientras permanezca en mis sucesores algo de mí (células, ADN, llámelo la ciencia como quiera), no habré muerto del todo; especialmente, mientras ellos me mantengan vivo, en sus recuerdos.

Lo mismo sucede con las obras que él ha escrito: para Unamuno, sus libros *son él mismo,* su mejor expresión. Por eso, mientras esas obras sigan leyéndose, él seguirá vivo.

Subrayo que Unamuno no usa el verbo «leer»; mucho menos, «estudiar», «preparar un examen», «hacer un resumen»...

¡Nada de eso! Don Miguel lo hubiera rechazado con indignación (aunque, en el fondo, también le halagara un poco).

Además de esperar –se sobreentiende– una lectura libre, no obligada, está pensando en un lector que, al leer sus libros, «retiembla» y «vibra»: es decir, un lector que se emociona, se «con-mueve», revive las ideas y los sentimientos del escritor.

Así, a partir de la gran pregunta sobre la inmortalidad, Unamuno llega a conceder a la literatura un papel realmente trascendental: escribir es, para él, el único modo –junto a los hijos físicos– de vencer, en parte, a la muerte.

Muchos años después de su muerte física, sus libros nos siguen emocionando, conmoviendo, haciéndonos vibrar y retemblar... Por eso, a pesar de todas sus imperfecciones, Unamuno sigue estando hoy tan vivo.

«Mi destierro»

Me destierro a la memoria.
Voy a vivir del recuerdo.
Buscadme, si me os pierdo,
en el yermo de la historia.

Que es enfermedad la vida
y muero viviendo enfermo.
Me voy, pues, me voy al yermo
donde la muerte me olvida.

Y os llevo conmigo, hermanos,
para poblar mi desierto.
Cuando me creáis más muerto,
retemblaré en vuestras manos.

Aquí os dejo mi alma-libro,
hombre-mundo verdadero.
Cuando vibres todo entero,
soy yo, lector, que en ti vibro.

UNOS ANUNCIOS EN BROMA Y UN SARCÁSTICO ADIÓS

Ramón del Valle-Inclán
«Testamento poético»

En abril de 1929, cuando fue encarcelado Valle-Inclán (1866-1936), una nota oficial lo calificaba como «eximio escritor y extravagante ciudadano». No me parece que se alejaba mucho de la realidad.

Peor fue la justificación que dio, un par de años antes, la Dirección General de Seguridad, para retirar *La hija del capitán*: «Un folleto que pretende ser novela... no habiendo, en aquél, renglón que no hiera el buen gusto ni omita denigrar a clases respetabilísimas a través de la más absurda de las fábulas».

Son dos ejemplos de la respuesta que dio la sociedad a la independencia de un escritor que practicó siempre la rebeldía, la independencia del arte.

Hoy, nadie discute que don Ramón es un verdadero genio; sobre todo, por su creación lingüística: suelen compararlo, en este sentido, a Quevedo y a James Joyce. Por su humor tragicómico pertenece a la línea, típicamente española, de Quevedo, Goya y Luis Buñuel.

Su genialidad es evidente en el teatro y en la novela; bastante menos, en la poesía, aunque también encontramos, en ella, muestras de su extraordinario talento.

La creación de su propio personaje constituye ya una verdadera obra de arte. Literaturiza su aspecto físico, con su sombrero, melena, barbas y quevedos. Ramón Gómez de la Serna, en su biografía –uno de los libros más divertidos que conozco, no más veraces–, lo ve como «la mejor máscara a pie que cruza la calle de Alcalá».

Juan Ramón Jiménez lo describe con metáforas: «Como un árbol al que un incendio le ha volado la copa, un espantapájaros con rostro de viento, como el castillo quemado de los fuegos de artificio».

También literaturiza Valle-Inclán su propia biografía, la embrolla cuidadosamente. Aunque nació en Villanueva de Arosa, afirma que siete ciudades gallegas se disputaban su cuna (como la de Homero) o que había nacido en un barco, yendo de un pueblo a otro.

Su estancia juvenil en México aparece transfigurada muchas veces en su obra; sobre todo, en la *Sonata de estío* y en *Tirano Banderas*: desafíos, revoluciones, amores, princesas indígenas...

Una triste riña, en un café madrileño, le cuesta perder un brazo. Eso le iguala, según él, con Cervantes: se proclama «el segundo manco glorioso de la literatura española».

Para contar cómo lo perdió, se inventa anécdotas que son disparatadas, inverosímiles y, por supuesto, contradictorias. Ramón Gómez de la Serna las recoge y quizá las aumenta, en su biografía: se lo arroja a un león hambriento, en el desierto, como única forma de librarse de su persecución; se lo arranca con su pico un cuervo, como el de Poe, en lo alto de una torre; lo deja en brazos de una antigua amante, para poder escapar...

Valle-Inclán siempre exagera, siempre hace teatro. Encarna la ausencia de naturalidad, el énfasis permanente, pero es fiel a la imagen que él mismo ha creado.

Por serlo, por mantener el tipo, es capaz de aguantar a pie firme la estampida de una manada de toros bravos, mientras sus amigos huyen o se suben a un árbol. Remata el gesto con una frase admirable: «¿Toritos, a mí?». Está imitando a don Quijote, cuando demostró su heroísmo diciendo: «¿Leoncitos, a mí?».

En *Troteras y danzaderas*, una interesantísima novela de clave, cuenta Pérez de Ayala que un personaje, basado en Valle-Inclán, entrega todo su dinero a la mujer de un albañil que ha sufrido un accidente. Lo hace teatralmente, por supuesto, pero los cuernos de los toros y las cornadas que da el hambre –como dijo un famoso torero– suponen un riesgo real, nada literario.

Valle nunca es realista, nunca se limita a reproducir fielmente la realidad; siempre deforma, idealiza... Si representamos la realidad por una línea horizontal, él nunca se queda a ese nivel. En un primer momento, idealiza hacia arriba, presenta un mundo mucho más hermoso de lo que es, en la realidad: es su etapa modernista. Más adelante, idealiza hacia abajo, presenta un mundo mucho más feo de lo que es, en la realidad; exagera los rasgos reales (en eso consiste la caricatura), lo convierte en algo grotesco: es su etapa esperpéntica.

Si pensamos en la pintura, su etapa modernista es comparable a Botticelli, a Dante Gabriel Rossetti; la etapa esperpéntica es comparable a Brueghel, al Bosco, al Greco, a Goya, a Zuloaga...

En la escena cumbre de *Luces de bohemia*, explica Max Estrella el esperpento con la metáfora de unos espejos cóncavos y convexos, como los que decoraban la fachada de un establecimiento madrileño, en la calle del Gato (en realidad, del poeta Juan Álvarez Gato, enfrente del Teatro Español), que deformaban grotescamente la figura de los que pasan por allí:

> El esperpentismo lo ha inventado Goya. Los héroes clásicos han ido a pasearse en el callejón del Gato [...]. Las imágenes más bellas, en un espejo cóncavo, son absurdas [...]. La deformación deja de serlo cuando está sujeta a una matemática perfecta. Mi estética actual es transformar con matemática de espejo cóncavo las normas clásicas.

No se trata, pues, de un puro juego estético sino que nace de una visión crítica de la realidad española: es un «arte de desengañados», dice Pedro Salinas. De esta forma, Valle-Inclán pone la estética del modernismo al servicio de la visión crítica de España, propia del 98:

> El sentido trágico de la vida española sólo puede darse con una estética sistemáticamente deformada [...]. España es una deformación grotesca de la civilización europea.

Lo explica también Valle-Inclán en 1928, en una entrevista a Gregorio Martínez Sierra, con una brillante metáfora:

> Hay tres maneras de ver el mundo, artística o estéticamente: de rodillas, de pie o levantado en el aire. Cuando se mira de rodillas –y ésta es la posición más antigua en literatura– se da a los personajes, a los héroes, una condición superior a la condición humana [...]. Se crean dioses, semidioses y héroes.
> Hay una segunda manera, que es mirar a los protagonistas como de nuestra propia naturaleza, como si fueran nuestros hermanos [...]. Esto es Shakespeare, todo Shakespeare. Los personajes, en este caso, son de la misma naturaleza humana que el que los crea, son una realidad, la máxima verdad.
> Y hay otra tercera manera, que es mirar al mundo desde un plano superior [...]. Ésta es una manera muy española.

Mira el mundo de rodillas el escritor que quiere crear héroes, el que escribe epopeyas; en el cine, el director que coloca la cámara muy baja, para engrandecer a los personajes o a algún actor que quizá es bajito, para su papel.

Mirar el mundo de pie, a su nivel, es lo que hace el artista realista, en el más amplio sentido de la palabra, que incluye no sólo el «realismo de cosas» sino también el «realismo de almas» (Dámaso Alonso).

Miran el mundo desde arriba Quevedo, el Goya de los *Caprichos* y *Desastres*, Luis Buñuel, el Valle-Inclán de los esperpentos. Parte Valle del mito, del modernismo. Su segunda etapa es de transición, de ironía. La tercera, supone la degradación de ese mito: el esperpento.

Estas tres etapas se corresponden, aproximadamente, con las tres primeras décadas del siglo XX: de 1900 a 1910, el modernismo; de 1910 a 1920, la ironía, la farsa; a partir de 1920, el esperpento.

En cada uno de estos estilos/etapas, escribe Valle-Inclán obras de los tres grandes géneros, novela, poesía y teatro, pero no con la misma fortuna.

En el modernismo, lo más logrado son las cuatro *Sonatas*. Conforme a la estética modernista, se titulan con un término musical y relacionan la atmósfera sentimental del relato con las cuatro estaciones: *Primavera*, *Estío* (no elige la palabra «verano», más vulgar), *Otoño* e *Invierno*.

Se desarrollan en ambientes variados: una Italia literaturizada, un México sensual, una Galicia melancólica y la Navarra de las guerras carlistas, respectivamente. Enlaza las cuatro su protagonista, el marqués de Bradomín, un *alter ego* de Valle, al que define, desmitificándolo, como «un don Juan feo, católico y sentimental». En contra de lo que a primera vista pueda parecer, el mítico don Juan puede ser «feo» y contribuye a su grandeza el ser «católico», pero no puede ser «sentimental», porque no abandonaría sin piedad a las mujeres seducidas.

En la etapa intermedia, lo más logrado son las tres *Comedias bárbaras*: *Águila de blasón*, *Romance de lobos* y *Cara de plata*. Une las tres su protagonista, don Juan Manuel de Montenegro, y el ambiente: una Galicia mítica, misteriosa, violenta, donde se desatan los impulsos elementales del ser humano. Con esta trilogía, comienza lo que Francisco Ruiz Ramón califica como su «teatro en libertad»:

> Suyo ya e inconfundible, estribado en la libertad de la imaginación, creadora de nuevos espacios dramáticos, irreductibles al tipo de escena a la italiana, que era el predominante y, en realidad, el único, en el teatro español coetáneo.

Últimamente, la representación de las tres comedias bárbaras en un solo espectáculo, en París y en Madrid, ha mostrado su profunda unidad; también, su grandeza trágica, que las emparenta con la Biblia y con Shakespeare, se anticipa al teatro de la crueldad (Antonin Artaud) y al teatro del absurdo (Alfred Jarry, Samuel Beckett).

Los esperpentos más logrados son las novelas *Tirano Banderas* y, sobre todo, la trilogía *El ruedo ibérico: La corte de los milagros*, *Viva mi dueño* y *Baza de espadas*. Supone una feroz caricatura de «los amenes de un reinado», el de Isabel II, antes de «la Gloriosa», la revolución de 1868. En el teatro, *Luces de bohemia*, *Divinas palabras*, *Los cuernos de don Friolera*...

En los dos géneros, la libertad y la creatividad del lenguaje las convierte en auténticas obras maestras, aunque las teatrales no son nada fáciles de representar. En la escena actual, los avances de la escenografía y la costumbre de los espectadores las convierte en perfectamente representables, en contra de lo que se solía repetir.

Esta técnica caricaturesca no es un juego gratuito, desrealizador, sino un método para acercarse a la realidad de una manera más lúcida, crítica y desengañada que la habitual en el llamado realismo.

Como se ve, no he incluido ningún libro de poemas entre las obras maestras de Valle-Inclán: creo sinceramente que no lo son. Eso no quiere decir que sus poemas no sean valiosos e interesantes, pero plantean graves problemas: bibliográficos, de variantes, de puntuación...

Además, la poesía es el género que menos cultivó, publicó tardíamente (su primer libro de poemas, a los cuarenta y un años) y plantea muchos problemas para su justa valoración. Últimamente, han reivindicado esta poesía una serie de estudios y la edición crítica de José Servera Baño abre la puerta a muchos más.

La obra lírica de Valle comprende básicamente tres libros: *Aromas de leyenda* (1907), modernista, centrado en el mundo rural gallego. *El pasajero* (publicado en 1920 pero escrito antes), refleja la evolución del modernismo hacia el simbolismo y decadentismo. Y *La pipa de kif* (1919), uno de los esperpentos.

Ha defendido a Valle como poeta, por ejemplo, otro poeta, José Agustín Goytisolo: «Fue un poeta siempre: un poeta en sus novelas, en sus narraciones... Pero también fue un poeta y un virtuoso en su obra en verso».

En el ensayo *La lámpara maravillosa,* Valle-Inclán define la estética que lleva a la práctica en sus poemas, con todas sus alusiones a las *claves*, los saberes ocultos y las resonancias gnósticas:

> La contemplación es una manera absoluta de conocer, deleitosa y quieta, por donde el alma goza la belleza del mundo [...]. Es la suprema manera de llegar a la comunión con el todo.

Su modernismo une las raíces gallegas con la clara influencia de Rubén Darío. Como el de éste, deriva hacia la hondura, la reflexión melancólica. Por ejemplo, en esta clave de *El pasajero*, titulada «Rosa de Job»:

¡Todo hacia la muerte avanza
de concierto,
toda la vida es mudanza
hasta ser muerto! [...].
¡Fueron mis goces auroras
de alegrías,
más fugaces que las horas
de los días! [...].
¡Levántate, corazón,
que estás muerto!
¡Esqueleto de león
en el desierto!
¡Pide a la muerte posada,
peregrino,
como espiga que, granada,
va al molino!
¡La vida!... Polvo en el viento
volador.
¡Sólo no muda el cimiento
del dolor!

He mencionado ya que encontramos versos muy notables también en las obras teatrales de Valle-Inclán. En su etapa intermedia, su ironía preludia ya algunos rasgos del esperpento. Señalo solamente un ejemplo, de la originalísima *La marquesa Rosalinda* (1912): una «farsa sentimental y grotesca», que conjuga elementos variadísimos, procedentes del teatro de marionetas, la *commedia dell'Arte* y los entremeses de Cervantes. Como ya señaló Juan Guerrero Zamora, esto supone ya, a la vez, la superación y el homenaje al teatro modernista.

En un momento de la obra, se pregunta Rosalinda por las peculiaridades de los españoles: no sabe si se deben al clima, a los autos de fe de la Inquisición o a las comedias de Calderón de la Barca. La corrige Arlequín, en unos pareados de alejandrinos modernistas, con un irónico canto a las verdaderas causas del carácter español, que son nuestras comidas:

> Yo mejor lo atribuyo al cambio de manjares.
> ¡La sobrasada de las islas Baleares!
> ¡El marisco gallego, que es de tanto deleite!
> ¡Y ese queso manchego, tan metido en aceite!
> ¡Y el de Burgos! ¡Y aquel vino rancio y espeso
> que reclama la boca tras de comer el queso!
> ¡Y el jamón y los embutidos de los charros!
> ¡Salamanca, con sus doctores y sus guarros!
> ¡Y Córdoba y Navarra! ¡Y Lugo y Candelario!
> ¡Y el pimentón, que en Francia es algo extraordinario!
> ¡Y el sol!

Plenamente dentro del ciclo esperpéntico está el libro de poemas *La pipa de kif*, que conjuga, con total libertad, métricas y registros lingüísticos muy variados. A veces, se advierte la cercanía a los «paraísos artificiales» de Baudelaire. Reclama Valle una visión nueva, ingenua, como la de un niño. Así comienza este libro:

> Mis sentidos tornan a ser infantiles,
> tiene el mundo una gracia matinal;
> mis sentidos, como gayos tamboriles,
> cantan en la entraña del azul cristal.

Canta el poeta en pareados su «¡Aleluya!»; es decir, la alegría del arte nuevo, del juego irreverente, de las vanguardias, igual que sucede, por ejemplo, en las músicas de Erik Satie y de Stravinski:

> Por la divina primavera
> me ha venido la ventolera
> de hacer versos funambulescos
> –un purista diría grotescos–.
> Para las gentes respetables
> son cabriolas espantables [...].

En mi verso rompo los yugos
y hago la higa a los verdugos [...].
Resplandecen de amor las normas
eternas. Renacen las formas.
Tienen la gracia matinal
del Paraíso Terrenal [...].
¡Pálida flor de la locura
con normas de literatura!
¿Acaso esta musa grotesca
–ya no digo funambulesca–
que, con sus gritos espasmódicos,
irrita a los viejos retóricos
y salta, luciendo la pierna,
no será la musa moderna?

También en la poesía, Valle-Inclán ha encontrado ya su «musa moderna» en el esperpento. Se siente libre para jugar con el humor negro, tan español, y con la música de las palabras, en el mundo grotesco del *Garrote vil*:

Canta en la plaza el martillo,
el verdugo gana el pan,
un paño enluta el banquillo.
Como el paño es catalán,
se está volviendo amarillo
al son que canta el martillo:
¡Tan! ¡Tan! ¡Tan!

Se divierte Valle contemplando el «Bestiario» de la madrileña Casa de Fieras. Recuerda cuando lo visitaba, de niño, y aplica a cada animal rimas y metáforas insólitas, comenzando por el león:

Y me detuve emocionado
ante aquel viejo carcamal
estilizado
en el escudo nacional [...].
El canguro antediluviano

huyó con saltos de flin-flan.
Es australiano
y tiene trazas de alemán [...].
¡Qué triste el oso se espereza
sobre las pajas de su coy!
¡Cuando bosteza,
recuerda al conde de Tolstoi! [...].
¡Olvidada Casa de Fieras,
con los ojos de la niñez
tus quimeras
vuelvo a gozar, en la vejez!

Al margen de los libros que publicó, quiero recoger yo dos poemas singularísimos de Valle-Inclán, que merecen ser más conocidos: uno de ellos es de su juventud bohemia; el otro, de su vejez desengañada.

De su leyenda personal forma parte la anécdota de que, de joven, para ganarse la vida, escribió Valle-Inclán anuncios en verso como éstos, con sus sonoras rimas (algunas, esdrújulas):

Desde Toledo a Busdongo,
desde la China al Japón,
no hay nada como el jabón
de los príncipes del Congo.

Retorciendo la filástica,
un cordelero enfermó
pero al punto se curó.
¿Cómo? Con la harina plástica.

En toda fiesta onomástica,
yo os digo: –¡Comed, bebed!
¡Atracaos! ¡Absorbed
la dosis de harina plástica!

Conviene aclarar algunas referencias. Busdongo –elegido, obviamente, por la rima– es un pueblo leonés, del municipio de Villamanín, cuna de Amancio Ortega.

El llamado «jabón de los príncipes del Congo» lo inventó el perfumista francés Victor Vaissier. Tuvo gran éxito, en España y en Europa, a fines del siglo XIX y comienzos del XX. Era un jabón negro, africano, recomendable para el acné y las pieles sensibles. Se vendía con etiquetas y envoltorios *art nouveau*. (Puede verse una muestra en el madrileño Museo del Traje.) Se hizo muy famoso entonces en España por su publicidad, escrita en verso. También he localizado una mazurca para piano, dedicada a este producto, compuesta por José García Plaza, en 1892.

La «filástica», en náutica, son los hilos sacados de cables viejos, con los que se forman cabos y jarcias.

En aquella época, la «harina plástica» era un compuesto medicinal, recomendado para las dolencias del estómago.

¿Es inverosímil que el joven bohemio Valle-Inclán recurriera a escribir estos versos humorísticos para ganarse unas pesetas? Creo que no. Algún autor, incluso, concreta que cobraba dos duros por cada uno de estos poemitas. Pero tampoco es seguro. Lo ha negado Joaquín del Valle-Inclán, que atribuye la invención a Ricardo Baroja y defiende que se trataba de unas bromas de café, realizadas por un grupo de amigos.

De estos hipotéticos versos iniciales salto ahora a un poema de tono muy distinto, de la etapa final de Valle, su «Testamento». También es un caso muy curioso: no aparece en ninguno de los libros publicados en vida del escritor. ¿Por qué? Quizá porque no lo concluyó o por su rotundo ataque a algunos periodistas. Parece verosímil que se limitara a leerlo, en círculos íntimos.

La profesora Amparo de Juan Bolufer ha estudiado minuciosamente la historia de ese texto, que aparece, con variantes, en varias ediciones: en la revista barcelonesa *Mirador* (1937); en la biografía de Ramón Gómez de la Serna (1944); editado por Cela en la revista *Clavileño* (1950); en la revista madrileña Índice (1954)...

Josefina Blanco, la viuda de Valle, le preguntó en una carta a Manuel Machado: «¿Convendría publicar estos versos?

La ironía despectiva que encierran pudiera suscitar molestias desagradables».

Una semana después de la muerte de Valle-Inclán, el 12 de enero de 1936, la gran periodista Josefina Carabias publicó, en la revista *Crónica*, lo que don Ramón le había dicho, una vez que él estaba enfermo y melancólico (mantengo las zetas del texto, que reproducen su forma de hablar):

> Estoy aburrido, triste y me divierto pensando en la muerte. Tú no te haces cargo de la serie de tonterías que se van a escribir, cuando yo me muera. Por *zupuezto* que organizaréis eso que se llama una encuesta. Y habrá que ver las contestaciones. ¡Qué cosas dirán, aprovechándose de que yo ya no podré contestar! Pero, en fin, te voy a leer el verso.

A esa actitud responde este «Testamento». Una muy difundida leyenda cuenta que el impulso definitivo, para escribirlo, lo recibió Valle al enterarse de que un periodista le había ofrecido cinco duros a la portera de su casa, si le daba, en primicia, la noticia de su muerte.

He elegido, para publicarla, la versión más difundida: son seis serventesios (una estrofa de cuatro endecasílabos, que riman ABAB). El poema tiene un destinatario: el «reportero» que, gracias al artículo sobre la muerte de Valle, podrá comer bien y fumarse un puro.

Como siempre, Valle-Inclán utiliza hábilmente el lenguaje popular estilizado (igual que hace Arniches): «dicharacho», «diñar»... Y, con gran maestría, recurre a la ironía trágica. La cita de «don Miguel» se refiere, por supuesto, a Unamuno: si él también se muriera, en esa misma fecha, le estropearía la necrológica al periodista...

No se nos debe pasar por alto que, en las dos últimas estrofas, cambia el destinatario: ya no habla el poeta a un «reportero» sino que se dirige, en plural, a unos «caballeros». Está claro que Valle ha ampliado el foco: extiende ahora su sarcasmo a toda la buena sociedad española, que no ha sabido reconocer sus méritos.

Por eso, en este legado final, los atributos del poeta clásico se degradan, esperpénticamente: su «laurel» sólo le servirá de adorno a un tabernero; sus «palmas», al balcón de una vecina; el «oropel» (no el oro auténtico) de su gloria literaria, a una máscara de carnaval...

Ramón Gómez de la Serna, que conoció muy bien a don Ramón, lo consideraba un «ejemplo excelso, prototipo de escritor digno». Así explica este final.

Al margen de anécdotas y de bromas, es indiscutible que Valle-Inclán mantuvo siempre el ideal que es propio de un verdadero artista. Así lo proclamó, en unas hermosas frases: «El arte no se acaba nunca. Y no se acaba nunca porque el arte sirve para pasar el invierno, ya que el arte es siempre primavera».

«Testamento»

Te dejo mi cadáver, reportero.
El día que me lleven a enterrar,
fumarás a mi costa un buen veguero,
te darás en «La Rumba» un buen yantar.

Y, después de cenar con mi fiambre
adornado en retórica sutil,
humeando el puro, satisfecha el hambre,
me injuriará tu dicharacho vil.

Y, al dejar la colilla con el chato
a medio consumir, sobre el mantel,
dirás, gustando del bicarbonato:
«¡Que no la diñe ahora don Miguel!».

Para ti mi cadáver, reportero;
mis anécdotas, ¡todas para ti!
Le sacas a mi entierro más dinero
que, en mi vida mortal, yo nunca vi.

Caballeros, salud y buena suerte.
Da sus últimas luces mi candil.
Ha colgado la mano de la muerte
papeles, en mi torre de marfil.

Le dejo al tabernero de la esquina,
para adornar su puerta, mi laurel;
mis palmas, al balcón de una vecina,
y, a una máscara loca, mi oropel.

LAS GRANDES PREGUNTAS QUE A TODOS NOS ANGUSTIAN

Rubén Darío
«Lo fatal»

A fines del siglo XIX y comienzos del XX coinciden, en Madrid, dos movimientos literarios, el modernismo y la llamada Generación del 98. Con los dos, nace la literatura española contemporánea.

La coincidencia cronológica no es exacta. El 98 surge en ese año como reacción contra el llamado «Desastre», la pérdida de las últimas colonias españolas. El modernismo español es un poco anterior: en 1892, con motivo del centenario del Descubrimiento de América, vino a España por primera vez el nicaragüense Rubén Darío (1867-1916). Fue Rubén el que dio forma definitiva en castellano y trajo el modernismo, la gran renovación poética. Por primera vez, Hispanoamérica se adelantaba entonces a España en un movimiento estético.

En principio, las diferencias entre los dos eran evidentes. Las resume Pedro Salinas en cinco puntos:

–Los precursores del modernismo son poetas: Martí, Casal, Gutiérrez Nájera... Los del 98, ideólogos: el escritor Ángel Ganivet, el regeneracionista Joaquín Costa y Francisco Giner de los Ríos, el creador de la Institución Libre de Enseñanza.
–El modernismo es cosmopolita; el 98, concentrativo sobre España: su europeísmo es un instrumento para mejorar a España, que era su gran objetivo.
–El modernismo sintetiza las principales formas poéticas europeas del siglo XIX. El 98 analiza minuciosamente todos los aspectos de la realidad nacional.
–El modernismo es una poesía de los sentidos, de lo externo, de la forma. El 98 supone una meditación en profundidad.

–El modernismo desprecia lo vulgar, es un culto aristocrático a la belleza. El 98 encuentra los «primores de lo vulgar», como dijo Ortega, a propósito de Azorín.

A pesar de estas diferencias, en la realidad cotidiana, los dos movimientos tienen muchos puntos de contacto. Los miembros de los dos coinciden en cafés, en tertulias, en lugares de diversión; publican en los mismos periódicos y revistas.

Totalmente contrario al modernismo se declaró Unamuno: «Eternismo y no Modernismo es lo que quiero; no Modernismo, que será anticuado y grotesco de aquí a diez años, cuando la moda pase». En el polo opuesto, siempre fue fiel al modernismo Manuel Machado. En la mayoría de los casos, en cambio, la oposición no es tajante: Antonio Machado y Valle-Inclán, por ejemplo, pasan por el modernismo y expresan luego las ideas del 98...

Últimamente, buena parte de la crítica ha preferido una visión más amplia del modernismo, de acuerdo con Juan Ramón, que lo veía como «un gran movimiento de entusiasmo y libertad hacia la belleza». Es decir, no una escuela sino una época, la que supone la gran crisis estética de fines del siglo XIX y comienzos del XX.

Según eso, el modernismo literario sería la versión hispánica de un movimiento europeo mucho más amplio, que recibe diversos nombres –*Art Nouveau*, *Modernstyle*, *Jugendstil*, *Liberty*– y que se extiende a todas las artes, incluidas las decorativas. (Pueden verse preciosas muestras, por ejemplo, en el Museo de la Fundación Calouste Gulbenkian, en Lisboa.)

Bajo esa etiqueta, se suele incluir a personajes tan dispares como los escritores Ruskin, William Morris, Oscar Wilde y Maeterlinck; los arquitectos Victor Horta y Gaudí; el ilustrador Aubrey Beardsley; el diseñador Alfons Mucha; el músico Debussy; los pintores Casas, Nonell y Gustav Klimt; el vidriero y joyero Lalique... Algunos críticos lo extienden incluso hasta D. H. Lawrence y Virginia Woolf...

No debemos olvidar un hecho histórico innegable: en época de Franco, la poesía de crítica social y política elegía como patrono a Antonio Machado, en su línea más cívica. Más tarde, los «novísimos», en sintonía con lo que estaba sucediendo en toda Europa, reivindicaron el modernismo.

Más limitado y más concreto es el concepto de modernismo literario hispánico: el que trae a España Rubén Darío, uniendo dos escuelas poéticas francesas. Por un lado, el parnasianismo, que intenta lograr la forma escultórica, impecable. Por el otro, el simbolismo, que busca las correspondencias entre las sensaciones y, sobre todo, persigue el misterio, por debajo de la realidad cotidiana.

Reacciona el modernismo contra el realismo prosaico decimonónico; busca la belleza y la musicalidad. Lo proclamó Verlaine, el «padre y maestro mágico» de los modernistas: «La música, ante todo».

Abandona el modernismo los temas filosóficos, religiosos y patrióticos. Vuelve a los temas históricos, a la Edad Media y al Siglo de Oro, presentados con refinada elegancia.

Para expresar esta nueva visión del mundo, aporta el modernismo un nuevo lenguaje, una nueva retórica. Utiliza con frecuencia palabras como «nenúfar», «glauco», «jocundo», «divino»... Se burla de sus excesos Pérez de Ayala, en la novela de clave *Troteras y danzaderas*. Hace una divertidísima caricatura el *Tenorio modernista*, subtitulado como «remembrucia noemática y jocunda, ingénita del subintelectualente Pablo Parellada, Melitón González» (sic).

Los tres libros principales de Rubén Darío, *Azul* (1888), *Prosas profanas* (1896) y *Cantos de vida y esperanza* (1905) representan, respectivamente, la iniciación del modernismo, su cumbre y su superación, en busca de una mayor hondura.

Tenía Rubén una enorme facilidad para escribir poemas: «Yo nunca aprendí a hacer versos. Ello fue en mí orgánico, natural, nacido». Por eso, ingeniosamente, Eugenio d'Ors lo llama «juguete en las manos de Dios». Su obra poética es muy amplia y muy variada.

Buscaba un estilo «sentimental, sensible, sensitivo». Fue un gran renovador de las formas poéticas: su extraordinaria facilidad para el ritmo y para la rima le permitió emplear todos los versos y estrofas, incluidos los de mayor dificultad.

Llegó a intentar una gran revolución métrica: adaptar al castellano las series rítmicas de la poesía clásica grecolatina. Lo hace en la popularísima «Marcha triunfal», que agrupa versos de distinto número de sílabas pero que son siempre múltiplos de tres porque ésa es la cláusula rítmica que usa el poeta: una sílaba átona, una tónica y otra átona. Así, sea cual sea la medida del verso, se mantienen el ritmo y la musicalidad:

> Ya viene el cortejo.
> Ya viene el cortejo. Ya se oyen los claros clarines,
> la espada se anuncia con vivo reflejo.
> Ya viene, oro y hierro, el cortejo de los paladines.
> Ya pasa, debajo los arcos ornados de blancas Minervas y Martes,
> los arcos triunfales en donde las Famas erigen sus largas trompetas,
> la gloria solemne de los estandartes,
> llevados por manos robustas de heroicos atletas.

Tras la polémica inicial que suscitó la novedad de su obra, Rubén se convirtió en un maestro indiscutible. Recuerda Juan Ramón Jiménez una reunión de varios escritores, a comienzos de siglo, en un establecimiento de bebidas de la madrileña calle del Príncipe:

> Yo sólo me fijo en Rubén Darío, recién pelado, bigotito claro, saqué (sic) negro y negro sombrero de media copa; totalidad estropeada, soñolienta, perdida [...]. No dice más que «admirable» y sonríe un poco linealmente, más con los ojillos mongoles que con la boca fruncida [...]. Los demás repiten «admirable, admirable» con vario tono, relijioso (sic), corriente, murmurado. «Admirable» es la palabra alta de la época; «imbécil», la baja. Con «admirable» e «imbécil» se hizo la crítica modernista.

«Admirable» es la misma palabra que repite Rubén, en la singularísima escena de *Luces de bohemia*, en la que pasea por el cementerio, charlando con el marqués de Bradomín (el trasunto de Valle).

Cuando murió Rubén, Antonio Machado le dedicó un poema que mostraba claramente su emoción, por detrás de la noble retórica:

> Si era toda en tu verso la armonía del mundo,
> ¿dónde fuiste, Darío, la armonía a buscar?
> Jardinero de Hesperia, ruiseñor de los mares,
> corazón asombrado de la música astral,
> ¿te ha llevado Dionysos de su mano al infierno
> y, con las nuevas rosas, triunfante volverás?
> ¿Te ha herido buscando la soñada Florida,
> la fuente de la eterna juventud, capitán?
> Que en esta lengua madre la clara historia quede:
> corazones de todas las Españas, llorad.
> Rubén Darío ha muerto en sus tierras de oro,
> esta nueva nos vino, atravesando el mar.
> Pongamos, españoles, en un severo mármol,
> su nombre, flauta y lira, y una inscripción no más:
> «Nadie esta lira pulse si no es el mismo Apolo.
> Nadie esta flauta suene, si no es el mismo Pan».

Otra anécdota pintoresca: en Buenos Aires, el 20 de noviembre de 1933, en un banquete del Pen Club, García Lorca y Neruda dieron una charla «al alimón» (es el propio Federico el que la define así, con esta expresión taurina) para reivindicar a Rubén.

Opinaba Neruda: «Tu voz venía del fondo de la tierra». Y Lorca: «Como poeta español, Rubén enseñó a España a los viejos maestros y a los niños, con un sentido de universalidad y de generosidad que hace falta a los poetas españoles».

La vida sentimental de Rubén fue amplia y, en general, poco feliz. Ocupan en ella lugar preferente tres nombres de mujer: Rafaela Contreras, una cuentista modernista; Rosario Murillo, a la que llamaba «garza morena... encarnación de la mismísima Afrodita», con la que tuvo una relación muy desgraciada; sobre todo, la auténtica compañera de su vida, una campesina española, de tierras de Ávila, llamada Francisca Sánchez, con la que convivió dieciséis años.

En un libro magistral, Pedro Salinas –gran poeta y gran crítico– ha señalado que en la vida de Rubén faltó el gran amor, salvo la costumbre, hermosa y plena, con Francisca Sánchez. A la vez, el erotismo es el tema esencial de la poesía de Rubén Darío:

> Amar, amar, amar, amar siempre, con todo
> el ser y con la tierra y con el cielo,
> con lo claro del sol y lo oscuro del lodo;
> amar por toda ciencia y amar por todo anhelo.

Aunque su vida puede calificarse de inmoral, su moral artística fue severa: su exigencia estética compensaba sus debilidades personales. Así lo proclama, con solemne retórica:

> Y, si hubo áspera hiel en mi existencia,
> melificó toda acritud el Arte.

Rubén escribe Arte con mayúsculas, como corresponde al esteticismo modernista. Más que poeta amoroso, él es poeta erótico, pero con una complicación y profundidad progresivas porque expresa el afán de gozar sin límites:

> Guiome por varios senderos
> Eros.

Inicialmente, canta Rubén sin disimulos lo que ardientemente desea:

> Carne, celeste carne de la mujer. Arcilla
> –dijo Hugo–: ambrosía más bien, ¡oh maravilla!
> La vida se soporta,
> tan doliente y tan corta,
> solamente por eso:

roce, mordisco o beso
en ese pan divino...

Proclama rotundamente que «la mejor musa es la de carne y hueso». Y lo repite nada menos que seis veces, como estribillo y conclusión de una Balada. Llega así –dice Pedro Salinas– a una concepción panerótica del mundo.

Pero el erotismo no se sacia con lo puramente sensual; necesita de la imaginación, de la fantasía. Vuelve sus ojos Rubén a Grecia, a la mitología, a las *fiestas galantes* de Watteau:

Amo más que la Grecia de los griegos
la Grecia de la Francia, porque en Francia
su más dulce licor Venus escancia.

Sin embargo, como dijo Quevedo, el deseo es un «gran peregrino». Por eso, Rubén, en sus poemas, recurre al exotismo: viaja literariamente a Oriente, a la India; a los jardines con bufones y pavos reales por donde se pasea, melancólica, sin ilusión, la pálida princesa de la «Sonatina»:

La princesa está triste... ¿Qué tendrá la princesa?
Los suspiros se escapan de su boca de fresa,
que ha perdido la risa, que ha perdido el color.
La princesa está pálida en su silla de oro,
está mudo el teclado de su clave sonoro
y en un vaso, olvidada, se desmaya una flor.

Evidentemente, ese exotismo no nace de una experiencia personal sino literaria. Lo mismo le sucede al primer Valle-Inclán; por eso, luego, evocará las doloridas *luces de bohemia*.

Siente Rubén la tentación del amor posesivo, que sustituye el nombre real de la mujer por un simple pronombre:

Mía: así te llamas.
¿Qué más armonía? [...].
¡Oh, mía! ¡Oh, mía!

La experiencia le va haciendo descubrir que el placer no da la felicidad y que el deseo de gozar no se sacia nunca. El poema que exalta a la hermosa Venus, «reina rubia», concluye con una decepción: «Venus desde el abismo me miraba con triste mirar».

Ella está contemplando así a un amante que ha prometido adorarla siempre porque sabe que nunca va a poder darle la plena satisfacción...

En el horizonte del poeta van apareciendo la herida del tiempo, la caducidad de todo lo terreno:

Gozad del sol, porque mañana
estaréis ciegos.
Gozad de la carne, ese bien,
que hoy nos hechiza
y después se tornará en
polvo y ceniza.

Recuerdo bien la emoción que todos sentíamos al escuchar a Fernando Fernán Gómez, en un recital de poesía que se negó a repetir, cuando decía con impresionante sobriedad estos versos de Rubén, que parecen tan manidos, mostrando su hondura:

Juventud, divino tesoro,
¡ya te vas para no volver!
Cuando quiero llorar, no lloro
y a veces lloro sin querer.

Así de sencillo, así de trágico... Por eso, la experiencia vivida se resume en tres palabras: «La vida es dura, amarga y pesa»...

A partir de un cierto momento, en los poemas de Rubén, comienza a aparecer la muerte:

Vamos a morir, Dios mío,
vamos a morir [...].
Vamos al reino de la muerte
por el camino del amor.

Inicia un nuevo ciclo, la poesía del desorientado, del hombre que se siente perdido:

> Soy como un ciego. Voy sin rumbo
> y ando a tientas.

Comienza a rezar, pidiendo la luz:

> ¡Señor, que la fe se muere!
> Señor, mira mi dolor.
> Miserere, miserere.
> Dame la mano, Señor.

Pero él siente también, como los jansenistas, la tragedia del silencio de Dios:

> Oh Señor Jesucristo, ¿por qué tardas, qué esperas? [...].
>
> Aún la voz no escucho
> del Dios por que lucho.
> ¡He pecado mucho!

Lo erótico se ha convertido ya en agónico, en lucha por no morir... A la vez, la voz de Rubén se ha ido desnudando de toda retórica. El poeta que ha cantado a princesas y a diosas alcanza una de las más conmovedoras declaraciones de amor de la lengua castellana:

> Ajena al dolo y al sentir artero,
> llena de la ilusión que da la fe,
> lazarillo de dios en mi sendero,
> Francisca Sánchez, acompáñame.

El volumen *Cantos de vida y esperanza* se abre con un examen de conciencia, refiriéndose a los dos anteriores, *Azul* y *Prosas profanas*:

> Yo soy aquel que ayer no más decía
> el verso azul y la canción profana,

en cuya noche un ruiseñor había
que era alondra de luz por la mañana.

Era el mismo canto del ruiseñor y de la alondra que escucharon Romeo y Julieta, en su noche de amor. Pero el poeta se arrepiente ya de los excesos de su juventud:

Potro sin freno se lanzó mi instinto,
mi juventud montó potro sin freno,
iba embriagada y con puñal al cinto;
si no cayó, fue porque Dios es bueno.

Todo este viaje interior culmina simbólicamente en el poema que he elegido, «Lo fatal», que cierra *Cantos de vida y esperanza*. Plantea en él Rubén algunos de los mayores enigmas que angustian al ser humano. Eso es lo que más admiraba, en su poesía, Unamuno: «Le acongojaban las eternas e íntimas inquietudes del espíritu y ellas le inspiraron sus más profundos, sus más íntimos, sus mejores poemas».

Se supone que todos nosotros buscamos el conocimiento, la sabiduría, la verdad. ¿O no será más cierto que lo que buscamos, a través de todo eso, es la felicidad? Surge entonces la inevitable pregunta: esa sabiduría, ¿nos ayuda a ser más felices o, por el contrario, nos hace más desgraciados?

Ya el Eclesiastés sentenciaba que ese deseo de conocimiento forma parte también de la inmensa «vanidad de vanidades»: «Porque, donde abunda la sabiduría, abunda el sufrimiento; a más ciencia, más dolor».

En «Lo fatal», Rubén formula una escala implacable: envidia a la piedra, que nada siente; al árbol, apenas sensible; al animal, que vive, pero sin plena conciencia:

Dichoso el árbol que es apenas sensitivo
y más la piedra dura, porque ésa ya no siente...

Lo que el poeta está envidiando no es una cualidad sino algo negativo, una ausencia: la falta de conciencia. Con lúcido pesimismo, nos muestra que esa conciencia trae consigo la pesadumbre. Pero, a la vez, la conciencia es lo que nos convierte en seres humanos. Lo sintetizó Pascal con una metáfora brillante: el hombre es tan débil como una caña, pero su grandeza radica en que es una «caña pensante».

Somos seres duales, contradictorios –nos dice el poeta–, nunca alcanzamos la unidad con nosotros mismos. Hasta el final, nos arrastran tendencias opuestas: aunque sintamos cercana la muerte, seguimos sintiendo el deseo erótico:

> ...y la carne que tienta con sus frescos racimos
> y la tumba que aguarda con sus fúnebres ramos.

Desemboca el poema en dos versos de estremecedora sencillez, que resumen todo nuestro drama:

> Y no saber a dónde vamos
> ni de dónde venimos.

Con ignorante arrogancia, afirman ahora algunos necios que la tecnología ha cambiado radicalmente la condición humana. Se equivocan. Por muchas maquinitas que utilice, el ser humano sigue siendo, en lo básico, el mismo: siente los mismos deseos, idénticas pasiones, las mismas ilusiones, las mismas incógnitas...

Desde el comienzo de los tiempos hasta hoy, permanecen iguales las grandes preguntas que han angustiado siempre a los seres humanos. Por eso nos emociona tanto repetir, con Rubén Darío:

> Y no saber a dónde vamos
> ni de dónde venimos.

Punto final.

«LO FATAL»

Dichoso el árbol que es apenas sensitivo
y más la piedra dura, porque ésa ya no siente,
pues no hay dolor más grande que el dolor de ser vivo
ni mayor pesadumbre que la vida consciente.

Ser, y no saber nada, y ser sin rumbo cierto,
y el temor de haber sido y un futuro terror...
Y el espanto seguro de estar mañana muerto,
y sufrir por la vida y por la sombra y por

lo que no conocemos y apenas sospechamos,
y la carne que tienta, con sus frescos racimos,
y la tumba que aguarda, con sus fúnebres ramos,
y no saber a dónde vamos,
ni de dónde venimos...

«CANTANDO LA PENA, LA PENA SE OLVIDA»

Manuel Machado
«Adelfos»

No pocos lectores españoles están en deuda con don Manuel Machado (1874-1947). Los prejuicios políticos suelen contagiar las valoraciones literarias: era frecuente oponer un Machado «bueno» a otro, «malo».

Durante el franquismo, el cartel con la fotografía de don Antonio, en un café, solía acompañar, en muchos cuartos de jóvenes y en librerías «progres», al del *Guernica*, de Picasso, mientras se escuchaban sus poemas, cantados por Serrat. En cambio, la etiqueta de «franquista» (hoy sería: «facha») bastaba para descalificar a don Manuel...

Suponía esto un verdadero disparate. Los dos eran buenísimos, como poetas y como personas. Y los dos estaban profundamente unidos, en el terreno poético y en el personal. Su separación, durante la guerra, es la misma que se dio en tantas familias españolas, sin ningún tipo de ruptura.

Poéticamente, los dos venían de lo mismo: de la poesía popular andaluza, recopilada por su padre, *Demófilo*. Del hondo Romanticismo de Bécquer, otro sevillano. Del modernismo de Rubén, pasado por París...

De hecho, los dos colaboran, al comienzo de su carrera, en la revista *La Caricatura*, con artículos que firman con el seudónimo conjunto «Tablante de Ricamonte». De 1926 a 1932, escriben conjuntamente seis obras de teatro. Salvo algún testimonio de uno de los dos sobre unos versos concretos, nadie es capaz de discernir lo que escribió cada uno.

Lo confirma Gerardo Diego:

> Escuchándoles a ellos, recordamos la sorna con que se sonreían de la audacia de sus críticos o lectores, que aseveraban: «Esto es, evidentemente, de Manolo; esto, de

Antonio»... «Siempre se equivocaban», solía decir Antonio, y lo mismo, Manolo.

Manuel Machado posee la capacidad singular de identificarse con los cantes populares andaluces. Cuentan que fue una noche a escuchar cantar flamenco y advirtió, con asombro, que la letra de la canción era un poema suyo. Al preguntarle al cantaor quién era el autor, le contestó éste que nadie, que se trataba de una copla popular.

La anécdota es significativa para comprobar la profunda compenetración que logra Manuel Machado con el alma del pueblo. Él consigue, como Lope de Vega, ser un poeta verdaderamente popular. Su ilusión es desaparecer como autor; que lleguen a creer que fue el pueblo, y no él, el que ha escrito unos versos:

Hasta que el pueblo las canta,
las coplas, coplas no son.
Y, cuando las canta el pueblo,
ya nadie sabe el autor.
Tal es la gloria, Guillén,
de los que escriben cantares:
oír decir a la gente
que no los ha escrito nadie.

Pero también su hermano Antonio escribe cantares de apariencia popular. Por ejemplo, éstos:

A las palabras de amor
les sienta bien su poquito
de exageración [...].
Gracias, Petenera mía.
Por tus ojos me he perdido:
era lo que yo quería.

Si no supiéramos quién es el autor, ¿a cuál de los dos hermanos atribuiríamos estos cantares?... Sí es cierto que el descubrimiento de Castilla deja una profunda huella en la poesía de Antonio, mientras que Manuel permanecerá siempre unido a su origen popular y andaluz:

Vinos, sentimiento, guitarra y poesía
hacen los cantares de la patria mía...
Cantares...
Quien dice cantares dice Andalucía [...].

No importa la vida, que ya está perdida;
y, después de todo, ¿qué es eso, la vida?
Cantares...
Cantando la pena, la pena se olvida.

Madre, pena, suerte, pena, madre, muerte,
ojos negros, negros, y negra la suerte [...].
Cantares... No tiene más notas la guitarra mía.

Manuel Machado se siente «andaluz, sevillano hasta la médula». Cuenta el gran crítico teatral Enrique Díez-Canedo que, «en su casa de Madrid, hace construir, en el centro, un patio andaluz, en donde se oye a menudo el rasguear de las guitarras».

Acierta rotundamente Manuel Machado al describir con una breve y feliz fórmula cada una de las capitales andaluzas, en un poemita de su libro *Phoenix* (1935). Muchísimos andaluces se lo saben de memoria:

Cádiz, salada claridad. Granada,
agua oculta que llora.
Romana y mora, Córdoba callada.
Málaga, cantaora.
Almería, dorada.
Plateado, Jaén. Huelva, la orilla
de las tres carabelas.
Y Sevilla.

El felicísimo remate, limitándose a mencionar a su amada ciudad natal, sin añadirle ningún adjetivo, se ha comparado a una hermosa media verónica, que cierra brillantemente una serie de lances...

Pero Manuel Machado también vive y canta la bohemia parisina: «Cada hombre de espíritu tiene dos patrias: la suya y París». Allí conoce de primera mano el modernismo, se hace amigo de Rubén Darío, Amado Nervo, Jean Moréas, Paul Fort, André Gide, Oscar Wilde, Pío Baroja, Bonafoux, la pareja formada por Gómez Carrillo y Raquel Meller...

Manuel Machado es el poeta que mejor representa en España la plenitud del modernismo, tanto en temas como en estilo y en métrica: Dámaso Alonso ha mostrado cómo asimila los tipos flexibles del verso alejandrino de Rubén Darío.

Eso no le impide a Manuel abordar temas históricos cercanos al 98, como esa dramática escena en la que una niña pide clemencia al Cid, en el muy popular poema «Castilla»:

¡Buen Cid! Pasad.... El rey nos dará muerte,
arruinará la casa
y sembrará de sal el pobre campo
que mi padre trabaja...
Idos. El cielo os colme de venturas...
¡En nuestro mal, oh Cid, no ganáis nada!

Calla la niña y llora sin gemido...
Un sollozo infantil cruza la escuadra
de feroces guerreros
y una voz inflexible grita: «¡En marcha!».

El ciego sol, la sed y la fatiga,
por la terrible estepa castellana,
al destierro, con doce de los suyos,
–polvo, sudor y hierro–, el Cid cabalga.

También escribe Manuel Machado uno de los más atractivos poemas taurinos, «La fiesta nacional. (Rojo y negro)», que abarca la lidia completa y se centra en su atractivo sensorial: los colores, los sonidos, la música. Aunque les moleste a los antitaurinos, la realidad es que Manuel Machado llama a la tauromaquia «el primero / espectáculo español»:

Una nota de clarín
desgarrada,
penetrante,
rompe el aire con vibrante
puñalada.
Ronco toque de timbal.
Salta el toro
en la arena. Bufa, ruge...
Roto cruje
un capote de percal.
Acomete rebramando,
derribando
a caballo y caballero.
Da principio el primero
espectáculo español.

La hermosa fiesta bravía
de terror y de alegría
de este viejo pueblo fiero...
Oro, seda, sangre y sol.

Una veta original y muy interesante de su obra son los poemas inspirados por la pintura (como luego hará Rafael Alberti). En el libro *Apolo. (Teatro poético)*, incluye veinticinco sonetos, que glosan poéticamente famosos cuadros de Botticelli, Leonardo, Tiziano, Rubens, Goya... (La primera edición incluía, junto a cada poema, la reproducción del cuadro correspondiente.)

Logradísimo me parece el poema que dedica al *Felipe IV*, de Velázquez, incluido en su libro *Alma*. En él, siguiendo el viejo aforismo, la poesía también pinta: la descripción del monarca supone un certero análisis psicológico y un diagnóstico espiritual de la España del siglo XVII:

Nadie más cortesano ni pulido
que nuestro rey Felipe, que Dios guarde,
siempre de negro hasta los pies vestido.

Es pálida su tez como la tarde,
cansado el oro de su pelo undoso
y de sus ojos, el azul, cobarde...

Se cierra el poema con un detalle singular, que supone un acierto poético indudable:

Y, en vez de cetro real, sostiene apenas,
con desmayo galán, un guante de ante
la blanca mano de azuladas venas.

Con gran sensibilidad, Manuel Machado se ha fijado en el precioso detalle del cuadro de Velázquez. No importa que haya sufrido una confusión: en el retrato de Felipe IV, al que dedica su poema, lo que el rey sostiene es un papel blanco doblado (quizá, una petición que le han hecho). Es el infante don Carlos, al que también retrató Velázquez, el que sostiene por la punta de un dedo un guante de ante. El poeta no es un erudito y ha juntado, en su recuerdo, los dos cuadros.

Otro género poético que domina Manuel Machado es la elegía, en recuerdo de un amigo fallecido. Es magnífico el «Epitafio» que dedica a Alejandro Sawa –el poeta que sirvió de modelo al Max Estrella de *Luces de bohemia*–, con sus pies quebrados, que suponen un claro recuerdo de Jorge Manrique:

Jamás hombre más nacido
para el placer, fue al dolor
más derecho.
Jamás ninguno ha caído
con facha de vencedor
tan deshecho.
Y es que él se daba a perder
como muchos a ganar.
Y su vida,
por la falta de querer
y sobra de regalar,
fue perdida.

Aunque a algunos les sorprenda, Antonio y Manuel Machado tampoco eran opuestos en política. Es cierto que la guerra los separó: Antonio murió en el exilio; Manuel sobrevivió con dificultades, en Burgos. Durante la guerra, Antonio escribió un soneto en elogio de Líster; poco después, Manuel elogió en otro poema a Franco. Ninguno de los dos alcanzó su mejor nivel en esos poemas políticos de circunstancias.

Suele olvidarse que, en 1931, Manuel escribe la letra para el *Himno a la República*, con música de Óscar Esplá; que, en 1932, rechaza las dos «panaceas universales» (así las llama): el comunismo y el fascismo; que, en Burgos, en 1936, es denunciado y detenido; que se define, siempre, «liberal, en arte, y romántico, en política».

Como resume Andrés Trapiello, «Manuel es inseparable de Antonio, en el trabajo y en la vida, hasta el último día en que se vieron».

Los dos se estimaron al máximo. Opinaba Manuel: «Mi hermano, el mejor poeta de España, sin duda alguna». Y le corregía Antonio: «No, el más grande poeta eres tú, Manuel».

Su inquebrantable cariño y cercanía no impide que su carácter fuera diferente, igual que les ocurre a tantos hermanos: Manuel, hacia fuera, más mujeriego, más elegante; Antonio, hacia dentro, más filosófico, más descuidado en el vestir.

Lo sintetiza Dámaso Alonso: Antonio es «el agua adensada en sombras»; Manuel, «la gracia, el impulso, la fuente, el surtidor». Pero nos previene: detrás de su aparente ligereza, existe una auténtica gravedad. En una estampa deliciosa, lo retrata así, cuando acude a visitarlo a su despacho:

> Fuimos a verlo a la Biblioteca Municipal. El señor director no había llegado aún. Esperamos. Hacia la una, llegó Machado. Se quitó garbosamente la capa, que un empleado cogió por detrás y colgó de una percha. Machado se sentó, dispuesto a escucharnos. Cruzó las piernas. Noté sus botas de botones: la caña, de una tela crema clara; la empella, o de charol, o, por lo menos, brillante de limpiabotas

> recientísimo. Sacó don Manuel la petaca, y de ella el librillo, y se puso a liar un cigarro, rito de la conversación. La nuestra duró los minutos de medir en el hueco de la mano tabaco suficiente, eliminar con el índice y el pulgar la madera, liar, humedecer el filo del papel, pegar y encender [...]. Y luego: «Pepe, la capa». La descolgó presurosamente de la percha el mismo reverente empleado. Se la ofreció abierta, por la espalda: con un movimiento exacto de hombros, la recibió don Manuel. Y salió muy garboso por la puerta, contoneándose.

La elegante ironía de Manuel Machado se advierte claramente en sus poemas autobiográficos. Por ejemplo, en el titulado «Retrato»:

> Ésta es mi cara y ésta es mi alma. Leed:
> unos ojos de hastío y una boca de sed.
> Lo demás... Nada... Vida... Cosas... Lo que se sabe...
> Calaveradas, amoríos... Nada grave.
> Un poco de locura. Un algo de poesía.
> Una gota del vino de la melancolía.

Una de las manifestaciones de la poesía modernista fue el llamado «decadentismo»: la desengañada conciencia de estar viviendo, en España, una etapa histórica de decadencia. Así lo proclama Manuel Machado:

> Yo, poeta decadente,
> español del siglo veinte,
> que los toros he elogiado
> y cantado
> las golfas y el aguardiente...
> y las noches de Madrid,
> y los rincones impuros
> y los vicios más oscuros
> de estos bisnietos del Cid:
> de tanta canallería,
> harto estar un poco debo:

ya estoy malo y ya no bebo
lo que dicen que bebía.

Ese escepticismo le conduce a una forma poética originalísima, cercana al lenguaje coloquial, en la que el poeta va deshaciendo o poniendo en duda lo mismo que él acaba de afirmar:

Porque ya
una cosa es la poesía
y otra cosa lo que está
grabado en el alma mía.

Grabado, lugar común.
Alma, palabra gastada.
Mía... no sabemos nada.
Todo es conforme y según.

He elegido yo «Adelfos», el poema autobiográfico de Manuel Machado: uno de los más bellos del modernismo español. Se advierte su pertenencia a ese estilo en la métrica: versos alejandrinos, de catorce sílabas, con una pausa central, después de la séptima; la mayoría de las estrofas son serventesios, con rimas cruzadas: ABAB.

Nos deslumbra el poeta por su sensualidad, su pose aristocrática, sus preciosas metáforas: «Tengo el alma de nardo del árabe español».

Y concluye con una estrofa de bellísima retórica, que supone el acierto rotundo de un auténtico poeta:

Mi voluntad se ha muerto una noche de luna
en que era muy hermoso no pensar ni querer.
De cuando en cuando, un beso, sin ilusión ninguna.
¡El beso generoso que no he de devolver!

No es extraño que el malvado –e inteligentísimo– Jorge Luis Borges buscara escandalizar con su famosa frase: «¡Ah!, pero ¿tenía Manuel Machado un hermano?».

Matiza el crítico Ricardo Gullón: «Es desigual, sí, pero cuando acierta, nadie llega más directamente al corazón del lector».

Así lo han reconocido poetas de todas las escuelas, comenzando por Unamuno, aunque era tan opuesto al modernismo. Lo estiman los poetas del 27, como Gerardo Diego: «Yo no conozco poeta digno de este nombre que no le haya querido y admirado, desde Unamuno y Darío hasta los últimos jóvenes. No se ha dicho nada en poesía española más hondo y puro que los versos ingrávidos de Manuel Machado».

Igual que Dámaso Alonso: «Lo que nos da es el alma de las cosas. Expresó la gravedad por medio de la ligereza».

Y que Jorge Guillén: «La poesía de Manuel Machado, tan simple, tan espontánea, al parecer, es, no obstante, una quintaesencia».

Recientemente, lo han reivindicado como uno de sus guías los poetas novísimos, como Carlos Marzal, en su poema «Media verónica para don Manuel Machado»:

> La crítica, tan crítica, tan lista, me ha indicado
> que soy nieto cercano de don Manuel Machado.

También han proclamado su admiración por él, entre otros, Jaime Gil de Biedma, Francisco Brines, Felipe Benítez Reyes, Javier Salvago, Miguel d'Ors, Jon Juaristi, Julio Martínez Mesanza, Emilio Miró... Los resume a todos Luis Alberto de Cuenca: «Su rastro es luz y orienta a los más jóvenes. En compañía de Lorca, me parece el poeta español más genial de este siglo».

Vale la pena liberarse de prejuicios y telarañas ideológicas, disfrutar con la poesía de Manuel Machado. La resume el título de uno de sus libros: es, de verdad, *cante hondo*.

«ADELFOS»

> Yo soy como las gentes que a mi tierra vinieron
> –soy de la raza mora, vieja amiga del sol–,
> que todo lo ganaron y todo lo perdieron.
> Tengo el alma de nardo del árabe español.

Mi voluntad se ha muerto una noche de luna
en que era muy hermoso no pensar ni querer...
Mi ideal es tenderme, sin ilusión ninguna...
De cuando en cuando, un beso y un nombre de mujer.

En mi alma, hermana de la tarde, no hay contornos
y la rosa simbólica de mi única pasión
es una flor que nace en tierras ignoradas
y que no tiene aroma, ni forma, ni color.

Besos, ¡pero no darlos! Gloria... ¡la que me deben!
¡Que todo como un aura se venga para mí!
Que las olas me traigan y las olas me lleven
y que jamás me obliguen el camino a elegir.

¡Ambición!, no la tengo... ¡Amor!, no lo he sentido.
No ardí nunca en un fuego de fe ni gratitud.
Un vago afán de arte tuve... Ya lo he perdido.
Ni el vicio me seduce, ni adoro la virtud.

De mi alta aristocracia, dudar jamás se pudo.
No se ganan, se heredan, elegancia y blasón...
Pero el lema de casa, el mote del escudo
es una nube vaga que eclipsa un vano sol.

Nada os pido. Ni os amo, ni os odio. Con dejarme,
lo que hago por vosotros, hacer podéis por mí...
¡Que la vida se tome la pena de matarme,
ya que yo no me tomo la pena de vivir!...

Mi voluntad se ha muerto una noche de luna
en que era muy hermoso no pensar ni querer...
De cuando en cuando, un beso, sin ilusión ninguna.
¡El beso generoso que no he de devolver!

UN CONMOVEDOR AUTORRETRATO

Antonio Machado
«Retrato»

Ya he señalado la cercanía personal y poética de los dos hermanos Machado, Manuel y Antonio. Eso es compatible con su diferente carácter. Antonio es uno de los más grandes poetas españoles por la gravedad, la hondura, la profundidad de su pensamiento; también, por la expresión justa, medida, ascética. Como señala José Luis Cano, es un romántico contenido.

Al contrario de Juan Ramón Jiménez, Antonio Machado (1875-1939) es un poeta de mayorías (en la medida en que un poeta puede serlo). Durante muchos años, ha sido un auténtico *best seller* la edición, en la colección Austral, de sus *Poesías completas* (que, en realidad, no son completas).

Comparte con su hermano Manuel sus raíces: la poesía popular andaluza, recopilada por su padre, *Demófilo*. El hondo Romanticismo de Bécquer, otro sevillano. La ideología de la Institución Libre de Enseñanza. La influencia del modernismo de Rubén Darío y de los poetas simbolistas franceses (en el libro *Soledades*).

La diferencia más evidente entre la poesía de los dos hermanos es que Manuel permaneció siempre fiel a la estética modernista, mientras que Antonio evolucionó hacia otros horizontes.

En primer lugar, hacia la descripción de Castilla y la crítica de una España dormida, cercana al espíritu del 98 (en el libro *Campos de Castilla*).

Luego, hacia la poesía honda, neorromántica, que canta, en forma desnuda, los grandes temas: la soledad, la melancolía, el ensueño, el tiempo, el recuerdo, la muerte (en el libro *Nuevas canciones*).

Al final, escribe Antonio coplas de apariencia popular, pero de gran profundidad filosófica, influidas, entre otros, por Bergson.

En 1909, Antonio se casa con Leonor, que tiene sólo quince años. Ella muere tres años después, dejándolo sumido en el dolor:

> Señor, ya me arrancaste lo que yo más quería.
> Señor, ya estamos solos mi corazón y el mar.

Años después, escribe otros poemas de amor, sus *Canciones a Guiomar*, que luego comentaré.

Define así Antonio Machado la poesía:

> Ni mármol duro y eterno,
> ni música ni pintura,
> sino palabra en el tiempo.

Esta concepción de la poesía como «palabra en el tiempo» se repitió mucho, durante el franquismo, como argumento para defender una literatura comprometida con la realidad histórica.

Dedica también poemas Antonio Machado a la reflexión sobre nuestra patria. Su crítica adopta a veces tonos duros, claramente noventayochistas:

> Españolito que vienes
> al mundo, te guarde Dios.
> Una de las dos Españas
> ha de helarte el corazón.

Pero también nos da una lección esperanzada: «Hoy es siempre todavía».

Hemos leído ya el precioso poema autobiográfico de Manuel Machado, «Adelfos». De un tono muy distinto, pero también muy hermoso, es el poema equivalente de Antonio. Se titula «Retrato» y abre el libro *Campos de Castilla.*

El verso que emplea aquí Antonio Machado es el alejandrino, de catorce sílabas, dividido por una pausa central en dos partes, de siete más siete. Tiene este verso larga tradición en nuestra literatura, desde Gonzalo de Berceo, pero lo vuelve a poner de moda el modernismo. Como estrofa, utiliza serventesios: cuatro versos, que riman ABAB. El poema comprende nueve estrofas.

La primera, que se ha hecho muy popular, comienza con sus recuerdos infantiles de Sevilla: el patio del Palacio de las Dueñas, de los duques de Alba, donde trabajaba su padre.

A él le dedica también un soneto, en su libro *Nuevas Canciones*. Lo evoca, primero, como un joven que lee, hojea libros, medita. Luego, el padre parece adelantarse en el tiempo, imaginando el momento en el que su hijo Antonio tendrá ya la cabeza cana (y el padre, obviamente, ya no podrá verlo). Ese soneto comienza así:

> Esta luz de Sevilla... Es el palacio
> donde nací, con su rumor de fuente...

Los recuerdos de su infancia y de la luz de Sevilla acompañan a Antonio toda su vida. Cuando muere, en Colliure, encuentran en el bolsillo de su chaqueta un papelito, en el que había escrito su último verso:

> Estos días azules y este sol de la infancia.

Se gana la vida Antonio Machado como profesor de francés, en Soria, Úbeda, Segovia y Madrid. Descubre el paisaje espiritual de Castilla, decisivo para él: «Cinco años en Soria orientaron mis ojos y mi corazón hacia lo esencial castellano». Allí, además, encuentra el amor:

> Mi corazón está donde ha nacido,
> no a la vida, al amor, cerca del Duero.

La segunda estrofa del poema se refiere a su experiencia sentimental. Afirma que no ha sido nunca un donjuán y pone dos ejemplos. Uno, tomado de la historia, el de don Miguel de Mañara, el noble andaluz, famoso por sus amoríos y por su posterior conversión. En el pórtico de la iglesia sevillana de la Caridad está su tumba, colocada allí, como él quería, para que todos pudieran pisarla, con su barroco y desmesurado epitafio: «Aquí yacen los huesos y cenizas del peor hombre que ha habido en el mundo».

El otro ejemplo de donjuán que señala Antonio Machado es el del marqués de Bradomín, el protagonista de las cuatro *Sonatas* de Valle-Inclán, que lo retrata como un donjuán «feo, católico y sentimental».

Ni a uno ni a otro se compara Antonio Machado, pero sí reivindica que conoció el amor: «La flecha que me asignó Cupido». Y se describe con humildad: «Ya conocéis mi torpe aliño indumentario» (tampoco mentía en esto).

En la tercera estrofa, alude a su ideología, con una curiosa metáfora: «Hay en mis venas gotas de sangre jacobina». Los jacobinos eran la facción más violenta y sanguinaria de la Revolución francesa. Sin embargo, Machado no quiere trasladar a su obra ese radicalismo, no desea escribir poesía sectaria: «Pero mi verso brota de manantial sereno». (No se libró de ese riesgo en los poemas escritos durante la guerra civil.)

Concluye el serventesio con una fórmula coloquial que se ha hecho justamente famosa: «Soy, en el buen sentido de la palabra, bueno». Nadie se atrevería a decir otra cosa de Antonio Machado: en él, la ética iba totalmente unida a la estética.

De su estilo literario se ocupan las tres estrofas siguientes. Defiende Machado que ha unido lo clásico con lo contemporáneo: «Corté las viejas rosas del huerto de Ronsard». El tema de la rosa es frecuente en la obra de este poeta renacentista francés, Pierre de Ronsard (1524-1585). Unas veces, como simple elogio de la amada:

> Coge esta rosa, amable como tú,
> que eres, entre las rosas, la más bella.

Lo más probable es que se refiera Machado a un muy famoso soneto de Ronsard, «Quand vous serez bien vieille...» (de los *Sonetos a Helena,* 1578). Traduzco su final:

Vive, si tú me crees: no esperes a mañana,
coge ya desde hoy las rosas de la vida.

Es éste el viejo tema clásico del *carpe diem*, tan frecuente en nuestra literatura clásica (Garcilaso, Góngora), que llega hasta el título de un reciente libro de Emilio del Río y de una canción de mi amiga Alaska.

Intenta Machado dar forma nueva a la belleza clásica, pero se aleja de los excesos del modernismo: «Los afeites de la actual cosmética». A ellos se refiere también como «el nuevo gay-trinar», con una clara alusión a la poesía provenzal. (Dentro del modernismo filosófico, un libro de Nietzsche se traduce al español con el título *La gaya ciencia*.)

Defiende una poesía personal, auténtica, que no imite a nadie; una voz nacida de lo hondo del sentimiento, no un eco que repita lo que los otros han dicho: «A distinguir me paro las voces de los ecos».

En la estrofa sexta, supera Machado el dualismo de las etiquetas críticas: «¿Soy clásico o romántico?». Responde con gran sentido común: no importa quién ha hecho una cosa sino para qué la utilizamos. Traducido al arte: dentro de cada escuela, hay artistas buenos, regulares y mediocres.

Culmina el poema en las tres últimas estrofas, en las que el autoanálisis de Antonio Machado se centra en lo más íntimo. Él es, sin duda, un hombre solitario: «Converso con el hombre que siempre va conmigo».

Ha aprendido «el secreto de la filantropía»: usa esta palabra, en vez de mencionar la caridad cristiana. (Su padre escogió el seudónimo «Demófilo», muy cercano a «filántropo».)

La actitud religiosa de Antonio Machado es bastante cercana a la de Unamuno: no la creencia firme ni la increencia segura sino la búsqueda constante: «Quien habla solo espera hablar a Dios un día». Pero esa búsqueda no encuentra respuesta cierta, lo confiesa en otros poemas:

Amargura
de querer y no poder
creer, creer y creer.

Por eso, fluctúa, según los momentos:

> Hora de mi corazón:
> la hora de una esperanza
> y una desesperación.

O, con tintes más trágicos:

> Ayer soñé que veía
> a Dios y que a Dios hablaba;
> y soñé que Dios me oía:
> después, soñé que soñaba.

Este último verso es el título que dio Carmelo Bernaola –por sugerencia mía– a su homenaje musical a Antonio Machado.

En la penúltima estrofa, proclama Machado su orgulloso sentido de la independencia y su reconocida austeridad: «Y, al cabo, nada os debo...». Desemboca todo esto en un final ambiguo, misterioso.

En los poemas de Antonio Machado, la metáfora del mar suele aludir a la muerte: «el último viaje». Reitera ahora su desprendimiento de todos los bienes mundanos:

> Ligero de equipaje,
> casi desnudo...

No se trata de una alegoría, que tenga una traducción clara, segura, sino de un símbolo, abierto a la interpretación de cada lector. No sabemos con certeza quiénes son estos «hijos de la mar»: ¿los animales marinos, los marineros, cualquier hombre? En todo caso, nos conmueve profundamente, igual que la «noche oscura» de san Juan de la Cruz o la «negra sombra» de Rosalía de Castro.

Muchos lectores nos sabemos de memoria algunos versos de este poema: son frases que podríamos decir en una conversación, sin que nadie advirtiera que se trata de versos. Su naturalidad les añade fuerza expresiva.

Con toda sencillez, Antonio Machado nos acerca a los misterios más hondos del ser humano: ése es su secreto.

«Retrato»

1. Mi infancia son recuerdos de un patio de Sevilla
y un huerto claro donde madura el limonero;
mi juventud, veinte años en tierra de Castilla;
mi historia, algunos casos que recordar no quiero.

2. Ni un seductor Mañara, ni un Bradomín he sido
–ya conocéis mi torpe aliño indumentario–,
mas recibí la flecha que me asignó Cupido
y amé cuanto ellas puedan tener de hospitalario.

3. Hay en mis venas gotas de sangre jacobina
pero mi verso brota de manantial sereno;
y, más que un hombre al uso que sabe su doctrina,
soy, en el buen sentido de la palabra, bueno.

4. Adoro la hermosura y en la moderna estética
corté las viejas rosas del huerto de Ronsard;
mas no amo los afeites de la actual cosmética
ni soy un ave de ésas del nuevo gay-trinar.

5. Desdeño las romanzas de los tenores huecos
y el coro de los grillos que cantan a la luna.
A distinguir me paro las voces de los ecos
y escucho solamente, entre las voces, una.

6. ¿Soy clásico o romántico? No sé. Dejar quisiera
mi verso como deja el capitán su espada:
famosa por la mano viril que la blandiera,
no por el docto oficio del forjador preciada.

7. Converso con el hombre que siempre va conmigo
–quien habla solo espera hablar a Dios un día–;

mi soliloquio es plática con este buen amigo
que me enseñó el secreto de la filantropía.

8. Y al cabo, nada os debo; debeisme cuanto he escrito.
A mi trabajo acudo, con mi dinero pago
el traje que me cubre y la mansión que habito,
el pan que me alimenta y el lecho en donde yago.

9. Y, cuando llegue el día del último viaje
y esté al partir la nave que nunca ha de tornar,
me encontraréis a bordo, ligero de equipaje,
casi desnudo, como los hijos de la mar.

SUFRIMOS POR AMOR, PERO ES LO ÚNICO QUE NOS HACE ESTAR VIVOS

Antonio Machado
«Yo voy soñando caminos...»

Después de comentar su «Retrato», elijo ahora un poema de la primera etapa de Antonio Machado, la más simbolista. En la edición de sus *Poesías completas* de la colección Austral, lleva el número XI, dentro de su primer gran libro, *Soledades* (1903), que adquiere su forma definitiva en 1907: *Soledades. Galerías. Otros poemas.*

Dejando al margen detalles eruditos, casi todos los poemas de este libro se escribieron en el comienzo del siglo, cuando estaba más vigente el modernismo. (*Prosas profanas*, el libro de Rubén Darío que marca el apogeo de ese estilo, es de 1896.)

Antonio Machado es un poeta popular, dentro de lo que puede serlo un poeta español: no escribe para una minoría, como Juan Ramón Jiménez, por ejemplo, sino para cualquier lector. Une la hondura de pensamiento y de sentimiento con la expresión sencilla, impecable.

Este poema tiene una apariencia tan sencilla que solía incluirse en bastantes libros de texto para niños. En realidad, su tono sentimental no es infantil, en absoluto.

Comprende veinticuatro versos octosílabos (la medida más popular, para el oído español). Se agrupan en seis estrofas de cuatro versos, con rima consonante, alternando las rimas cruzadas (abab) y las abrazadas (abba).

Para la musicalidad de este poema, es fundamental fijarse en el uso que hace de una figura retórica llamada encabalgamiento: el sentido de una frase no concluye al final de un verso sino que se prolonga en el siguiente.

Según el magistral estudio de Dámaso Alonso, el encabalgamiento puede ser de dos clases: suave, cuando se prolonga hasta el final del verso siguiente, y abrupto, cuando se interrumpe a mitad del verso siguiente.

Naturalmente, lo importante no es comprobar que, en un poema, existe esta figura retórica sino averiguar para qué la usa el poeta, en qué medida contribuye a su expresividad.

Un ejemplo claro: Dámaso Alonso señaló la importancia decisiva del encabalgamiento suave para la armonía que poseen los versos de Garcilaso de la Vega.

Algo semejante sucede en el poema de Antonio Machado. En general, predomina el encabalgamiento suave. Un ejemplo:

> En el corazón tenía
> la espina de una pasión.

Pero hay también un caso llamativo, en este poema, en el que un encabalgamiento suave concluye con otro, abrupto, a mitad del verso:

> Y todo el campo, un momento
> se queda, mudo y sombrío,
> meditando.

Este gerundio cierra la frase, con un punto, a mitad del verso: nos invita a detenernos en esa meditación: leemos esta palabra más lentamente, como saboreándola: «meditando...». A eso se añade algo que también ha señalado Dámaso: el efecto poético reflexivo que suele aportar, en los versos, el sonido nasal, en palabras como «hondo, profundo, denso».

En el verso y medio iniciales, Machado nos da ya los datos básicos para introducirnos en el clima sentimental que desea:

> Yo voy soñando caminos
> de la tarde.

Ante todo, el «yo» inicial. El poeta es también el protagonista de lo que vamos a leer, no nos cuenta una historia que le sea ajena. Lo que conocemos de la biografía de Antonio Machado nos invita a pensar que es él mismo el que habla, no se trata de un «yo» ficticio, literario.

El tópico literario de la vida como camino es uno de los más antiguos. Ya los latinos hablaban del *homo viator*.

Con sentido religioso, se habla también del hombre como peregrino o romero. Así lo usa, por ejemplo, Gonzalo de Berceo, en su introducción alegórica a los *Milagros de Nuestra Señora*: «Yendo en romería, caeçí en un prado».

Por influencia de Berceo, vuelve a ponerse de moda en el modernismo español. Pérez de Ayala lo convierte en *sendero* y lo usa como símbolo central de sus libros de poemas: *La paz del sendero, El sendero innumerable, El sendero andante* y *El sendero ardiente*.

Este tópico admite muchas variantes. Puede ser un camino de agua, que va hacia la mar (la muerte). Así, en las *Coplas* de Jorge Manrique:

> Nuestras vidas son los ríos
> que van a dar en la mar,
> que es el morir.

Según eso, será un *río sin retorno,* como el de la película de Marilyn Monroe, en la que un coro inglés repite, fatalistamente: «No return, no return».

Un viaje iniciático era ya la *Odisea*. Los místicos le dan a eso un sentido religioso, que conduce hacia el éxtasis: es el *Camino de perfección,* de santa Teresa. Puede ser un camino predestinado: la *Divina Comedia*. En la novela moderna, es un camino psicológico, de aprendizaje: el *bildungsroman*.

Para los cristianos, la fuente decisiva de todo esto es el pasaje del Evangelio de san Juan, 16, en el que pregunta Tomás: «Si nosotros no sabemos a dónde vas, ¿cómo vamos a conocer el camino?». Le responde Jesús: «Yo soy el Camino, la Verdad y la Vida». (José María Escrivá de Balaguer lo elige como título de su libro: *Camino*.)

Antonio Machado utiliza mucho este tópico, en todas las etapas de su poesía. En la inicial, una de las secciones de su libro *Soledades* se titula justamente *Del camino*. Más adelante, todos recordamos el final de su «Retrato», con el que se abre *Campos de Castilla*: «Y, cuando llegue el día del último viaje...».

Luego, le dará una muy singular vuelta de tuerca psicológica en esos versos que forman parte de los *Proverbios y cantares,* y que ha hecho tan populares, a pesar de su complejidad, la canción de Serrat:

> Caminante, son tus huellas
> el camino, y nada más;
> caminante, no hay camino,
> se hace camino al andar.

Para Antonio Machado, en todas sus etapas –pero especialmente en ésta–, el tema del *sueño,* del *ensueño,* es todavía más importante.

Por un lado, se trata de una herencia del Romanticismo. En un libro clásico, Albert Béguin ha explicado que «el alma romántica» huye de una realidad que le disgusta, le parece vulgar y prosaica: se refugia en el ensueño.

A esa línea del Romanticismo contenido, sin retórica, pertenece, sin duda, Antonio Machado. En la música, su equivalente sería la popularísima *Rêverie* (*Ensueño*), que dio título a la película sobre su autor, Robert Schumann.

También le inclina hacia el ensueño la influencia del modernismo, tan presente en *Soledades*, a través de una serie de motivos concretos: la puesta de sol, el otoño, la melancolía, el agua de la fuente, el fluir del río, el crepúsculo, la poesía como sustituto de la religión...

En este caso, los paralelismos musicales los encontramos en el impresionismo de Ravel y de Debussy, que más de una vez se inspiran en poemas de Verlaine, de Mallarmé, de Verhaeren...

También escribió Debussy una obra titulada *Rêverie* (*Ensueño*). Otros títulos suyos nos sitúan en ese mismo clima espiritual: *Claro de luna, Brillos, Velos, Reflejos en el agua, Pasos en la nieve, La catedral sumergida, Hojas muertas...*

Sobre un texto del poeta Léon-Paul Fargue, escribió Ravel su obra *Rêves* (*Ensueños*). A una atmósfera semejante pertenecen sus obras *Un gran sueño negro, Juegos de agua, La noche, La aurora, Espejos, La campana sumergida, Todo es luz, Balada de la reina muerta de amor...*

En la etapa modernista de Antonio Machado, predomina la luz suave del atardecer, el crepúsculo. No nos ofrece descripciones realistas sino impresiones subjetivas, «paisajes del alma» –como titula Unamuno uno de sus libros–, atmósferas.

En esos poemas, todos los elementos de la naturaleza sueñan:

El agua de la fuente
resbala, corre y sueña.

También, los limones:

Allá en el fondo, sueñan
los frutos de oro.

Los niños que juegan al corro: «Sus almas que sueñan». Los campesinos:

Son buenas gentes que viven,
laboran, pasan y sueñan.

El ensueño es la ley que rige ese mundo poético:

Sobre la tierra amarga,
caminos tiene el sueño.

El poeta se incluye, por supuesto, en ese mundo de ensueños:

Nosotros exprimimos
la atmósfera de un sueño en nuestro vaso.

El amor y la esperanza van unidos al ensueño:

Soñé que tú me llevabas
por una blanca vereda...

Se define a sí mismo:

Pobre hombre en sueños,
siempre buscando a Dios entre la niebla.

Años más tarde, cuando llegue la hora de la honda reflexión filosófica, expresada con apariencia de coplas populares, lo resumirá implacablemente:

Ayer soñé que veía
a Dios y que a Dios hablaba,
y soñé que Dios me oía...
Después, soñé que soñaba.

Porque la «hora de su corazón» oscilará siempre entre «la hora de una esperanza / y una desesperación».

Todo ese mundo está ya, en germen, en los versos iniciales de este poemita. La descripción del paisaje que contempla el caminante es de una sobriedad máxima: a cada sustantivo le acompaña solamente un adjetivo; en algún caso, es casi innecesario, como un epíteto: «los verdes pinos».

Al caer la tarde, escuchamos la canción que canta el protagonista:

En el corazón tenía
la espina de una pasión...

Esto es lo que de verdad quería plantearnos el poeta: si una pasión –de amor, se entiende– nos hace sufrir, ¿debemos arrancárnosla?

La metáfora que utiliza para eso Machado es la de la espina. Don Rafael Lapesa, mi maestro, señaló la semejanza de esto con los versos de Rosalía de Castro, en *Follas novas,* que ya hemos visto:

Unha vez tiven un cravo
cravado no corazón,
i eu non me acordo xa se era aquel cravo
de ouro, de ferro ou de amor.

El caminante de Machado pide a Dios que le libere de ese dolor. Pero, cuando lo consigue, descubre que siente nostalgia de lo que le hacía sufrir.

Como ya hemos visto, más lejos lleva su desengañada reflexión Rubén Darío, en el poema «Lo fatal», del libro *Cantos de vida y esperanza*:

> Dichoso el árbol que es apenas sensitivo
> y más la piedra dura, porque ésa ya no siente,
> pues no hay dolor más grande que el dolor de ser vivo
> ni mayor pesadumbre que la vida consciente.

Sin ninguna retórica, el caminante de Machado resume su estado, al haber logrado liberarse de esa pasión: «Ya no siento el corazón».

Ante una afirmación tan sencilla, tan terrible, el mundo entero parece haberse detenido, se queda inmóvil, «meditando». Punto...

De acuerdo con la tradición petrarquista, toda la naturaleza se ha contagiado con el dolor del poeta: continúa sonando el viento, pero ha caído la noche y ya ni siquiera vemos el camino que estábamos siguiendo, con el poeta.

Escuchamos la segunda parte de la canción. Ha aparecido la única palabra un poco culta del poema, impuesta por la rima consonante: «mi cantar vuelve a plañir», a llorar. En todo caso, a comienzos del siglo XX, sonaba menos libresca que ahora: los llantos de las plañideras formaban parte de los funerales, en la cultura tradicional.

La conclusión es tajante:

> Aguda espina dorada,
> quién te pudiera sentir
> en el corazón clavada.

La lección es muy clara: sufrimos por amor, pero es lo único que nos hace estar vivos; sin amor, estamos muertos.

Así, con toda sencillez, sin el menor atisbo de retórica, nos muestra Machado las misteriosas contradicciones de nuestro corazón.

«YO VOY SOÑANDO CAMINOS»

Yo voy soñando caminos
de la tarde. ¡Las colinas
doradas, los verdes pinos,
las polvorientas encinas!...
¿Adónde el camino irá?
Yo voy cantando, viajero
a lo largo del sendero...
–La tarde cayendo está–.
«En el corazón tenía
la espina de una pasión;
logré arrancármela un día:
ya no siento el corazón.»
Y todo el campo un momento
se queda, mudo y sombrío
meditando. Suena el viento
en los álamos del río.
La tarde más se oscurece;
y el camino que serpea
y débilmente blanquea,
se enturbia y desaparece.
Mi cantar vuelve a plañir:
«Aguda espina dorada,
quién te pudiera sentir
en el corazón clavada».

«SE CANTA LO QUE SE PIERDE»

Antonio Machado
«Canciones a Guiomar»

Cualquier estudioso conoce la historia, sorprendente y fascinante, de los amores de Antonio Machado y Guiomar. En 1929, la aparición de las «Canciones a Guiomar» –explica Rafael Lapesa– «significaron, para los lectores de Antonio Machado, la cumbre de un proceso anímico, en curso desde años atrás».

Años después, las «Otras canciones a Guiomar» reforzaron el interrogante: ¿se trataba de un artificio literario, sólo un «amor cortés», o de un amor real por una mujer de carne y hueso? En cualquier caso, se resquebrajaba así esa imagen de un poeta que se había hundido para siempre en la soledad y la melancolía, después de la muerte de Leonor, su esposa.

La revelación definitiva llegó en 1950, con el libro de Concha Espina, *De Antonio Machado a su grande y secreto amor*. Aunque circuló muy poco, extendió la noticia, entre velos y novelerías: se trataba de una relación real, clandestina. El libro incluía algunos fragmentos de preciosas cartas, pero, para guardar las formas, «mataba» a Guiomar.

Contribuyeron a levantar el velo José Luis Cano y Justina Ruiz de Conde. José María Moreiro, en su libro *Guiomar, un amor imposible de Machado*, transmitió el testimonio personal de la propia Guiomar; es decir, de Pilar de Valderrama. (En sus cartas, Antonio Machado la llama Guiomar: probablemente, como recuerdo a la mujer de Jorge Manrique, al que los dos enamorados tanto admiraban.)

Finalmente, en 1981, Pilar de Valderrama aclaró definitivamente la historia –obviamente, desde su punto de vista– y publicó las cartas de Antonio Machado (las que ella no había quemado) en el libro *Sí, soy Guiomar*. (*Memorias de mi vida*). Todavía, Nieves Herrero publicó sobre este tema la novela *Esos días azules*.

Volvamos atrás, para contar la historia desde el principio. En 1909, cuando Antonio Machado era catedrático de Francés en Soria, se casó con la hija de su patrona, Leonor, que acababa de cumplir los quince años. Ella enfermó gravemente y murió, en 1912. El poeta se hundió en la soledad y en la melancolía:

> Señor, ya me arrancaste lo que yo más quería.
> Oye otra vez, Dios mío, mi corazón clamar.
> Tu voluntad se hizo, Señor, contra la mía.
> Señor, ya estamos solos mi corazón y el mar.

Ése parecía ser su destino, para siempre. Pero el tiempo apacigua todos los dolores y llega hasta a difuminar los más queridos recuerdos:

> Mas, pasado el primer aniversario,
> ¿cómo eran –preguntó–, pardos o negros
> sus ojos? ¿Glaucos?... ¿Grises?

Sin darse cuenta, todavía, Machado empezaba, de nuevo, a querer vivir.

Pilar de Valderrama había nacido en 1889; era catorce años más joven que Antonio. No tuvo una infancia feliz: a los seis años, murió su padre. Su madre se casó de nuevo y el nuevo matrimonio salió mal. A ella, de niña, la llamaban «rara»: se refugió en la poesía, en la música.

A los diecinueve años, se casó con el ingeniero Rafael Martínez Romarate, que tenía veintisiete. Vivían bien, en Rosales, en un chaletito con jardín, pero ella seguía sin ser feliz. Publicó un libro de poemas, *Huerto cerrado*.

En 1928, cuando tenía treinta y nueve años, su marido le contó que una joven con la que mantenía relaciones desde hacía años se había tirado por el balcón de su casa, en la calle de Alcalá.

Buscando paz y soledad, Pilar se fue a Segovia. Una amiga la puso en relación con Antonio Machado, al que habían trasladado al instituto de esa ciudad. Él fue a visitarla, a su hotel. Como hacía buena noche, pasearon juntos hasta el Alcázar. Al día siguiente, él le mandó, dedicado, el libro de sus *Poesías completas*, con esta nota:

> Su tristeza me ha producido una profunda impresión. Si mi amistad le puede proporcionar algún consuelo, se la ofrezco sinceramente. Le ruego que me permita verla de nuevo, cuando y como Ud. quiera.

Él comenzó a dedicarle poemas. En uno de ellos, se aplica a sí mismo el verso inicial de la *Divina Comedia*:

> Nel mezzo del camin pasome el pecho
> la flecha de un amor intempestivo...

Admitía ya Antonio que se trataba de un nuevo amor, pero temía que le había llegado, ya, tarde. Se sentía un hombre mayor, melancólico; no quería hacer el ridículo. A la vez, tenía una nueva ilusión:

> Huye del triste amor, amor pacato,
> sin peligro, sin venda ni aventura,
> que espera del amor prenda segura,
> porque, en amor, locura es lo sensato.

Lo que ella sentía es que estaba poniendo en riesgo toda su vida: su matrimonio, sus hijos, sus creencias religiosas, su posición social...

En Madrid, los dos daban largos paseos por los jardines de la Moncloa. Se sentaban a ver atardecer en un banco de piedra, junto a una fuente, a la que ellos llamaban ya «la fuente del amor».

Al llegar el invierno, se encontraban una vez a la semana, los días en que él venía de Segovia, en un viejo café de barrio, en la calle Reina Victoria, cerca de Cuatro Caminos. Para combatir el frío, Antonio había conseguido que el dueño les prestara una estufilla de petróleo. Allí le leía los poemas que él le dedicaba y sus obras de teatro, antes de estrenarlas. Según Pilar, incluyó en *La Lola se va a los puertos* dos versos de ella:

> El corazón de la Lola
> sólo en la copla se entrega.

Continuaron así durante siete años, viéndose y escribiéndose cartas. Antonio se había enamorado como un adolescente:

> Volveré a ser feliz con tu imagen rememorada y recordando una por una tus palabras y tus labios, ¡y tus ojos! Tu cabeza adorada, tus manos... Pilar, ¡cuánta vida has venido a dar a tu poeta! [...]. El amor tiene más gestos que palabras y, cuando se complica con las necesidades del freno... ¡Ay, Pilar, tú no sabes bien lo que es tener tan cerca a la mujer que se ha esperado toda una vida, al sueño hecho carne, a la diosa! [...]. Pienso yo que los amores, aun los más *realistas,* se dan en sus tres cuartas partes en el retablo de nuestra imaginación.

Así la llamaba: su «diosa». Pero su amor no era completo: ella imponía el «freno» de sus principios morales: era una mujer casada...

Pero él concluía sus cartas despidiéndose como un chiquillo:

> ¡Adiós, preciosa, encanto, milagro, maravilla, reina, diosa de mis entrañas, adiós! El corazón de tu loco, más loco que nunca, quisiera volar hacia ti como un gerifalte, como un azor, al puño de su dueña. ¡Adiós, adiós! Escribe a tu loco. Tuyo, tuyísimo, archituyo...

Para mitigar el dolor de la distancia, inventaron un ingenuo juego de enamorados: de once a doce de la noche, se encontrarían los dos, con la imaginación, en su *tercer mundo*, reservado para ellos...

Antonio, un poco más realista, seguía quejándose de la distancia:

> ¡Tantos días de ausencia! Porque desde el viernes pasado no te he visto. La hora del último sol es hoy, para mí, la más triste de todas. ¡Dios mío! Otra vez vuelvo a pensar en morirme.

Una vez, la cita fue imposible porque ella cayó enferma, con gripe. A distancia, él intentaba cuidarla:

> No te preocupes ni hagas nada violento por escribirme. Quieta, arropadita, en tu cama, porque allí está –a tu cabecera– tu poeta, dándote el calor de su corazón. Te aconsejo mucho abrigo y, para sudar un poco, tomar un ponche con una copita de coñac. Es mano de santo.

Alguna vez, él se lamentaba por no consumar su amor:

> Pienso, Pilar, que somos demasiado buenos. ¿Tendremos que arrepentirnos de ello algún día? Arrepentirse de la virtud, ¡extraña paradoja!

A pesar de los límites de su relación, él continuaba soñando con ella, en sus poemas:

> En un jardín te he soñado,
> alto, Guiomar, sobre el río,
> jardín de un tiempo cerrado
> con verjas de hierro frío.

Le repetía que ella era el único verdadero amor de su vida:

> El secreto es, sencillamente, que yo no he tenido más amor que éste. Ya hace tiempo que lo he visto claro. Mis otros amores sólo han sido sueños, a través de los cuales vislumbraba yo la mujer ideal, la diosa. Cuando ésta llegó, todo lo demás se ha borrado. Solamente el recuerdo de mi mujer queda en mí, porque la muerte y la piedad lo han consagrado.

Machado recibió con ilusión la llegada de la República; Pilar, con mucho temor: murió su madre, se alteró su salud. Por consejo de Marañón, se fue con su familia de Madrid: alquilaron un hotelito en Hendaya, junto al río Bidasoa, viendo a lo lejos Fuenterrabía.

Allí acudió Antonio una sola vez y los dos enamorados vivieron un encuentro muy singular. Caminaron juntos, cerca del mar. Él le puso unos pendientes que le había traído, como regalo. El paseo se prolongó y surgió cierto contacto físico:

> En el nácar frío
> de tu zarcillo en mi boca,
> Guiomar, y en el calofrío
> de una amanecida loca [...].
> ¡Y en la tersa arena,
> cerca de la mar,
> tu carne rosa y morena,
> súbitamente, Guiomar!

Es imposible saber en qué se concretó esa «amanecida loca» pero Antonio Machado no la olvidó nunca. Al llegar el día de su santo, le envió, como regalo, un soneto, en el que de nuevo se comparaba con el enamorado Dante:

> Perdón, Madona del Pilar, si llego,
> al par que nuestro amado florentino
> con una mata de serrano espliego,
> con una rosa de silvestre espino.

Después de la guerra, cuando se publicó este soneto, creyeron algunos que estaba dedicado a la Virgen del Pilar... En sus cartas, Antonio seguía refiriéndose a sus deseos no cumplidos:

> Se sueña frecuentemente lo que ni siquiera se atreve uno a pensar. Por eso son los sueños los complementarios de nuestra vigilia... Soñé, sencillamente, que me casaba contigo. Era en una de estas viejas ciudades de mi destierro, que el sueño no precisa –Segovia, Soria...–, vaga ciudad

> de Castilla, una mañana, poco después del alba. Tú ibas camino de la iglesia con manto y mantilla negros y, en la mano, un libro de misa. Yo te seguía, diciéndote versos... Era a la orilla de un río, entre álamos. Paseábamos juntos. Al fin, en una iglesia, la de Santa María la Mayor de Soria, donde yo me casé.
> Allí estuvimos arrodillados, juntos, después de la ceremonia. Había un enorme gentío y sonaba el órgano. El sueño se complicaba con recuerdos auténticos de mi boda, pero con esta diferencia: mi estado de espíritu era, en esta ocasión, de una alegría rebosante, todo lo contrario de lo que fue en mis nupcias auténticas. La ceremonia fue entonces, para mí, un verdadero martirio. Y, ahora, salía yo contigo, del brazo, lleno de alegría y de orgullo. Se diría que, en el sueño, tomaba yo el desquite de nuestro secreto amor, pregonándolo a los cuatro vientos... El resto del sueño, no te lo puedo contar. Es demasiado feliz, aun para sueño.

Quevedo era menos púdico, al expresar sus deseos:

> ¡Ay, Floralba! Soñé que te... ¿direlo?
> Sí, pues, que sueño fue, que te gozaba.
> ¿Y quién sino un amante que soñaba
> juntara tanto infierno a tanto cielo?

Otra noche, volvió a soñar Antonio Machado con su boda con Guiomar, pero añadiéndole un detalle de humor: el oficiante era nada menos que Unamuno:

> He soñado que estábamos juntos en Segovia, paseando de noche por los claustros del Parral. Allí nos encontramos a don Miguel de Unamuno, vestido de fraile, cantando *La Marsellesa*. ¿Qué te parece el sueño?
> Después, nos cogió de la mano, nos llevó al altar mayor, nos echó una bendición y desapareció. El resto del sueño no puedo recordarlo bien, pero era muy agradable y muy complicado, con una música maravillosa...

La guerra aumentó la separación de los enamorados. Asustada por los horrores que se vivían en el Madrid rojo, Guiomar se fue, con su familia, a Portugal. Antonio se fue a Valencia. Desde Rocafort, le envió este soneto de difícil rima, «que acabo de escribirte. Con él va todo mi amor»:

De mar a mar, entre los dos, la guerra,
más honda que la mar. En mi parterre,
miro a la mar que el horizonte cierra.
Tú, asomada, Guiomar, a un Finisterre,

miras hacia otro mar, la mar de España,
que Camoens cantara, tenebrosa.
Acaso a ti mi ausencia te acompaña.
A mí me duele tu recuerdo, diosa.

La guerra dio al amor tal tajo fuerte.
Y es la total angustia de la muerte,
con la sombra infecunda de tu llama

y la soñada miel de amor tardío
y la flor imposible de la rama,
que ha sentido del hacha el corte frío.

Desde la distancia, sintiendo cada vez más cerca el final, Antonio seguía escribiendo a Guiomar:

> Si algún día sabes que estoy enfermo, muy enfermo, no dejes de venir a verme. Será para mí un gran consuelo. Porque tú eres, no lo dudes, el gran amor de mi vida. No dejes de recordarme en tus oraciones, como yo te tengo siempre en las mías.

Y se despedía de ella, también, en sus poemas:

Sé que habrás de llorarme cuando muera
para olvidarme, y, luego,
poderme recordar, limpios los ojos,

que miran en el tiempo.
Más allá de tus lágrimas y de
tu olvido, en tu recuerdo,
me siento ir por una senda clara,
por un «Adiós, Guiomar», enjuto y serio.

Cuando Antonio murió, en Colliure, su hermano José encontró, en el bolsillo de su gabán, un papelillo arrugado. Era lo último que escribió, recordando su niñez, en Sevilla: «Estos días azules y este sol de la infancia...».

Pilar escuchó la noticia de su muerte por la radio, en su casa de Palencia, cuando estaba velando a su hijo, enfermo. En la posguerra, Rafael, su marido, dirigió la luminotecnia del teatro María Guerrero.

Cuando dejó Madrid, durante la guerra, Pilar quemó muchas cartas de Antonio Machado: conservó solamente treinta y seis de las doscientas cuarenta que él le había enviado. Vivió cuarenta años más, hasta 1979: murió a los noventa años.

Opinan algunos críticos que ella fue, para Antonio, solamente una amada ideal, una figura literaria. Basándose en las cartas del poeta, otros opinan –opinamos– que fue un amor real: devolvió al poeta, en su madurez, la ilusión de un nuevo amor.

Aunque parezcan opuestas, las dos teorías, no lo son. Para un escritor, las dos cosas son compatibles. Lo dijo ya Antonio Machado, en unos versitos inolvidables:

Todo amor es fantasía.
Él inventa el año, el día,
la hora y su melodía;
inventa el amante y, más,
la amada. No prueba nada
contra el amor, que la amada
no haya existido jamás.

Sí existió Pilar de Valderrama, con todas sus limitaciones. Y, para Antonio Machado, sí existió Guiomar:

¡Siempre tú! Guiomar, Guiomar,
mírame en ti, castigado:
reo de haberte creado.
Ya no te puedo olvidar.

En su gabán, cuando murió, guardaba también Antonio Machado otro poema, una variante de una de sus «Canciones a Guiomar». Es el que he elegido. Son solamente cuatro versos, una redondilla: «Y te enviaré mi canción...». (Le ha puesto música y la canta Amancio Prada.)

Llama la atención la inusitada mención, en el verso tercero de este poemita, de algo tan exótico, tan alejado de la sobriedad castellana de Machado, como «un papagayo verde». ¿Por qué lo eligió?

Los papagayos tienen una amplia presencia en la poesía castellana. Ya los menciona el Arcipreste de Hita: «Son aves pequeñas papagayo y oriol».

Por su brillante colorido, son un tema decorativo en la poesía barroca (Lope) y en el modernismo (Nicolás Guillén).

Los fabulistas del siglo XVIII los presentan como ejemplo del falso sabio; por ejemplo, Iriarte:

Muchos de estos papagayos
hay, que presumen de sabios.

En su *Canto general*, Pablo Neruda les concede un valor simbólico, como «voces de América»...

Todo esto queda muy lejano de la poesía de Antonio Machado. Más tiene que ver con él don Luis de Góngora, en sus *Soledades*, cuando habla de los papagayos como «aves que hablan con voces humanas».

Lo esencial del poemita de Machado es el verso segundo: «Se canta lo que se pierde». El papagayo que quiere enviar a Guiomar ha aprendido a repetirlo: es un mensajero, un portavoz, un *alter ego* del poeta. Le seguirá repitiendo a ella lo mismo, cuando él esté ausente y cuando haya desaparecido para siempre.

Esto sí que encaja bien con Antonio Machado y posee una hermosa, profunda sencillez. En estos cuatro versitos, nos está dando una nueva versión de uno de los símbolos más universales, desde la Biblia, el del paraíso perdido. Lo evocan san Agustín, Dante, Milton, Wordsworth, O'Neill, Antonio Gala... Lo resume brillantemente Proust: «El único paraíso es el paraíso perdido».

Una vez más, alcanza Antonio Machado la hondura sin necesidad de adornos retóricos: él busca siempre la verdad desnuda. En este caso, además, le quita solemnidad con la referencia casi burlesca al papagayo. Con máxima sencillez, nos da una de las mejores definiciones que yo conozco de la poesía: «Se canta lo que se pierde».

Salvo los muy vanidosos, no solemos cantar lo que poseemos, lo que hemos conseguido. Deseamos siempre lo que nos falta. Y, el que es poeta, lo canta. Tiene razón Antonio Machado: «Se canta lo que se pierde». Gracias a él, no lo hemos perdido del todo.

«Canciones a Guiomar»

Y te enviaré mi canción:
«Se canta lo que pierde»,
con un papagayo verde
que la diga, en tu balcón.

JUGAR A LAS SIETE Y MEDIA

Pedro Muñoz Seca
La venganza de don Mendo

El 28 de noviembre de 1936 fue asesinado, en Paracuellos del Jarama, Pedro Muñoz Seca (1879-1936), uno de los más populares autores de teatro españoles del siglo XX. Siempre había proclamado sus creencias: era creyente, un gran patriota español y monárquico convencido.

Durante la República, estrenó obras contrarias a esa ideología: *La Oca* (una sátira de los sindicatos), *Anacleto se divorcia* (en contra del divorcio). No se lo perdonaron muchos intelectuales de izquierdas. Acabó pagándolo con la vida. Es un ejemplo de barbarie tan condenable como el asesinato de Federico García Lorca, aunque el de Pedro Muñoz Seca no se suela recordar, a la hora de la sectaria «memoria histórica».

Resumo los hechos. El 17 de julio de 1936, Muñoz Seca estaba en Barcelona, para el estreno, en el Teatro Poliorama, de *La niña del rizo*, una sátira del gobierno republicano, por la compañía de Irene López Heredia y Mariano Asquerino. Llegó al teatro la noticia de la sublevación del ejército y hubo peleas. El 28 de julio, un grupo de milicianos detuvieron a don Pedro y a su mujer. Dos oficiales de la Guardia Civil los llevaron luego a Valencia y a Madrid.

Al llegar a la capital, el 7 de agosto, dejaron libre a su mujer. A él, de la Dirección General de Seguridad lo llevaron a la cárcel de San Antón (el antiguo colegio de los Escolapios): una de las «checas legales», habilitadas por el Frente Popular. Allí estaban también los actores Ricardo Calvo y Guillermo Marín.

Los presos pasaban el día pelando patatas, limpiando lentejas, charlando y rezando el rosario. Desde la cárcel, él escribió a su mujer tres cartas y cuarenta y una postales. Le pedía latas de conserva, medicina para su úlcera, una bigotera: «Estoy harto de meter los bigotes en la sopa del rancho».

Muñoz Seca fue condenado a muerte el 26 de noviembre por un tribunal popular, «por fascista, monárquico y enemigo de la república». Firmó la orden el escritor Segundo Serrano Poncela.

Lo recuerda, en la cárcel, su compañero Rafael Luca de Tena: «Siempre con su buen humor y con una palabra amable, para levantarnos el ánimo, tarea casi imposible en tan dramáticas circunstancias».

Otro compañero de checa, Cayetano Luca de Tena, le contó a Alfonso Ussía que sólo en una ocasión encontró a don Pedro llorando. Fue el día en el que se supo que sus ocho compañeros de celda de la Armada y los hijos de un oficial del Ejército habían caído en una de las primeras sacas.

Le escribió a su mujer esta carta de despedida:

> Queridísima Asunción: sigo muy bien. Cuando recibas esta carta, estaré fuera de Madrid. Voy resignado y contento. Dios, sobre todo. Llevo una muda de repuesto. Voy muy tranquilo, sabiendo que todos estarán bien y que tú seguirás siendo el ángel bueno de todos. El mío lo has sido siempre y, si Dios tiene dispuesto que no volvamos a vernos, mi último pensamiento será siempre para ti. No te olvides de mi madre [...]. Nada tengo que encargarte para los niños. Sé que todos ellos, imitándome, cumplirán siempre con su deber y serán para ti, como yo he sido para con mis padres, un modelo. De eso es de lo único que puedo vanagloriarme.
>
> Siento proporcionarte el disgusto de esta separación, pero, si todos debemos sufrir por la salvación de España y ésta es la parte que me ha correspondido, benditos sean estos sufrimientos. Te escribo muy deprisa porque me ha cogido la noticia un poco de sorpresa. Adiós, vida mía. Muchos besos a los niños, cariños para todos y, para ti, que siempre fuiste mi felicidad, todo el cariño de tu Pedro.
>
> Postdata. Como comprenderás, voy muy bien preparado y limpio de culpas. Si me acusan de monárquico, por haber llevado a Roma para don Alfonso el manto de la Virgen del Pilar, con este manto voy a morir yo también.

Otro compañero de la cárcel, el periodista Julián Cortés Cavanillas –al que saluda por su nombre Audrey Hepburn, en la escena final de *Vacaciones en Roma*– añade otros detalles sobre su final:

> Le quitaron la maleta, el abrigo, la cartera, el reloj, los recuerdos personales que llevaba en los bolsillos y le dejaron un pañuelo, por todo equipaje. Nos dijo: «No os preocupéis. Creo que voy a Chinchilla». Un miliciano le cortó los bigotes: «Para donde vas, no te van a hacer falta».

Hasta el último momento, conservó Muñoz Seca su sentido del humor. Les dijo a los miembros del pelotón que lo iban a fusilar: «Me lo habéis quitado todo: la familia, la libertad, pero hay algo que no me podéis quitar: el miedo...».

Tiró el cigarrillo y dijo: «Cuanto antes». Según Javier Castro Villacañas, se agarró de la mano del padre Llop, que estaba perdonando a los asesinos, y le dijo: «Hasta el cielo, padre». Gritó: «Viva España y viva el rey». Su cadáver es uno de los muchos que no se han podido identificar, en la fosa común de Paracuellos.

Había nacido Pedro Muñoz Seca en El Puerto de Santa María, igual que Rafael Alberti. (Allí están ahora las Fundaciones de los dos escritores, paisanos pero de ideologías opuestas.) Vino a Madrid y comenzó a escribir obritas de teatro, continuando la tradición popular del género chico. Su primer estreno data de 1904.

Desde entonces y hasta la guerra civil, estrenó con éxito cientos de obras, escritas por él solo o en colaboración –algo habitual, entonces– con otros autores, como Pérez Fernández y García Álvarez.

En la historia del teatro español, va unido Muñoz Seca al género llamado del «Astrakán», aunque él se reía de este nombre, que le recordaba –decía– a ciertos abrigos. Supone una caricatura, una deformación y exageración grotesca de la realidad, que se retuerce, para lograr un mayor efecto cómico.

Lo censuraron algunos intelectuales, calificándolo de disparatado e inverosímil. Él no lo negaba: «Dentro de lo cómico, los disparates me encantan. Si mi familia me riñe por un chiste demasiado absurdo, nunca lo quito».

¿Es eso motivo suficiente para descalificarlo? Está claro que no. Si lo hiciéramos, condenaríamos a Jardiel, a Mihura, a Neville, a Tono, a *La Codorniz,* a Tip, a Gila...

Últimamente, algunos han llegado a relacionar a Muñoz Seca con el humor absurdo de Ionesco y con las «comedias disparatadas» del cine americano de los años veinte.

Desdeñaron algunos su teatro por ser tan popular, por tener tanto éxito; también, por un erróneo prejuicio contra los llamados «géneros menores». Aunque sea algo obvio, hay que repetir que un buen sainete es infinitamente superior a una mala tragedia; además, es mucho más divertido.

En el primer tercio del siglo XX, el público aplaudía con entusiasmo el teatro de humor de Muñoz Seca. Lo atacaron algunos críticos, como Enrique Díez-Canedo y Luis Araquistáin, por sus prejuicios literarios e ideológicos; también, por raro que parezca, lo censuraban desde un puritanismo de izquierdas. En cambio, con lógica aplastante, lo defendió Manuel Machado:

> Lo malo es el teatro que quiere ser serio y se queda en pedante, pretencioso.

También lo elogió –y llegó a colaborar con él– un autor dramático de vanguardia como Azorín, en 1927:

> Es un libertador, el creador de una fórmula dramática nueva, uno de los grandes autores que ha habido y hay en España.

Lo apreció Valle-Inclán, tan crítico con la escena española de su tiempo:

> Quítenle al teatro de Muñoz Seca el humor, desnúdenle de la caricatura, arrebátenle su ingenio satírico y su facilidad para la parodia: seguirán ante un monumental autor de teatro.

Lo valoraron, por supuesto, los humoristas renovadores, como Jardiel Poncela:

> Ha creado un teatro suyo, arrollador y exuberante, con aciertos definitivos y perdurables.

Y Miguel Mihura:

> Yo asistía a los ensayos de todas las obras que se estrenaban y había aprendido de Muñoz Seca, de Arniches, de García Álvarez, de los Quintero y, más tarde, de Jardiel Poncela, cómo se mueven unos personajes en escena, cómo se dirigen.

Sus obras se estrenaron en los más importantes teatros madrileños: el Español, el Eslava, el de la Princesa (hoy, María Guerrero), el Lara, el Infanta Isabel... Las representaron las máximas figuras de nuestra escena: María Guerrero, Margarita Xirgu, Catalina Bárcena, Milagros Leal, Enrique Borrás...

Sus comedias contribuyeron a que se hicieran famosos algunos actores cómicos tan extraordinarios como Pepe Isbert, Casimiro Ortas, Riquelme, Somoza, Azaña, Guadalupe Muñoz Sampedro, Aurora Redondo y Valeriano León...

Lo que buscaba Muñoz Seca, sobre todo, era hacer reír al público:

> Lo único que hay en el mundo digno de estimación, después de una buena mujer, es una buena carcajada. Y quienes la produzcan con su arte, con su ingenio o su gracia, merecen la gratitud de las gentes. ¿Qué haré yo para que los que sufren dejen de sufrir un instante y rían? ¡Y rían, Jordán! ¡Lo más sano, lo más bueno, lo que más se parece a la felicidad!

Tenía Muñoz Seca una gracia espontánea, de raíz andaluza. Lo señaló certeramente Paco Umbral:

> El público, el eterno público de España, cree entender a Muñoz Seca. Pero no sabría explicar por qué, con Muñoz Seca, se ríe, y con otros, no. Y es que la clave no está nunca en el género, sino en el hombre. Muñoz Seca era gracioso. Otros autores se hacen los graciosos y eso no funciona.

Su ingenio se advierte claramente en algunas anécdotas. Cuentan que, como premio a su defensa de la monarquía, Alfonso XIII le ofreció algún título, algún honor. A semejanza del «Guardia de Corps», Muñoz Seca le pidió ser nombrado «Palomer de Corps», con una misión importantísima: acompañar al rey, cuando sale del palacio, con una gran sombrilla abierta, para librarle de las ofensas de las palomas...

Le preguntaron una vez a Muñoz Seca cuáles eran los cinco escritores españoles más importantes y contestó, jugando con los números:

> Miguel de Unam-uno. Benito Pérez Gal-dós. Miguel de Cervan-tres. Luca de Tena, don Tor-cuatro. Benavente, don Ja-cinco.

Su ingenio fluía sin esfuerzo, en prosa y en verso. Cuando murió el matrimonio que atendía la portería de su casa, el hijo de ellos le pidió un epitafio. Muñoz Seca escribió esto:

> Fue tan grande su bondad,
> tal su generosidad
> y la virtud de los dos,
> que están, con seguridad,
> en el cielo, junto a Dios.

Pero la autoridad eclesiástica no lo aprobó, por afirmar tan rotundamente que se habían salvado, y don Pedro hizo otra versión:

> Fueron muy juntos los dos,
> el uno del otro en pos,
> donde va siempre el que muere

pero no están junto a Dios
porque el obispo no quiere.

Tampoco lo aprobaron los curas y tuvo que redactar un tercer epitafio:

Vagando sus almas van
por el éter, débilmente,
sin saber qué es lo que harán
porque, desgraciadamente,
ni Dios sabe dónde están.

En 1926, Muñoz Seca iba a estrenar una comedia musical, pero falló el compositor previsto. No se dio por vencido: convirtió la obra, *Los extremeños se tocan*, en una «opereta sin música, pero con cantables y evoluciones». Es un caso único, en la historia del teatro español. Hasta Díez-Canedo, el crítico que solía censurarle con dureza, reconoció que lo mejor de la obra eran estos «cantables» sin música.

Poseía Muñoz Seca una enorme facilidad para versificar, con gran sentido del humor pero respetando escrupulosamente todas las reglas de la métrica. (Es un talento que ha heredado Alfonso Ussía, su nieto.)

De joven, para ganarse la vida, daba clases de latín, griego y hebreo, en una academia. Para recordar las lecciones –cuenta José Montero Alonso– las ponía en verso. Lo mismo hizo con las que él tuvo que estudiar, para unas oposiciones, y con las postales que escribía a sus amigos.

Su sentido del humor y su talento para versificar culminan en *La venganza de don Mendo* (1918): dentro de su género, es una absoluta obra maestra. Y algo más: *Don Juan Tenorio* y *La venganza de don Mendo* son las obras más populares de toda la historia del teatro español, más que *Fuenteovejuna*, *La vida es sueño*, *Don Álvaro*, *Los intereses creados*, *Luces de bohemia*, *La casa de Bernarda Alba*, *Tres sombreros de copa*...

Esta «caricatura de tragedia» posee una comicidad irresistible y una teatralidad absoluta: con ella, salvo que se haga rematadamente mal, el éxito está asegurado. Desde su estreno, atrae al gran público siempre que se anuncia. Por eso, ha servido como «salvavidas» económico de muchas compañías teatrales, cuando estaban en apuros.

Han compartido *Don Juan Tenorio* y *La venganza de don Mendo* una peculiaridad única, dentro del teatro español: el público que acudía a una representación de estas dos obras conocía de sobra su trama, comparaba las interpretaciones de los actores con las que él ya había visto y hasta se sabía fragmentos de memoria.

Don Mendo se estrenó el 20 de diciembre de 1918 en Madrid, en el Teatro de la Comedia, con Juan Bonafé e Irene Alba como protagonistas. En papeles secundarios, actuaron dos actores que luego llegarían a primeras figuras: Mariano Asquerino y una jovencísima Aurora Redondo, en el papel de la catalana marquesa de Tarrasa. Mucho después, con más de ochenta años, me comentó Aurora lo bien que lo había pasado, imitando ese acento.

El día del estreno, el *ABC* denunciaba el peligro de los separatistas catalanes y vascos: «Lo que se quiere es aprovechar el pretexto de la autonomía para una acción revolucionaria». Y mostraba su preocupación por los que «se sienten débiles ante el separatismo». No avanzamos...

Pertenece esta obra a un género que estuvo muy en boga a fines del siglo XIX y comienzos del XX, la parodia: una caricatura que toma a broma, exagerando sus rasgos, una obra bien conocida. Lo consabido es la clave de este humor: si no conocemos el modelo parodiado, su caricatura no puede hacernos gracia.

Abundan los ejemplos: si triunfaba en el Teatro Real la ópera *Tosca,* se estrenaba una obrita titulada *La fosca* (la mujer de mal genio). *La bohème* dio lugar a *La golfemia*, sugiriendo que los bohemios, en realidad, eran unos golfos; *Carmen,* a *Carmela*. El drama poético *Cyrano de Bergerac* se convertía en el sainete *Nitrato, tú, ¿qué les das?*, sobre un chulo de barrio; *Aida*, en *La corte del Faraón*, añadiendo a la parodia la sicalipsis, con sus juegos verbales, de un erotismo que hoy nos parece bastante ingenuo. (El extraño nombre del género viene de un empresario teatral bastante bruto: antes del estreno de una de estas obras, pronosticó un éxito tan enorme que sería «la sicalipsis», refiriéndose al Apocalipsis.)

En *La venganza de don Mendo*, no parodia Muñoz Seca una sola obra o un solo género teatral, sino varios. Se burla de los tópicos del drama poético modernista, del drama romántico, del teatro del Siglo de Oro, de la tragedia...

Realiza una brillante caricatura del drama poético modernista, que en aquellos años tenía tanto éxito en Madrid. Por ejemplo, en la escena de amor, con sus rimas mantenidas, que tantos españoles han repetido con deleite (lo mismo hace Pérez de Ayala en su novela de clave *Troteras y danzaderas*):

–Trovador, soñador,
un favor.
–¿Es a mí?
–Sí, señor.
–Al pasar por aquí,
a la luz del albor,
he perdido una flor.
–¿Una flor de rubí?
–Aún mejor:
un clavel carmesí,
trovador.
¿No lo vio?
–No lo vi.

También se burla Muñoz Seca de las comedias del Siglo de Oro, que suelen incluir relaciones, escritas en quintillas. Muchos españoles se sabían de memoria la explicación que da Moncada de cómo cazar aves con lumbre, cerrada con una expresión coloquial que desata siempre el regocijo del público:

En la noche más cerrada,
se toma un farol de hierro
que tenga la luz tapada,
se coge una vieja espada

y una esquila o un cencerro
a fin de que, al avanzar
el cazador importuno,
las aves oigan sonar
la esquila y puedan pensar
que es un animal vacuno;
y, en medio de la penumbra,
cuando al cabo se columbra
que está cerca el verderol,
se alumbra, se le deslumbra
con la cumbre del farol,
queda el ave temblorosa,
cautelosa, recelosa,
y, entonces, sin embarazo,
se le atiza un estacazo,
se le mata y a otra cosa.

Utiliza Muñoz Seca una gran variedad de recursos humorísticos. Por ejemplo, eufemismos: «más coqueta / que las clásicas gallinas». Palabras con doble sentido: «pendón», «valido», «Magdalena»; para unas hebreas que se niegan a bailar más: «no repiten las judías». Hace chistes con nombres significativos: «un Toro tan manso»; «henos aquí, henos de Pravia»...

El elevado lenguaje propio de la tragedia se despeña cuando aparecen palabras vulgares: «rediez», «caray», «lagartona». Y frases hechas: «a mí, plin»; «las doce y media y sereno»...

Abundan los anacronismos: en un ambiente medieval, por ejemplo, las alusiones a realidades del siglo XX, del teatro o de los toros: «tomó el olivo», «un pinchazo en todo lo alto»...

Un ejemplo claro de ese humorístico anacronismo es el poemita que he elegido, referido a un popular juego de cartas, el de las siete y media. Con su doble sentido, los dos últimos versos suponen un rotundo acierto cómico, para ponderar lo que un neoclásico llamaría la necesidad de mantener el justo medio. Es algo que todos hemos repetido muchas veces porque la vida cotidiana nos ofrece ocasiones muy adecuadas:

Mas, ¡ay de ti si te pasas!
¡Si te pasas, es peor!

En definitiva ¿de quién se venga don Mendo? De mucha gente: de los que, por prejuicios académicos, desdeñan los llamados «géneros menores». De los pedantes que desprecian el teatro popular, pero envidian su éxito económico y su conexión con el público. De los que pretenden educar a un público que no quiere ser educado sino pasarlo bien. De los puritanos que se escandalizan de cualquier transgresión literaria o moral y, luego, se avergüenzan de haberse reído. De los que carecen del ingenio verbal necesario para jugar con las palabras y del virtuosismo métrico imprescindible para jugar con los versos, las rimas, los ritmos y las estrofas.

Sobre todo, se venga don Mendo de los que confunden la auténtica seriedad con la carencia de sentido del humor. Con estos últimos, en realidad, apenas hacía falta la venganza: ellos mismos se condenan...

A Muñoz Seca hemos de agradecerle tantos buenos ratos que, con su humor, nos ha dado.

La venganza de don Mendo
Jornada primera

Don Mendo:
Dijo: no os aburriréis;
os propongo, si queréis,
jugar a las siete y media.

Magdalena:
¿Y por qué marcó esa hora
tan rara? Pudo ser luego.

Don Mendo:
Es que tu inocencia ignora
que, a más de una hora, señora,
las siete y media es un juego.

Magdalena:
¿Es juego?

Don Mendo:
Y un juego vil
que no hay que jugarlo a ciegas,
pues juegas cien veces, mil,
y, de las mil, ves febril
que o te pasas o no llegas.
Y el no llegar da dolor,
pues indica que mal tasas
y eres del otro deudor.
Mas, ¡ay de ti si te pasas!
Si te pasas, es peor.

TODO SEGUIRÁ IGUAL CUANDO YO MUERA

Juan Ramón Jiménez
«El viaje definitivo»

Agustín de Foxá
«Melancolía del desaparecer»

Todas las religiones y todas las filosofías –todos los seres humanos, en realidad– intentan responder a la gran pregunta: ¿qué será de mí, después de la muerte?

Afirman rotundamente algunos que ésta es la incógnita radical, de la que todas las demás derivan. Ante ella, podemos asomarnos al absurdo, leyendo *El mito de Sísifo*, de Albert Camus. O plantearnos la duda agónica, con Unamuno, en la novela *San Manuel Buenos, mártir,* y en el ensayo *Del sentimiento trágico de la vida*. Más esperanza nos da san Pablo, en la Epístola a los Corintios, a partir de la resurrección de Cristo: «Oh muerte, ¿dónde está tu victoria?».

Mucho menos frecuente y más humilde, más cercana a la realidad cotidiana, es otra pregunta: cuando yo me muera, ¿seguirán siendo igual de hermosas todas las cosas de la vida?: la luz del sol, el cielo azul, la primavera, las flores, las puestas de sol, las noches de luna, el canto de los pájaros, las campanas... Y, todavía, algo más importante: ¿me recordarán las personas que me amaron?

No voy a comentar esta vez un poema sino dos: los dos son españoles, del siglo XX, y tratan exactamente ese mismo tema. Los separa medio siglo. Juan Ramón Jiménez (1881-1958) escribe «El viaje definitivo» hacia 1910; Agustín de Foxá (1906-1959), «Melancolía del desaparecer», casi cincuenta años después.

No cabe duda de que Juan Ramón Jiménez era un extraordinario poeta, un maestro indiscutible, que ha marcado con su huella toda la poesía española contemporánea. También está muy claro que, como persona, era muy complicado: egoísta, maniático, arbitrario... El que lo dude, puede leer la correspondencia de Pedro Salinas y Jorge Guillén, los dos grandes amigos, para comprobar cómo trataba Juan Ramón a los jóvenes poetas, aunque fueran sus discípulos.

Me parece muy ilustrativo el libro *El último Juan Ramón*, de Ricardo Gullón, que lo trató mucho en Puerto Rico. En él cuenta, por ejemplo, que el poeta corregía a escondidas el diario íntimo de Zenobia, su mujer, para mejorar su propia imagen: si ella había escrito que Juan Ramón sufría una de sus habituales crisis nerviosas, él tachaba esas palabras y las sustituía por un resfriado.

Dedicó Juan Ramón su vida entera a la poesía, en una búsqueda obsesiva de pureza y perfección. Su estilo sufrió una profunda evolución. El punto de partida inicial es un modernismo no suntuoso sino posromántico, con vagos anhelos y un tono de ensueño melancólico. Lo vemos en el poema «Nocturno», que comienza así:

Está desierto el jardín.
Las avenidas se alargan
entre la incierta penumbra
de la arboleda lejana.

Y concluye con esta reflexión:

¡Qué triste es amarlo todo
sin saber lo que se ama!

Persigue siempre Juan Ramón lo esencial, la expresión exacta:

Intelijencia, dame
el nombre exacto de las cosas.
Que mi palabra sea
la cosa misma,
creada por mi alma nuevamente.

(La jota de la cita no es una errata sino la elección de Juan Ramón.)

Al final, llega a la hermética profundidad mística del libro *Dios deseante y deseado*:

> El dios que es siempre al fin,
> el dios creado y recreado y recreado
> por gracia y sin esfuerzo.
> El Dios. El nombre conseguido de los nombres.

El poema «El viaje definitivo» se incluye en el libro *Poemas agrestes* (1910-1911). Es ésta una de las etapas más fecundas de Juan Ramón, antes de conocer a Zenobia. El tono melancólico del poema se suele poner en relación con la depresión y la crisis que sufrió, después de la muerte de su padre.

Utiliza aquí la tradicional metáfora de la muerte como viaje. Se advierten huellas del modernismo (el «huerto», el «cielo azul») pero el estilo es sencillo y claro. La estructura es circular: el primer verso («Y yo me iré. Y se quedarán los pájaros cantando») reaparece, partido, en los versos inicial y final de la última estrofa. Las repeticiones encadenan el sentido general del poema.

Su métrica es muy peculiar. Se compone de cuatro estrofas: todas, de tres versos, salvo la tercera, que tiene uno más. (En otras ediciones, el reparto de los versos en estrofas es diferente.) Riman en asonante (á–o) todos los versos, algo muy poco frecuente, en español. Alternan los versos largos (de catorce, quince y hasta diecisiete sílabas) con los más cortos (de siete y nueve), que funcionan como pies quebrados. En general, parece una etapa intermedia desde la métrica clásica hasta el verso libre, pero mantiene el ritmo, la suave musicalidad.

Transmite el poema una tenue melancolía. El poeta acepta con resignación su destino: desaparecer. Eso no afecta a la naturaleza, con su imperturbable belleza. Resume la tragedia ya el primer verso:

> Y yo me iré. Y se quedarán los pájaros cantando;
> y se quedará mi huerto, con su verde árbol,
> y con su pozo blanco.

Repite musicalmente la misma nota, al final:

> Y yo me iré; y estaré solo, sin hogar,
> sin árbol verde, sin pozo blanco, sin cielo azul y plácido,
> y se quedarán los pájaros cantando.

La calidad literaria de Agustín de Foxá (1906-1959) es, sin duda, muy superior a su prestigio y a su popularidad. Es fácil señalar algunas causas. Ante todo, su peculiar estilo no encaja fácilmente en ninguna escuela o etapa. No aclara mucho etiquetarlo como «modernista tardío».

Le influyen, entre otros, Rubén Darío, Manuel Machado, Ramón Gómez de la Serna, los vanguardistas, García Lorca, Pablo Neruda... Prologa su primer libro poético Altolaguirre. Luego, es amigo de José Antonio Primo de Rivera y forma parte del grupo de escritores falangistas de primera hora, junto a Rafael Sánchez Mazas, Dionisio Ridruejo y Eugenio Montes. Se le atribuye haber participado en la redacción del *Cara al sol*: al margen de su significado político, es un hermoso himno.

En sus andanzas por Europa, Foxá se hizo gran amigo de Curzio Malaparte. En 1950, participa en la «misión poética» por Hispanoamérica, en defensa del Régimen de Franco, junto a Luis Rosales y Leopoldo Panero.

Entrambasaguas lo considera «escritor exquisito y conversador inimitable, ingeniosísimo». Santiago Castelo, que lo conoció bien y lo estimaba mucho, acumula adjetivos, para definir sus contradicciones: «Era gordo, inteligente, mordaz, sensible, cínico, deslumbrador...». Pero también advierte que, por conseguir una frase brillante, podía perder una amistad o un provechoso destino diplomático.

El propio Foxá se autorretrata con brillantez:

> Soy aristócrata, soy conde, soy rico, soy embajador, soy gordo y todavía me preguntan por qué soy de derechas. ¿Pues qué coños puedo ser?

Cuando estaba destinado en Roma, el conde Ciano le advirtió: «Le va a matar el alcohol». Como corrían leyendas sobre la vida conyugal del todopoderoso yerno de Mussolini, Foxá, ni corto ni perezoso, le replicó: «Y, a usted, Marcial Lalanda».

Fue embajador de Franco, pero son justamente famosas sus frases sobre el Régimen:

> Le van a dar a Franco una patada en nuestro culo... Tengo el puesto ideal: embajador de una dictadura en una democracia. Disfruto de ambos sistemas.

Solía revestir con una máscara cínica su enorme desengaño político:

> Hagamos de España un país fascista y vayámonos a vivir al extranjero... Todas las revoluciones han tenido como lema una trilogía: libertad, igualdad y fraternidad fue la de la revolución francesa; en mis años mozos, yo me adherí a la trilogía falangista, que hablaba de patria, pan y justicia. Ahora, instalado en mi madurez, prefiero otra: café, copa y puro.

Cultiva Foxá varios géneros: novela, cuento, periodismo, teatro, poesía. Su novela *Madrid, de corte a checa* (1938), escrita desde el bando nacional, es, sin duda, una de las mejores que existen sobre la guerra civil; muestra claros ecos de los *Episodios nacionales* de Galdós y de los esperpentos de Valle-Inclán.

Su novela corta *Olor a cera* (1958), reeditada hace poco, es uno de los mejores relatos de tema taurino que yo conozco. Se basa en la leyenda de Blanquet, el banderillero de confianza de Joselito el Gallo, que olió tres veces con antelación la muerte de un torero y acertó en dos ocasiones: la de su maestro y la de Manuel Granero.

Se alejan mucho del teatro comercial sus dramas poéticos *Cui-Ping-Sing* (1940) y *Baile en capitanía* (1944).

El personalísimo mundo sentimental de Agustín de Foxá se expresa sobre todo en su obra poética, escrita antes y después de la guerra, con obras como *La niña del caracol, El almendro y la espada, Poemas a Italia...*

Igual que Eugenio d'Ors, cree que lo mejor de la cultura occidental, la nuestra, es el clasicismo grecorromano, que nos llegó a través del Mediterráneo. Por eso, subraya que la tauromaquia deriva de los juegos cretenses y de la leyenda mitológica de Europa y el toro: «Viene el toro de Grecia por el Mediterráneo...». Igual que muchos escritores falangistas y que muchos republicanos exiliados, considera un ídolo a Manolete, con su cordobesa «elegancia de califa sin trono».

Nace la poesía de Agustín de Foxá de la nostalgia de otra época, de otra sociedad, de otro mundo. Cuando era niño, él vivió en una «provincia de acacias y miradores», donde «era pecado el beso». Viajó en *Trenes de Ávila o Soria*: esos entrañables «trenes humildes de trayecto corto», con parada en Medina del Campo o en Venta de Baños, para los transbordos. Le llevaron en coche de caballos por la Casa de Campo y por el Retiro:

> ¡Oh, coche de caballos de mis primeros años,
> cuando aún no conocía el mar ni la belleza!...

Al hacerse mayor, Foxá se va sintiendo cada vez más un desplazado, no encaja en el mundo que le ha tocado vivir:

> Yo creo que yo he estado enfermo de los nervios por el pecado de haber ido, de niño, en coche de caballos y, de diplomático, en avión supersónico.

Esa nostalgia de la infancia perdida le convierte también en un excelente testigo de un mundo europeo en crisis.

El poema «Melancolía del desaparecer» trata prácticamente del mismo tema que «El viaje definitivo», de Juan Ramón Jiménez: la dolorida conciencia de que todo seguirá igual, en el mundo, cuando muramos. Y eso trae consigo dos consecuencias desoladoras: la mínima importancia que tenemos y el horror por el vacío que se acerca.

Por detrás de su apariencia clásica, este poema posee una original estructura: son tres quintetos de endecasílabos, más un pareado, que enlaza la primera estrofa con la segunda. La rima es consonante, se mantiene con el mismo esquema en las tres estrofas: riman los versos primero, tercero y cuatro; con otra rima, segundo y quinto.

Menciona el poeta algunas de las maravillas del mundo: las «mañanas luminosas», el «cielo azul», «la primavera», «las rosas», el «sol poniente», la luz de «la luna»... Todo eso, por supuesto, puede disfrutarlo cualquier ser humano: hombre o mujer, rico o pobre, joven o viejo.

Las creencias religiosas consuelan a muchas personas, ante la llegada de la muerte. En este caso, al final del segundo quinteto, una discreta metáfora parece expresar la nostalgia por una fe que el poeta ha tenido pero que ya no siente viva: «cuando aún cantaba Dios, bajo mi frente».

Las tres estrofas comienzan igual: «Y pensar que...». En las tres, las coordinadas copulativas van sumando los motivos del pesimismo, hasta llegar a la desolación total. La simboliza algo concreto, muy fácil de entender, un objeto que todos conocemos:

> Y que la luna brillará lo mismo
> y ya no la veré desde mi caja.

Opinan algunos críticos que este poema supone un canto a la vida. En cierto modo, así es: evidentemente, si tememos la muerte es porque amamos la vida. Pero también la tememos porque no sabemos qué nos espera, si es que algo nos espera...

La tragedia se sintetiza en el verso antepenúltimo, con la suma de dos elementos, la soledad y el misterio: «que he de marchar yo solo hacia el abismo».

Con versos clásicos, de sencilla belleza, Agustín de Foxá nos plantea este misterio definitivo y nos invita a afrontar la gran pregunta con la serena dignidad de un sabio grecolatino.

«MELANCOLÍA DEL DESAPARECER»

Y pensar que, después que yo me muera,
aún surgirán mañanas luminosas;
que bajo un cielo azul, la primavera,
indiferente a mi mansión postrera,
encarnará en la seda de las rosas.

Y pensar que, después, azul, lasciva,
sobre mis huesos danzará la vida;
y que habrá nuevos cielos de escarlata,
bañados por la luz del sol poniente,
y noches llenas de esa luz de plata,
que inundaban mi vieja serenata,
cuando aún cantaba Dios, bajo mi frente.

Y pensar que no puedo, en mi egoísmo,
llevarme al sol ni al cielo en mi mortaja;
que he de marchar yo solo hacia el abismo,
y que la luna brillará lo mismo
y ya no la veré desde mi caja.

EL AMOR NO ES CIEGO SINO LÚCIDO

Pedro Salinas
«Perdóname por ir así buscándote»

La mitología clásica representa a Cupido, al Amor, como un niño con alas, armado con arco y flechas, pero ciego: por eso se equivoca tan a menudo...

Lo repite muchas veces Shakespeare. Por ejemplo, en su Soneto 137:

> Amor ciego, ¿qué hiciste con mis ojos,
> que miran y no ven lo que están viendo?
> Pues saben lo que es bello y dónde hallarlo
> mas confunden lo peor y lo perfecto.

Muchos poemas de amor romántico suelen concluir con el más cruel desengaño. En España, por ejemplo, el autobiográfico «Canto a Teresa», de Espronceda (incluido en *El Diablo mundo*): comienza comparando a la amada con un «cristalino río, / manantial de purísima limpieza». Luego, ella se ha convertido ya en un «torrente de color sombrío, / rompiendo entre peñascos y maleza». Acaba el poeta con una descalificación absoluta:

> Y estanque, en fin, de aguas corrompidas,
> entre fétido fango detenidas.

La aliteración (repetición del sonido «efe») del último verso subraya la rotunda condena, el terrible fracaso. Parece lógico que el lector se pregunte cómo sería la auténtica Teresa: ¿de verdad había cambiado ella tanto o fue el poeta el que se equivocó, al enamorarse de ella?

El inteligentísimo Stendhal realiza la crítica más lúcida del amor romántico en su librito *De l'amour* (*Del amor*). La

Iglesia lo incluyó en su Índice de Libros prohibidos, al formar parte, como sus grandes novelas, de sus obras sobre el amor: «Omnia opera amatoria».

Decía Ortega y Gasset con humor que muchas damas de la buena sociedad española escondían debajo de la almohada este librito, que habían leído cuidadosamente, para que no lo descubriera su marido...

Basándose en su propia experiencia, realiza Stendhal el más implacable análisis del amor romántico, esa «enfermedad» tan común. La explica con la metáfora de la cristalización, recordando lo que sucede en unas pozas de agua, con muchas sales, en un clima alpino muy frío:

> En las minas de sal de Salzburgo, se arroja a las profundidades abandonadas de la mina una rama de árbol, despojada de sus hojas por el invierno. Si se saca al cabo de dos o tres meses, está cubierta de cristales brillantes: las ramitas más diminutas, no más grandes que la pata de un pajarillo, aparecen guarnecidas de infinitos diamantes, trémulos y deslumbradores. Es imposible reconocer la rama primitiva.

Quiere eso decir que son las circunstancias adecuadas (el frío, las sales del agua) las que convierten a una humilde rama en una preciosa estrella de hielo. Según Stendhal, lo mismo sucede cuando nos enamoramos: son una serie de circunstancias –la distancia, un obstáculo, la negativa, los celos– las que nos inducen a atribuir a una persona una serie de cualidades, que, en realidad, ella no tiene, y, en consecuencia, a enamorarnos de ella. (De ahí la bien conocida utilidad de dar celos, para provocar el amor.)

Un ejemplo claro sería lo que cuenta Marcel Proust en *Un amor de Swann*: el protagonista ve todas las noches, en alguna reunión, a una joven; mantiene con ella una pacífica relación amistosa. Una noche, sin embargo, ella no aparece en el lugar esperado. Él no se resigna a esa ausencia que, en otras ocasiones, había llegado incluso a desear: desesperado, recorre todos los sitios donde ella podría estar. Cuando al fin la encuentra, cae rendido en sus brazos.

Así ve Stendhal el amor, como una especie de enajenación mental transitoria: nos enamoramos de una figura idealizada, que no responde a la realidad. Pasada la fiebre inicial, el tiempo y el trato íntimo harán que esta ilusión se desvanezca: inevitablemente, morirá el amor.

Además, él le acusará a ella de haberlo engañado, fingiendo poseer las cualidades que él había imaginado. (Naturalmente, hablo de «él», en masculino, porque el que escribe es Stendhal: exactamente lo mismo sucede si se tratara de una mujer, o de dos personas del mismo sexo.)

La teoría sobre el amor de Stendhal tuvo una amplia repercusión en los lectores de toda Europa. Intenta superarla Pedro Salinas (1891-1951), el gran poeta del amor de la Generación del 27. Como dijo Julián Marías, «representa hoy lo que, en otros tiempos, Garcilaso y Bécquer».

Salinas era madrileño castizo, pero fue también profesor en La Sorbona y catedrático de Literatura Española en Sevilla. Escribió novelas, teatro, preciosos libros de crítica literaria (entre otros, sobre Jorge Manrique y Rubén Darío) y, por supuesto, poesía. Al final de la guerra, se exilió a Estados Unidos, enseñó literatura española en importantes universidades.

Igual que la mayoría de los exiliados, sentía muy viva la nostalgia de España. En 1948, le escribe a Jorge Guillén, su íntimo amigo: «Se me agudiza la nostalgia de España y, por lo mismo, la desesperación de ver cada día más oscura la posibilidad del retorno».

No pudo volver a la patria: falleció en Boston, en 1951. Está enterrado en Puerto Rico, frente al Caribe, que él había cantado en su libro *El contemplado*.

El núcleo central de su obra es la poesía lírica; su gran tema, el amor; sus dos libros principales, *La voz a ti debida* y *Razón de amor*.

Su poesía se caracteriza por la sutileza psicológica, los matices imperceptibles, el diálogo continuo. Suele estar dirigida a un *tú*, la mujer amada, que es el fundamento de todo el universo. Pero ese *tú* –precisa Leo Spitzer– es el correlato del *yo*, la creación de éste, su conciencia, el término de su actividad mental.

Por su finura, la psicología del amor de Pedro Salinas recuerda la de Marcel Proust, al que había traducido. Su amor se aleja de los convencionalismos; supone cercanía, intimidad, descubrimiento progresivo, cuerpo y alma. Se ha dicho que la suya es una poesía «a, para y por la amada».

A veces, con humor, canta Salinas en su poesía algunos objetos modernos: el radiador; la máquina de escribir, cuyas teclas, las *Underwood girls*, se levantan como las piernas de una bailarina... Pero todo ingresa en el poema en función del amor a una muchacha, que reinventa el mundo y salva poéticamente todas las cosas.

Formalmente, escribe Salinas lo que García Lorca llamaba, en broma, *prosías*: versos que fluyen con naturalidad, sin respetar la rigidez de la métrica clásica; sin rima o con algo de rima asonante; con un ritmo que fluye incesante y se prolonga de un verso a otro (lo que llamamos encabalgamiento suave).

La impresión que deja todo esto es de naturalidad, sencillez, diálogo íntimo. Según Dámaso Alonso, «de todos los poetas contemporáneos, Salinas es el que debe menos a la retórica».

Su libro *La voz a ti debida* (1933), un título tomado de Garcilaso, es uno de los más hermosos poemarios de amor de toda la literatura española.

Sabemos algo de su origen biográfico. Salinas se había casado en 1915, con veinticuatro años. De 1933 a 1936, fue el secretario general de la Universidad Internacional de Verano de Santander (después de la guerra, Universidad Menéndez y Pelayo). En 1932, cuando tenía cuarenta y un años, conoció a una estudiante norteamericana, Katherine Whitmore, seis años menor que él: de ese amor nació *La voz a ti debida*.

La relación duró quince años, pero no tuvo final feliz. Cuando ella murió, en 1982, dejó escrito su permiso para que, veinte años más tarde, se publicaran las cartas que le había enviado el poeta.

Le escribe él a Katherine, el 20 de marzo de 1934, sobre *La voz a ti debida,* al que llama «nuestro libro»:

> Ya sabes que yo no soy *profesionalmente* poeta. Nada de lo que yo piense hoy, o diga de mi poesía, debe ser tomado desde el punto de vista profesional, literario. Y cada día menos. Entre tus muchas observaciones justas dichas sobre nuestro libro, está la de que en él no hay un solo verso *clever* («inteligente, ingenioso»). Los había en mis libros anteriores, muchos de mis versos eran juegos, destrezas, recreo mental, no más. Pero en éste, no. Me alegro mucho de que lo veas tan claro, vida [...]. Katherine, tú sabes tan bien como yo que nuestro libro es el mejor de los míos.

Las cartas que le escribe Salinas a su amada no dan detalles ni anécdotas, pero sí nos muestran cómo vive él ese amor. Ante todo, como una revelación súbita de la alegría:

> En aquel momento de aparente calma, cayó sobre mí, como una iluminación de relámpago, la conciencia de lo que nuestro amor fue desde el primer día: maravilla. Yo mismo me asombré de mí mismo. De ti, de todo. Pero por encima de todo de una cosa. Verás cómo fue. «¿Será posible –me decía yo en mi alma– que a estas horas, a miles de kilómetros, un ser me esté siendo fiel al amor y al recuerdo, esté pensando en mí, perteneciéndome, en su alma? ¿Será posible que su belleza, su ternura, su gracia, se miren, como en un espejo, en mi memoria y se guarden, se reserven para mí?» Y yo. Katherine, creía que era posible y el creerlo me causaba un asombro sin fin [...]. Me estuve un largo rato mirando al vacío, en realidad como rezando, agradeciendo a la vida su prodigio.

Es lo mismo que dice Salinas, en un poema:

> Y súbita, de pronto,
> porque sí, la alegría.
> Sola, porque ella quiso,

vino. Tan vertical,
tan gracia inesperada,
tan dádiva caída,
que no puedo creer
que sea para mí.
Miro a mi alrededor,
busco. ¿De quién sería?

Como cualquier ser humano, la amada tiene un nombre propio por el que todos la conocen; todos, menos su enamorado. En el íntimo diálogo del amor, utilizan los dos el pronombre personal –*yo*, tú– como una isla, como su mundo propio. Lo afirma Salinas, en otro poema:

Para vivir no quiero
islas, palacios, torres.
¡Qué alegría más alta,
vivir en los pronombres!
Quítate ya los trajes,
las señas, los retratos;
yo no te quiero así,
disfrazada de otra,
hija siempre de algo.
Te quiero pura, libre,
irreductible: tú.
Sé que cuando te llame,
entre todas las gentes
del mundo,
sólo tú serás tú.
Y cuando me preguntes
quién es el que te llama,
el que te quiere suya [...]
te diré:
«Yo te quiero, soy yo».

Gracias al amor, el poeta siente que la amada se duplica, se convierte en *doble* de sí misma. Eso causa que él también viva una vida doble: la que él ya tenía, antes, y la de ella. Aunque estén separados, él camina con los pasos de ella, ve con los ojos de ella, toca con sus manos, habla con su voz. Y esa doble vida que, gracias a ella, está viviendo puede incluso vencer a la muerte... Así se lo escribe a Katherine, en sus cartas:

> ¿Ves de qué modo vives en mí? Desencadenas todas mis fuerzas espirituales, las pones en conmoción, en turbulento moverse, las echas a vivir. Eres, Katherine, un motivo de mi vida, en el sentido puro del vocablo. Sé que, si me faltara *motivo,* se cerrarían en mí muchas alas que se han abierto, se callarían muchos cánticos que empiezo a oír, se apagarían muchas auroras que están temblando en el horizonte.

Afirma Pedro Salinas lo mismo en otro poema del mismo libro, jugando gramaticalmente con la voz activa y la pasiva del mismo verbo:

> Qué alegría, vivir
> sintiéndose vivido.
> Rendirse
> a la gran certidumbre, oscuramente,
> de que otro ser, fuera de mí, muy lejos
> me está viviendo [...].
> Que hay otro ser por el que miro el mundo
> porque me está queriendo con sus ojos.
> Que hay otra voz con la que digo cosas
> no sospechadas por mi gran silencio
> y es que también me quiere con su voz [...].
> Y, todo enajenado, podrá el cuerpo
> descansar, quieto, muerto ya. Morirse
> en la alta confianza
> de que este vivir mío no era sólo
> mi vivir: era el nuestro. Y que me vive
> otro ser por detrás de la no muerte.

¿Cómo intenta superar Salinas la pesimista visión del amor que tiene Stendhal? Defiende que el amor no nos ciega sino que nos hace más lúcidos: nos permite descubrir, en la persona amada, posibilidades todavía ocultas, pero reales (eso es lo esencial) que ella tiene. Lo expresa claramente en el poema que he elegido: «Perdóname por ir así buscándote».

El amor aparece aquí, ante todo, como una búsqueda. Comienza el poeta pidiendo perdón a la amada por buscar dentro de ella, aunque esa búsqueda le pueda causar a ella algún sufrimiento:

Perdóname por ir así buscándote
tan torpemente, dentro
de ti.
Perdóname el dolor, alguna vez.

Llegamos al momento culminante, a los dos versos decisivos:

Es que quiero sacar
de ti tu mejor tú.

Con este juego fónico (la repetición de tres «tes»), está proclamando Salinas lo que ha descubierto la psicología contemporánea –y también la literatura, por supuesto–: cada uno de nosotros no somos un bloque unitario sino un mosaico de muchísimas piezas, que posee infinitas posibilidades. Todos podemos llegar a ser santos o pecadores, héroes o cobardes, libertinos o ascetas... Como en la obra de Pirandello, todos somos personajes en busca de un autor, que nos ayude a definirnos.

Según Salinas, para eso sirve el amor: el enamorado descubre, en la persona amada, unas posibilidades que ni ella misma conocía:

Ése que no te viste y que yo veo,
nadador por tu fondo, preciosísimo.

Ha encontrado el enamorado esa joya y la levanta, la exhibe, la hace brillar:

Y cogerlo.
Y tenerlo yo en alto como tiene
el árbol la luz última
que le ha encontrado al sol.

Notemos la inversión casi cinematográfica del punto de vista: no es el sol el que ilumina al árbol, sino el árbol, humanizado, el que alarga sus brazos para alcanzar el último rayo de sol, cada tarde.

En todo este proceso, a la amada no le corresponde un papel pasivo, no es suficiente que se deje querer: ella ha de emprender un proceso de perfeccionamiento para llegar a ser como el enamorado la ha intuido. Lo explica Salinas con metáforas físicas –y, a la vez, morales– de ascensión:

Y entonces tú,
en su busca vendrías a lo alto.
Para llegar a él
subida sobre ti, como te quiero,
tocando ya tan sólo a tu pasado
con las puntas rosadas de tus pies,
en tensión todo el cuerpo, ya ascendiendo
de ti a ti misma.

Ha repetido el poeta el juego fónico de los pronombres: antes, intentaba sacar «de ti, tu mejor tú». Ahora, ha iluminado a la amada y ha conseguido que ella se esforzara para ascender a su ser auténtico: «de ti a ti misma».

Todo este proceso no es unilateral sino recíproco. Si de verdad está enamorada, ella también ha descubierto, en él, posibilidades nuevas: él debe aceptarlas y esforzarse para que se conviertan en realidades.

Lo afirma Salinas en otra de sus cartas a su amor: «Me das ánimo para que sea mi mejor yo y siempre me incitas a que sea más».

Si los dos lo logran, el amor habrá sido como un fuego que los ha depurado: habrá logrado que salgan a la luz sus metales preciosos, hasta entonces ocultos. El nuevo diálogo que mantengan los dos va a tener lugar ya en un plano superior al del comienzo. Usando un término místico, se ha consumado ya el *camino de perfección*:

> Y que a mi amor entonces le conteste
> la nueva criatura que tú eras.

El lector puede jugar con el tiempo de este último verbo. El enamorado va a dialogar con «la nueva criatura que tú eras»: la que estaba latente, como posibilidad, dentro de la amada. También va a entablar su diálogo con la nueva criatura que tú ya eres: la que has llegado a ser, gracias a haber aceptado el amor.

Según eso, en contra de lo que proclamaban la mitología clásica y el inteligente pesimismo de Stendhal, el amor no es ciego sino gloriosamente lúcido: es capaz de descubrir, en otro ser humano, sus posibilidades ocultas y de ayudarle a realizarlas.

Esa hermosa esperanza es lo que nos transmite Pedro Salinas. Como en la liturgia, el lector sólo puede añadir: «Así sea».

«Perdóname por ir así buscándote»

Perdóname por ir así buscándote
tan torpemente, dentro
de ti.
Perdóname el dolor, alguna vez.
Es que quiero sacar
de ti tu mejor tú.
Ése que no te viste y que yo veo,
nadador por tu fondo, preciosísimo.
Y cogerlo
y tenerlo yo en alto como tiene
el árbol la luz última
que le ha encontrado al sol.

Y entonces tú,
en su busca vendrías, a lo alto.
Para llegar a él,
subida sobre ti, como te quiero,
tocando ya tan sólo a tu pasado
con las puntas rosadas de tus pies,
en tensión todo el cuerpo, ya ascendiendo
de ti a ti misma.
Y que a mi amor entonces le conteste
la nueva criatura que tú eras.

LA FELIZ PLENITUD DEL AMOR FÍSICO

Oliverio Girondo
«Se miran...»

No ha llegado a ser un autor popular en España el argentino Oliverio Girondo. Tampoco creo que lo sea en su país natal, Argentina, pero la singularidad de su escritura atrae a muchos lectores, que lo han convertido en uno de esos «raros» a los que amamos, en un autor de culto.

Nació Oliverio Girondo (1891-1967) en Buenos Aires, en una familia acomodada. Gracias a eso, tuvo una educación selecta, estudió en Inglaterra y en Francia. Parece ser que aceptó la petición de sus padres de que estudiara Derecho a cambio de poder viajar regularmente por Europa.

Conoció de primera mano los movimientos europeos de vanguardia, en los «felices años veinte»; por ejemplo, el surrealismo, a través del poeta franco-uruguayo Jules Supervielle. También visitó España y fue amigo de Ramón Gómez de la Serna, Federico García Lorca, Rafael Alberti... Escribió entonces poemas surrealistas con metáforas irracionales sobre Sevilla, la calle Sierpes, la Semana Santa...

En Buenos Aires, formó parte del grupo Florida, junto con Borges, Macedonio Fernández, Victoria Ocampo y Marechal (el autor de la singularísima novela *Adán Buenosayres,* una de las lecturas preferidas del papa Francisco). Esos escritores defendían –y practicaban– una literatura urbana, elitista, cosmopolita, irónica.

También codirigió Girondo la revista *Martín Fierro.* En ella publicó un manifiesto, donde defendía la modernidad, el «arte nuevo», nacido de la necesidad de redescubrir la realidad, al contemplarla con ojos limpios: «Todo es nuevo bajo el sol, si se mira con unas pupilas actuales y se expresa con un acento contemporáneo».

Esta frase la hubieran firmado, en aquellos años, Ramón Gómez de la Serna, Lorca, Dalí, Buñuel, Sebastián Gasch, Guillermo de Torre...

Como a todos ellos, también al joven Oliverio Girondo le gustaba escandalizar, épater *le bourgeois*: «Los únicos brazos entre los cuales nos resignaríamos a pasar la vida son los brazos de las Venus que han perdido los brazos».

Se oponía, por supuesto, al academicismo, al sentimentalismo barato (lo que Lorca y Dalí llamaban «los putrefactos»): «El arte es el peor enemigo del arte».

Veía la literatura como un juego, pero un juego que hay que jugar con el máximo rigor. Eso incluye también, por supuesto, el humor: «No hay crítico comparable al cajón de nuestro escritorio». Es lo mismo que defendía Juan Ramón: «Ni un solo día sin [...] romper una página».

En 1922, Oliverio Girondo publicó su primer libro, con un título provocativo: *Veinte poemas para ser leídos en el tranvía*. Tres años después, *Calcomanías*. Tradujo a Rimbaud: *Una temporada en el infierno*. Escribió caligramas, fue también pintor surrealista.

Se casó con la escritora Norah Lange; con ella, organizó lo que ahora llamaríamos *happenings*: una escultura de *papier maché* titulada *El espantapájaros académico* o el desfile de una sirena, en una carroza tirada por seis caballos.

En esta línea, su obra principal es *En la masmédula*, en la que hace juegos lingüísticos con asociaciones fonéticas, que algunos han comparado con las de César Vallejo y James Joyce.

Utiliza a veces Girondo enumeraciones caóticas –la figura retórica estudiada por Leo Spitzer–, que unen la pasión y la ironía:

> Muchas gracias al humo
> a los microbios
> al despertar
> al cuerno
> a la belleza

a la esponja
a la duda
a la semilla
a la sangre
a los toros
a la siesta...

Nótese que, por debajo del aparente caos, mantiene el poeta perfectamente el ritmo clásico; podría imprimirse esto también como cuatro impecables endecasílabos, que rimarían en asonante segundo y cuarto:

Muchas gracias al humo, a los microbios,
al despertar, al cuerno, a la belleza,
a la esponja, a la duda, a la semilla,
a la sangre, a los toros, a la siesta...

Está clarísimo que esta primera etapa de Oliverio Girondo –como la de otros vanguardistas de entonces– tenía un tono juvenil, feliz, por el gozoso descubrimiento del mundo: «La realidad es, en realidad, el más auténtico de los milagros».

Con el paso de los años, le llegaría también a él –igual que a tantos otros– el dolor y el peso de la melancolía.

El poema que he elegido posee un singular atractivo y ha alcanzado una notable popularidad, en Hispanoamérica: son muchos los que lo recitan y hasta lo cantan. Forma parte del libro *Espantapájaros* (1932), elogiado hasta la desmesura por Ramón Gómez de la Serna:

> En este libro admirable, del que no ha hablado ni un solo crítico de las grandes publicaciones y al que la envidia ha evitado toda alusión, está la enjundia del talento irrespetuoso de la mejor Argentina. En *Espantapájaros*, todas son fecundaciones del porvenir, lo inventado en este libro no tiene aún nombre. ¿Quién ha podido superar sus imágenes? ¡Nadie! Es uno de los pocos libros libres que no recomendaré para los colegios, pero que ayudan a vivir.

Cuando se publicó, este poema llevaba sólo, como encabezamiento, su número de orden: «12». Algunos lo mencionan como si éste fuera su título. Otros, por el comienzo de su primer verso: «Se miran...».

En los años veinte, los surrealistas franceses –por ejemplo, André Breton, en su novela autobiográfica *Nadja*– divulgaron el concepto del *amour fou*: el amor loco, todopoderoso, al que es imposible resistirse, aunque nos lleve a la ruina... Es lo mismo que expresa Oliverio Girondo. Con radical sencillez, lo dice en otro poema:

> ¡Todo era amor... amor!
> No había nada más que amor.
> En todas partes se encontraba amor.
> No se podía hablar más que de amor [...].
> Amor-amor, que es, simplemente, amor.
> Amor y amor... ¡y nada más que amor!

Y lo repite en dos versos, que parecen una greguería de Ramón Gómez de la Serna sobre las mujeres:

> No les perdono
> bajo ningún pretexto que no sepan volar.

En el poema elegido, vuelve Oliverio Girondo a tratar el tema del amor absoluto, uniendo ritmo musical, maestría clásica y libertad vanguardista. En este caso, se plantea un reto literario más difícil: dar forma poética a la feliz plenitud del amor físico.

Aunque algunos aprendices de escritores lo ignoren y aunque otros, más expertos, lo utilicen como fácil cebo para pescar lectores, la realidad es que intentar expresar eso en la literatura no es nada fácil, si no se quiere caer en la cursilería, por un lado, ni en la pornografía, por otro.

Lo atestigua una escritora tan poco mojigata como Anaïs Nin, cuando se queja de que le paguen por escribir cuentos eróticos: «El sexo pierde todo su poder y su magia cuando se vuelve explícito, mecánico, exagerado; cuando se convierte en una obsesión mecanicista, algo aburrido».

En el capítulo 68 de *Rayuela*, mi amigo Julio Cortázar sortea con ironía el problema recurriendo al «glíglico», un lenguaje musical, que evoca la escena erótica gracias a su ritmo:

> Apenas él le amalaba el noema, a ella se le agolpaba el clémiso y caían en hidromurias, en salvajes ambonios, en sustalos exasperantes. Cada vez que él procuraba relamar las incopelusas, se enredaba en un grimado quejumbroso y tenía que envulsionarse de cara al nóvalo, sintiendo cómo poco a poco las arnillas se espejunaban, se iban apeltronando, reduplimiendo, hasta quedar tendido como el trimalciato de ergomanina al que se le han dejado caer unas fílulas de cariaconcia...

Como he comentado en mi edición de *Rayuela*, utiliza Cortázar el esqueleto sintáctico, perfectamente lógico, de la descripción de una escena erótica para jugar con un lenguaje musical irónico, inventado. De ese modo, empuja al lector a que rellene con su imaginación los huecos ocupados en el texto por palabras ininteligibles. A la vez, se divierte jugando con la musicalidad de las frases y realiza la parodia de una narración grandilocuente.

No le hubiera disgustado a Oliverio Girondo –creo yo– escribir este capítulo. En el poema que comento, sin embargo, se toma mucho más en serio la trascendencia del amor físico.

Métricamente, se compone de veintitrés endecasílabos: con una excepción (el verso primero), todos tienen acento rítmico en las sílabas tercera, sexta y décima. Hay varias rimas consonánticas, que añaden musicalidad, pero no siguen un esquema fijo.

El atractivo del poema radica, sobre todo, en su estructura: salvo el penúltimo verso, todos comienzan con el pronombre «se». En este caso, tiene valor recíproco, expresa las acciones que comparten los dos enamorados. Y se repite el «se» en cada una de las partes de los versos trimembres (salvo los casos de los verbos que no lo permiten: «despiertan», «reviven» y «resplandecen»).

Lo esencial es que, de forma escueta, implacable, sin adjetivos grandilocuentes ni comentarios baratos, se enumeran aquí una amplia serie de acciones y de sentimientos que comparte la pareja.

Señalan los críticos que algunas de las acciones mencionadas son físicas, literales: «Se miran», «se besan», «se acarician»... Otras, la mayoría, son metafóricas: «Se acribillan», «se calcinan»...

Más importante me parece el ritmo musical: estamos ante lo que podemos llamar un «tema con variaciones». La repetición intensifica el efecto; además, no es monótona, avanza, tiene un sentido: evidentemente, la ola de amor va creciendo, culmina, descansa brevemente, resucita...

La idea me parece muy original y está perfectamente realizada, con una llamativa variedad de verbos.

Muchos artistas han intentado expresar este misterio del amor pleno, total. Baste con recordar una escultura de Rodin, *El beso*; con el mismo título, las pinturas de Klimt y de Munch.

De los más de setenta verbos del poema, elijo yo dos. El primero, «resplandecen»: la gloria deslumbrante del amor. Al final, después de unos puntos suspensivos, «se entregan»: la generosidad que implica cualquier amor es lo que nos permite romper nuestros límites.

«SE MIRAN...»

Se miran, se presienten, se desean...
Se acarician, se besan, se desnudan...
Se respiran, se acuestan, se olfatean...
Se penetran, se chupan, se desnudan...
Se adormecen, despiertan, se iluminan...
Se codician, se palpan, se fascinan...
Se mastican, se gustan, se babean...
Se confunden, se acoplan, se disgregan...

Se distienden, se enarcan, se menean...
Se retuercen, se estiran, se caldean...
Se estrangulan, se aprietan, se estremecen...
Se tantean, se juntan, desfallecen...
Se repelen, se enervan, se apetecen...
Se acometen, se enlazan, se entrechocan...
Se agazapan, se apresan, se dislocan...
Se perforan, se incrustan, se acribillan...
Se remachan, se injertan, se atornillan...
Se desmayan, reviven, resplandecen...
Se contemplan, se inflaman, se enloquecen...
Se derriten, se sueldan, se calcinan...
Se desgarran, se muerden, se asesinan...
Resucitan, se buscan, se refriegan...
Se rehúyen, se evaden y... se entregan.

LA ILUSIÓN DE UNAS POCAS PALABRAS DE AMOR

Gerardo Diego
«Romance del Duero»

Gerardo Diego (1896-1987) es uno de los más importantes poetas del 27, tuvo un papel protagonista en la organización de los festejos del centenario gongorino. Con su habitual ingenio, contó el nacimiento de la Generación en su pareja de revistas, *Carmen* y *Lola*.

En la primera de ellas, escribe su *Defensa de la poesía,* que fue –junto con la música– la gran pasión de toda su vida:

> La Poesía existe, luego hay que defenderla. Defenderla y mantenerla. ¿Y desde cuándo existe la Poesía? Desde siempre y hasta siempre. Desde que el primer hombre soñó con ella y hasta que ella sueñe al último poeta [...]. Creer lo que no vimos dicen que es la fe. Crear lo que no veremos: esto es la Poesía. Fe por parte nuestra. Poesía por parte de ella.

Se decanta entonces por el oficio frente al misterio:

> Por lo mismo que la poesía es imposible, habrá que agotar todas las posibilidades en el poema. Nada de misterios. Todo conocido, todo sopesado y perfectamente material, materialmente perfecto.

Y concluye:

> La Poesía no nace ni muere. Vive. Está viva. Se acerca o se aleja. Pero siempre está despierta como la mar. Si no es nuestra, puede ser de otro, o de nadie, pero es. Mientras exista una hermosura, es y será [...]. No era preciso defenderla. Es invulnerable. Pero sí era preciso afirmarla.

Toda la obra de Gerardo Diego y toda su vida van unidas a esa afirmación, sin ceñirse a ninguna escuela. Como señala Francisco Javier Díez de Revenga, su mejor estudioso, su canon poético abarca una pluralidad de estilos y podría resumirse con el título de este poema:

Crear, siempre crear:
poner una palabra junto a otra,
a ver qué ocurre.
Las palabras se cruzan como hormigas al paso
que se hubieran vuelto locas,
los arpegios se trenzan y se destrenzan
y los pájaros vuelan a sus flores y a sus ramas [...].
Crear, siempre crear,
como la fe en el cielo y en el mar.

Después de la guerra, permaneció Gerardo Diego en Madrid, igual que Vicente Aleixandre y Dámaso Alonso. A Gerardo y a Dámaso (así se les llamaba, sólo por el nombre) se les suele aplicar la etiqueta de «poetas profesores», aunque también lo fueron Pedro Salinas y Jorge Guillén.

Hasta su jubilación, Gerardo fue catedrático de Literatura Española de Enseñanza Media; su último destino, el Instituto Beatriz Galindo, en la madrileña calle Goya. Con su categoría como poeta y como crítico, es absurdo que no pudieran disfrutar de su magisterio los alumnos de la universidad; lo mismo les sucedió, por ejemplo, al historiador Antonio Domínguez Ortiz, al bibliógrafo Antonio Rodríguez-Moñino...

Había nacido Gerardo Diego en Santander. De 1912 a 1916, estudió Filosofía y Letras en Deusto: allí conoció a uno de sus grandes amigos, Juan Larrea, poeta creacionista; en el examen, en Salamanca, a don Miguel de Unamuno. El último año lo estudió en Madrid: asistió a las clases de Menéndez Pidal y Américo Castro; conoció a Antonio Machado, Juan Ramón y Ortega, los grandes maestros; se hizo amigo de los vanguardistas Ramón Gómez de la Serna, Huidobro, Cansinos Asséns...

En Madrid, el joven Gerardo Diego pudo disfrutar también de dos de sus grandes pasiones, los toros y la música. A poco de llegar, vio al revolucionario novillero Juan Belmonte, la tarde en que sorprendió al público, ligando varias verónicas sin enmendarse. (Años más tarde, Gerardo publicó *La suerte o la muerte*, un auténtico tratado de tauromaquia en verso.)

Desde el gallinero del Teatro Real, vio a Ígor Stravinski dirigiendo sus obras *El pájaro de fuego* y *Petrochka,* en las representaciones de los Ballets Rusos de Diághilev, que fascinaron a los madrileños, incluido Alfonso XIII.

Gerardo Diego es uno de los poquísimos escritores españoles que conocía de verdad y era apasionado de la música clásica: fue pianista, dio conferencias con el guitarrista Regino Sainz de la Maza, escribió sobre música en verso y en prosa.

En 1920, con veinticuatro años, ganó la plaza de catedrático de Literatura Española del Instituto de Soria. (Hacía ocho años que había dejado ese instituto, como catedrático de Francés, Antonio Machado.) Estuvo allí el último trimestre de un curso y dos cursos completos más; en 1922, pasó al Instituto de Gijón, más cercano a su tierra.

En principio, nada le ligaba a Soria, salvo el doble recuerdo de Bécquer y de Antonio Machado. Sin embargo, Gerardo se enamoró de esa ciudad, hizo allí buenos amigos, participó en un ciclo de teatro clásico español, dio un curso sobre historia del piano, que he leído con verdadero gusto.

Lo recuerda así el soriano Juan Antonio Gaya Nuño, un gran estudioso del arte, injustísimamente olvidado hoy: «Gerardo Diego era entonces muy galán, pincho, espigado y airoso. Tenía una novia de hermosísimos ojos verdes».

A esa novia juvenil le dedicó Gerardo un poema humorístico:

Elisa, pisa deprisa
y ríete con tu risa.

En 1923, Gerardo Diego publicó *Soria. Galería de estampas y efusiones*. (Antonio Espina lo reseñó, en el primer número de la *Revista de Occidente*.) Toda su vida fue fiel a su amor por Soria, que le inspiró una serie de libros: *Nuevo cuaderno de Soria, Capital de provincia, Cancionerillo de Salduero, Tierras de Soria, Soria sucedida, Soria sucesora...* Junto a Machado, Gerardo Diego es uno de sus mayores cantores: hoy existen, en la ciudad, itinerarios turísticos basados en sus poemas.

Toda la crítica ha señalado como características de la poesía de Gerardo Diego la fecundidad (unió vida y poesía, como su muy querido Lope de Vega), el virtuosismo técnico y la variedad de estilos. Su *Poesía completa* comprende cerca de tres mil páginas. Domina todos los recursos de la métrica, es un gran virtuoso del romance y del soneto.

Dentro de sus poemas, llama la atención, sobre todo, el gran contraste entre los vanguardistas y los que continúan la gran tradición clásica. A esta última línea, por ejemplo, pertenece el soneto «El ciprés de Silos», del libro *Versos humanos,* que ha alcanzado tan justa popularidad:

Enhiesto surtidor de sombra y sueño
que acongojas el cielo con tu lanza.
Chorro que a las estrellas casi alcanza,
devanando a sí mismo en loco empeño.

Mástil de soledad, prodigio isleño,
flecha de fe, saeta de esperanza.
Hoy llegó a ti, riberas del Arlanza,
peregrina al azar, mi alma sin dueño.

Cuando te vi, señero, dulce, firme,
qué ansiedades sentí de diluirme
y ascender como tú, vuelto en cristales,

como tú, negra torre de arduos filos,
ejemplo de delirios verticales,
mudo ciprés en el fervor de Silos.

Ese vaivén poético entre lo que Guillermo de Torre llamaba *la aventura y el orden* lo vivió Gerardo Diego desde su juventud. Recordaba él cómo sus amigos Larrea y Huidobro se sorprendían al comprobar que, en la misma fecha, era capaz de escribir un poema de vanguardia y un romance, o un poema dedicado a la Virgen. Con su habitual ingenio, se defendía así Gerardo:

> Yo no soy culpable de que me atraigan simultáneamente el campo y la ciudad, la tradición y el futuro; de que me encante el arte nuevo y me extasíe el antiguo; de que me vuelva loco la retórica y me tenga más loco el capricho de volver a hacérmela –nueva– para mi uso personal e intransferible.

A Gerardo le divierte siempre jugar, experimentar, sorprender al lector. Por ejemplo, el poema «Valle Vallejo», sin puntuación, en el libro *Biografía incompleta*, que comienza así:

> Albert Samain diría Vallejo dice
> Gerardo Diego enmudecido dirá mañana
> y por una sola vez Piedra de estupor...

O los juegos humorísticos de «El Cordobés dilucidado», sobre el estilo heterodoxo de este torero:

> El Cordobés
> –¿lo ves?,
> ¿no lo ves?–
> no es lo que es,
> es lo que no es [...].
> El Cordobés
> es el toreo en inglés,
> en danés
> y en pequinés
> y en volapuk y sin mover los pies.

A la vez, vuelve una y otra vez Gerardo Diego a los temas eternos de la poesía, los mismos sobre los que escribió su admiradísimo Lope de Vega: la naturaleza, el paso del tiempo, la espiritualidad y, por supuesto, el amor. Un hermoso ejemplo es «Insomnio», un impecable soneto, justamente alabado por Dámaso Alonso, del libro *Alondra de verdad*, con su sabio ritmo sincopado:

Tú y tu desnudo sueño. No lo sabes.
Duermes. No. No lo sabes. Yo en desvelo,
y tú, inocente, duermes bajo el cielo.
Tú por tu sueño y por el mar, las naves.

En cárceles de espacio, aéreas llaves
te me encierran, recluyen, roban. Hielo,
cristal de aire en mil hojas. No. No hay vuelo
que alce hasta ti las alas de mis aves.

Sabes que duermes tú, cierta, segura
–cauce fiel de abandono, línea pura–,
tan cerca de mis brazos maniatados.

Qué pavorosa esclavitud de isleño,
yo insomne, loco, en los acantilados,
las naves por el mar, tú por tu sueño.

El poema de Gerardo Diego que he elegido esta vez, «Romance del Duero», forma parte de un libro juvenil, *Galería de estampas y efusiones*. Su métrica indica claramente que pertenece a la línea tradicional: es un romance, constituido por veintiocho versos octosílabos, que mantienen la rima asonante á-a. En algunas ediciones, se separan siete estrofas, de cuatro versos cada una (eso facilita las referencias, en el comentario).

Parte el poema de una experiencia real del poeta: es fácil imaginar al joven profesor Gerardo Diego, caminando por los márgenes del río, al concluir las clases. Pero el estilo del poema no es realista ni descriptivo: no da ni un solo detalle concreto sobre el lugar. En realidad, presenta uno de esos «paisajes del alma» de los que habla Unamuno, que suscitan variados sentimientos y emociones.

Desde el primer verso, el poeta dialoga con el río Duero, humanizado. Sigue claramente a Antonio Machado, que lo precedió como profesor en el Instituto de Soria. Son muy conocidos los versos de don Antonio, en el poema «Campos de Soria»:

Colinas plateadas,
grises alcores, cárdenas roquedas
por donde traza el Duero
su curva de ballesta
en torno a Soria...

Algunos datos concretos corroboran esta clara filiación. En la estrofa segunda, menciona Gerardo Diego la «muralla desdentada»; en la cuarta, a los «santos de piedra» y a los «álamos». Los tres elementos aparecen en otro poema de Machado:

He vuelto a ver los álamos dorados,
álamos del camino en la ribera
del Duero, entre San Polo y San Saturio,
tras las murallas viejas...

Una coincidencia concreta más. En la tercera estrofa, discurre el río por los campos castellanos «moliendo... romances». El verbo empleado es una metáfora que remite claramente a Antonio Machado, en sus *Canciones del alto Duero*:

Molinero es mi amante,
tiene un molino,
bajo los pinos verdes,
cerca del río.
Niñas, cantad:
«Por la orilla del Duero
yo quisiera pasar».

Las referencias culturales del poema de Gerardo Diego no se limitan a Antonio Machado, son mucho más amplias. El segundo verso, «nadie a acompañarte baja», lo interpretan muchos como una especie de crítica social y denuncia de la insensibilidad colectiva. No me parece que Gerardo Diego vaya por ese camino.

Creo que su intención es mostrar el contraste entre la naturaleza y los seres humanos. El agua del río es «eterna»; los hombres, fugaces. La ciudad es «indiferente o cobarde» ante lo esencial. Curiosamente, ha elegido Gerardo una metáfora que identifica al río con un poeta (consigo mismo): «tu eterna estrofa de agua».

Remite esto al sentido simbólico que suelen tener los ríos, en la literatura. Suelen representar el origen de todo: por ejemplo, en *El corazón de las tinieblas*, de Conrad, la base de *Apocalypse Now*, la terrible película de Ford Coppola. Otras veces, en cambio, encarnan la serenidad de un «espejo», en el que nos miramos (un tema frecuente, en Virginia Woolf).

Por supuesto, cualquier río nos recuerda el trascurso de la vida, el camino hacia la muerte. En la literatura española, el ejemplo más conocido es el de Jorge Manrique:

> Nuestras vidas son los ríos
> que van a dar en la mar
> que es el morir...

Después de sentenciar que «todo es vanidad», definió esta desolada verdad el Eclesiastés (I, 7): «Todos los ríos corren hacia el mar, pero el mar nunca se llena».

¿No será por no contemplar esa amarga verdad por lo que «la ciudad vuelve la espalda» al Duero, en el poema de Gerardo Diego?

En la estrofa tercera, vemos al Duero con una nueva imagen, como un «viejo» que tiene «barbas de plata» y que «sonríe». Creo que está recordando aquí Gerardo Diego las esculturas romanas que así lo representan, reclinado; por ejemplo, al río Tíber, acompañado por dos niños, Rómulo y Remo. Y sonríe porque la vejez le ha dado la sabiduría de aceptar la vida y la muerte.

En la quinta estrofa, aparece otra característica esencial –y enigmática– del río: «a la vez, quieto y en marcha». No es pedantería recordar aquí a Heráclito: «Nunca nos bañamos en la misma agua».

Conduce esto a lo que de verdad interesaba al poeta, más allá de las anécdotas: su identificación con el río, siempre distinto, siempre igual a sí mismo. Cualquier ser humano aspira a algo parecido, a mantener su sello personal...

Hace poco, dos escultores españoles, Rafael Cornejo y Francisco Marcos, tuvieron la brillante idea de dejar anclada en el Guadalquivir, a su paso por Córdoba, la figura flotante de un hombre tumbado, movido por todas las corrientes. La llamaron «el hombre río».

Si ese ser humano, además, es poeta, aspirará a que, por detrás de los cambios de formas y estilo, permanezca lo esencial de su voz. Lo declaró Gerardo Diego: «He puesto en cada uno de mis libros y de mis estrofas la misma autenticidad de emoción».

Es lo mismo que hace el río Duero, en su poema: «cantar siempre el mismo verso / pero con distinta agua».

Años después, en 1955, un compañero y amigo de Gerardo, Dámaso Alonso, en un poema del libro *Hombre y Dios,* expresó la misma identificación con un río: en su caso, se trataba del Charles River, que discurre al lado de la Universidad de Harvard, donde Dámaso entonces enseñaba.

Después de las clases, acudía a sus orillas a preguntarle al río el porqué de tantas cosas... Al final del poema, un quiebro inesperado da al lector la clave: «A orillas de esta tristeza, de este río, al que le llamaban Dámaso, digo Carlos».

En la estrofa sexta, Gerardo anuda el poema, repitiendo lo que dijo al comienzo: «nadie a estar contigo baja». Y vuelve a llamar «estrofas», como si el río fuera un poeta, a lo que nos dice su voz fluvial.

En la última estrofa, para cerrar el poema, aparecen unos nuevos personajes, «los enamorados», que bajan a las orillas del río, a decirse ternezas... En el amor, están buscándose a sí mismos: por eso, «preguntan por sus almas».

Con su sabia ambigüedad, el último verso demuestra que no se trata sólo de un convencional final feliz:

Y siembran en tus espumas
palabras de amor, palabras.

Es inevitable recordar aquí a Shakespeare. Cuando Polonio le pregunta qué está leyendo, el príncipe Hamlet, un loco-cuerdo (igual que don Quijote), le contesta con un enigma: «Palabras, palabras, palabras» («Words, words and words»). Aunque esta frase ha hecho correr ríos –pero de tinta–, nadie sabe qué querían decir, con ella, Hamlet y Shakespeare...

Algo semejante sucede con las «palabras de amor, palabras» que intercambian los enamorados, junto al Duero, en este poema. ¿Se las llevará el agua, se quedarán en nada? No del todo, porque se han pronunciado con auténtico sentimiento.

Se suele opinar que el «Romance del Duero», de Gerardo Diego, es solamente un poemita juvenil, de la escuela tradicional. Creo que hemos comprobado que apunta a cosas mucho más profundas. Mientras nos lleva a todos nosotros el río de la vida, nos mantiene vivos la ilusión de unas pocas palabras de amor...

«Romance del Duero»

1. Río Duero, río Duero,
nadie a acompañarte baja,
nadie se detiene a oír
tu eterna estrofa de agua.

2. Indiferente o cobarde,
la ciudad vuelve la espalda.
No quiere ver en tu espejo
su muralla desdentada.

3. Tú, viejo Duero, sonríes
entre tus barbas de plata,
moliendo con tus romances
las cosechas mal logradas

4. y, entre los santos de piedra
y los álamos de magia,
pasas llevando en tus ondas
palabras de amor, palabras.

5. Quién pudiera, como tú,
a la vez quieto y en marcha,
cantar siempre el mismo verso
pero con distinta agua.

6. Río Duero, río Duero,
nadie a estar contigo baja,
ya nadie quiere atender
tu eterna estrofa olvidada,

7. sino los enamorados,
que preguntan por sus almas
y siembran en tus espumas
palabras de amor, palabras.

EL *DUENDE*, LOS SONIDOS NEGROS, EL MISTERIO

Federico García Lorca
«Sorpresa»

No es nada fácil presentar brevemente la poesía de Federico García Lorca (1898-1936) sin caer en tópicos manidos ni en retórica barata, pero sería absurdo no incluir algún poema suyo, precedido del habitual comentario.

Me han hablado de él varias personas que lo conocieron bien: Francisco, su hermano; Francisco Ayala, su paisano; el torero Pepe Amorós, salmantino, que formaba parte de su tertulia madrileña; sobre todo, Rafael Martínez Nadal, su íntimo amigo.

Cuando Federico salió para Granada, para celebrar allí su santo, el 18 de julio de 1936, al despedirse en la estación de Atocha de Rafael Martínez Nadal, le dejó una maleta con manuscritos que incluían, entre otros, el del drama inédito *El público*.

Rotundamente afirmaba Rafael Martínez Nadal: «La obra de Federico ha conquistado y retiene una universalidad no igualada por la de ningún otro poeta del siglo XX».

No ha pasado Lorca el habitual «purgatorio» crítico con el que la muerte suele condenar a casi todos los grandes escritores. Al revés: el número de traducciones y de estudios de su poesía, en el mundo entero, es realmente abrumador.

Además, sus dramas se representan continuamente en los mejores teatros del mundo. Se le considera hoy como uno de los grandes clásicos, junto a Shakespeare, Chéjov, Molière, Pirandello, Bertolt Brecht... Y sus obras no paran de inspirar creaciones musicales y pictóricas.

Los que le conocieron coinciden en proclamar la fascinación que ejercía. Salvador Dalí recuerda así la impresión que le causó, al verlo por primera vez: «El fenómeno poético en su totalidad y en carne viva surgió súbitamente ante mí, hecho carne y huesos [...], vibrando con un millar de fuegos de artificio».

Lo ve Alberti como «una tromba incontenible». Para el rudo aragonés Luis Buñuel, nada amigo de halagos, «la obra maestra era él».

Advierte en Lorca Luis Cernuda «una rara mezcla de cualidades celestes y demoníacas».

Lo define Vicente Aleixandre: «Un ser nacido para la libertad».

Sintetiza Jorge Guillén: «Me cautivó». Eso es lo que todos sus amigos sintieron, al conocer a Federico.

Coinciden todos en que Lorca era eso, tan simple y tan misterioso, a la vez: todo un poeta, un auténtico poeta, casi un milagro de la naturaleza.

Para Rafael Martínez Nadal, era «el mejor recitador que he conocido nunca». Por desgracia, no se conserva grabación suya en el Archivo de la Palabra. Pero era todo lo contrario de un divo o un pedante. Me contaba Rafael que le recitaba sus poemas a su madre y a la portera de su casa. Y que, bromeando, hacía pasar por suyos poemas hasta de Camprodón...

Todos sus amigos coinciden en que parecía una fuente de espontánea y natural alegría. Pero también lo pasaba mal. En esos momentos, se burlaba de sí mismo: «¡Vaya dramón que tengo encima!».

Nació en 1898 y murió en 1936, a los treinta y ocho años. Es inevitable preguntarse: ¿a dónde hubiera podido llegar, si hubiera vivido treinta años más?

Su carrera literaria dura apenas dieciocho años. En ese período, le da tiempo a escribir una obra muy amplia: cuatro gruesos volúmenes comprende alguna edición de sus *Obras Completas*. Y, lo que es más asombroso: salvo algún poema primerizo, casi todo lo que escribió es de primerísima categoría, sin desmayo alguno. No es raro que se le haya comparado con Mozart, el genial arquetipo del *puer aeternus*.

Dentro de la Generación del 27, coincide Lorca con Rafael Alberti en el neopopularismo: la profunda asimilación de ese gran tesoro que es nuestra poesía tradicional, recogida en los Cancioneros y Romanceros.

Era también García Lorca un estupendo dibujante y un apasionado por la música, casi un profesional. Conservamos las grabaciones en las que él acompaña al piano a La Argentinita, que canta las *Canciones populares antiguas*: *Anda jaleo, Zorongo gitano, Romance de los mozos de Monleón, Nana de Sevilla, Sevillanas del siglo XVIII, Las tres morillas, Las tres hojas, Los pelegrinitos, El café de Chinitas*.

Le apasionaban la poesía y la música popular española. En broma, se bautizó a sí mismo como «el loquito de las canciones»: presumía de ser uno de los españoles que conocía más canciones populares de nuestra tierra. Ese manantial fecunda constantemente su creación poética.

En la Generación del 27, la música y el mundo de la cultura española se hermanan, en un movimiento estético de alta categoría.

En ese momento, también el cante y el baile popular español se presentan en los mejores escenarios de París y de Londres, consiguen por primera vez el reconocimiento internacional. De hecho, suscitan un fervor popular semejante al de los ballets rusos de Diághilev, que superaban al ballet clásico, blanco.

Manuel de Falla y Federico García Lorca son los dos líderes simbólicos de esa novedad. No es nada sorprendente que los dos colaboren en el Concurso de Cante Jondo de Granada (1922).

Aunque sus temperamentos fueran muy distintos, la trayectoria estética de Falla y la de Lorca posee rasgos comunes: los dos alcanzan la universalidad profundizando en las raíces españolas folclóricas, nacionalistas. (Es algo semejante a lo que hizo Stravinski con la música popular rusa y Béla Bartók, con la checa.)

Cabe incluso establecer paralelismos concretos entre algunas de sus obras. *El amor brujo*, de Falla, puede verse como el paralelo musical del *Romancero gitano*, de Lorca. Las dos obras alcanzaron un enorme éxito y suscitaron muchos imitadores.

Ni Falla ni Lorca quisieron quedarse en esa línea de las «gitanerías». Los dos conocían el lenguaje de las vanguardias y se abrieron a nuevos horizontes estéticos: Lorca, con *Poeta en Nueva York* y el drama *El público*; Falla, con el *Concierto para clave*...

La Generación del 27 fue también muy consciente de la necesidad de renovar nuestro teatro, en los textos y en la puesta en escena. Lorca lo logró como escritor de obras plenamente teatrales, no sólo poéticas, que han mantenido su vigencia escénica mucho más que las de Alberti, por ejemplo. Usando la frase de Cocteau, Federico consiguió una poesía *del* teatro, no una poesía *en* el teatro.

Los ejemplos de la vigencia de sus obras teatrales son fáciles de encontrar. Sobre todo, *La casa de Bernarda Alba*, escrita en prosa, es una perfecta tragedia contemporánea. Altolaguirre nos transmite unas frases de Lorca: «He suprimido muchas cosas de esta tragedia, muchas canciones fáciles, muchos romancillos y letrillas. Quiero que mi obra teatral tenga severidad y sencillez».

A la vez, las últimas palabras de Bernarda Alba, «¡Silencio, silencio he dicho! ¡Silencio!», son el mejor diagnóstico de una enfermedad social española: el fanatismo, el negarse al torrente de la vida.

Además, *Doña Rosita la soltera* une la suave crítica de la cursilería provinciana con una desolación sentimental que recuerda a Chéjov. Y *El Público* nos sigue sorprendiendo hoy por su revolucionaria búsqueda de un «teatro bajo la arena».

Era muy consciente García Lorca del profundo valor del teatro, más allá de la pura estética:

> Es uno de los más expresivos y útiles instrumentos para la edificación de un país y el barómetro que marca su grandeza o su descenso [...]. El teatro es una escuela de llanto y de risa, una tribuna libre donde los hombres pueden poner en evidencia morales viejas o equívocas y explicar con ejemplos vivos normas eternas del corazón y del sentimiento

> del hombre [...]. Un pueblo que no ayuda y no fomenta su teatro, si no está muerto, está moribundo.

Justamente para «devolver el teatro al pueblo», creó Federico la compañía teatral itinerante La Barraca, una de sus mayores ilusiones:

> La Barraca, para mí, es toda mi obra, la obra que me interesa, que me ilusiona más todavía que mi obra literaria, como que por ella muchas veces he dejado de escribir un verso o de concluir una pieza.

La Barraca realizó giras por toda España desde el verano de 1932 hasta abril de 1936, con un repertorio de teatro clásico (Lope, Calderón, Cervantes) y una versión del poema *La tierra de Alvargonzález*, de Antonio Machado.

Con entusiasmo juvenil, contagioso, Federico hacía allí casi de todo: elegía los textos, probaba a los actores, actuaba como director de escena; muy pocas veces, como actor, porque no se creía dotado para ello. Por ejemplo, recitó el papel de La Sombra en el auto sacramental de *La vida es sueño* y, desde fuera de la escena, como voz en *off*, el romance de *Las almenas de Toro*.

Muchos se han planteado por qué la poesía de García Lorca llega hoy a públicos tan variados, en tantos países. No basta, para explicarlo, el andalucismo pintoresco, costumbrista, de sus gitanos: Federico lo eleva a una dimensión mítica, universal. Tampoco lo explican su trágica muerte ni la homosexualidad.

La explicación que me parece más satisfactoria de la enorme capacidad de fascinación que posee la poesía de Lorca es la que formuló, hace años, el catedrático de Historia de las Religiones Ángel Álvarez de la Miranda. Desde una perspectiva estrictamente científica, muestra que esa poesía entronca directamente con mitos propios de las religiones primitivas: la fecundidad y la esterilidad; el amor y la sangre; la luna; el cuchillo; el toro, como tótem ibérico; la madre tierra; el agua; el caballo...

Es algo semejante a lo que sucede con Shakespeare: conectan fácilmente los dos con las raíces más hondas y, a la vez, más elementales del ser humano. Por eso, para sentir la fuerza prodigiosa de la poesía de Lorca no hace falta ser un erudito ni haber estudiado en la universidad. A cualquier lector que posea un mínimo de sensibilidad le emociona porque apela a arquetipos primitivos, a sustratos muy profundos de la conciencia humana, que el hombre moderno suele olvidar.

Para Federico, el arte de nuestro país ha estado siempre movido por el *duende*, por los *sonidos negros*. Lo explica con una anécdota:

> La vieja bailarina gitana *La Malena* exclamó un día, oyendo tocar a Brailowsky un fragmento de Bach: «¡Olé! ¡Eso tiene duende!» [...]. Y Manuel Torres, el hombre de mayor cultura en la sangre que he conocido, dijo, escuchando al propio Falla su *Nocturno del Generalife*, esta espléndida frase: «¡Todo lo que tiene sonidos negros tiene duende!». Y no hay verdad más grande.

Lejos del flamenquismo barato, busca Federico lo *jondo, los sonidos negros,* el *duende...* Es algo, a la vez, español y universal, muy antiguo y muy moderno: la apertura al misterio. Más allá de técnicas y de escuelas, eso es lo que persigue, en su poesía:

> Algo que anda por las calles... Todas las cosas tienen su misterio y la poesía es el misterio que tienen todas las cosas [...]. Sólo el misterio nos hace vivir, sólo el misterio.

Sus poemas significan también su personal «grito de angustia», tantas veces presente en su epistolario:

> Yo no he nacido todavía [...]. El duelo a muerte que sostengo con mi corazón y con la poesía [...]. Quiero visitar el mundo extático donde viven todas mis posibilidades y

> paisajes perdidos [...]. En busca del amor que no tuve pero que era mío [...]. El enigma de mí mismo [...]. El reino de la melancolía, de la poesía [...]. El último rincón [...]. El sufrimiento de verse retratado en los poemas...

Ésta es la otra cara, también verdadera, del torrente de alegría que solía ser Federico. Lo resume al máximo, al final de una de sus cartas:

> Adiós. ¡Socorro! Amor, amor mío. Ya morimos juntos. ¡Ay! Terminad vosotros, por caridad, este poema.

Después del paso por las tragedias gitanas y por el mundo inhumano de Nueva York, vuelve Lorca a los poemas de una emocionante sencillez. Por ejemplo, a alguno de los que incluye en su «aleluya erótica», unida a la música de Scarlatti, *Amor de don Perlimplín con Belisa en su jardín* (1933). Federico siempre la defendió: «Es una obra tremenda, que a mí me divierte mucho. Teatro de monigotes humanos, que empieza en burla y acaba en tragedia».

El personaje de don Perlimplín, el protagonista, supone dar una vuelta de tuerca al manido tema del viejo, casado con una jovencita: se ha de disfrazar para poder expresar libremente la hondura de su amor y lo hace con musicales repeticiones, de emocionante sencillez.

Cierra el Cuadro Primero de la obra este precioso poemita, ahora popularizado por la música de Serrat y la voz de Ana Belén, en el que resuenan claros ecos de la poesía tradicional española:

> Amor, amor, que está herido,
> herido,
> de amor huido.
> Herido,
> muerto de amor.
> Decid a todos que ha sido
> el ruiseñor.

Herido,
muerto de amor.
Bisturí de cuatro filos,
garganta rota
y olvido.
Cógeme la mano, amor,
que vengo muy malherido,
herido,
de amor huido.
Herido,
muerto de amor.

Lo resume Rafael Martínez Nadal, su gran amigo: «La ecuación final, amor = muerte, o muerte = amor, es lo que da a su pasión amorosa tan inconfundible y grave intensidad».

Ésa es también la palabra con que lo definió el estudioso Christopher Eich: *Federico García Lorca, poeta de la intensidad.*

Hubiera podido elegir para mi comentario uno de los poemas, tan populares, del *Romancero gitano.* Por ejemplo, la «Muerte de Antoñito el Camborio», con sus atractivas metáforas: el protagonista es «moreno de verde luna». De noche, «las estrellas clavan / rejones al agua gris» y «los erales sueñan / verónicas de alhelí». Al pelear, Antoñito «daba saltos / jabonados de delfín». La piel de su cara está amasada «con aceituna y jazmín». Al morirse, «de perfil», igual que un emperador romano, forma la estampa de una «viva moneda que nunca / se volverá a repetir». Hasta el ángel que lo recibe es «marchoso», flamenco. Al fondo, siempre, como en un coro de tragedia griega, «voces de muerte sonaron / cerca del Guadalquivir».

Es éste un ejemplo muy claro de la técnica que usa Lorca: una pelea callejera se ha transmutado en un espectáculo estético. Gracias a las constantes metáforas y a los símbolos, una realidad lamentable ha ascendido a bellísimo mito.

Habría podido elegir también un fragmento del «Llanto por Ignacio Sánchez Mejías»: como ya he repetido, la más hermosa elegía de la literatura española, junto a las *Coplas* de Jorge Manrique. (Lo he comentado con cierta amplitud en mi libro *Las cien mejores poesías taurinas.*)

Desde el punto de vista de la composición, de la estructura, ésta es una de las indudables obras maestras de García Lorca; además, es uno de los poemas que expresan con más honda belleza su *sentimiento trágico de la vida* (por usar el título de Unamuno).

He preferido escoger un poema brevísimo y no muy conocido, titulado «Sorpresa». Está incluido en el *Poema del cante jondo*, una de las grandes obras poéticas de Federico. Parece ser que escribió este libro en un par de semanas, en 1921, pero no lo publicó hasta diez años más tarde, después de algunos añadidos y de cierta reelaboración.

Evidentemente, este libro refleja su afición y admiración por el cante jondo. Igual que en el caso de don Manuel Machado, no tiene esto nada que ver con el flamenco vulgarizado, para uso de turistas. Lo que le atrae a Lorca es el *cante hondo,* serio, profundo, que nace –como ya hemos visto– del *duende*, de los *sonidos negros*:

> España está en todos los tiempos movida por el duende [...]. No es posible ninguna emoción sin la llegada del duende [...]. El duende no llega si no ve la posibilidad de la muerte.

Esta última frase es la que más me importa subrayar. Como señaló Emilia de Zuleta, en el *Poema del cante jondo* «se asocian la soledad y la pena y las distintas formas del sentimiento de la muerte: la conciencia del destino ineludible, la espera, la inminencia, el presentimiento...».

«Sorpresa» comprende trece versos. En los tres primeros, formula el estribillo:

> Muerto se quedó en la calle,
> con un puñal en el pecho,
> no lo conocía nadie.

Se trata casi de una escueta noticia periodística, que resume toda la historia trágica en tres telegramas, como tres puñetazos. Nos da los datos básicos, con admirable concentración expresiva, pero omite otros muchos: quién era el personaje, dónde estaba, quién lo apuñaló, por qué... El poema ofrece solamente un fogonazo, una trágica visión.

Como en el caso de Antoñito el Camborio, nos sitúa Lorca en un mundo elemental, primitivo, de violencia casi animal y aliento épico.

Imaginemos, por contraste, lo que haría con esta historia un cronista de sucesos: cuántos detalles añadiría, cuántas hipótesis formularía, cómo se adornaría... Lorca, en cambio, ha elegido el camino de la absoluta desnudez expresiva.

Debemos hacer una pausa al acabar de leer el tercer verso: «No lo conocía nadie». El cuarto («Cómo temblaba el farol...») introduce ya el punto de vista subjetivo del poeta. Expresa su emoción mediante la metáfora del viento, que está moviendo el farol que ilumina la calle. Ese objeto, humanizado, parece temblar:

¡Cómo temblaba el farol!

El brevísimo quinto verso, de sólo dos sílabas, es un suspiro, una llamada: «Madre». Tiene un sentido muy claro: ante la muerte, todos nos sentimos niños. Y lo dice así, sin ninguna retórica.

A continuación, se repite lo anterior, con una curiosa variante:

¡Cómo temblaba el farolito
de la calle!

Al alargar de modo inesperado el verso (diez sílabas, en vez de las ocho anteriores), nos empuja a detenernos un poco. Pocos ejemplos conozco más claros que éste de un diminutivo que no es empequeñecedor sino afectivo. El farol es el mismo de antes, sigue teniendo, obviamente, el mismo tamaño, pero ya no es un testigo insensible: el poeta lo menciona ahora con cariño porque es el único que se ha conmovido por el muerto.

Los tres versos siguientes suponen una brusca inversión, casi cinematográfica, del punto de vista:

> Era madrugada. Nadie
> pudo asomarse a sus ojos,
> abiertos al duro aire.

La terrible soledad se expresa ahora desde un doble punto de vista: él no pudo ver a nadie, antes de morir, porque no había nadie, en la calle. Además, nadie lo vio, cuando quedaron fijos para siempre sus ojos, duros y fríos como el aire de la madrugada.

Concluye el poema con la repetición de los tres primeros versos, convertidos ya en estribillo. Sorprendentemente, aporta ahora una curiosa variante expresiva, añade un «que» al comienzo de cada frase, de cada verso:

> Que muerto se quedó en la calle,
> que con un puñal en el pecho
> y que no lo conocía nadie.

¿Por qué ha elegido eso el poeta, qué sentido tiene? Evidentemente, este «que» era innecesario desde el punto de vista lógico, no hacía ninguna falta usarlo para comprender el sentido de las frases.

Podemos pensar en una repetición expresiva, enfática: algo muy frecuente, en el lenguaje popular. Ejemplo claro: cualquier madre le gritará a su niño, antes de comérselo a besos: «¡Que te voy a matar!».

Pero no se trata solamente de un añadido, son tres, y eso tiene un valor claramente intensificativo, como en un *crescendo* musical.

Podemos entenderlo mejor con un ejemplo banal. Imaginemos que añadimos tres verbos distintos, para introducir tres cláusulas subordinadas de complemento directo. ¿Cuáles serían esos verbos? Algo así como éstos:

Digo que muerto se quedó en la calle,
repito que con un puñal en el pecho
e incluso *compruebo* que no lo conocía nadie.

(Perdón por el recurso, tan burdo, que destruye la magia de la poesía.)

El sentido de lo que ahora ha añadido el poeta está muy claro. Es triste que alguien se quede muerto en la calle y no en su casa, rodeado de las personas que lo quieren. Es peor que muera de una absurda puñalada, no de una enfermedad. Pero lo más terrible de todo es que ha muerto solo (como un perro, solemos decir), sin nadie que se apiade de él y que intente darle algo de compañía y de consuelo.

Concluye así el poema, tan simple, tan escueto, pero el lector, sin duda, se verá impulsado a hacerse algunas preguntas: aunque estén en su casa, rodeados de su familia, ¿no mueren solos todos los que mueren? ¿No estaremos todos solos, radicalmente solos, a la hora de la muerte?

Ahora entendemos mejor el título del poema, «Sorpresa». Por mucho que creamos estar preparados, a todos nos sorprenderá la hora de la muerte, la hora de la verdad.

Así, con máxima intensidad, nos lo ha transmitido Federico García Lorca. Con *duende*, con *sonidos negros*, con misterio. Por breve que sea el poema, es un ejemplo claro de la gran poesía.

«Sorpresa»

Muerto se quedó en la calle,
con un puñal en el pecho,
no lo conocía nadie.
¡Cómo temblaba el farol!
Madre.

¡Cómo temblaba el farolito
de la calle!
Era madrugada. Nadie
pudo asomarse a sus ojos,
abiertos al duro aire.
Que muerto se quedó en la calle,
que con un puñal en el pecho
y que no lo conocía nadie.

PEDIR UNA BUENA MUERTE

José María Pemán
«Señor, aunque no merezco...»

A partir del Siglo de Oro, la poesía española –resume José María Pemán (1897-1981)– está «transida totalmente de sentido religioso». No es de extrañar: al margen de las creencias de cada individuo, el catolicismo es una de las raíces indiscutibles de nuestra cultura, junto a la herencia grecolatina. Por eso abunda tanto el tema religioso en nuestra poesía, igual que en nuestra pintura, nuestra escultura, nuestra música...

Dentro de eso, es lógico que haya impresionado de modo especial a los poetas españoles el misterio de la Pasión, muerte y resurrección de Jesús, tanto en su sentido teológico como en las variadas formas con que se celebra en las regiones españolas la Semana Santa.

Veamos unos pocos ejemplos, en nuestra poesía. La visión de Cristo en la Cruz conmueve hondamente a Lope de Vega:

> ¿Quién es aquel caballero,
> herido por tantas partes,
> que está de expirar tan cerca
> y no le socorre nadie?

Quevedo advierte barrocos contrastes y paradojas:

> Dice que tiene sed siendo bebida,
> la voz de amor y de misterios llena,
> ayer bebida se ofreció en la cena,
> hoy tiene sed de muerte quien es vida.

En coplas de apariencia popular, señala fray Ambrosio de Montesinos que la cruz de Cristo equivale a la cama de cualquier moribundo:

El rey de la gloria
ya se muere y llama,
en la Cruz por cama.

Con solemne retórica, impreca a la tierra y a todos los seres humanos el prerromántico Alberto Lista:

Rasga tu seno, ¡oh tierra!;
rompe, ¡oh templo!, tu velo. Moribundo
yace el Criador; mas la maldad aterra
y un grito de furor lanza el profundo.
Muere... gemid, humanos:
todos en él pusisteis vuestras manos.

Contemplando el *Cristo* de Velázquez, medita Unamuno sobre *el sentimiento trágico de la vida* y se debate, como suele hacer, en sus contradicciones:

Que eres, Cristo, el único
Hombre que sucumbió de pleno grado,
triunfador de la muerte, que a la vida
por Ti quedó encumbrada. Desde entonces,
por Ti nos vivifica esa tu muerte,
por Ti la muerte se ha hecho nuestra madre,
por Ti la muerte es el amparo dulce
que azucara amargores de la vida;
por Ti, el Hombre muerto que no muere,
blanco cual luna de la noche. Es sueño,
Cristo, la vida, y es la muerte, vela.

En las celebraciones populares de la Semana Santa, en muchas ciudades españolas, es frecuente rezar al Cristo de la Buena Muerte. Su fundamento teológico está muy claro: la muerte de Jesús en la Cruz es el mayor acto de amor, supone nuestra redención. A la vez, los creyentes rezamos para que Jesús nos dé el regalo de una muerte en paz y gracia de Dios.

Parece ser que esta devoción al Cristo de la Buena Muerte nació en Venecia, hacia 1600, y pronto se extendió por

Europa. En muchas regiones españolas, alcanzó en seguida un gran arraigo.

Quizá el mayor ejemplo de fervor popular es el de la cofradía malagueña: la preciosa talla de Cristo en la Cruz de Pedro de Mena fue destruida en 1931. En ella se inspira la actual, de Palma Burgos, que desfila por las calles de Málaga el Jueves Santo, portada por los legionarios.

Muy hermosa es también la imagen del Crucificado de su cofradía gaditana. Se encargó en 1648, a la vez que los jesuitas iniciaban esta devoción en la iglesia del Gesú, de Roma. La talla de la Hermandad de Cádiz se ha atribuido a Martínez Montañés, a Alonso Cano e incluso a Bernini. En ella se inspiró, para el poema que voy a comentar, el gaditano José María Pemán.

Antes y después de la guerra, Pemán fue un escritor muy polifacético y popular: escribió poesía, novela, teatro, artículos de periódico, discursos, himnos...

Sólo el sectarismo político explica los recientes ataques que ha sufrido últimamente su memoria, en su ciudad natal: Pemán era un patriota español, católico, monárquico y conservador. Nada de eso respetan algunos, en la disparatada España actual.

Antes de la guerra, su drama poético *El divino impaciente* (1933), sobre san Francisco Javier, se opuso simbólicamente a *A.M.D.G.*, el panfleto antijesuítico de Ramón Pérez de Ayala. Una línea semejante siguieron sus obras históricas *Cuando las Cortes de Cádiz* y *Cisneros*. También estrenó con éxito, en la posguerra, farsas de humor popular, desenfadado, como *Los tres etcéteras de don Simón* y *La viudita naviera*.

Pemán fue un gran articulista: culto, inteligente, tolerante, irónico. Creó el personaje «el Séneca», un símbolo de la sabiduría popular andaluza. Su serie televisiva, protagonizada por Antonio Martelo, alcanzó un gran éxito.

La raíz de toda la creación literaria de Pemán es la poesía, con una gracia andaluza que une lo popular con lo culto. Fue, sin duda, un poeta neopopularista, por la métrica, por los temas y por el estilo.

En su *Confesión general*, que abre el primer tomo de sus *Obras Completas*, recuerda Pemán sus primeros poemas, que escribió cuando estudiaba el bachillerato: «Yo hacía ya versos entonces. Creo que los hice siempre».

Al comienzo, le influyeron los clásicos greco-latinos; luego, los españoles. Vivió una etapa modernista, como liberación del academicismo. Desembocó definitivamente en el neopopularismo. Proclamaba que «el pueblo es eternamente clásico».

Se confesaba enamorado de la belleza. Proponía la poesía como un arma para defenderse de la vulgaridad cotidiana. Para Manolo Díaz Crespo, otro fino poeta andaluz, Pemán es, simplemente, «la armonía».

Poeta con mayúscula lo considera Manuel Machado:

> Considerar a José María Pemán como poeta, equivale a considerarle en su totalidad, es decir, como José María Pemán. Porque Pemán no es un novelista, un orador, un dramaturgo poeta. Es, sencillamente, un poeta que hace discursos, novelas y comedias. Y, sobre todo, naturalmente, poesías líricas y, en general, Poesía, sin más apelativos.

Para Francisco Rico, su poesía «goza de la gracia y la facilidad de inspiración de un poeta atento a los sones y ritmos populares».

Debemos añadir a eso la gracia única de su tierra gaditana, que él tanto amaba:

> ¡Qué lección, madre Europa, la de Cádiz la blanca,
> sana y limpia en el filo de la Bética, enferma
> por amor de un dudoso sensualismo oriental!

Canta Pemán, en sus poesías, muchos temas andaluces: el sevillano barrio de Santa Cruz; los marineros; un niño mariscador... Uno de sus poemas más populares, destinado a la recitación, es «Feria de abril en Jerez»:

> Y es que Andalucía
> es una señora de tanta hidalguía

que apenas le importa «lo materiá».
Ella es la inventora de esta fantasía
de comprar y vender y mercar
entre risas, fiestas, coplas y alegría,
juntando a la par
negocio y poesía...
La Feria es un modo de disimular [...].
Negocio y poesía: ¡Feria de Jerez!
¡Rumbo y elegancia de esta raza vieja
que gasta diez duros en vino y almejas,
vendiendo una cosa que no vale tres!

Dedica poemas Pemán a varias grandes figuras del flamenco, como don Antonio Chacón; a La Argentina y a La Argentinita; a «Las manos de Lola Flores»... Igual que su amigo Manuel Machado, su poesía alcanza una cumbre cuando se acerca a la concisión popular de la copla:

Soledad sabe una copla
que tiene su mismo nombre:
Soledad.

Tres renglones nada más:
tres arroyos de agua amarga
que van, cantando, a la mar.

Copla tronchada, tu verso
primero, ¿dónde estará?

Y total:
¿qué más da?
Tres versos:
¿para qué más?

Si con tres sílabas basta
para decir el vacío
del alma que está sin alma:
¡Soledad!

Sin ningún paletismo, Pemán aspira a la universalidad cuando proclama sus raíces:

Soy andaluz: andaluz,
que es decir con ufanía
gran señor de la armonía
y emperador de la luz.
Soy del egregio solar,
reverberante y sonoro,
de las cigarras de oro,
nacidas para cantar [...].
Esta limpia aristocracia
de andaluz, sólo me obliga
a que cante y a que diga,
con claridades de gracia,
en un verso musical,
cuanto sueñe y cuanto sienta.
¡Que sólo me pidan cuenta
de si canté bien o mal!
Porque yo soy andaluz,
que es decir, con ufanía,
gran señor de la armonía
y emperador de la luz.

Le gustaban a Pemán las fiestas populares, los ritos de su pueblo; también, lógicamente, los toros. En mi antología *Las cien mejores poesías taurinas*, he incluido una suya, que me parece originalísima, «Tarde de toros. (Después de la corrida)».

No canta en ella los preparativos ni el desarrollo del festejo; no sabemos si fue triunfal o aburrido. Se centra en lo que siente un buen aficionado al concluir una corrida, una especie de cansancio melancólico, por haberla vivido con intensidad:

Hay un bochorno de siesta.
Apenas se mueve el viento.
Queda en el aire un lamento,
como un jirón de la fiesta.

Como un último vagido
del gran tumulto sonoro,
como un hililllo de oro
de un alamar desprendido.
Silencio. En el redondel,
inmóvil, triste, callado,
un abanico olvidado
y un clavel.
En el pueblo, unos reflejos
del sol que se va. Unos dejos
de amarguras en las almas.
Y muy lejos, entre palmas,
un fandanguillo...
muy lejos...

Es difícil expresar ese complejo sentimiento con más finura y más delicadeza...

El lema de Pemán era: «Familia, Patria, Religión y Monarquía». Durante la guerra, defendió al bando nacional y escribió su «Poema de la Bestia y el Ángel» pero no sería justo llamarle franquista. Su origen gaditano le inclinaba hacia el liberalismo. Defendió siempre la restauración de la monarquía, por considerar que era lo mejor para España.

Después de la guerra, elogió a escritores de izquierdas como Antonio Buero Vallejo y Alfonso Sastre; mantuvo la amistad con exiliados como Juan Ramón Jiménez, Ramón J. Sender y Rafael Alberti. En 1977, firmó un manifiesto a favor de la legalización del Partido Comunista Español.

Deseaba Pemán una monarquía que integrara a todos los españoles. No tiene sentido que, ahora, un indocto alcalde de Cádiz haya retirado su busto y su nombre.

Muchos años antes, en 1932, había escrito Pemán una «Elegía de la tradición de España». En el Prólogo, explicaba su intención:

> Va esta *Elegía* dedicada, al margen de toda política de partidos, a todos los españoles, mis hermanos, que en esta hora sientan el dolor de la tradición de España; a todos

> los que sientan el pasado vivo en su presente y sientan por sus venas la memoria fluida de la España grande, hidalga y católica. Casi me atrevo a decir que va dedicada a todos los españoles. Porque el que de un modo o de otro no sienta algo de estas cosas o reniegue de ellas, me parece que es un español dimitido.

Así comienza ese poema:

> Me duele España en mí, como si fuera
> carne en mi carne: siento
> como el temblor de un viejo tronco al viento
> o el desasirse de una enredadera.

En 1923, su primer libro de poemas se abría con el que le daba título, dedicado a su madre, «Elogio de la vida sencilla». Según Manuel Machado, alcanzó notable popularidad y demostró que había nacido una voz nueva, inconfundible, impregnada de emoción:

> Vida inquieta, frenesí
> de la ambición desmedida...
> ¡Qué mal comprende la vida
> el que la comprende así! [...].
> Llevo un tesoro en el alma
> que no lo quiero perder
> y lo guardo porque espero
> que he de morir confiado
> en que se lo lleve entero
> el Señor, que me lo ha dado.

En ese mismo libro, el poema «Resignación», dedicado «a la bendita memoria de mi padre», insiste en esta actitud, que une la sabiduría del estoicismo clásico con la cristiana:

> ¡Bendito seas, Señor,
> por tu infinita bondad;
> porque pones con amor

sobre espinas de dolor
rosas de conformidad!

Dentro de la obra de Pemán, la poesía religiosa, intensamente sentida, ocupa un lugar importante. Un ejemplo excelente es su poema «Ante el Cristo de la Buena Muerte», incluido en su segundo libro de poemas, *Nuevas poesías,* publicado en 1925. Está escrito todo él en quintillas (cinco versos octosílabos que riman en consonante).

Copio aquí solamente las tres últimas estrofas, separadas de las anteriores, que poseen una clara independencia. Dirigiéndose directamente a Jesús, en la primera de esas tres estrofas anuncia:

Escucha lo que te ofrezco
y escucha lo que te pido.

En la segunda estrofa, el poeta enumera lo que él ofrece a Jesús:

Mi ser, mi vida, mi amor,
mi alegría y mi dolor.

Pero resulta que todo eso lo posee el poeta porque se lo ha dado Dios...

En la última estrofa, a cambio, viene la petición, que se remata con el tema central del poema, repetido. ¿Qué es más lógico pedir al Cristo de la Buena Muerte que «una muerte santa y buena»?

En estas últimas estrofas, el tono es de absoluta sencillez: en las rimas, se aprovecha la facilidad de los participios en -ido. No emplea el poeta palabras cultas, todas las podría entender un niño. Tampoco hay aquí metáforas ni figuras retóricas, salvo la lógica enumeración.

La sencillez de estilo no es algo natural ni fácil, todos tendemos a la amplificación y la divagación. Pemán dice aquí exactamente lo que quiere decir y lo dice con las palabras justas.

Por eso, todos lo entienden y estos versos quedan grabados en la memoria de muchos lectores. Ése es uno de los privilegios de la auténtica poesía.

«ANTE EL CRISTO DE LA BUENA MUERTE»

Señor, aunque no merezco
por la muerte que has sufrido,
escucha lo que te ofrezco
y escucha lo que te pido.

A ofrecerte, Señor, vengo
mi ser, mi vida, mi amor,
mi alegría, mi dolor;
cuanto puedo y cuanto tengo;
cuanto me has dado, Señor.

Y a cambio de este alma llena
de amor que vengo a ofrecerte,
dame una vida serena
y una muerte santa y buena...
¡Cristo de la Buena Muerte!

EL HUESO Y LA PIEL, DOS SÍMBOLOS CONTRARIOS, EN LA UNIÓN POR AMOR

Vicente Aleixandre
«Mano entregada»

La larga y complicada peripecia de la recuperación de la casa madrileña de Vicente Aleixandre (1898-1984), en la calle Velintonia, ha servido para que los medios hablaran reiteradamente de nuestro gran poeta. La historia parece haber tenido un final feliz: ha adquirido la casa la Comunidad de Madrid, la va a restaurar y se va a convertir en el centro de la conmemoración madrileña del centenario de la Generación del 27, como un simbólico hogar de la poesía.

Por motivos de salud, Aleixandre vivió allí una cierta reclusión, que de ningún modo suponía aislamiento: estaba muy al tanto de la actualidad literaria, pero al margen de la cultura oficial. Allí acogía a muchos jóvenes poetas: una actitud muy diferente de la de su gran amigo Dámaso Alonso, tan celoso de su tiempo y de su intimidad.

Desde Velintonia, Aleixandre fue gran maestro y amigo de José Luis Cano, Carlos Bousoño, Paco Brines, Paco Nieva, Pere Gimferrer, Antonio Carvajal, Guillermo Carnero, Antonio Colinas... Yo también, como tantos otros, tuve ocasión de apreciar su generosidad, su educación y su singular amabilidad.

El Premio Nobel que se le concedió en 1977 premiaba una poesía de gran calidad, pero significaba también el reconocimiento a una extraordinaria generación de poetas, la del 27. Como es bien sabido, García Lorca fue asesinado; al exilio marcharon Rafael Alberti, Pedro Salinas, Jorge Guillén y Luis Cernuda; en Madrid se quedaron Vicente Aleixandre, Dámaso Alonso y Gerardo Diego.

En el epistolario con José Luis Cano, su amigo de muchos años, Vicente se proclama tajantemente liberal; no comunista, en absoluto. Decidió permanecer en Madrid, sin abjurar de ninguna de sus ideas. La enfermedad limitaba mucho su actividad, casi todo lo centraba en la poesía: proyectos, amistades, lecturas, encargos...

Una y otra vez, insiste Aleixandre en el mito del ángel caído, desterrado, expulsado del paraíso. Ésa es su definición del poeta, aumentada, en su caso, por las limitaciones físicas: alguien que necesita volar, pero al que las alas no le responden. Igual que el *albatros*, del poema de Baudelaire:

> ¡Qué débil y qué inútil, ahora, el viajero alado!
> Él, antes tan hermoso, ¡qué grotesco en el vuelo!
> Con su pipa, uno de ellos el pico le ha quemado
> pero imita, renqueando, del inválido el vuelo.
> El poeta es igual... Allá arriba, en la altura,
> ¡qué importan flechas, rayos, tempestad desatada!
> Desterrado en el mundo, concluyó la aventura:
> ¡sus alas de gigante no le sirven de nada!

Dentro del grupo central de poetas del 27, los más cercanos al surrealismo francés son Aleixandre y Cernuda. Este último, que suele ser tan duro en sus juicios, lo elogia sin reparos: «El superrealismo francés obtiene con Aleixandre, en España, lo que no obtuvo en su tierra de origen: un gran poeta».

Su mejor estudioso, Carlos Bousoño, ha señalado que el centro de la obra de Aleixandre es la solidaridad amorosa con el ser humano y con todo lo creado. Su panteísmo erótico tiene una base moral: es la sustancia que unifica el cosmos. En su segunda época, eso deriva hacia la integración en la colectividad, la fraterna unidad espiritual de todos los hombres.

Por eso –nos dice Aleixandre–, el ser humano no ha de buscarse a sí mismo en la soledad sino en la comunión: no debe sentir temor de entrar, simbólicamente, *en la plaza*:

> Hermoso es, hermosamente humilde y confiante, vivificador y profundo,
> sentirse bajo el sol, entre los demás, impelido,
> llevado, conducido, mezclado, rumorosamente arrastrado.

Concluye el poema con una advertencia: sólo junto a los demás seré yo mismo. Y nos exhorta a esa feliz comunión:

> Así, entra con pies desnudos. Entra en el hervor, en la plaza.
> Entra en el torrente que te reclama y, allí, sé tú mismo.
> ¡Oh pequeño corazón diminuto, corazón que quiere latir
> para ser él también el unánime corazón que le alcanza!

Desde esa perspectiva hay que entender los poemas eróticos de Vicente Aleixandre. Una y otra vez, repite: «Si sé algo en esta vida, es de amor».

El poema «Se querían» repite ese título cinco veces, al comienzo de las estrofas, y concluye con una llamativa enumeración caótica. Las cosas más variadas, el mundo como caos se convierte en cosmos ordenado y feliz porque surge el amor:

> Día, noche, ponientes, madrugadas, espacios,
> ondas nuevas, antiguas, fugitivas, perpetuas,
> mar o tierra, navío, lecho, pluma, cristal,
> metal, música, labio, silencio, vegetal,
> mundo, quietud, su forma. Se querían, sabedlo.

En esa repetición final se resume todo... Titula Aleixandre uno de sus libros *La destrucción o el amor*, con una conjunción «o» que no implica elección, sino identificación.

Por eso, sus amigos Pedro Salinas y Dámaso Alonso destacaron su raíz profundamente romántica:

> Quiero amar o la muerte, quiero morir del todo,
> quiero ser tú, tu sangre, esa lava rugiente...

O, con un claro eco de Rubén Darío:

> Amar, amar, ¿quién no ama, si ha nacido?

Ese afán de fundirse con el ser amado culmina con una imperiosa llamada, de un misticismo no religioso, como el de san Juan de la Cruz, sino panteísta:

¡Ven, ven, muerte, amor; ven pronto, te destruyo,
ven, que quiero matar o amar o morir o darte todo [...]!

El poema que he elegido forma parte del libro *Historia del corazón* (1954), una de sus obras maestras. Cuando aparece, Aleixandre tiene ya cincuenta y seis años, ha cumplido sus bodas de plata con la poesía. Llamó entonces la atención el proceso de clarificación expresiva que había experimentado la poesía de Aleixandre: una búsqueda de claridad y diafanidad, que no es exactamente lo mismo que sencillez.

Se había hecho famosa su definición: «Poesía es comunicación: algo que sirve para hablar con los demás hombres».

Curiosamente, tomaron esa frase como divisa los poetas sociales y políticos del momento. En realidad, Aleixandre iba por otro camino:

> Hay poetas que se dirigen a lo permanente del hombre. No a lo que refinadamente diferencia, sino a lo que esencialmente une. Estos poetas son poetas radicales y hablan a lo primario, a lo elemental humano. No pueden sentirse –y entre ellos me cuento– poetas de minorías.

Desde la cercanía al surrealismo francés, Aleixandre había vuelto a la gran escuela de Unamuno y Antonio Machado: una poesía que no deslumbra por el preciosismo sino que conmueve porque va dirigida a los sentimientos, a lo que todos los seres humanos comparten.

Aparecen en este libro detalles concretos del cuerpo de la persona amada: la mano, la piel, el pie, los hombros, el cuello, el vientre, los muslos, la mejilla, la boca...

Por supuesto, no se trata de un simple realismo sino de elementos simbólicos, en los que se concreta la pasión de amor: en este caso, es la mano, con su unión contradictoria del hueso y de la piel.

Formalmente, el poema «Mano entregada» se compone de veinticinco versos, de distinta medida: el más corto, de unas catorce sílabas (como el alejandrino); los más largos, se extienden casi al doble y no caben tipográficamente en una línea, suelen desbordarse a la siguiente. Solemos llamarlos versículos, a la manera de los de la Biblia (y de algunos poemas ingleses). No tienen rima, ni consonante, ni asonante. Lo esencial es el ritmo musical, siempre mantenido.

En este poema, la frase no suele concluir a la vez que el verso, sino que continúa con lánguida sensualidad en el verso siguiente (lo que llamamos encabalgamiento).

Para apreciar su honda musicalidad, aconsejo que se lea el poema en voz alta, no haciendo pausas al final de cada verso sino prolongando la frase (es decir, el sentido) hasta que lo marca con una coma o un punto.

El tema que aquí plantea Aleixandre es el de la distancia, en el amor. Es algo muy semejante a lo que mostraron poco después, en los años sesenta, una serie de películas de Michelangelo Antonioni, con Monica Vitti como musa, que alcanzaron amplia repercusión europea: *La aventura*, *El eclipse*, *La noche*.

El tema de esas películas está claro. En una relación erótica –igual que en la amistad o en la solidaridad, por ejemplo– buscamos romper nuestros límites, abrirnos por completo a otra persona: nos hacemos la ilusión de que hemos logrado derribar la barrera que nos aísla.

En aquellos años, también se hizo bastante popular, en España, el libro de un monje trapense norteamericano, Thomas Merton, que utilizaba como título un hermoso verso del poeta metafísico inglés John Donne: «Los hombres no somos islas» («Men are not islands»).

Para expresar poéticamente este conflicto, elige Vicente Aleixandre dos símbolos opuestos, los componentes básicos de una mano: la piel y el hueso. Una corriente crítica francesa, la de Jean-Pierre Richard, discípulo del filósofo Gaston Bachelard, hablaría de lo blando y lo duro, como claves sensuales.

A partir de ahí, Aleixandre amplía el campo simbólico: la piel es «alada», vuela; se abre a otros horizontes; nos permite penetrar, navegar por una corriente que nos conduce hasta la plena identificación con otro ser, en ese océano inabarcable que es el amor.

El hueso, en cambio, se opone a ese vuelo; es «insobornable»; se opone a nuestra penetración; marca una frontera infranqueable, la de nuestros límites; es «triste», porque nunca siente el amor; es frío, nunca arde de pasión...

El poema se divide claramente en tres partes. La primera comprende siete versos (concluye: «que sí se empapa del amor hermoso»). Nos sorprende al comenzar con una adversativa, «pero», que se opone a algo anterior... que no existe: «Pero otro día toco tu mano. Mano tibia».

Evidentemente, está aludiendo a toda una historia de amor previa, que ignoramos.

También sorprende que se adjetive a una «mano» como «silente»; es decir, «silenciosa». ¿Cómo puede hablar una mano? Es evidente que, en este poema, la «mano» es un símbolo de toda la persona amada.

Pero la mano incluye dos mundos, la «piel» y el «hueso». Califica a éste de «duro» y «triste» porque, a él, «no llega nunca el amor». La «piel», en cambio, encarna toda la parte del ser amado que acepta y se entrega al amor:

> Sintiendo bajo la piel alada el duro hueso
> insobornable, el triste hueso adonde no llega nunca
> el amor. Oh carne dulce, que sí se empapa del amor hermoso.

Esa oposición, tan clara, se ha expresado con los contrastes de una serie de elementos sensuales, nada intelectuales, de efecto inmediato: «duro / blando»; «piedra / alas»; «amargo / dulce»; «cerrado / poroso»; «feo / bello»; «triste / feliz»...

El resto del poema va a desarrollar este contraste básico, en dos larguísimos párrafos. La segunda parte comprende desde el octavo verso («Es por la piel secreta, secretamente abierta, invisiblemente entreabierta») hasta el final del verso número quince.

El sentido va avanzando, sin puntos, a lo largo de ocho prolongados versículos. Se trata de una verdadera «invitación al viaje», por usar el término clásico; pero se trata de un viaje interior, simbólico, por el cuerpo y por el alma de la persona amada.

La estructura unitaria del poema se manifiesta en una serie de continuas repeticiones y contrastes, como si fueran eslabones de una cadena: «secreta / secretamente»; «abierta / entreabierta»; «por donde / por donde»; «tibio / tibias»; «sangre / sangre»; «dulce / dulcemente»; «oscura / oscura»; «sonora / sonido»; «mío / mío»; «voz / voces»; «resuena / resonado»; «cuerpo / cuerpo»; «poseído / poseyéndole»...

Cada una de las afirmaciones se apoya en la anterior, como si fueran peldaños de una larga escalera que, en este momento ilusionado, parece conducirnos hasta el cielo de un amor plenamente compartido.

El ritmo musical es el de un *crescendo*. Acaba desembocando en un feliz estallido, una gozosa proclamación. Son tres exclamaciones que parecen tres toques de percusión, en un verso único pero larguísimo: «Oh resonado cuerpo de mi amor, oh poseído cuerpo, oh cuerpo sólo sonido de mi voz poseyéndole».

La tercera y última parte del poema es una recapitulación, comprende desde el verso número dieciséis («Por eso, cuando acaricio tu mano»...) hasta el final.

En esa mano simbólica, continúa existiendo el hueso, que se niega a arder de amor: «el nunca incandescente hueso del hombre». Pero eso no impide que el resto del ser amado (simbólicamente, «la carne») arda sin consumirse en esa gran hoguera del amor.

Todo ese largo viaje ha culminado en un instante de plenitud. Curiosamente, el poeta lo adjetiva como «lúcido»: el amor no es un engaño sino la gran verdad; no nos ciega, sino que nos hace ver mejor la auténtica realidad. (Es el mismo gran tema que hemos visto a propósito del poema de Pedro Salinas, «Perdóname por ir así buscándote».)

Con un símbolo poético a la vez sencillo y profundo, Aleixandre nos ha hecho asomarnos al abismo de una de las grandes preguntas, para cualquier ser humano: más allá de la ilusión de un momento, ¿cabe la plenitud, en el amor?

A pesar de todo, el final del poema es optimista. Existe el hueso, no cabe negarlo, pero también existe la piel, la carne: ese río misterioso por donde penetro, que me conduce a ese momento de gloria en el que dos personas arden juntas, como una llama, en el fuego del amor. Y es eso lo que nos da –usando otro título de Aleixandre– nuestra mayor *sombra del paraíso.*

«Mano entregada»

Pero otro día toco tu mano. Mano tibia.
Tu delicada mano silente. A veces cierro
mis ojos y toco leve tu mano, leve toque
que comprueba su forma, que tienta su estructura,
sintiendo bajo la piel alada el duro hueso
insobornable, el triste hueso a donde no llega nunca
el amor. Oh carne dulce, que sí se empapa del amor hermoso.
Es por la piel secreta, secretamente abierta, invisiblemente entreabierta,
por donde el calor tibio propaga su voz, su afán dulce;
por donde mi voz penetra hasta tus venas tibias,
para rodar por ellas en tu escondida sangre,
como otra sangre que sonara oscura, que dulcemente oscura te besara
por dentro, recorriendo despacio como sonido puro
ese cuerpo, que ahora resuena mío, mío poblado de mis voces profundas,
oh resonado cuerpo de mi amor, oh poseído cuerpo, oh cuerpo sólo sonido de mi voz poseyéndole.
Por eso, cuando acaricio tu mano, sé que sólo el hueso rehúsa
mi amor –el nunca incandescente hueso del hombre–.
Y que una zona triste de tu ser se rehúsa,
mientras tu carne entera llega un instante lúcido
en que total flamea, por virtud de ese lento contacto de tu mano,
de tu porosa mano suavísima que gime,
tu delicada mano silente, por donde entro
despacio, despacísimo, secretamente en tu vida,
hasta tus venas hondas totales donde bogo,
donde te pueblo y canto completo entre tu carne.

EL PARAÍSO COMO BIBLIOTECA

Jorge Luis Borges
«Poema de los dones»

Hay un sector de la literatura hispanoamericana que se caracteriza por el predominio del realismo, lo telúrico, lo social y político, el indigenismo... También hay otro sector, más próximo a nosotros, que parte de la gran revolución de las vanguardias europeas, en los años veinte.

Como definía Rafael Lapesa, mi maestro, Jorge Luis Borges (1899-1986) representa, a la vez, la Argentina criolla y la que se abre a lo universal. Cantó las canciones populares –igual que Ernesto Sabato, otro gran intelectual–, a los navajeros, la llanura inagotable bajo los cascos del caballo, pero también los juegos de la inteligencia y la zoología fantástica de catoblepas y centauros.

Durante bastantes años, Borges fue un autor de culto, relativamente minoritario. Luego, por uno de esos fenómenos inexplicables de las modas, lo descubrieron en algunas de las universidades norteamericanas más selectas y se convirtió en un ídolo, para muchos jóvenes escritores.

No se podría explicar lo que fue el llamado «boom» de los novelistas hispanoamericanos, de Cortázar a Vargas Llosa, García Márquez y Carlos Fuentes, sin el reconocido magisterio de Borges, aunque discrepara tanto de ellos por su carácter y por su ideología.

Hoy, Borges es unánimemente reconocido como uno de los más grandes escritores en lengua española, en el siglo XX. Más aún, como un claro arquetipo de lo que es un escritor clásico, al que se estudia en las universidades del mundo entero y al que se le cita frecuentemente; muchas veces, atribuyéndole frases ingeniosas que nunca escribió (lo mismo que le sucede a Cervantes y a Quevedo).

Su apellido, Borges, sin necesidad de nombre, basta para identificar un peculiar género literario, hecho de cultura, reflexión, escepticismo, ironía, paradojas...

Fue ciego, pero de mayor, no de nacimiento. La ceguera es también un tema importante, en su obra, aunque se aleja de la autocompasión por la ironía: «Soy un ciego, aburrido de aburrir».

En realidad, nadie sabía con certeza si veía algo o no, qué es lo que veía. Me contó don Rafael Lapesa que, una vez, le llevó Borges a la esquina de una calle, en Buenos Aires, donde, según él, se podía disfrutar de la mejor luz, a cierta hora...

Su sabiduría y su memoria constituían un verdadero espectáculo. Recuerdo haberle escuchado una conferencia, en Madrid, en el antiguo Instituto de Cultura Hispánica, en la que, sin tener delante ni una sola nota, recitó de memoria, sin una duda, textos literarios en español, francés, italiano, inglés, alemán... y hasta en lenguas nórdicas primitivas, por cuya épica sentía una especial fascinación. Los oyentes quedamos apabullados.

No era Borges, desde luego, un personaje de trato fácil. Le gustaba sorprender, fastidiar; usando la expresión francesa, «epatar al burgués». Cuando venía a España, practicaba esto con talento y con perseverancia.

Aunque conoció aquí a muchos grandes escritores españoles, sorprendía a los auditorios al proclamar que, entre todos ellos, su predilecto era «mi maestro, el gran poeta judeo-español Rafael Cansinos Asséns».

Cuando le preguntaban su opinión sobre Antonio Machado, solía repetir: «No sabía que Manuel Machado tuviera un hermano».

En sus últimos años, en la terraza de su hotel sevillano, frente a la catedral, acudió a saludarlo Gerardo Diego, viejo compañero de las vanguardias. Al decirle su nombre, Borges se hizo el ignorante: «¿Cuál de los dos, Gerardo o Diego?».

En una nota autobiográfica para una enciclopedia, escribió de sí mismo que «no acabó nunca de gustar de las letras hispanas, pese al hábito de Quevedo».

Le encantaba dar carnaza a los periodistas, en forma de titulares escandalosos. En España, solía repetir que, en su opinión, *El Quijote* ganaba mucho, traducido al inglés.

Irritarse por una tontería semejante significaba entrar en su juego: justamente, lo que él estaba buscando. Para fastidiar un poco más, añadía que *El Quijote* era «un *best seller*»; pero salvaba a su protagonista, porque lo consideraba un personaje «querible».

Quizá por declaraciones de ese tipo no le dieron el Premio Nobel de Literatura: la vieja historia que se repitió, tantos años. También, por algunas declaraciones ambiguas –no todas– ante la dictadura militar argentina. Se divertía recordando que el peronismo le había hecho «inspector de gallineros».

Pasada una brevísima fascinación juvenil por la revolución rusa, abominaba del comunismo: «Ser comunista hoy es sencillo, siempre que esté usted fuera de Rusia».

Contaba que en 1960 se afilió al Partido Conservador: «Es indudablemente el único que no puede suscitar fanatismos».

En una época en la que muchos grandes escritores hispanoamericanos cayeron en la seducción de la lamentable dictadura de Fidel Castro, él estuvo totalmente en contra y eso lo aisló.

Al margen de todo esto, que nos puede caer más o menos simpático, lo indudable es su categoría literaria. Muchas veces repitió Borges que lo importante de un escritor es su obra, no las anécdotas de su biografía: tenía razón.

Fue el indiscutible representante de una literatura argentina muy culta, que se centra en los juegos de la imaginación y que cristaliza en una serie de mitos repetidos: los gatos, los tigres, los espejos...

A la vez, Borges se inventó la mitología de un Buenos Aires mítico, que jamás existió, en realidad: «Me sueño en Buenos Aires, mi Buenos Aires».

Cantó a los gauchos y las milongas populares. Eso sí, opinaba que el tango supone la decadencia sentimental de la milonga y desdeñaba a Carlos Gardel, «una bazofia».

Nunca escribió buscando el aplauso popular pero tampoco se consideraba un aristócrata. Definió su actitud, en tercera persona:

> Le agradaba pertenecer a la burguesía, atestiguada por su nombre. La plebe y la aristocracia, devotas del dinero, del juego, de los deportes, del nacionalismo, del éxito y de la publicidad, le parecían casi idénticas.

Paradójicamente, Borges acabó siendo un mito, entre cierto tipo de lectores avezados. Lo atestigua una anécdota concreta: en *El nombre de la rosa*, Umberto Eco llama Jorge de Burgos, en claro homenaje a Borges, al bibliotecario ciego que custodia el único manuscrito conservado del Libro Segundo de la *Poética* de Aristóteles, el que está dedicado a la comedia y a la risa.

La parte de la obra de Borges que más difusión ha alcanzado son los relatos, que podemos encuadrar dentro de la literatura fantástica. Lo dice uno de sus personajes:

> Creo haber descubierto una razón más íntima. La escribiré; no importa que me juzguen fantástico.

Eso es algo absolutamente aplicable al propio Borges, que proclamaba: «El misterio participa de lo sobrenatural y aun de lo divino».

Sus cuentos poseen una dimensión claramente filosófica: la búsqueda de *El Aleph* (el título de uno de los más conocidos), ese punto misterioso en el que está contenido todo el universo. Y esa clave puede estar escondida bajo la apariencia del objeto más vulgar:

> No hay hecho, por humilde que sea, que no implique la historia universal.

Borges publicó también importantes libros de poemas. En su juventud, *Fervor de Buenos Aires* (1923), *Luna de enfrente* (1925), *Cuaderno San Martín* (1929). En su madurez, uniendo prosas y versos, *El hacedor* (1960).

En una entrevista, en 1963, declaraba tajantemente lo que él se consideraba:

> ¡Un poeta, evidentemente! ¡Creo que no soy sino eso! Un poeta torpe, pero un poeta... espero.

Cuatro años después, resumía los temas más habituales de su poesía:

> La perplejidad metafísica, los muertos que perduran en mí, la germanística, el lenguaje, la patria, la paradójica suerte de los poetas...

Aunque dio clases, nunca se consideró un profesor. No le gustaba nada el estudio histórico de la literatura. En un texto básico, titulado *La poesía* (1980), defiende que todo libro digno de ser leído comienza a existir de verdad solamente «cuando lo abrimos, cuando el libro da con su lector, entonces ocurre el hecho estético». Por eso, cualquier libro implica un número infinito de libros: «Hay tantas biblias como lectores tiene la Biblia».

Expresa eso mismo en el poema «Un lector» (1969):

> Que otros se jacten de las páginas que han escrito:
> a mí me enorgullecen las que he leído [...].
> Mis noches están llenas de Virgilio.

Defiende Borges que la poesía es, más que ninguna otra cosa, un hecho estético: «El encuentro del lector con el libro, el descubrimiento del libro». Y, al ser un hecho estético, no se puede definir:

> Es algo tan evidente, tan inmediato, tan indefinible como el amor, el sabor de la fruta, el agua. Sentimos la poesía como sentimos la cercanía de una mujer, o como sentimos una montaña o una bahía.

Cree que la poesía no nos hace descubrir algo nuevo, sino recordar algo que habíamos olvidado. Cita una definición platónica: «Esa cosa liviana, alada y sagrada». Y añade, por su cuenta: «Esa cosa podría ser la música (salvo que la poesía es una forma de la música)».

Los poemas de Borges se alejan bastante de la tradición hispánica. (No hay que olvidar que le influye muchísimo la cultura anglosajona.) Evidentemente, la suya es una poesía de pensamiento, de indagación: «Opté por pensar, por el escepticismo».

Huye del sentimentalismo barato, pero no quiere eso decir que su poesía sea fría, puramente intelectual.

Un ejemplo concreto. En la *Eneida*, cuenta Virgilio que, después de la caída de Troya, llegan Eneas y los troyanos a Cartago, el reino de Dido. Allí, contemplan unas pinturas que representan sus desgracias. El verso latino es uno de los que más se han repetido, en la tradición occidental: «Sunt lacrimae rerum...» («son las lágrimas de las cosas»). Borges, aparentemente tan frío, comenta que este verso es «uno de los que nos tocan físicamente». Y lo glosa, en su poema «Elegía»:

> Sin que nadie lo sepa, ni el espejo,
> ha llorado unas lágrimas humanas.

No huye Borges de los sentimientos; sí, de los sentimentalismos. Por eso, aconseja a los jóvenes: «Nunca escriban algo embargados por un sentimiento». (Es lo mismo que defendía Bécquer: primero, sentir; luego, escribir.)

Se refiere muchas veces Borges al amor, pero siempre habla de ese gran tema con pudor, con ironía. Se han aventurado muchas teorías sobre sus complejas relaciones con el mundo femenino:

> Estuve enamorado muchas veces, más de lo aconsejable. Por desgracia, el amor trae más problemas que beneficios.

Busca Borges el análisis, la expresión precisa, breve, la palabra exacta:

> La ceguera me ha dado una mayor sencillez... El gato es gato. Hay que dejar que la palabra se haga cargo de su significado, confiar en ella. Todo el Nilo está en la palabra Nilo.

Se inserta siempre en una tradición: «Las novedades importan menos que la verdad».

Todas estas características se aplican y pueden ayudarnos a entender el poema que he elegido, «Poema de los dones» (del libro *El hacedor*, 1960).

Métricamente, se compone de diez estrofas, cada una de ellas de cuatro versos endecasílabos. Alterna los cuartetos, de rima ABBA, y los serventesios, de rima ABAB.

Plantea aquí Borges uno de los grandes misterios, que han angustiado a los seres humanos en todas las épocas: la desigualdad entre los dones que poseen; las grandes diferencias que nos separan en belleza, riqueza, salud, inteligencia, suerte... ¿Quién no se preguntará por qué otro hombre es más atractivo, más sano, más rico, más inteligente o más feliz que yo? ¿Qué ha hecho esa otra persona para merecerlo?

Eso nos lleva a otra pregunta: ¿quién es el culpable de tanta injusticia: Dios, los dioses, la fortuna? Y eso tiene también una muy grave consecuencia: ¿está regido el mundo por la providencia divina o por el azar? ¿Vivimos en un cosmos o en un caos absurdo? (Ya Leibniz y Voltaire, en el siglo XVIII, se enredaron en esa polémica.)

Todo eso lo muestra este poema de Borges con una trágica paradoja: el poeta que nos habla es un enamorado de los libros... pero no puede leerlos porque es ciego. Es decir, exactamente el caso del propio Borges.

Lo explica con un ejemplo mitológico:

> De hambre y de sed (narra una historia griega)
> muere un rey entre fuentes y jardines.

Creo que se refiere a Tántalo, que, movido por su arrogancia, robó a los dioses néctar y ambrosía, divulgó sus secretos. (Es decir, una metáfora de lo que hace el poeta.) Su castigo fue terrible, le obligaron a pasar eternamente hambre y sed: metido en una alberca, al lado de árboles frutales, las aguas retrocedían, cuando él intentaba beber; lo mismo que hacían las frutas, cuando él intentaba comer... Es un símbolo trágico de la tentación no satisfecha, de la eterna insatisfacción. (Es decir, de lo que caracteriza al poeta y, en general, a cualquier artista.)

En el caso de Borges, su alimento son los «libros infinitos»: los manuscritos que desaparecieron en el incendio de la Biblioteca de Alejandría, «enciclopedias, atlas, cosmogonías»... Pero su castigo es ser ciego.

Aparece aquí otro tema típico de la poesía de Borges: ya he mencionado «los muertos que perduran en mí». Y su consecuencia: ¿soy yo el que actúa o es otro, un doble, un *Doppelgänger*? (continuará este tema Julio Cortázar en sus relatos, en los que tanto influyó Borges):

> Suelo sentir con vago horror sagrado
> que soy el otro, el muerto, que habrá dado
> los mismos pasos en los mismos días.
> ¿Cuál de los dos escribe este poema
> de un yo plural y de una sola sombra?

Al final, no necesita el poeta recurrir a la mitología –lejana pero siempre presente, para Borges– sino a un ejemplo histórico muy cercano a él: Paul Groussac, un francés emigrado en Argentina, al que él estimaba mucho y del que escribió varias veces.

Aparte de otras coincidencias literarias, les unían dos hechos muy concretos: Groussac dirigió durante años la Biblioteca Nacional de Argentina, el mismo cargo que luego tuvo Borges. Además, Groussac también fue ciego, como él... Me recuerda esto un título típico de Borges: *El jardín de los senderos que se bifurcan*.

No hay en este poema frialdad ni intelectualismo sino un humanísimo interrogante: ¿por qué permite Dios que se quede ciego alguien para quien toda su vida son los libros?

Al leerlo, muchos que, gracias a Dios, no somos ciegos hemos sentido también la angustia de Borges porque compartimos su inolvidable metáfora:

> Yo, que me figuraba el Paraíso
> bajo la especie de una biblioteca...

Y concreta: «Todos los libros nos están esperando. Siempre he preferido releer a leer».

Lo dice también en otro hermoso texto:

> Hay quienes no pueden imaginar un mundo sin pájaros; hay quienes no pueden imaginar un mundo sin agua; en lo que a mí se refiere, soy incapaz de imaginar un mundo sin libros.

Añade, otra vez: «El amor a los libros es lo que me gustaría dejar como legado».

Por eso, a pesar de todas sus maldades, sentimos cariño –no sólo admiración– por Borges.

«Poema de los dones»

Nadie rebaje a lágrima o reproche
esta declaración de la maestría
de Dios, que, con magnífica ironía,
me dio a la vez los libros y la noche.

De esta ciudad de libros hizo dueños
a unos ojos sin luz, que sólo pueden
leer en la biblioteca de los sueños
los insensatos párrafos que ceden

las albas a su afán. En vano el día
les prodiga sus libros infinitos,
arduos como los arduos manuscritos
que perecieron en Alejandría.

De hambre y de sed (narra una historia griega)
muere un rey entre fuentes y jardines;
yo fatigo sin rumbo los confines
de esa alta y honda biblioteca ciega.

Enciclopedias, atlas, el Oriente
y el Occidente, siglos, dinastías,

símbolos, cosmos y cosmogonías
brindan los muros, pero inútilmente.

Lento en mi sombra, la penumbra hueca
exploro con el báculo indeciso,
yo, que me figuraba el Paraíso
bajo la especie de una biblioteca.

Algo, que ciertamente no se nombra
con la palabra *azar* rige estas cosas;
otro ya recibió en otras borrosas
tardes los muchos libros y la sombra.

Al errar por las lentas galerías,
suelo sentir con vago horror sagrado
que soy el otro, el muerto, que habrá dado
los mismos pasos en los mismos días.

¿Cuál de los dos escribe este poema
de un yo plural y de una sola sombra?
¿Qué importa la palabra que me nombra
si es indiviso y uno el anatema?

Groussac o Borges, miro este querido
mundo que se deforma y que se apaga
en una pálida ceniza vaga
que se parece al sueño y al olvido.

EL AMOR ES LA ÚNICA VERDAD, LA ÚNICA LIBERTAD

Luis Cernuda
«Si el hombre pudiera decir lo que ama...»

La gran Generación del 27, cuyo centenario se está empezando ya a preparar en Sevilla y en Madrid, comprende muchos ámbitos de nuestra cultura: novelistas, ensayistas, dramaturgos, pintores, músicos, arquitectos, médicos, científicos, toreros, bailarines, cineastas...

Su núcleo central lo componen ocho grandes poetas, unidos por conmemorar en Sevilla, ese año, el centenario de don Luis de Góngora. Uno de ellos, Vicente Aleixandre, ganó el Premio Nobel, pero todos tenían suficiente categoría para haberlo obtenido. (Así me lo confirmó el que era secretario de la Academia Sueca, Arthur Lundquist.)

Curiosamente, los estudiosos suelen agrupar a estos ocho poetas por parejas: los neopopularistas Federico García Lorca y Rafael Alberti; dos grandes amigos, Jorge Guillén y Pedro Salinas; los poetas profesores, Dámaso Alonso y Gerardo Diego; los influidos por el surrealismo francés, Vicente Aleixandre y Luis Cernuda.

Es ésta la segunda gran generación poética de nuestra historia: en la primera, hacia 1605 (la fecha del *Quijote*) coinciden en Madrid, en lo que hoy llamamos el Barrio de las Letras, nada menos que Góngora, Quevedo, Cervantes, Lope de Vega y sus seguidores. Como suele pasar entre colegas, varios de ellos se llevan muy mal, se atacan con sátiras feroces.

La del 27, en cambio, se suele llamar «la generación de la amistad». Así lo proclama Jorge Guillén en el poema «Unos amigos» (diciembre de 1927), (respeto la grafía de don Jorge, que ponía mayúsculas al comienzo de cada verso):

> ¿Aquel momento ya es una leyenda? [...].
> Un recuerdo de viaje

Entre quienes, aún mozos,
Se descubrían gustos, preferencias
Entre sí comunes.
¡Poesía!
Y nos fuimos al Sur [...].
Concluyó la excursión.
Juntos ya para siempre.

Pero había matices, dentro de esa amistad. Los íntimos de verdad fueron Salinas y Guillén. Alberti miraba con recelo los éxitos teatrales de Lorca. Y Luis Cernuda llegó a atacar duramente a alguno de los que se quedaron en España, después de la guerra. Le movía, por supuesto, el rencor político, pero también un carácter difícil, marcado por muchos contratiempos.

Una vez más, he de repetir aquí algo que debería ser innecesario, por obvio: la bondad o maldad de un artista no tiene nada que ver con la categoría artística de su obra. No fueron precisamente modelos éticos Benvenuto Cellini, Caravaggio, Quevedo, Góngora, Oscar Wilde, Juan Ramón Jiménez... pero sí fueron grandes artistas. En cambio, conozco a muchos honrados ciudadanos y buenos padres de familia que escriben, pintan o componen obras mediocres.

En las cartas íntimas que intercambiaron Guillén y Salinas se ve muy claramente cuál era su opinión sobre Luis Cernuda, como persona (también, sobre Juan Ramón).

Don Jorge Guillén me dijo, una vez: «¡Lo que hemos tenido que sufrir Pedro [Salinas] y yo para seguir siendo amigos de Luis [Cernuda]!».

No es algo muy raro: todos tenemos la experiencia de amigos a los que estimamos, a pesar de conocer de sobra sus defectos.

Todos los testimonios coinciden en que Luis Cernuda (1902-1963) debió de pasarlo muy mal, de joven, en su Sevilla natal. Su natural elegancia, su dandismo, chocaba con su penuria económica. Además, aquella sociedad, tan conservadora, no aceptó su homosexualidad.

Su carácter, nada humilde, tampoco le debió de facilitar su encaje en el mundo académico de varios de sus compañeros de generación. Luego, su exilio en Inglaterra, Estados Unidos y México le trajo nuevos problemas y sufrimientos: en su obra poética hay huellas de sobra de todo ello.

Desde fuera de España, expresa Cernuda un antipático resentimiento, que apenas oculta su real nostalgia:

> No me queréis, lo sé. Y que os molesta
> cuanto escribo. ¿Os molesta? Os ofende.
> ¿Culpa mía tal vez o es de vosotros? [...].
> Si queréis
> que ame todavía, devolvedme
> al tiempo del amor. ¿Os es posible?
> Imposible como aplacar ese fantasma que de mí evocasteis.

Por eso, se identifica simbólicamente con otros escritores españoles a los que España trató –según él– injustamente, como Larra:

> Escribir en España no es llorar, es morir
> porque muere la inspiración envuelta en humo
> cuando no va su llama libre en pos del aire.
> Así, cuando el amor, el tierno monstruo rubio
> volvió contra ti mismo tantas ternuras vanas
> tu mano abrió de un tiro, roja y vasta, la muerte.

Y, sobre todo, se identifica con Góngora:

> El andaluz envejecido que tiene gran razón para su orgullo,
> el poeta cuya palabra lúcida es como diamante,
> harto de fatigar sus esperanzas por la corte,
> harto de su pobreza noble que le obliga
> a no salir de casa cuando el día, sino al atardecer, ya que las sombras,
> más generosas que los hombres, disimulan
> en la común tiniebla parda de las calles
> la bayeta caduca de su coche y el tafetán delgado de su traje;

harto de pretender favores de magnates,
su altivez humillada por el ruego insistente,
harto de los años tan largos malgastados
en perseguir fortuna lejos de Córdoba la llana y de su muro excelso,
vuelve al rincón nativo para morir tranquilo y silencioso.
Ya restituye el alma a soledad, sin esperar de nadie
si no es de su conciencia.

Así se sentía también Luis Cernuda... Tardó en ser reconocido como gran poeta más que sus compañeros de generación. Sin embargo, su prestigio ha crecido tanto que, ahora mismo, es uno de los escritores del 27 más estimados por los críticos y los lectores de poesía; uno de los que ha ejercido mayor influencia sobre los poetas últimos.

Su poesía se centra en la meditación, más que en la musicalidad. Por eso, defiende la poesía de Cervantes, injustamente valorada, frente a una tradición española verbosa y efectista: la de Zorrilla, por ejemplo. También, sorprendentemente, reivindica la poesía de Campoamor.

A Cernuda le influyen los surrealistas franceses y los poetas metafísicos ingleses. En sus poemas, no respeta las estrofas clásicas. Igual que Aleixandre, suele utilizar los versículos sin rima, pero con ritmo (al fondo, los versículos de la Biblia y de la poesía inglesa).

En algunas etapas, cultiva Cernuda el culturalismo, proyecta sus sentimientos sobre figuras históricas que le resultan atractivas; por ejemplo, en el poema «Luis II de Baviera escucha *Lohengrin*», del libro *Desolación de la quimera*. Los dos, el «rey loco» y el poeta, desprecian la realidad material, se refugian en su torre de marfil para vivir sus sueños:

Asiste a doble fiesta: una exterior, aquella
de que es testigo: otra interior, allá en su mente,
donde ambas se funden (como color y forma
se funden en un cuerpo), componen
una misma delicia [...].

> Ni existe el mundo ni la presencia humana
> interrumpe el encanto de reinar en sueños [...].
> Ésa es su vida y trata fielmente de vivirla:
> que le dejen vivirla...

Su libro fundamental, al que, en sucesivas ediciones, se van incorporando nuevos poemas, tiene un título que resume bien el sentido total de su obra: *La realidad y el deseo*. Entre esos dos polos se mueve siempre Luis Cernuda (y nos movemos todos).

Si queremos ponerle a esto una etiqueta, podemos llamarlo nuevo Romanticismo. No me refiero al Romanticismo histórico, decimonónico, sino a una especie de romanticismo eterno, una constante («eón», lo llamaba Eugenio d'Ors, siguiendo a Leibniz): la permanente búsqueda de un paraíso perdido, que nunca recuperaremos.

En 1932, con menos de treinta años, respondía con este orgulloso nihilismo a la pregunta de Gerardo Diego sobre su «Poética» (un trámite casi obligatorio, para ser incluido en su *Antología*):

> No valía la pena de ir poco a poco olvidando la realidad para que ahora fuese a recordarla, y ante qué gentes. La detesto como detesto todo lo que a ella pertenece: mis amigos, mi familia, mi país. No sé nada, no quiero nada, no espero nada. Y, si aún pudiera esperar algo, sólo sería morir allí donde no hubiese penetrado aún esta grotesca civilización que envanece a los hombres.

Y, dos años después, añadía estas frases, que preludian ya el título de su gran libro:

> El origen de estas nuevas líneas sería para acercar el deseo, mi deseo, a la realidad.

Pero el motivo central de la poesía de Luis Cernuda no es otro que el tema eterno del amor: un amor corporal y espiritual, que necesita la plena comunión y sabe que es imposible; que da esperanza y trae desesperación... El amor.

El poema que he elegido pertenece al libro *Los amores prohibidos* (1931). No me importa mucho la anécdota biográfica de si nace de una relación sentimental concreta o no. Tampoco debe importar al lector si esa relación sentimental era homosexual o heterosexual: cada lector lo aplicará a su propia experiencia. Lo que importa es la hondura de pensamiento y la belleza de expresión que posee esta meditación sobre el amor.

Se suele decir que ese libro de Cernuda responde a su etapa surrealista, pero, en este poema, creo que no se advierte. No existen aquí metáforas irracionales ni asociaciones sorprendentes, se entiende con facilidad.

Métricamente, este poema no tiene rima, ni está compuesto por versos de medida unitaria. Son versículos de extensión variable, de dos a veinte sílabas, con predominio de los versos largos, que poseen un ritmo fácilmente perceptible. Abundan las repeticiones, las simetrías: la sensación es la de una serie de olas, que avanzan todas en la misma dirección, empapando cada vez más la arena de nuestra playa.

El poema se compone de tres partes: dos grandes temas y un envío final. La primera parte trata del amor como verdad (trece versos); la segunda, del amor como libertad (nueve versos); el envío final son sólo tres versos.

A propósito de Pedro Salinas, he comentado ya la teoría de Stendhal, que denunciaba el engaño del amor romántico: no nos enamoramos de una persona real sino de un falso ideal, al que, gracias a determinadas circunstancias, atribuimos unas cualidades que no posee (eso es lo que llama Stendhal la «cristalización»). Pero esa imagen que hemos construido no soporta la confrontación con la realidad. Por eso, inevitablemente, surgen la decepción y el fracaso: solemos achacar la culpa de esa catástrofe a la persona a la que hemos idealizado.

A pesar de su hondo pesimismo, rechaza Cernuda esta falacia: el amor –nos dice– es la verdad, «la verdad ignorada» pero real, la única verdad que nos define. En trece versos, repite esa palabra nada menos que siete veces, como un *ritornello* musical obsesivo: «la verdad de su amor verdadero».

Pasa luego a plantear otra cuestión que también puede angustiarnos: cuando nos enamoramos, ¿perdemos la libertad, por encadenarnos a otra persona? El esquema se repite. A pesar de su habitual pesimismo lúcido, defiende Cernuda lo contrario: el amor no nos quita la libertad; todo lo contrario, nos la da. Proclama triunfalmente: «Libertad no conozco sino la libertad de estar preso en alguien...».

Los poemas medievales solían concluir con un «envío» a un destinatario concreto; algo así como el nombre que escribimos, en el sobre de una carta. Utilizar este esquema le ofrece a Luis Cernuda la mejor conclusión: el poema está dirigido a un «tú», a la persona amada.

No importa que esa persona lo sepa o no, ni que acepte o no corresponder a ese amor: «Si no te conozco, no he vivido». Repite, con la solemnidad de un redoble de campana: «Si muero sin conocerte... no he vivido».

En una conocida rima, afirma Bécquer:

> Podrá no haber poetas, pero siempre
> habrá poesía.

De modo semejante, proclama Luis Cernuda:

> No es el amor quien muere.
> Somos nosotros mismos.
> Inocencia primera,
> abolida en deseo [...],
> ramas entrelazadas.
> ¿Por qué vivir, si desaparecéis un día?
> Sólo vive quien mira
> siempre ante sí los ojos de su aurora.
> Sólo vive quien besa
> aquel cuerpo de ángel que el amor levantara.

Y concluye, reforzando la negación:

> No, no es el amor quien muere.

A pesar de todo el pesimismo que su lucidez le impone, la conclusión de Luis Cernuda es rotunda, triunfal: el amor es la única verdad, la única libertad.

> Si el hombre pudiera decir lo que ama,
> si el hombre pudiera levantar su amor por el cielo
> como una nube en la luz;
> si, como muros que se derrumban
> para saludar la verdad erguida en medio,
> pudiera derrumbar su cuerpo, dejando sólo
> la verdad de su amor,
> la verdad de sí mismo,
> que no se llama gloria, fortuna o ambición
> sino amor o deseo,
> yo sería aquel que imaginaba,
> aquel que, con su lengua, sus ojos y sus manos,
> proclama ante los hombres la verdad ignorada,
> la verdad de su amor verdadero.
>
> Libertad no conozco sino la libertad de estar preso en alguien
> cuyo nombre no puedo oír sin escalofrío;
> alguien por quien me olvido de esta existencia mezquina,
> por quien el día y la noche son para mí lo que quiera,
> y mi cuerpo y espíritu flotan para mí en su cuerpo y espíritu
> como leños perdidos que el mar anega o levanta
> libremente, con la libertad del amor,
> la única libertad que me exalta,
> la única libertad por que muero.
>
> Tú justificas mi existencia.
> Si no te conozco, no he vivido;
> si muero sin conocerte, no muero, porque no he vivido.

EL PRIMER GRAN POEMA ESPAÑOL SOBRE UN PORTERO DE FÚTBOL

Rafael Alberti
«Oda a Platko»

Creen algunos que el mundo de la literatura y el del fútbol están reñidos: se equivocan. A muchos grandes escritores les ha gustado el fútbol (o el boxeo o el ciclismo) y han escrito sobre él.

Un solo ejemplo, de categoría. El francés Albert Camus se enfrentó, dentro del existencialismo, a Jean-Paul Sartre porque su visión del mundo es trágica («los hombres mueren y no son felices», resume Calígula, su personaje) pero también ética: tenemos una obligación moral para con los demás seres humanos.

Camus había nacido en Argel: era un niño pobre, huérfano de padre. Todos los días jugaba al fútbol, con sus amigos. Como rompía demasiados zapatos, eligió el puesto de portero. Escribió un texto inolvidable, «Lo que le debo al fútbol». Incluye esta frase tajante:

> Después de muchos años en los que el mundo me ha permitido variadas experiencias, lo que más sé, a la larga, acerca de la moral y de las obligaciones de los hombres, se lo debo al fútbol. Preservemos esta grande y digna imagen de nuestra juventud.

Una nota bibliográfica: en un libro de David García Cames, *Fútbol, mito y literatura,* con prólogo de Miguel Pardeza –que formó parte de la «Quinta del Buitre», en el Real Madrid– se comentan cerca de doscientos setenta libros o artículos literarios sobre fútbol.

El balompié (así se decía, entonces) llegó a España a comienzos del siglo XX por dos vías: el norte (Bilbao, San Sebastián) y Huelva, con los ingenieros ingleses que venían a trabajar a las minas de Río Tinto. Por eso compiten sobre cuál es el equipo de fútbol español más antiguo el Real Unión de Irún y el Recreativo de Huelva: así se llama el club, un precioso nombre; popularmente, el «Recre». Jugó un papel importante en la introducción de este nuevo deporte el secretario de la Embajada inglesa, Stewart Herbert Cooper.

La gran explosión de popularidad del fútbol en España tuvo lugar en 1920, con motivo de la Olimpiada de Amberes. Nació entonces la llamada «furia española», con el grito de Belauste: «¡A mí, Sabino, que los arrollo!».

Se consolidó la afición en el Campeonato Mundial de 1934, que tuvo lugar en la Italia de Mussolini, donde los españoles lucharon heroicamente contra el equipo anfitrión, apoyado irregularmente por los árbitros. Al volver a España nuestros jugadores, el diario *La Voz* abrió una suscripción pública para regalar a cada uno de los héroes una medalla de oro.

Pronto, el fútbol se convirtió en España también en un tema literario: la novela *Chiripi* (1931), de Juan Antonio de Zunzunegui; los comentarios de Jacinto Miquelarena, *Stadium. Nota de sport* (1934).

Dentro de la literatura de humor, hay que recordar esa joya que es *La tournée de Dios* (1932), de Jardiel Poncela. En ella, Dios decide darse una vuelta por la tierra y, al llegar a Madrid, se hace partidario de un equipo de fútbol, igual que cualquiera de sus criaturas:

> Lo deportivo, en cambio, lo entretenía y, nada más llegar, ya se hizo del Madrid y se puso la insignia, en la solapa del guardapolvo [...]. Tan simpático se le hizo el famoso club madrileño que, sin poder contenerse, lo tomó bajo su protección. No se hizo esperar el resultado y fue que, en lo sucesivo, el Madrid quedó vencedor en todos los combates. En cambio, el Athletic de Bilbao, eterno enemigo del Madrid, empezó a fracasar ruidosamente. –Está dejado de la mano de Dios –decía el público. (Y era verdad.)

También llegó el tema futbolístico al género que inicialmente parece más lejano a él, la poesía. Gerardo Diego escribió un poema al balón de fútbol, unido a sus recuerdos infantiles, en Santander:

Tener un balón, Dios mío.
Qué planeta de fortuna.
Vamos a los Arenales:
cinco hectáreas de desierto,
cuadro y recuadro del puerto.

El puesto de portero, con su emocionante soledad, posee un aura literaria especial. Muy famoso se ha hecho el título del libro de Peter Handke: *El miedo del portero al penalty*. Algunos escritores se enorgullecen de haber ocupado ese puesto; por ejemplo, Nabokov:

> Me apasionaba jugar de portero. En Rusia y en los países latinos, ese intrépido arte ha estado rodeado siempre de un aura de singular luminosidad. Distante, solitario, impasible, el portero famoso es perseguido por las calles por niños en éxtasis. Está a la misma altura que el torero y el as de la aviación, en lo que se refiere a la emocionada adulación que suscita [...]. Es el águila solitaria, el hombre misterioso, el último defensor.

El primer gran ídolo popular del fútbol español fue un portero, Ricardo Zamora. Le apodaron nada menos que «el Divino». Se decía que les tenía comida la moral a muchos delanteros. En la Olimpiada de Amberes, le designaron el mejor portero del mundo. En el partido contra Dinamarca, le sacaron del campo a hombros, como a un torero. A partir de entonces, se popularizaron dos frases; una, para indicar la confianza absoluta en sus paradas: «Uno a cero y Zamora de portero». La otra, una ponderación popular: «Sólo existen dos porteros: san Pedro, en el cielo, y Zamora, en la tierra».

A los dos los menciona, en su poema *Foot-bool* (sic), Fernando Villalón, el poeta del 27, ganadero que –según la leyenda– intentó criar toros con los ojos verdes, gran amigo de Ignacio Sánchez Mejías:

> [...] *goal* certero
> chutaría sobre tu red,
> que no pararía San Pedro,
> que es mucho más que Zamora,
> porque es portero del cielo.

Coincide la crítica en señalar que el primer gran poema español sobre fútbol es la «Oda a Platko» (1928), de Rafael Alberti. Cuatro años posterior es la «Elegía al guardameta», de Miguel Hernández, que lleva esta dedicatoria: «A Lolo, sampedro joven en la portería del cielo de Orihuela». (Miguel Hernández acudía habitualmente a ver los partidos del equipo de su pueblo, el Orihuela C. F.)

Como es sabido, Rafael Alberti (1902-1999) es uno de los grandes poetas del 27. Coincide con García Lorca en la línea neopopularista; los dos se consideran herederos de la gran poesía tradicional española: Romancero, Cancioneros, Gil Vicente, Lope de Vega... Pero su carácter es muy diferente: Federico, granadino, encarna la Andalucía trágica, la del duende y el misterio; Rafael, gaditano, la Andalucía de la gracia y la alegría, la del mar de Cádiz.

Nació Alberti en El Puerto de Santa María; igual que don Pedro Muñoz Seca, de tendencia política opuesta. Cuando vino a Madrid, Rafael quería ser pintor, le fascinó el Museo del Prado. Alcanzaron gran éxito sus primeros libros poéticos, *Marinero en tierra* y *La amante*, en los que expresa la nostalgia de su paraíso perdido, la infancia, junto al mar:

> El mar. La mar.
> El mar. ¡Sólo la mar!
> ¿Por qué me trajiste, padre,
> a la ciudad?

> ¿Por qué me desenterraste
> del mar?
> En sueños, la marejada
> me tira del corazón:
> se lo quisiera llevar.
> Padre, ¿por qué me trajiste
> acá?

Alberti se afilió al Partido Comunista, igual que su mujer, María Teresa León. Durante la guerra, tuvo una gran actividad política en el bando republicano. Marchó al exilio: París, Argentina y, desde 1963, Roma, en el barrio del Trastevere.

Volvió a España definitivamente el 27 de abril de 1977. Éstas fueron sus primeras palabras, al regresar: «Salí de España con el puño cerrado, pero ahora vuelvo con la mano abierta, en señal de paz y reconciliación con todos los españoles».

En esa última etapa lo traté yo: me lo encontraba en los teatros y en los aeropuertos; lo visité en su piso de La Torre de Madrid; colaboramos en actos poéticos y taurinos, en un vídeo sobre el camino de Santiago... No era un ciudadano normal y corriente sino un poeta histórico, con sus camisas de colores y su formidable arrogancia. Representaba su propio papel: se seguía considerando el escudero de Garcilaso y Francisco Delicado, de Góngora y Quevedo.

Conservó siempre Alberti su gran facilidad para escribir poesía. (Quizá, por eso, no todo lo que escribió es del mismo valor.) Lo dice en sus memorias: «Tanto o más que un poema, me cuesta una simple página en prosa. Todo me sale demasiado rítmico». Era todo lo contrario de ese poeta chirle del que se burla Cervantes, en su *Viaje del Parnaso*, «que, al hacer de sus versos, sude e hipe».

En 1928, después de publicar su tercer libro, había caído Alberti en una honda crisis poética y personal:

> ¿Qué espadazo sin sombra me separó casi insensiblemente de la luz?... Yo había perdido un paraíso, tal vez el de mis

> años recientes, mi clara y primerísima juventud, alegre y sin problemas. Me encontré de pronto como sin nada...

Con su conocida generosidad, lo invitó entonces a su casona de Tudanca José María de Cossío, gran amigo de poetas, estudioso de la poesía, que luego dirigió la gran enciclopedia taurina que lleva su nombre. (En esa casona, en la montaña santanderina, se conserva hoy su extraordinaria biblioteca.)

Yendo hacia Tudanca, viajó Alberti por los pueblos de Castilla la Vieja con Carlos Gardel, el gran cantante de tangos. A los dos amigos les fascinaron los nombres de algunos viejos comercios: «Pasamanería de Hubilibrondo González». «Café de Genciano Gómez.» «Repuestos de Cojoncio Pérez»...

El 20 de mayo de 1928, Cossío, Alberti y Carlos Gardel fueron a Santander, a los Campos de Sport del Sardinero, a ver la final de la Copa del Rey Alfonso XIII de fútbol entre el Barcelona y la Real Sociedad.

El portero del Barcelona era el húngaro Ferenc (el mismo nombre que Puskás) Platko, nacido en Budapest en 1898. Con el MTK de su ciudad natal, había venido en 1922 a jugar contra el Barcelona, en Las Corts: en dos partidos, no encajó ningún gol. Destacó por su seguridad, al blocar los balones por alto. El equipo catalán, que acababa de perder al mítico Ricardo Zamora, lo contrató: jugó con él ciento ochenta y siete partidos, en ocho temporadas, de 1923 a 1930. Luego, marchó a jugar en equipos hispanoamericanos. Murió en Santiago de Chile, en 1983.

Al joven Rafael Alberti le impresionó mucho lo que hizo en ese partido el portero húngaro. Lo cuenta en sus memorias, *La arboleda perdida*:

> Un partido brutal, el Cantábrico al fondo, entre vascos y catalanes. Se jugaba al fútbol, pero también al nacionalismo. La violencia, por parte de los vascos, era inusitada. Platko, un gigantesco guardameta húngaro, defendía como un toro el arco catalán. Hubo heridos, culatazos de la Guardia Civil y carreras del público. En un momento

> desesperado, Platko fue acometido tan furiosamente por los del (sic) Real que quedó ensangrentado, sin sentido, a pocos metros de su puesto, pero con el balón entre los brazos. En medio de ovaciones y gritos de protesta, fue levantado en hombros por los suyos y sacado del campo, cundiendo el desánimo entre sus filas, al ser sustituido por otro. Mas, cuando ya el partido estaba tocando a su fin, apareció Platko de nuevo, vendada la cabeza, fuerte y hermoso, decidido a dejarse matar. La reacción del Barcelona fue instantánea. A los pocos segundos, el gol de la victoria penetró por el arco del (sic) Real, que abandonó la cancha, entre la ira de muchos y los desilusionados aplausos de sus partidarios.

He visto una película y varias fotos de aquella tarde: casi todos los espectadores llevan boina o sombrero. En una de las imágenes, Platko está en cuclillas, mientras le vendan la cabeza. En otra, acabado el partido, en el sanatorio, continúa llevando Platko un aparatoso vendaje; a su lado, lleva otra venda Samitier y sonríe a la cámara, como un galán de cine, Carlos Gardel.

A los grandes poetas (Alberti, incluido) no se les debe exigir la exactitud histórica absoluta. He localizado en *ABC* la crónica de esa final, firmada por Juan Deportista. En realidad, el Barcelona necesitó tres partidos para ganar esa Copa. Cuando ya tenía la cabeza vendada, Platko, «sin tiempo para despejar, se tira al suelo y sujeta el balón, mientras los contrarios le acometen [...]. Cuando el húngaro se levanta, ha desaparecido el vendaje que tenía. Hay, pues, una nueva interrupción, en tanto que, otra vez, se lo colocan y protegen con una boina vasca».

Con su habitual facilidad, Alberti escribió enseguida su «Oda a Platko». El poema apareció, unos días después, en el periódico *La Voz de Cantabria*; dos meses más tarde, en la revista sevillana de vanguardia *Papel de Aleluyas*. Luego, en el libro *Cal y canto* (1929), dedicado a su amigo José Samitier, capitán del Barcelona.

La idea básica del poema se expresa en el estribillo, repetido siete veces:

Nadie se olvida, Platko,
no, nadie, nadie, nadie,
oso rubio de Hungría.

No lo podrán olvidar los elementos de la Naturaleza que vieron su hazaña, esa tarde: «el mar... la lluvia... el viento». Tampoco, los jugadores de los dos equipos, designados por los colores de sus camisetas: «azules y blancas», los de la Real; «azules y grana», los del Barcelona.

Las metáforas son continuas: el portero, al sufrir la lesión, se ha convertido en una «llave rota». Toda la Naturaleza, humanizada, sufre, con él: «El mar, vueltos los ojos, / se tumbó y nada dijo». También sufren los aficionados: «Sangrando en los ojales...».

Platko se ha convertido en un héroe épico «porque volviste el pulso perdido a la pelea». Gracias a su gesto, «la vuelta al corazón de la esperanza», se reaniman sus compañeros: ya no son sólo «camisetas» sino «diez rápidas banderas, / incendiadas, sin freno». El campo se llena de pañuelos: «Alas, alas celestes y blancas, rotas alas». Los aficionados se han convertido en «doradas insignias, flores de los ojales, / cerradas, por ti abiertas».

Llega el gol de la victoria: «En el arco contrario, el viento abrió una brecha». El portero herido es ya, él también, una «bandera» y sale en hombros, como un torero: «Desmayada bandera, en hombros por el campo».

El estribillo final remacha la lección:

Nadie, nadie se olvida,
no, nadie, nadie, nadie.

Otro poeta, el guipuzcoano Gabriel Celaya, correligionario de Alberti en la política, pero no en el fútbol, porque era hincha ferviente de la Real Sociedad, presenció también ese partido y nos ha dado también su versión, muy distinta: el Barcelona no ganó gracias a Platko sino a «las patadas y a un árbitro comprado». Escribió Gabriel Celaya una «Contraoda», para corregir a Alberti y contarnos lo que fue, según él, la auténtica realidad:

> Y recuerdo también nuestra triple derrota
> en aquellos partidos frente al Barcelona
> que, si nos ganó, no fue gracias a Platko
> sino por diez penaltis claros que nos robaron [...].
> Todos lo recordamos y quizá más que tú,
> mi querido Alberti, lo recuerdo yo
> porque yo estaba allí, porque vi lo que vi,
> lo que tú has olvidado, pero nosotros siempre
> recordamos: ganamos. En buena ley ganamos
> y hay algo que no cambian los falsos resultados.

En el fútbol, los poetas también se apasionan. Tenga razón o no Gabriel Celaya, la suya es una batalla perdida. Leyendo a Cervantes hemos aprendido que la verdad poética es mucho más importante que la verdad histórica: «Tanto la mentira es mejor cuanto más verdadera parece. Y tanto más agrada, cuanto tiene de dudoso y posible». También demuestra ese poder invencible de la leyenda John Ford, en su hermosa película *El hombre que mató a Liberty Valance*.

Platko pidió a su mujer que, cuando muriera, le enviara «al Fútbol Club Barcelona todos los recuerdos que guardo en el viejo arcón». No sé si en él guardaría la venda blanca ensangrentada ni la boina que le protegió, aquella tarde...

Una de las finalidades fundamentales de la elegía es que no olvidemos al personaje que ha fallecido. Gracias a Jorge Manrique, recordamos a su padre, don Rodrigo: «Nos dejó harto consuelo / su memoria». Gracias a Federico García Lorca, Ignacio Sánchez Mejías no ha muerto para siempre: «No te conoce nadie. No. Pero yo te canto». Gracias a Rafael Alberti, los lectores de poesía no nos hemos olvidado de Platko: «No, nadie, nadie, nadie».

«ODA A PLATKO»
(Santander, 20 de mayo de 1928).

A José Samitier, capitán.
Nadie se olvida, Platko,
no, nadie, nadie, nadie,
oso rubio de Hungría.

Ni el mar,
que frente a ti saltaba sin poder defenderte.
Ni la lluvia. Ni el viento, que era el que más rugía.
Ni el mar, ni el viento, Platko,
rubio Platko de sangre,
guardameta en el polvo,
pararrayos.

No, nadie, nadie, nadie.

Camisetas azules y blancas, sobre el aire,
camisetas reales,
contrarias, contra ti, volando y arrastrándote,
Platko, Platko lejano,
rubio Platko tronchado,
tigre ardiente en la yerba de otro país.
¡Tú, llave, Platko, tú, llave rota,
llave áurea caída ante el pórtico áureo!

No, nadie, nadie, nadie,
nadie se olvida, Platko.

Volvió su espalda al cielo.
Camisetas azules y granas flamearon,
apagadas, sin viento.
El mar, vueltos los ojos,
se tumbó y nada dijo.
Sangrando en los ojales,
sangrando por ti, Platko,
por tu sangre de Hungría,
sin tu sangre, tu impulso, tu parada, tu saldo,
temieron las insignias.

No, nadie, Platko, nadie,
nadie, nadie se olvida.

Fue la vuelta del mar.
Fueron
diez rápidas banderas
incendiadas, sin freno.
Fue la vuelta del viento.
La vuelta al corazón de la esperanza.
Fue tu vuelta.

Azul heroico y grana,
mandó el aire en las venas.
Alas, alas celestes y blancas, rotas alas,
combatidas, sin plumas, encabezaron la yerba.
Y el aire tuvo piernas,
tronco, brazos, cabeza.
¡Y todo por ti, Platko,
rubio Platko de Hungría!
Y en tu honor, por tu vuelta,
porque volviste el pulso perdido a la pelea,
en el arco contrario el viento abrió una brecha.

Nadie, nadie se olvida.

El cielo, el mar, la lluvia lo recuerdan.
Las insignias.
Las doradas insignias, flores de los ojales,
cerradas, por ti abiertas.

No, nadie, nadie, nadie,
nadie se olvida, Platko.

Ni el final: tu salida,
oso rubio de sangre,
desmayada bandera en hombros por el campo.

¡Oh, Platko, Platko, Platko,
tú, tan lejos de Hungría!

¿Qué mar hubiera sido
capaz de no llorarte?

Nadie, nadie se olvida,
no, nadie, nadie, nadie.

LA «AGUDA MELANCOLÍA» DEL AMOR ADOLESCENTE

Pablo Neruda
«Poema 20»

Hace muchísimos años, cuando yo era un jovencillo lector de poesía, compré una edición de bolsillo, publicada por la editorial argentina Losada, de los *Veinte poemas de amor y una canción desesperada*, de Pablo Neruda (1904-1973). En la cubierta –lo recuerdo bien– llevaba una banda oblicua: «Edición conmemorativa de un millón de ejemplares».

No conozco otro caso igual, en libros de poesía en lengua española: es un verdadero fenómeno literario y sociológico. Eso no es suficiente para ensalzarlo ni para atacarlo, pero sí nos hace preguntarnos por sus causas.

Como poeta, el chileno Pablo Neruda es una figura monumental, indiscutible. Lo incluye en su *Canon* –tan tacaño o desconocedor de la literatura en español– Harold Bloom: «Ningún poeta del hemisferio occidental de nuestro siglo admite comparación con él». Lo ensalza García Márquez: «El más grande poeta del siglo XX en cualquier idioma».

¿Cómo es, en apretada síntesis, la poesía de Pablo Neruda? Grande, amplia, variada; humana, impura; torrencial, arrolladora, como la naturaleza hispanoamericana; politizada; con tono de canto, de liturgia verbal; sonora, desigual.

Alguno de sus enemigos le ha aplicado la malévola frase atribuida a don Alberto Lista sobre el poeta Espronceda: «Es como una plaza de toros: muy grande, pero con mucha canalla dentro».

Amado Alonso, compañero de Dámaso Alonso en la introducción de la estilística entre nosotros, le dedicó un riguroso estudio, *Poesía y estilo de Pablo Neruda: Interpretación de una poesía hermética*. Así la caracteriza:

> Poesía escapada tumultuosamente de su corazón, romántica por la exacerbación del sentimiento, expresionista por

> el modo eruptivo de salir, personalísima por la carrera desbocada de la fantasía y por la visión de apocalipsis perpetuo que la informa.

El propio Neruda se calificó como «el poeta de todas las cosas»: el que goza con el amor, la alegría, las variadas maravillas de la naturaleza; a la vez, el que está preocupado por la injusticia y la insolidaridad; un utópico soñador de un mundo justo; siempre, un poeta sentimental, melancólico... Y, por supuesto, un enamorado y un maestro de las palabras.

Por su temática y por su lenguaje, muchos lo consideran algo así como un símbolo de la voz poética hispanoamericana.

En 1953 obtuvo el Premio Lenin de la Paz. En 1970, renunció a ser candidato a presidente de su país en favor de Salvador Allende, que lo nombró luego embajador en París. En 1971 le concedieron el Premio Nobel de Literatura. Esos datos nos dan idea clara de su ideología (estuvo vinculado al Partido Comunista) y de su universalidad.

Como señala juiciosamente Luis Sáinz de Medrano, «la pasión política de muchas de sus composiciones [...] lo llevarán a ser considerado como un poeta fundamentalmente partidista, con el consiguiente rechazo de quienes no comparten su ideología».

El crítico Emir Rodríguez Monegal lo definió como un «viajero inmóvil». Su punto de partida fue la región chilena en la que nació, la llamada Frontera: una zona lluviosa, con una naturaleza muy atractiva, cercana al mar.

Fue Neruda un poeta de enorme precocidad. Antes de cumplir los veinte años, se dio a conocer con *Crepusculario*, un hermoso libro, dentro de la estética modernista, y se consagró ya con los *Veinte poemas de amor y una canción desesperada*.

En 1927, marchó a Oriente, como cónsul honorario en Birmania; luego, en Ceilán, Java, Singapur; en 1934, en Barcelona; un año después, en Madrid.

Conectó fácilmente con los nuevos poetas españoles: por carta, se había hecho amigo de Rafael Alberti. En Buenos

Aires, conoció a Federico García Lorca. En Madrid, fue compañero de Miguel Hernández, Aleixandre y otros poetas del 27. Dirigió entonces la revista *Caballo verde para la poesía*, editada por Manuel Altolaguirre.

En aquellos años, participó en Madrid en una polémica literaria que tuvo amplia repercusión y notables consecuencias. Juan Ramón Jiménez era entonces el gran maestro de todos los jóvenes poetas, pero tenía un carácter verdaderamente terrible (pueden verse muchas muestras de ello, por ejemplo, en la correspondencia de Pedro Salinas y Jorge Guillén, los dos íntimos amigos).

Encerrado en su simbólica *torre de marfil*, defendía Juan Ramón la *poesía pura*, desnuda, despojada de anécdotas, centrada en los grandes temas: la eternidad, el amor, la belleza...

En el primer número de *Caballo verde para la poesía*, el 1 de octubre de 1935, publicó Neruda una especie de manifiesto, titulado «Sobre una poesía sin pureza». Defendía en él rehumanizar la poesía, acercarla de nuevo al hombre, a la materia, al barro:

> Así sea la poesía que buscamos, gastada como por un ácido por los deberes de la mano, penetrada por el sudor y el humo, oliente a orina y azucena, salpicada por las diversas profesiones que se ejercen dentro y fuera de la ley. Una poesía impura como un traje, como un cuerpo, con manchas de nutrición, y actitudes vergonzosas, con arrugas, observaciones, sueños, vigilia, profecías, declaraciones de amor y de odio, bestias, sacudidas, creencias políticas, negaciones, dudas, afirmaciones, impuestos.

Es un hecho que este credo poético de Neruda influyó mucho (para bien o para mal, cada uno puede opinar) sobre algunos jóvenes poetas como Miguel Hernández y Leopoldo Panero; después de la guerra, sobre poetas sociales, como Gabriel Celaya y Blas de Otero.

Apoyó Neruda decididamente la causa republicana, publicó *España en el corazón*. Desde París, organizó el traslado a Chile de muchos exiliados españoles.

Su obra poética más ambiciosa es el *Canto General*, publicado en México en 1950, con ilustraciones de Diego Rivera y Siqueiros. Comprende quince secciones, más de doscientos poemas y más de quince mil versos. En tono épico, intenta dar una visión completa de la historia de Hispanoamérica, desde antes de la conquista hasta el momento en el que escribe. (Le ha puesto música, entre otros, el griego Theodorakis.)

Después de Hispanoamérica, España fue sin duda el país más amado por Neruda. Se confesó seguidor de su tradición literaria. Lo afirma en el poema «Testamento 2»:

> Dejo mis viejos libros, recogidos
> en rincones del mundo [...]
> a los nuevos poetas de América.
> Que amen como yo amé mi Manrique, mi Góngora,
> mi Garcilaso, mi Quevedo: fueron
> titánicos guardianes, armaduras
> de platino y nevada trasparencia.

Y proclamó siempre su amor por la «España clara, España trasparente».

Vuelvo al comienzo, al Pablo Neruda que tiene solamente diecinueve años, es un joven poeta desconocido y publica el libro *Crepusculario*. Creo yo, que, por compararlo con los *Veinte poemas de amor y una canción desesperada*, la crítica no ha sido muy justa con este libro. En una estética cercana a Debussy, su versión poética de la historia de Pelléas y Mélisande –a partir de la obra simbolista de Maeterlinck– incluye versos tan hermosos como éstos:

> A la sombra de los laureles,
> Melisanda se está muriendo.
> Se morirá su cuerpo leve.
> Enterrarán su dulce cuerpo.
> Juntarán sus manos de nieve.
> Dejarán sus ojos abiertos
> para que alumbren a Pelléas
> hasta después que se haya muerto.

A la vez –no después de *Crepusculario*– Neruda está escribiendo sus *Veinte poemas de amor...* Se lo dice a su amigo *Alone*: «Son mi obra restante y simultánea a *Crepusculario*. Quiero librarme de ella, no por mala sino porque dejé todo eso atrás».

Se publica el libro en junio de 1924, cuando el poeta todavía no había cumplido los veinte años. Excepto el último poema, la «Canción desesperada», todos los demás no llevan título. (Quizá lo hace para dar más unidad al libro.)

El que he elegido yo es, probablemente, el más popular y lleva el número 20. Se compone de treinta y dos versos alejandrinos, con variedad de ritmos. A partir del sexto, utiliza la rima propia del romance: en asonante los pares, en -ío. No le importa al joven Neruda incurrir en algo que suele interpretarse como muestra de impericia, repetir la palabra que rima: «perdido», «conmigo».

Ya el primer verso nos sorprende y, sin esfuerzo alguno, se nos queda grabado indeleblemente en la memoria: «Puedo escribir los versos más tristes esta noche». Lo mismo sucede, a mi entender, con el verso inicial del poema número 15 (aunque algunas feministas lo hayan corregido): «Me gustas cuando callas porque estás como ausente».

Éste es un libro centrado en el amor, escrito por un joven adolescente que ha estado profundamente enamorado (también, enamorado de las bellas palabras). El enfoque de este manido tema, el tono general, tienen un sorprendente atractivo. Lo explicó así mi amigo Julio Cortázar, subrayando su carácter americano:

> Neruda nos devolvía a lo nuestro, nos arrancaba de la vaga teoría de las amadas y las musas europeas para echarnos en los brazos a una mujer inmediata y tangible, para enseñarnos que un amor de poeta latinoamericano podía darse y escribirse *hic et nunc*, con las simples palabras del día, con los olores de nuestras calles, con la simplicidad del que descubre la belleza sin el asentimiento de los grandes heliotropos y la divina proporción.

Centrémonos en los datos concretos. El título es dual: el amor (los *Veinte poemas*) y la desesperación (la *Canción*); es decir, la esperanza y su fracaso.

Con el mismo dualismo presenta a la amada, en otros poemas del libro. Primero, significa el amor: «Todo lo ocupas, tú, todo lo ocupas» (poema 5). Luego, la tragedia: «Distante y dolorosa, como si hubieras muerto» (poema 15).

La voz que escuchamos, en todo el libro, es una sola: el poeta es un amante ideal, con el que muchísimos lectores pueden identificarse fácilmente. Salvo en este poema y en el número 4, se dirige directamente a la amada, desde la soledad causada por el abandono.

Nunca se nos explica por qué ella lo ha dejado, cuál fue la causa del final de esta historia de amor. Queda clarísimo, en cambio, que él escribe a la intemperie, desde una situación de abandono absoluto. Ella lo ha conducido al dolor, a la desgracia total: «Todo en ti fue naufragio». Eso dice la «Canción desesperada» (y lo canta Paco Ibáñez).

En todo el libro, el paisaje que a veces se evoca es el del sur de Chile: los bosques de Temuco, las grandes lluvias, los ríos... En el poema 20, no hay menciones realistas: aparecen solamente el viento, los árboles, el cielo estrellado. Y, sobre todo, la noche.

Canta su tristeza el poeta desde la noche: ¿cómo no recordar la *noche oscura del alma* de san Juan de la Cruz? Está solo, en la gran noche del mundo: se siente «acorralado entre el mar y la tristeza» (poema 13).

A la vez, la noche es el ámbito poético más adecuado para el amor. En cierta medida, esa noche también lo acoge, envuelve su canto. Recuerda otras noches, en las que él fue feliz: «Porque en noches como ésta la tuve entre mis brazos...». En otro poema del libro, ha identificado a la amada con la noche: «Eres como la noche, callada y constelada» (poema 15).

Si atendemos al tiempo interno del poema, se encadenan de modo natural las tres etapas vitales. Se inicia en presente: «Puedo escribir los versos...». Retrocede al pasado feliz: «pero cuánto la quise». Se proyecta hacia el futuro: «Aunque éste sea el último dolor que ella me causa / y éstos sean los últimos versos que yo le escribo».

En general, el estilo del poema es bastante sencillo, con palabras de uso cotidiano. Llama la atención una metáfora bastante literaria pero que utiliza un término del mundo rural, «pasto»: «Y el verso cae al alma como al pasto el rocío».

En general, las frases del poema se estiran con ritmo lento, perezoso, hasta el final de los largos versos alejandrinos. Existen dos excepciones, con frases muy breves, separadas por puntos, como si fueran escuetos telegramas. La primera vez, como un cierre de la historia: «Eso es todo. A lo lejos, alguien canta. A lo lejos». La segunda, cuando imagina un futuro que le llena de dolor: «De otro. Será de otro. Como antes de mis besos».

Para el efecto que produce el poema en el lector, es fundamental el uso de un recurso: las frecuentes, buscadas repeticiones, que dan una sensación cercana a la de un himno cantado, como si fuese una salmodia.

El inolvidable verso primero, «Puedo escribir los versos...», se repite en los versos cinco y diez. Solamente la palabra «escribir», se repite en el verso dos. «La noche» aparece en los versos dos, cuatro, siete, trece, dieciséis y veintiuno. «Ya no la quiero», en los versos veintitrés y veintisiete. Con variantes, «la quise» y «me quiso» (seis, nueve). «Los mismos» (veintiuno) se opone dramáticamente a «nosotros... ya no somos los mismos». Etcétera. Creo que el efecto de estas repeticiones es ritual, casi hipnótico.

Sorprende la buscada contradicción del verso veintitrés («Ya no la quiero, es cierto, pero cuánto la quise») con el veintisiete: «Ya no la quiero, es cierto, pero tal vez la quiero». Es una forma sencilla y bella de expresar las dudas y las contradicciones de un amor adolescente.

Los lectores y los críticos, igualmente chismosos, se preguntaron muy pronto quién era la joven que protagonizó esta relación sentimental. Neruda negó siempre que se tratara de una sola historia de amor: defendía que había sintetizado varias, en el poema. Así lo explica, refiriéndose a una pareja de mujeres, en sus Memorias, *Confieso que he vivido*:

> Las dos o tres que se entrelazan en esta melancólica y ardiente poesía corresponden, digamos, a Marisol y a Marisombra. Marisol es el idilio de la provincia encantada con inmensas estrellas nocturnas y ojos oscuros como el cielo mojado de Temuco. Ella figura con su alegría y vivaz belleza en casi todas las páginas, rodeada por las aguas del puerto y por la media luna sobre las montañas. Marisombra es la estudiante de la capital. Boina gris, ojos suavísimos, el constante olor a madreselva del errante amor estudiantil, el sosiego físico de los apasionados encuentros en los escondrijos de la urbe.

Algunos críticos (por ejemplo, mi amigo José Montero Padilla) han mencionado que la principal inspiradora de este libro –o de varios de sus poemas, por lo menos– se llamaba Albertina Rosa Azócar. Se conservan unas cuarenta cartas que escribió el joven Pablo Neruda a esta chica, que era compañera suya, en el Instituto Pedagógico de Santiago de Chile. Este párrafo de una de esas cartas nos sitúa en un mundo sentimental cercano al del libro:

> ¿Es verdad que aún me quieres? [...] ¿Verdad que nos hemos amado, querido, adorado, como nadie? ¿Verdad que nuestro amor ha sido grande? Yo pienso en ti con tanta pasión, casi con dolor.

Años después, la propia Albertina recordaba así la historia:

> Era tan joven, tan enamoradizo... No sé, a muchas chiquillas les gustaban los poetas. Cuando me escribía, por ejemplo, tenía acá dos, tres, cuatro amores.

De alguno de ellos –o de todos, unidos– nos queda el precioso testimonio en estos *Veinte poemas de amor y una canción desesperada*.

Cuando un libro alcanza un éxito muy superior a los demás del mismo autor, el escritor suele mirarlo con cierta distancia; sobre todo, si el libro es primerizo. Cuando Pablo Neruda era ya un poeta reconocido en el mundo entero, le preguntaron muchas veces por esta obra juvenil. Así la definió:

> Un libro doloroso y pastoril que contiene mis más atormentadas pasiones adolescentes, mezcladas con la naturaleza arrolladora del sur de mi patria. Es un libro que amo porque, a pesar de su aguda melancolía, está presente en él el goce de la existencia [...]. Fue un libro de adolescencia, pero escrito con toda la pasión de la juventud: torpeza juvenil, pero fuego verdadero. En estos poemas hay carne, hay cuerpo, hay amor humano. No es el amor platónico, ideal. Expresa las contradicciones del amor adolescente, donde conviven la intensidad y la inseguridad... No sé cómo este libro sencillo, que no tiene muchas pretensiones, llega a tantos corazones... Escribí esos poemas con una sinceridad desbordada, nunca imaginé que se leerían tanto.

Dentro de eso, matiza que el número 20 le parece «demasiado llorón». No están de acuerdo con eso miles de lectores, en el mundo entero.

Hay una palabra que quiero subrayar, en estas justificaciones: la «melancolía». Creo que define muy bien el tono general de estos poemas, más que el adjetivo «desesperada» de la «canción» final. Y que ésa es una de las cosas que más cautivan al lector. Incluso cuando escribió su manifiesto por la humanización de la poesía, la mencionaba:

> Y NO OLVIDEMOS NUNCA LA MELANCOLÍA [las mayúsculas son mías], el gastado sentimentalismo, perfectos frutos impuros de maravillosa calidad olvidada, dejados atrás por el frenético libresco: la luz de la luna, el cisne en el anochecer, «corazón mío», son, sin duda, lo poético elemental e imprescindible. Quien huye del mal gusto cae en el hielo.

La prueba de su estima por esa palabra, *melancolía*, es que se la aplica a la amada, en el poema 15: «Y te pareces a la palabra melancolía...».

Más allá de los lauros literarios, hay un premio único que muy pocos autores logran: que muchísimos lectores se enamoren leyendo sus poemas. En español, por ejemplo, lo han conseguido Bécquer, Miguel Hernández, Pedro Salinas... Y, sin duda, Pablo Neruda, gracias a la «aguda melancolía» de este amor adolescente.

«Poema 20»

Puedo escribir los versos más tristes esta noche.

Escribir, por ejemplo: «La noche está estrellada
y tiritan, azules, los astros, a lo lejos».

El viento de la noche gira en el cielo y canta.

Puedo escribir los versos más tristes esta noche.
Yo la quise y a veces ella también me quiso.

En las noches como ésta la tuve entre mis brazos.
La besé tantas veces bajo el cielo infinito.

Ella me quiso, a veces yo también la quería.
Cómo no haber amado sus grandes ojos fijos.

Puedo escribir los versos más tristes esta noche.
Pensar que no la tengo. Sentir que la he perdido.

Oír la noche inmensa, más inmensa sin ella.
Y el verso cae al alma como al pasto el rocío.

Qué importa que mi amor no pudiera guardarla.
La noche está estrellada y ella no está conmigo.

Eso es todo. A lo lejos, alguien canta. A lo lejos.
Mi alma no se contenta con haberla perdido.

Como para acercarla, mi mirada la busca.
Mi corazón la busca y ella no está conmigo.

La misma noche que hace blanquear los mismos árboles.
Nosotros, los de entonces, ya no somos los mismos.

Ya no la quiero, es cierto, pero cuánto la quise.
Mi voz buscaba el viento para tocar su oído.

De otro. Será de otro. Como antes de mis besos.
Su voz, su cuerpo claro, sus ojos infinitos.

Ya no la quiero, es cierto, pero tal vez la quiero.
Es tan corto el amor y es tan largo el olvido.

Porque en noches como ésta la tuve entre mis brazos,
mi alma no se contenta con haberla perdido.

Aunque éste sea el último dolor que ella me causa
y éstos sean los últimos versos que yo le escribo.

EL ADIÓS A UN «COMPAÑERO DEL ALMA»

Miguel Hernández
«Elegía a Ramón Sijé»

Es creencia general que las dos más grandes elegías de la literatura española son las «Coplas a la muerte de su padre», de Jorge Manrique, y el «Llanto por Ignacio Sánchez Mejías», de Federico García Lorca: dos obras maestras absolutas. También suele creerse que, si queremos añadir un tercer poema español, en elogio de un muerto, pensaremos en la «Elegía a Ramón Sijé», de Miguel Hernández. Soy tan poco original que coincido con esta opinión común.

Ocho décadas después de su muerte, la crítica y los lectores reconocen hoy a Miguel Hernández (1910-1942) como un gran poeta. ¿A quién no le conmueven, por ejemplo, las «Nanas de la cebolla», escritas en la cárcel? Urtasun, el actual ministro de Cultura, demostró su incultura afirmando que a Miguel Hernández lo asesinaron los franquistas. Quizá lo confundía con García Lorca... Y los sonetos de *El rayo que no cesa* cuentan, sin duda, entre los más hermosos de la poesía española contemporánea.

Como aficionado a los toros, además, siento verdadera debilidad por algunos de estos sonetos porque no se quedan en lo externo del espectáculo sino que profundizan, presentan al toro bravo como símbolo del varón español, de su actitud ante la muerte. (Lo he comentado en mi libro *Las cien mejores poesías taurinas*.)

La biografía de Miguel Hernández inspira compasión: su vida no fue nada fácil, ni en lo personal ni en lo literario. Y su final fue trágico: murió de enfermedad, en la cárcel, cuando sólo tenía treinta y dos años.

Había nacido en Orihuela, la ciudad clerical retratada críticamente por Gabriel Miró en la admirable pareja de novelas *Nuestro padre San Daniel* y *El obispo leproso*. En una de las primeras entrevistas que le hicieron, a los veintidós años, contaba Miguel sus orígenes:

> Mi padre es pastor de cabras de Orihuela y lo mismo fui yo desde los catorce años. Antes, fui a la escuela, donde aprendía a leer y a escribir.

El malvado Ernesto Giménez Caballero difundió la etiqueta: «Un nuevo poeta pastor». Quizá a Miguel eso no le molestó mucho, en un primer momento, cuando necesitaba apoyo económico (como diría Mariano Rajoy: o sí...).

Se educó literariamente en su ciudad natal, en las tertulias con un grupo de jóvenes escritores. El más brillante de todos ellos era el que firmaba como Ramón Sijé. El primer libro de poemas de Miguel, *Perito en lunas* (1933), coincidía con el neogongorismo de la Generación del 27.

En sus viajes a Madrid, Miguel Hernández se hizo amigo y discípulo de los poetas del 27 pero él se definió como miembro de la Generación del 36. En ese año publica su primera obra maestra, *El rayo que no cesa*. Es una admirable colección de sonetos en la que, junto a la huella de Quevedo, se advierten también las influencias de Pablo Neruda y de Vicente Aleixandre, que defendían una «rehumanización» de la poesía española, frente a los intentos vanguardistas de la llamada «poesía pura».

En su libro de memorias, *Confieso que he vivido* –tan poco creíble, en algunas anécdotas–, cuenta Neruda la impresión que le produjo Miguel, al conocerlo:

> Era tan campesino que llevaba un aura de tierra en torno a él [...]. Era ese escritor salido de la naturaleza como una piedra intacta, con virginidad selvática y arrolladora fuerza vital. Me narraba cuán impresionante era poner los oídos sobre el vientre de las cabras dormidas. Así escuchaba el ruido de la leche que llegaba a las ubres, el rumor secreto que nadie ha podido escuchar sino aquel poeta de cabras.

Concluye Neruda:

> En mis años de poeta, y de poeta errante, puedo afirmar que la vida no me ha dado contemplar un fenómeno igual de vocación y de eléctrica sabiduría verbal.

A Ramón Sijé, en cambio, Neruda ni lo menciona, en sus memorias. Supongo que no lo conoció personalmente, pero es fácil suponer que tuvo noticia de quién era y de lo que escribía...

En Madrid, Miguel Hernández sobrevivió gracias a la ayuda de José María de Cossío. Le contrató para investigar, en la Biblioteca Nacional, y escribir textos para el monumental tratado *Los toros*: sobre todo, biografías de toreros históricos.

En la edición, los textos que escribió Miguel Hernández, igual que todos los demás, aparecen sin firma. Por sus cartas sabemos, por ejemplo, que a él se debe la muy novelesca biografía del torero Tragabuches: al descubrir la infidelidad de su mujer, la mató a ella y a su amante y se hizo bandolero en la serranía de Ronda.

Había derivado Miguel hacia una ideología muy de izquierdas. Durante la guerra, desarrolló una gran actividad pública a favor del bando republicano y publicó el libro de poemas *Viento del pueblo* (1937), que incluye, por ejemplo, la emocionante «Canción del esposo soldado»:

> He poblado tu vientre de amor y sementera,
> he prolongado el eco de sangre a que respondo
> y espero sobre el surco, como el arado espera:
> he llegado hasta el fondo.

Por su conocida actividad política, al acabar la guerra fue detenido y condenado a muerte. Sucedió entonces un episodio muy singular, sobre el que existen varias versiones.

La que me contó a mí Federico Sopeña, mi maestro de temas musicales, es ésta: los miembros de la tertulia de José María de Cossío, bien vistos por el Régimen de Franco, buscaron una salida para salvar a Miguel Hernández. Se les ocurrió recurrir al arzobispo de París para que pidiera a Franco el indulto del poeta, alegando que, de joven, había escrito un auto sacramental. Según me aseguró Sopeña, el arzobispo pidió clemencia, Franco accedió y el poeta quedó en libertad. Lo prudente es que Miguel hubiera salido huyendo, sin dejar huellas, pero inocentemente, decidió volver a su pueblo: allí, lo conocían y volvieron a detenerlo.

En la cárcel de Alicante, escribió los poemas del *Cancionero y romancero de ausencias,* publicado póstumamente, en 1958. Entre ellos, figura esta sencillísima y emocionante copla:

Llegó con tres heridas:
la del amor,
la de la muerte,
la de la vida.

Con tres heridas viene:
la de la vida,
la del amor,
la de la muerte.

Con tres heridas, yo:
la de la vida,
la de la muerte,
la del amor.

Y esta otra, tan escueta y tan conmovedora.

Tristes guerras
si no es amor la empresa.
Tristes, tristes.
Tristes armas
si no son las palabras.
Tristes, tristes.
Tristes hombres
si no mueren de amores.
Tristes, tristes.

Volvamos al poema que he elegido comentar, la «Elegía a Ramón Sijé». Para comprenderlo, conviene saber quién era este personaje y qué relación tuvo con Miguel Hernández.

Ramón Sijé es el nombre literario que adoptó José Ramón Marín (1913-1935). Era paisano de Miguel Hernández, hijo de un comerciante de tejidos: había nacido en Orihuela, tres años después que él, pero fue un estudiante precoz, brillante. Se matriculó en Derecho en la Universidad de Murcia. Impulsó tertulias literarias y revistas como *Voluntad* y *El gallo crisis*. En esta última, publicó textos Miguel Hernández desde su número primero, en el Corpus de 1934.

La influencia de Ramón Sijé fue decisiva, en la formación de Miguel Hernández. Fue una relación con frecuentes altibajos, por las diferencias de ideología y de carácter. Sijé le recomendó, por ejemplo, que, para ampliar su inicial gongorismo, leyera a los poetas simbolistas franceses: Valéry, Mallarmé... En sus cartas, evoca Ramón las tardes felices que pasaban los dos, en el huerto, leyendo y comentando a los clásicos españoles: fray Luis de León, la *Epístola moral a Fabio...*

José Luis Ferris retrata a Sijé como «una personalidad enormemente compleja». Tenía aspecto frágil. Era gran lector de literatura, pensamiento, arte, historia; un estudioso profundamente cristiano, conservador, de derechas; políticamente, cercano a la CEDA de Gil-Robles. En 1935, concluyó su libro *La decadencia de la flauta y el reinado de los fantasmas* (publicado, póstumo, en 1973).

En ese ambiente de pensamiento cristiano, de derechas, se formó Miguel Hernández. Su primer libro, *Perito en lunas*, que lleva un prólogo de Ramón Sijé, pudo publicarse gracias a una ayuda de cuatrocientas veinticinco pesetas del sacerdote don Luis Almarcha: un activo difusor de la doctrina social de la Iglesia, que, en la posguerra, fue obispo de León, procurador en Cortes y promotor de estudios sobre el patrimonio artístico.

No olvidemos que la mujer de Miguel, Josefina Manresa, era hija de un guardia civil, que fue asesinado, en Elda, en agosto de 1936.

Al viajar a Madrid y conocer a escritores como Pablo Neruda y Rafael Alberti, Miguel Hernández cambió de ideología, se hizo anticlerical y de izquierdas. Eso le alejó progresivamente de su amigo Ramón Sijé. En el *Epistolario general de Miguel Hernández*, que ha publicado Jesucristo Riquelme, podemos seguir la historia de esa amistad y de ese distanciamiento. (Incluye una veintena de cartas de Miguel a su amigo: algunas, escritas con renglones torcidos, como una broma vanguardista.)

Cuando conoció a Miguel, Sijé quedó deslumbrado: «Es un tesoro oculto, un poeta tímido». Intentó llevarlo por su mismo camino ideológico. Sijé estimaba muy poco a los nuevos amigos madrileños de Miguel: criticó «la ausencia del alma y el objeto», en la poesía de Rafael Alberti. En una carta, escribe a su amigo: «Nerudismo, ¡qué horror!».

En cambio, en agosto de 1935, Miguel Hernández escribió dos poemas sobre sus nuevos maestros: «Oda entre sangre y piedra a Vicente Aleixandre» y «Oda entre sangre y vino a Pablo Neruda».

Miguel no fue feliz en Madrid y se lo contó por carta a su amigo de Orihuela. Sijé le contestó: «Quien sufre mucho eres tú, Miguel». Creía que Miguel se estaba alejando del buen camino e intentaba impedirlo: «Somete a examen tu conciencia poética y tu conciencia moral». También le aconsejó que volviera a Orihuela, a sus raíces... Pero Miguel no le hizo caso.

Llegó un momento –dice Ferris– en el que «los consejos de su amigo le saben a sermón»: no los siguió, estaba ya en otro mundo. Sijé lo lamentó: «Tu deserción me dejaba y me deja solo». Se despidió así, en una carta: «examigo íntimo, pero compañero transeúnte y cordial».

A consecuencia de una infección, Ramón Sijé murió, en Orihuela, el 24 de diciembre de 1935; lo enterraron en su pueblo, al día siguiente. Miguel estaba entonces en Madrid y no se enteró hasta un par de días después: le informó su amigo Vicente Aleixandre, que había leído la noticia en *El Sol*. El poeta sintió entonces un inmenso dolor: a la pérdida de su gran amigo, tan joven, se unió quizá algo de remordimiento por cómo se había comportado con él, en los últimos meses.

No dejó reposar su pena, escribió muy en caliente su Elegía. La fechó el 10 de enero de 1936. Se publicó a comienzos de año, en la *Revista de Occidente*. Como *El rayo que no cesa* estaba, en ese momento, en proceso de edición en la casa madrileña de la calle Viriato donde tenía su imprenta Altolaguirre, Miguel Hernández se apresuró a llevarle el poema, para que lo incluyera en la edición, como final del libro. Además de darle así visibilidad, fue un acierto: cerraba simbólicamente una etapa de su vida y de su obra. Luego, Miguel leyó en público el poema en Orihuela, el 14 de abril de 1936, en el acto en el que se dedicó una plaza a Ramón Sijé.

Esta hermosa y conmovedora Elegía ha inspirado a varios músicos, de distintos estilos: Juan Manuel Serrat, el grupo Jarcha, Enrique Morente con Pepe Habichuela, Manolo Sanlúcar, Silvia Pérez Cruz...

En aquel momento, la muerte era un tema central en la poesía de Miguel Hernández. En la edición del libro, precede a la «Elegía a Ramón Sijé» un claro antecedente, el soneto «La muerte, toda llena de agujeros», que concluye así:

> Un amor hacia todo me atormenta
> como a ti, y hacia todo se derrama
> mi corazón, vestido de difunto.

Antes de eso, el libro incluye el precioso soneto «Como el toro he nacido para el luto». No olvidemos que, antes del poema dedicado a su amigo, Miguel había escrito ya otros poemas fúnebres, dedicados a personajes ficticios: «Elegía media del toro», «Elegía de la novia lunada». También, poemas dedicados a personajes reales: «Elegía al guardameta» (Lolo, del equipo La Repartidora, de Orihuela, que en realidad sobrevivió al poeta) y «Citación final», dedicado al fallecido Ignacio Sánchez Mejías. Todavía escribirá después otra elegía: a Josefina Fenoll, la novia de Sijé.

La muerte de su amigo le confirma a Miguel Hernández en una de sus obsesiones: el destino imparable, fatal. Lo siente especialmente en un momento en el que se ha separado de los ambientes religiosos y en el que su poesía está muy sensibilizada ante el dolor humano. Recuérdese lo que dice, en otro soneto de *El rayo que no cesa*:

> [...] donde yo no me hallo, no se halla
> hombre más apenado que ninguno.
> Pena con pena y pena desayuno...

La métrica clásica de la «Elegía a Ramón Sijé» subraya la grave solemnidad del poema: son versos endecasílabos, agrupados en quince tercetos encadenados (los numero, para facilitar la referencia), con la rima ABA-BCB. Cierra el poema, como suele hacerse, un serventesio final (que rima DEDE).

Resulta evidente que Miguel Hernández no escribe desde la esperanza religiosa en la otra vida ni desde la aceptación estoica del final. Lo suyo es la airada respuesta de alguien que no se resigna a la pérdida de un gran amigo.

En la primera parte, expresa con rabia su pesar: «mi dolor sin instrumento»; «que por doler, me duele hasta el aliento». Se indigna contra la muerte: «No perdono a la muerte enamorada»; tampoco, a la vida: «no perdono a la vida desatenta».

Como es habitual en el género de las elegías, apenas da Miguel Hernández detalles concretos sobre la biografía del amigo muerto. Sin embargo, sí sitúa el poema, desde el primer verso, en un ambiente de huerto mediterráneo, con su feliz sensualidad; al final, menciona la blanca flor de los almendros. Pero esos recuerdos felices reduplican el dolor: la muerte del amigo significa también, para él, el final de un mundo idílico, de un paraíso que ha perdido para siempre.

Muy característico de Miguel Hernández, sobre todo en esta etapa, es su rechazo a aceptar lo que le parece absurdo, incomprensible. (¿Hay algo más absurdo e incomprensible que la muerte de un ser querido?) En ese momento, no acepta la muerte del amigo.

Por eso, las estrofas nueve y diez empiezan igual, para expresar lo que él querría hacer: «Quiero... quiero...». Lo que pretende es, sencillamente, un imposible, la vuelta a la vida de su amigo: «Volverás a mi huerto y a mi higuera...». Si hubiera sido posible, eso habría significado recuperar a una persona querida, pero, también, una etapa de la vida del propio poeta.

Llama la atención, en el primer verso, que el poeta se denomina a sí mismo «hortelano». No es una convención literaria más; en su caso, responde a una existencia campesina realmente vivida.

En seguida, nos sorprende la rudeza de otro verbo: «estercolas». Por supuesto, ése es el destino del cuerpo de su amigo: servir de abono a las plantas que crecen cerca de su tumba. En este caso, «a las desalentadas amapolas», las flores de ese camposanto. (Gabriel Miró, tan cercano geográficamente, elogió el sabor especial que, por ese motivo, adquieren *las cerezas del cementerio.*)

Para hablar del cuerpo de un amigo muy querido, ¿por qué elige Miguel Hernández un verbo tan duro, casi cruel, como «estercolas»? En su caso, tiene una justificación lógica. No está siguiendo la tradición de la literatura bucólica, a la manera de los poetas renacentistas, que idealizaban la naturaleza, no: él es realmente un campesino, alguien que conoce por experiencia la dureza –y la hermosura– de labrar la tierra.

Además de la razón biográfica, existe aquí otra razón literaria. A la gran influencia que sobre él ejerce, en ese momento, Pablo Neruda se puede atribuir la abundancia de términos rurales concretos: los «rastrojos», las «piedras», las «hachas»... Sobre todo, repetida (en las estrofas una, ocho, diez y once), la «tierra», la gran madre común de todos. Recuérdese lo que dice otro terceto del mismo libro:

> Me llamo barro aunque Miguel me llame.
> Barro es mi profesión y mi destino,
> que mancha con su lengua cuanto lame.

En su desesperación, por no aceptar el destino trágico de su amigo, ahora Miguel no va a lamer la tierra sino a «escarbar la tierra con los dientes / [...] a dentelladas...». Ya lo había proclamado en un soneto: «No me conformo, no, me desespero». También es típica de Miguel Hernández la barroca desmesura: «No hay extensión más grande que mi herida...».

Llama también la atención del lector la mención reiterada de partes del cuerpo o de elementos de la anatomía: «costado», «cejas», «dientes», «sangre», «calavera». Y, por supuesto, el «corazón», repetido al comienzo del poema («daré tu corazón por alimento») y al final: «tu corazón, ya terciopelo ajado». Para el vitalista y apasionado Miguel Hernández, el corazón es el centro de los sentimientos y de la personalidad, con el que se identifica: «Yo, el más corazonado de los hombres...».

Utiliza el poema algunas antítesis: «Y siento más tu muerte que mi vida». También, algunas repeticiones de palabras, que crean versos paralelísticos. Por ejemplo, «temprano... temprano... temprano» (estrofa siete), para recalcar lo prematuro de la tragedia. «No perdono... no perdono... no perdono» (estrofa ocho), por el empecinamiento en el dolor.

Acumula varias metáforas seguidas, para aludir a la muerte: «manotazo... golpe... hachazo ... empujón» (estrofa cuatro). Y alguna derivación verbal insólita: «madrugó la madrugada» (estrofa siete); «pajareará tu alma colmenera» (estrofa doce).

Forma parte todo esto de esa retórica barroca, culterana y, sobre todo, conceptista, de la que, en este momento, Miguel Hernández es fiel seguidor y discípulo.

Más me llaman la atención y más caracterizan su estilo algunos usos que rompen con la sintaxis habitual, comenzando por la dedicatoria: «se *me* ha muerto» subraya la implicación emocional del poeta. «*Como del* rayo» indica lo rápido, lo imprevisto de la tragedia, con un sustantivo, «rayo», tan querido por él que sube al título del libro.

Sorprende sobre todo el final de esa dedicatoria: «*con quien* tanto quería». Sorprende tanto que algunos críticos lo han corregido, como si fuese una errata: «*a quien* tanto quería». Me temo que se equivocan: nos gustará más o menos, pero es una fórmula elegida muy conscientemente por el poeta, para expresar, más allá del dolor y del cariño, la profunda complicidad y comunión que le unía con el muerto.

Detrás de todo esto se esconde una curiosa paradoja: rinde homenaje el poeta a su amigo utilizando precisamente unos recursos estéticos que a Ramón Sijé no le gustaban; así, a la vez, intenta Miguel Hernández mitigar su mala conciencia, hacerse perdonar su desvío y compensar sus contradicciones vitales.

Un despliegue tan complejo requería un final del poema redondo, que abrochara todo ese despliegue suntuoso de metáforas. Lo consigue Miguel Hernández justamente cuando prescinde de la anterior retórica: recupera la expresión que ya usó en el tercer verso, «compañero del alma», y la repite, como un estribillo o un redoble de campana. Acierta al recurrir al lenguaje coloquial, el que más directamente expresa su sentimiento:

> Que tenemos que hablar de muchas cosas,
> compañero del alma, compañero.

Este par de versos es, sin duda, lo más logrado del poema: lo que lo eleva a la categoría de obra maestra, lo que todos los lectores recordamos. Con esa sencillez final, Miguel Hernández ha dado en el centro de la diana de nuestra emoción.

«Elegía a Ramón Sijé»

(En Orihuela, su pueblo y el mío, se me ha muerto
como del rayo Ramón Sijé, con quien tanto quería.)

1. Yo quiero ser llorando el hortelano
de la tierra que ocupas y estercolas,
compañero del alma, tan temprano.

2. Alimentando lluvias, caracolas
y órganos mi dolor sin instrumento,
a las desalentadas amapolas

3. daré tu corazón por alimento.
Tanto dolor se agrupa en mi costado,
que, por doler, me duele hasta el aliento.

4. Un manotazo duro, un golpe helado,
un hachazo invisible y homicida,
un empujón brutal te ha derribado.

5. No hay extensión más grande que mi herida,
lloro mi desventura y sus conjuntos
y siento más tu muerte que mi vida.

6. Ando sobre rastrojos de difuntos
y, sin calor de nadie y sin consuelo,
voy de mi corazón a mis asuntos.

7. Temprano levantó la muerte el vuelo,
temprano madrugó la madrugada,
temprano estás rodando por el suelo.

8. No perdono a la muerte enamorada,
no perdono a la vida desatenta,
no perdono a la tierra ni a la nada.

9. En mis manos levanto una tormenta
de piedras, rayos y hachas estridentes,
sedienta de catástrofes y hambrienta.

10. Quiero escarbar la tierra con los dientes,
quiero apartar la tierra parte a parte,
a dentelladas secas y calientes.

11. Quiero minar la tierra hasta encontrarte
y besarte la noble calavera
y desamordazarte y regresarte.

12. Volverás a mi huerto y a mi higuera:
por los altos andamios de las flores
pajareará tu alma colmenera

13. de angelicales ceras y labores.
Volverás al arrullo de las rejas
de los enamorados labradores.

14. Alegrarás la sombra de mis cejas
y tu sangre se irán a cada lado
disputando tu novia y las abejas.

15. Tu corazón, ya terciopelo ajado,
llama a un campo de almendras espumosas
mi avariciosa voz de enamorado.

16. A las aladas almas de las rosas
del almendro de nata te requiero,
que tenemos que hablar de muchas cosas,
compañero del alma, compañero.

LA EMOCIONANTE DESPEDIDA A UN ESPAÑOL QUE HA MUERTO EN TIERRA EXTRAÑA

José Hierro
«Réquiem»

Tuve la fortuna –lo digo sin ninguna vanidad– de ser amigo de Pepe Hierro (1922-2002): uno de los innumerables amigos que él tenía. Además de gran poeta, una persona entrañable, muy abierta, de simpatía arrolladora, que se bebía la vida a grandes sorbos.

A pesar de todos sus premios y distinciones, era de verdad humilde, no presumía de nada; si acaso, al final de su vida, presumía un poco del vino que cosechaba en su huertecito de Titulcia, donde cavaba y podaba como un modesto hortelano. Así se mantenía en buena forma física, además de la mental...

Coincidí con él más de una vez en Santander, en la Universidad Menéndez y Pelayo; en algunos viajes, para compartir algún coloquio o ser jurados de algún premio literario; en Madrid, muchas veces, en casa de Paco Ayala, mi gran amigo.

La sencillez era la palabra que mejor definía a Pepe Hierro. Es difícil decirlo mejor que en este par de versos suyos:

> Tarde se aprende lo sencillo.
> Tarde se encuentra lo hermosura.

Recuerdo bien la tarde en que él nos contó, a Paco Ayala y a mí, que, al final de la guerra, cuando estaba en un campo de concentración, guardaba siempre una camisa blanca, limpia, planchada, para ponérsela, si le condenaban a muerte. Felizmente, no la tuvo que usar... Lo contaba, con toda sencillez, sin presumir de nada ni hacer literatura.

No se quejaba Pepe de haberlo pasado mal, entonces. Sí nos contaba su enfado, y el de sus compañeros presos, cuando Ernesto Giménez Caballero acudía a darles una encendida charla para convertirlos al fascismo... Pero nunca le vi ponerse medallas, ni políticas ni literarias. Durante años, se negó a ser elegido miembro de la Real Academia Española. (Finalmente, aceptó, aunque no llegó a leer su Discurso de ingreso.)

Le gustaba escribir en una cafetería, en la Avenida Ciudad de Barcelona. Se ganó la vida como crítico de arte; además, le gustaba pintar. Para dedicar sus libros, solía comenzar trazando un dibujo, con bolígrafo; luego, mojaba los dedos y lo convertía en una especie de aguada o acuarela, con mucho encanto.

Aunque había nacido en Madrid, lo llevaron de chico a Santander: de allí se consideraba. Ahora, en Puerto Chico, vemos su busto, inspirado en uno de sus poemas:

> Si muero, que me pongan desnudo,
> desnudo junto al mar.
> Serán las aguas grises mi escudo
> y no habrá que luchar.

Algunos datos de su biografía: la guerra interrumpió sus estudios. Estuvo cinco años en la cárcel, de 1939 a 1944. Después, con su amigo José Luis Hidalgo, vivió en Valencia. En 1947, ganó el Premio Adonais con *Alegría*. Fundó, con Carlos Salmerón, la revista poética *Proel*. Hizo crítica de exposiciones en Radio Nacional; trabajó en la Editora Nacional, el Consejo de Investigaciones, el Ateneo. Desde fuera de España, algún poeta rencoroso le reprochó no haber roto del todo con el franquismo: ¡qué bien se ven los toros, desde la barrera!

En 1953, se consagró, al obtener el Premio Nacional de Poesía. Confirmó su categoría con *Cuanto sé de mí* (1957). Cambió bastante de registro en el *Libro de las alucinaciones* (1964). Alcanzó luego los mayores reconocimientos: el Premio Príncipe de Asturias, el Premio Cervantes... Todavía publicó una obra muy importante, el *Cuaderno de Nueva York* (1998).

Pertenece Pepe Hierro, como poeta, a la primera generación de posguerra. Algunos intentaron incluirlo dentro de la llamada poesía social; no le gustaba a él mucho ese adjetivo.

Víctor de la Concha lo ve como un «poeta del tiempo histórico»; Paca Aguirre, como un «vigía permanente de su tiempo».

Buscaba una belleza «arraigada en la vida concreta... En la posguerra, teníamos que ser forzosamente testimoniales».

Se consideraba heredero de los grandes maestros: se advierte eso, por ejemplo, en la precisión de su métrica y en la búsqueda de la palabra exacta. Podemos resumirlo diciendo que fue heredero de Juan Ramón, por la estética, y de Antonio Machado, por la ética; de Lope y Calderón, siempre. A la vez, se fue abriendo a técnicas poliédricas: el *collage*, la «alucinación», la ambigüedad, el aparente caos...

Aclaraba Hierro que el gran tema de su poesía es el tiempo: «Perpetuar el instante; saborearlo, antes de que pase: que un instante vivido sea eternamente presente».

Como subrayó su compañero en la radio José Ramón Ripoll, Pepe Hierro ha sido uno de los poetas españoles más enamorados de la música:

> No era la música
> de las esferas. Era otra,
> humana, de aire y agua y fuego [...]
> sin hora y sin memoria. Carne y sangre
> sin final ni principio.

Dedicó poemas a Tomás Luis de Victoria, Palestrina, Händel, Bach, Brahms, Verdi, Schumann y a «un hombre llamado Beethoven». Como él, quería llegar «por el dolor, a la alegría». Pero también le influyó la llamada música popular: Miguel de Molina, el mambo, el *jazz*, el flamenco...

Buscaba Pepe Hierro una poesía de la vida y quería que así se le leyera: «Me importa que un poema mío sea recordado por el lector, no como un poema, sino como un momento de su propia vida».

El poema que he elegido, «Réquiem», apareció en el libro *Cuanto sé de mí* (1957). Ha alcanzado una amplia y merecida popularidad. Por su tema, los trabajadores españoles que se ven obligados a emigrar, cabría relacionarlo con la literatura social de aquellos años; por ejemplo, con *La camisa,* de Lauro Olmo, estrenada en 1962. Pero el enfoque es muy diferente.

Formalmente, «Réquiem» se compone de ocho partes, de diferente extensión: de siete a diecinueve versos. No existe en él rima, pero sí un ritmo firme, mantenido con absoluta regularidad. La mayoría de los versos tienen nueve sílabas, pero incluye también algunos, de cuatro o cinco sílabas, como pies quebrados, al final o comienzo de alguna sección.

En la primera de ellas, se formula con claridad el tema: reproduce con exactitud la esquela, en un periódico de Nueva York, de un trabajador español que ha fallecido allí.

El título remite, por supuesto, a la gran tradición musical de las misas de difuntos, desde la Edad Media hasta hoy mismo, con hermosas obras de Ockeghem, Cristóbal de Morales, Palestrina, Tomás Luis de Victoria, Haydn, Mozart (lo último que escribió: falleció a mitad del «Lacrimosa»), Cherubini, Berlioz, Schumann, Brahms, Bruckner, Verdi, Fauré, Gounod, Dvořák, Britten, Ligeti, Stravinski, Schnittke, Lloyd Weber, Penderecki... (Federico Sopeña, mi maestro, escribió un estupendo libro sobre *El réquiem en la música romántica.*)

La esquela del poema cita el nombre del fallecido, «Manuel del Río», y su origen: «natural de España». Y una causa de su muerte muy genérica: «un accidente». Nada más: ni dónde nació, ni si tenía familia, ni dónde vivía, ni cuánto tiempo llevaba en los Estados Unidos, ni en qué trabajaba, ni cómo fue ese fatídico accidente. Todo ello, incluido el nombre y el apellido, parece escogido para que veamos a este personaje como a un símbolo de tantos españoles (castellanos, andaluces, extremeños...) que tuvieron que emigrar, para huir de la pobreza.

En la segunda estrofa (las llamo así), aparece ya la voz del escritor: «Es una historia que comienza con sol y piedra...». Se describe la rutinaria fealdad de la funeraria norteamericana donde velan a Manuel: flores de plástico, «cirios eléctricos», ataúd barato... También se evoca, a grandes brochazos, su biografía: el campo donde nació; el barco que lo llevó a América en un «camarote de tercera», pasando cerca de donde estuvo quizá la Atlántida: «las tierras sumergidas ante Platón». La mención de la «grúa» informa que trabajaba como albañil. Eso es todo.

Reflexiona melancólicamente el poeta, en la tercera estrofa: «Al fin y al cabo, cualquier sitio / da lo mismo para morir». En definitiva, es cierto, por supuesto... pero tampoco es cierto del todo: todos los detalles de su velatorio, tan lejanos de la cultura natal de Manuel, añaden dramatismo a la escena. Justamente ése es uno de los evidentes mensajes del poema.

Escuchamos, al comienzo de la parte cuarta, el canto litúrgico, en latín. Manuel lo entendería todavía menos que el inglés recién aprendido, pero le habría recordado su época de monaguillo, en la iglesia de su pueblo «Requiem aeternam»; es decir: «Dale, Señor, el descanso eterno y que la luz eterna lo ilumine». A partir de este momento, alternan, en el poema, tres voces muy diferentes, la impersonal de la esquela, el comentario del poeta y fragmentos del canto litúrgico: «Liberame, Domine, de morte aeterna... Dies illa, dies irae...».

La muerte no llamó a la puerta de Manuel «en la su villa de Ocaña», como hizo con don Rodrigo Manrique; ni «en Orihuela, su pueblo y el mío», como a Ramón Sijé; ni en una plaza cubierta de yodo, como a Ignacio Sánchez Mejías... A Manuel le cogió a traición, trabajando para construir un rascacielos donde viviría un yanqui desconocido. (Miguel Hernández escribió: «¡Rascacielos!, ¡qué risa!: ¡rascaleches!».

En su caso, la muerte ni siquiera tuvo el detalle de tocar el timbre de su apartamento, muy chico, donde, probablemente, había colocado las fotos en sepia de sus padres, una postal donde se viera su casa y una estampa de la Patrona del pueblo.

Para el poeta, Manuel se ha convertido en un símbolo de la decadencia de nuestra patria: «Cuando caía un español, / se mutilaba el universo». Antes, los españoles morían por una «locura hermosa», eran «héroes para siempre». Ahora, en cambio, mueren muy lejos de su casa «porque su tierra es pobre» y tienen sólo un «funeral de segunda», barato.

Acierta rotundamente el poeta con un precioso detalle concreto, realista, a pie de tierra:

No hizo
más que morir por diecisiete
dólares (él los pensaría
en pesetas).

Venía de otro lugar y de otro tiempo.

¿Cómo cuenta Pepe Hierro esta historia, tan conmovedora? Ante todo, con palabras sencillas, las mismas que él siempre defendía: «Igual que se habla en la realidad, debe hablar el poeta». Usa continuamente los encabalgamientos porque el libre fluir de la emoción no encaja en la duración uniforme del verso.

Pero lo esencial del poema es el tono: contenido, objetivo, tirando siempre al caballo de la rienda, sin permitirse ningún exceso sentimental. Lo subraya al final, con una repetición:

Objetivamente, sin vuelo
en el verso. Objetivamente.

Y lo comprobamos en la grabación de «Réquiem» que hizo el propio poeta: lee el poema con toda sencillez, rapidez y claridad, sin la más mínima retórica grandilocuente.

De esta forma, aumenta todavía más José Hierro el dramatismo de esta historia: Manuel ha muerto «en tierra extraña», como el pasodoble que canta doña Concha Piquer. Era, sencillamente, «un español como millones / de españoles».

Después de tanta contención, sólo en los dos últimos versos expresa sin velos el poeta su emoción:

No he dicho a nadie
que estuve a punto de llorar.

Cualquier lector podría firmar lo mismo.

«RÉQUIEM»

Manuel del Río, natural
de España, ha fallecido el sábado
once de mayo, a consecuencia
de un accidente. Su cadáver
está tendido en D'Agostino,
Funeral Home, Haskell, New Jersey.
Se dirá una misa cantada
a las nueve treinta, en St. Francis.

Es una historia que comienza
con sol y piedra, y que termina
sobre una mesa, en D'Agostino,
con flores y cirios eléctricos.
Es una historia que comienza
en una orilla del Atlántico.
Continúa en un camarote
de tercera, sobre las olas
–sobre las nubes– de las tierras
sumergidas ante Platón.
Halla en América su término
con una grúa y una clínica,
con una esquela y una misa
cantada, en la iglesia St. Francis.

Al fin y al cabo, cualquier sitio
da lo mismo para morir:
el que se aroma de romero,
el tallado en piedra, o en nieve,
el empapado de petróleo.
Da lo mismo que un cuerpo se haga
piedra, petróleo, nieve, aroma.
Lo doloroso no es morir
acá o allá...

Requiem aeternam,
Manuel del Río. Sobre el mármol,

en D'Agostino pastan toros
de España, Manuel, y las flores
(funeral de segunda, caja
que huele a abetos del invierno),
cuarenta dólares. Y han puesto
unas flores artificiales
entre las otras que arrancaron
al jardín... *Liberame, Domine,*
de morte aeterna... Cuando mueran
James o Jacob verán las flores
que pagaron Giulio o Manuel.

Ahora descienden a tus cumbres
garras de águila. *Dies irae*.
Lo doloroso no es morir
–*Dies illa*– acá o allá,
sino sin gloria...
Tus abuelos
fecundaron la tierra toda,
la empapaban de la aventura.
Cuando caía un español,
se mutilaba el universo.
Los velaban, no en D'Agostino,
Funeral Home, sino entre hogueras,
entre caballos y armas. Héroes
para siempre. Estatuas de rostro
borrado. Vestidos aún
sus colores de papagayo,
de poder y de fantasía.

Él no ha caído así. No ha muerto
por ninguna locura hermosa.
(Hace mucho que el español
muere de anónimo y cordura,
o en locuras desgarradoras
entre hermanos: cuando acuchilla
pellejos de vino, derrama
sangre fraterna.) Vino un día
porque su tierra es pobre. El mundo

–*Liberame Domine*– es patria.
Y ha muerto. No fundó ciudades.
No dio su nombre a un mar. No hizo
más que morir por diecisiete
dólares (él los pensaría
en pesetas). *Requiem aeternam.*
Y en D'Agostino, lo visitan
los polacos, los irlandeses,
los españoles, los que mueren
en el *week-end.*

Requiem aeternam.
Definitivamente todo
ha terminado. Su cadáver
está tendido en D'Agostino,
Funeral Home, Haskell, New Jersey.
Se dirá una misa cantada
por su alma.

Me he limitado
a reflejar aquí una esquela
de un periódico de Nueva York.
Objetivamente, sin vuelo
en el verso. Objetivamente.
Un español como millones
de españoles. No he dicho a nadie
que estuve a punto de llorar.

SIGUE SONANDO LA CAMPANA DEL AMOR, AUNQUE SE HAYA IDO

Antonio Gala
Sonetos de la Zubia

Empiezo a escribir: «Antonio Gala era...» y me detengo. Él hubiera dicho: «Algunos tiempos pretéritos tienen tela...». Continúo. Parece mentira que sea ya solamente historia literaria alguien con quien has compartido bastantes jornadas; que no puedas ya escuchar sus pequeñas o grandes maldades sobre Terenci Moix y Paco Nieva, Concha Velasco y José Luis Alonso; sobre escritores, actrices, directores de escena, críticos de teatro...

Antonio Gala (1930-2023) ha sido un gran escritor, un personaje singularísimo, un amigo de sus amigos y un enemigo de sus enemigos. También, un fenómeno de sociología literaria único: en toda mi vida, no he conocido ningún caso semejante de adoración popular a un escritor. Una conferencia suya, una firma de libros, un recital de poemas daban lugar a un verdadero problema de orden público.

En aquellos años, no podías ir con él por la calle ni sentarte con él en una terraza porque acudían las masas a pedirle un autógrafo (todavía no existían los *selfies*), a saludarlo, a contarle algo, a darle algún absurdo regalo o, simplemente, con veneración, a tocarlo...

Se lo comentaba yo: igual que les sucedía a los reyes de España en el Siglo de Oro. Según Américo Castro, tenían fama de curar lamparones con sólo aplicar sus manos sobre la cabeza del enfermo... Y no le molestaba mucho a Antonio la comparación. Pero, impaciente y tímido, se cansaba pronto: «¡Vámonos, vámonos!». Y teníamos que salir pitando hacia algún sitio retirado.

Era muy inteligente, pero soportaba mal a los tontos, que abundan tanto y que acechan a los famosos. Recuerdo una cena, en casa de Ignacio Bayón: toda la noche, Antonio, Juan

Cueto y yo estuvimos burlándonos de un personaje vanidoso, que estuvo feliz, sin darse cuenta de nada...

Antonio, además, había construido su personaje: el bastón, la melenita, el jersey sobre los hombros, el perrito... Más de una vez he contado que, cuando se publicaron por primera vez las *Charlas con Troylo*, en edición mía, a nuestra inteligente amiga Sylvia Martín, Relaciones Públicas de Espasa, se le ocurrió hacer la presentación en la Rosaleda del Retiro y avisar, en la tarjeta de invitación, de que se podía ir con perro... Cientos de personas acudieron allí, con su perro. Para evitar que nos aplastara la masa, Antonio y yo nos tuvimos que subir a un viejo banco de azulejos desconchado.

Desde allí, rodeados de una marea humana, contemplé cómo una señora menuda le alargaba a Antonio, por encima de las cabezas de los demás, nada menos que un caniche, que quería regalarle. La reconocí por el caracolillo, sobre la frente: era Estrellita Castro. Al lado de Antonio, te podían suceder cosas difíciles de creer.

Él se había dedicado a enmarañar su biografía: el lugar y el año de nacimiento; la familia; los primeros estudios; un amago fallido de vocación religiosa... Debía de ser, ya entonces, un joven muy singular.

Se vino a Madrid; pasó años difíciles, con poco dinero, escribiendo poemas... La revelación deslumbrante fue el estreno de *Los verdes campos del Edén* (1963), una desgarrada fábula sobre el mito del paraíso perdido: una de las claves de toda su obra. Luego, se sucedieron los éxitos, en la escena: *Los buenos días perdidos, Anillos para una dama, Petra Regalada...*

Como autor de teatro, lo tenía todo: éxito, fama, dinero... Sin embargo, le hubiera gustado tener el respaldo de la crítica que tenía Paco Nieva, aunque apenas lograba estrenar sus obras. Así de paradójica es la vida...

Cuajó plenamente Gala como escritor con las series de artículos, que le granjearon una enorme popularidad. En sus *Charlas,* le contaba *a Troylo,* su perro, y a todos nosotros, que lo primero es el corazón:

> Cuando la vida, como una argolla, se nos cierra en torno es cuando hacemos caso al corazón. No le damos las gracias por las risas de otros meses de mayo, por el gozo pasado de ver el mundo nuestro y compartido, por el júbilo de haber adivinado que una noche de agosto se inauguraba, junto al mar, algo muy semejante a la felicidad. Qué descuidados somos. Qué desagradecidos.

Y citaba oportunamente a Shakespeare: «El corazón, maese Shallow, el corazón: eso es lo único que importa».

A la *Dama de Otoño,* en su *Cuaderno,* le explicaba la importancia decisiva de los sentimientos:

> Hoy nos avergonzamos de sentir. Se nos antoja una debilidad, una feminidad, una fisura: por el sentimiento podemos ser heridos de muerte.

(Como si no fuera eso quizá lo más humano.)

Deslumbra Gala al lector con un lenguaje que sabe ser, según le conviene, frívolo o profundo; que bebe, a la vez, en fuentes cultas y populares. (Nunca he entendido cómo un auténtico virtuoso del lenguaje, como él era, no entró en la Real Academia Española.)

Sabe usar las frases del pueblo, con una base sobre todo andaluza, para no caer en la frialdad aséptica del lenguaje culto. Un solo ejemplo: en España, «no está la Magdalena para tafetanes».

Para apresar al lector, como gancho de abordaje, suele recurrir Gala al humor, con gran riqueza y variedad del vocabulario: «el perrengue de ser el trasero de Carmen Sevilla»; «el gran rebumbio de la Navidad»...

Cambia frases conocidas, que esperamos escuchar, provocando en el lector un efecto de sorpresa: en Andalucía, «no es *moro* todo lo que reluce». Y se atreve a realizar uniones léxicas insólitas: «Pues vaya con Dios por Dios».

Más allá de la brillantez verbal, en ese territorio común de los sentimientos, se hermana Gala con sus lectores: todos nos sentimos solos, todos nos enamoramos, todos nos ilusionamos, todos sufrimos...

Por debajo de la anécdota, su literatura apunta a lo que nos identifica y nos une, no a lo que nos separa; a lo permanente, no a lo fugaz: el amor y el destino, la vida y la muerte, lo auténtico y lo falso...

El secreto del éxito de Antonio Gala consiste en expresar con precisión y belleza lo que todos sentimos: lo que todos querrían decir, si fueran escritores. Le apliqué yo la frase de un poeta prerromántico francés, Andrea Chénier: «Quand je parle de moi, je parle de vous» («Cuando hablo de mí, hablo de ti»).

Le gustaba mi preferencia por cómo describe él la esperanza:

> Esa virtud bajita, con las piernas más cortas que la caridad o la fe: esa hermana menor, que arrastra, cuando corre, a las otras, mayores.

A partir de *El manuscrito carmesí* (1990), publicó varias novelas de gran éxito popular. El mismo eco que alcanzaron sus recopilaciones temáticas sobre el amor (*El águila bicéfala*) y sobre Andalucía, su tierra de adopción (*Andaluz*).

Escribió guiones de televisión de una calidad literaria desusada, entre nosotros: *Paisaje con figuras*. Y recuperó sus poemas juveniles, bellamente clásicos: *Enemigo íntimo*.

Con certero ingenio, decía Clarín que todo lo que escribía don Juan Valera era «valeresco». El mismo criterio cabe aplicar a Antonio Gala: toda su obra es profundamente unitaria, inconfundible, personalísima.

Su mensaje es muy claro: el ser humano busca ante todo la felicidad, debe luchar con todas sus fuerzas contra los que ponen obstáculos a esa felicidad. Nuestro mayor deber, nuestra única sabiduría, consiste en sentir pasión por la vida.

Se lo dice Jimena a su hija, en *Anillos para una dama*: «Agarra con tus dientes la vida y que te maten antes de soltarla. ¡Vive, María, vive!».

A lo largo de los años y en distintos géneros literarios, repite siempre lo mismo. Baste con un ejemplo. En 1970, afirma el Marinero, un personaje de *El caracol en el espejo*: «No es que la vida sea importante. Es más: es lo único que tenemos».

En 1981, el escritor le dice a su perro: «La vida, Troylo, es única. Es, sencillamente, lo único que tenemos».

En 1996, *La regla de tres* culmina así: «Estamos rodeados de muertos. A ellos vamos; pero entretanto estamos vivos. Y vivir es nuestra mayor obligación».

De la primera frase a la tercera han pasado veintiséis años, pero la idea –y casi las palabras– son las mismas.

Se proclamaba siempre Gala «solitario y solidario». Se dirigía al individuo, «a la calidad minoritaria de la mayoría». Defendió reiteradamente que la verdadera redención de los seres humanos es la que viene «de dentro afuera y desde abajo».

Si atendemos al número de páginas, es evidente que la mayor parte de la obra de Gala (teatro, series de artículos, novela, guiones de televisión) está escrita en prosa. Si buscamos la raíz, la entraña de esa obra, no cabe duda de que es poética.

Lo han visto así sus mejores lectores. Lo proclama Ana Padilla: «Para Gala, toda la esencia del arte es poesía: el género más íntimo, más delicado, por el que se descubre el mundo».

Lo confirma Pere Gimferrer: «Es más poeta (y más escritor, también) que los más de los poetas españoles del día. Lo es por su tratamiento artístico del material verbal».

Conviene aquí deshacer un equívoco. El teatro (y toda la obra) de Antonio Gala es poético no sólo por el lirismo de algunas frases sino también y, sobre todo, por algo más profundo: intenta dar expresión bella y permanente a las fuerzas básicas, a los instintos primarios, a las intuiciones esenciales del ser humano.

Alguna vez contó el origen de su pasión por la poesía: «A los siete años, compré *Las mil mejores poesías de la lengua castellana*». Era una antología que hoy nos parece vetusta, publicada por Editorial Bergua, en 1928, y que tuvo múltiples ediciones: con todas sus limitaciones, sirvió para que muchos chicos españoles descubrieran el mundo de nuestra poesía clásica. ¡Ya me gustaría a mí que, hoy día, los jóvenes españoles leyeran libros parecidos a éste y se asomaran a ese mundo, en vez de a las redes sociales!

En su período juvenil de crisis religiosa, Gala ya se sentía poeta: «En la cartuja, yo escribía unos poemas muy sanjuanianos de amor. Yo me manifestaba ya verdaderamente a través de la poesía».

Todavía en 2018, con ochenta y ocho años, contestaba así a la pregunta de un periodista: «¡Claro que sigo escribiendo poesía! No podría hacer otra cosa...».

Afirma Gala con rotundidad: «Yo, lo que fundamentalmente soy, es poeta». Al decir eso, no se refiere sólo a los versos sino a algo más profundo: al sentido de la poesía como *poiesis* platónica; es decir, como creación y construcción de la realidad. Para explicarlo, recurre a una curiosa metáfora:

> La poesía es como un gas que, cuando se deja un poco libre, lo tiñe todo. Ningún gran poeta ha tenido una actitud ante el mundo, ante la creación, sin esa concepción poética de la realidad.

Su poesía tiene raíces clásicas muy claras: Virgilio, Horacio, Catulo, Ovidio. Le influyen muchísimo los grandes poetas barrocos españoles: Góngora, Villamediana, Lope, Quevedo, Soto de Rojas, Carrillo y Sotomayor; de los modernos, Lorca, Aleixandre, Cernuda, Cavafis...

Junto a todo esto, siente profundamente la visión romántica de la poesía como una expresión necesaria; a la vez, individual y colectiva:

> Es el género donde uno prueba más su capacidad de vehículo, de garganta prestada. En la poesía, te sientes realmente utilizado. Todo se presenta como un vómito; como un vómito agradable y bienoliente.

Comenzó a escribir poemarios Antonio Gala en su juventud: *Perseo*, *Enemigo íntimo* (que obtiene el accésit del Premio Adonais), *Valverde 20*, *Baladas y canciones*, *La deshora*. Algo posterior fue *Meditación en Queronea*. En la madurez, sorprendió y deslumbró a los lectores con sus nuevos libros de poemas: *Sonetos de la Zubia, Testamento andaluz, Poemas de amor, Tobías desangelado.*

Sus lecturas de poemas, con su hermosa voz y su cautivadora forma de recitarlos, suponían un verdadero acontecimiento social.

He elegido yo esta vez uno de los *Sonetos de la Zubia.* La historia editorial de este libro es bastante complicada. Se publican por primera vez en 1981, son once poemas. En el CD *De viva voz. Antonio Gala recita sus poemas de amor,* son ya veintiuno. Llegan a veintisiete cuando los publica *ABC,* el 7 de noviembre de 1987. Y se amplían a sesenta y dos, en la recopilación *Poemas de amor* (2007). (Hay también alguna otra edición, formando parte de antologías.)

La edición del *ABC* llevaba esta nota introductoria:

> Estos sonetos de amor los escribió Antonio Gala en el verano de 1986, en la Zubia, pueblecito cercano a Granada. Se publican ahora por primera vez en su integridad, en edición expresamente revisada por el autor para *ABC Literario.*

En el prólogo a la antología *Poemas de amor,* comenta Gala:

> Los *Sonetos de la Zubia* están escritos, a pie de obra con el corazón. Ahí el poeta se ve sometido, a un tiempo, a la rígida y fiera disciplina del amor y a la rígida y suave disciplina del soneto. Todos ellos trazan una historia común: el paso del fervor a la gelidez, del piropo al ultraje, de la extravertida convivencia a la larga agonía solitaria.

La palabra «zubia» quiere decir «un lugar por donde corre o fluye el agua». El pueblo que tiene ese nombre conserva baños árabes, acequias, albercas y aljibes. Está situado al sur de la Vega de Granada, a sólo 6 km de la capital, junto al parque nacional de Sierra Nevada. Allí tuvo lugar, en 1491, una batalla: según la tradición, porque Isabel la Católica quiso acercarse a la Alhambra, a caballo, y los árabes creyeron que era la avanzadilla de un ejército.

A pesar de la fecha de 1986, que dio Gala en *ABC*, en otra ocasión manifestó que el origen de estos sonetos era anterior: algunos, los escribió en Estados Unidos, en Bloomington, en el verano de 1966, cuando estaba «huyendo del desamor, después de haber vivido un amor pleno, arrasador, invasor, que le llegó en el momento exacto».

En estos poemas creo advertir la clara influencia de los *Sonetos del amor oscuro,* de García Lorca, que tienen una historia tan rocambolesca. Parece que los comenzó a escribir Federico en Valencia, en 1935, pero no se publicaron hasta diciembre de 1983. Fue una edición absolutamente pirata, sin mención de editor ni de imprenta. Se distribuyeron los ejemplares por correo. Lo recuerdo bien: a mí me llegó uno, sin remite ni nota alguna. Esta edición consiguió su objetivo: pocos meses después, en 1984, la familia de García Lorca ya autorizó la edición (hasta entonces, no lo habían hecho).

Si no me equivoco, Gala concibió este conjunto de poemas a la manera del célebre *Cancionero* de Petrarca, que iniciaba un género: es una obra unitaria, aunque se componga de fragmentos. Su tema es la vivencia del amor, expresada en primera persona y dirigida a la persona amada. Los temas son los clásicos: la intensidad con que se vive el amor, la felicidad y el sufrimiento, la imposibilidad de huir de él...

A partir de Torquato Tasso, la historia de amor de los Cancioneros no sigue un orden cronológico; como una arquitectura barroca, tiene varios focos. El ejemplo clásico es el de un mosaico, que presenta un solo tema pero que está compuesto por muchas diminutas teselas...

Según Corominas, el término «Cancionero», en su sentido petrarquista, se usó en castellano desde mediados del siglo XV. Escribieron Cancioneros Garcilaso, Herrera, Montemayor, Francisco de la Torre, Lope, Quevedo, Pedro Manuel de Urrea...

Creo yo que, en los *Sonetos de la Zubia,* Antonio Gala quiso hacer también su personal Cancionero, teñido de color andaluz, sobre el amor. ¿Qué otro tema podría ser? Al Loco de la Colina se lo dijo Antonio Gala:

> Yo siempre he estado enamorado. No se puede dejar de estarlo. De verdad, es lo que mueve el mundo. Todo lo que he hecho y he dejado de hacer ha sido por amor.

En los sonetos de este Cancionero se nos da un verdadero tratado sobre el amor: es una condena; usa esposas, mordaza, prisiones; no tiene piedad. Llega hasta nuestros huesos. El cuerpo amado nos trae el paraíso, pero el amor nos encadena. Es una trampa en la que caigo, de la que no quiero ni puedo liberarme. Supone el deseo de vencer a la muerte. Todos sentimos sed de amor. Es omnipotente, fatal, no se elige. Está hecho de contradicciones: viene y se va, nos trae desengaño y amargura, deja heridas. A veces, sentimos deseos de maldecirlo...

El poeta enamorado se lo ha jugado todo al amor, quiere su cadena perpetua, pero teme el futuro: «Tú me abandonarás». Sabe que se irá, igual que se va el agua, a través de una red.

El amor, en estos sonetos, está hecho de alas de arcángeles; del fuego de la llama y de la zarza ardiente; de música. Se vive en otoño y en primavera; en la noche y en la mañana; en los cármenes; en el huerto; en el mar; en la arena; junto a los frutales y las acequias. Lo perfuman rosas, azahares, jazmines, yerbabuenas...

Como el amor a Dios de los místicos, ese amor se nutre de contrarios: es «miel amarga», «dulce nudo», «red que ahoga y abraza», «venganza generosa», «noche luminosa»; «separándote, te aproximas»; «te vas, me llevas»; «enfrías, animas»... Ya lo mencionaban los sufíes: «Una noche salió el sol de Aquél a quien amo...».

Para expresar su amor, Gala inventa palabras: «entimismado» (sic). Pero también recurre al lenguaje coloquial, cotidiano: «tiraré los tejos», la alcoba, la almohada, las sábanas, «enjalbego», «desarrimas», «hacer la cena y la colada»...

En la poesía de Antonio Gala, abundan los paisajes humanizados, que acompañan al enamorado y armonizan con sus sentimientos.

Ante la catedral de Lisboa, reflexiona: «Sólo la fuerza del amor / salva un momento la distancia y la muerte».

En Copenhague, se pregunta: «¿Esto era la felicidad?».

En Córdoba, se reencuentra: «Cumbre alta, río claro, sed mía, infancia mía».

En Medinasidonia, vive la tragedia: «Al irte tú, te lo llevaste todo».

En la Villa Adriana de Tívoli, acepta el destino:

> Todo ha perdido su cimiento:
> el amor ya no está.

En las Termas de Roma, comprende que no todo muere:

> Cuanto sé del amor es que se acaba.
> Pero su rastro perdura más que el bronce y la piedra.

El soneto que he elegido tiene algo de conclusión. Cierra el recitado, en el CD; es el penúltimo, el 26, en la edición del *ABC*; el último, el 62, en la edición de los *Poemas de amor*.

Después de la plenitud feliz, se fue el amor. Sin embargo, el enamorado vuelve a su escenario: esta vez, es «la ciudad enamorada», que encarna, una vez más, el gran mito del paraíso perdido.

Éste era ya el tema central del primer drama de Antonio Gala, *Los verdes campos del Edén*:

> Iremos a ese sitio donde está su Antonio y todos los otros, riéndose. Allí hace sol y tenemos tiempo de sobra para acostumbrarnos a ser felices y a no dejar de serlo.

Y el tema de *Las cítaras colgadas de los árboles*: «Vengo del paraíso, Olalla. Allí no existe el miedo...». Pero ya sabía

Jimena, en *Anillos para una dama*, que «el paraíso siempre acaba perdiéndose».

Para encarnar ese mito, ¿por qué ha elegido Gala esta vez «la ciudad enamorada»? Creo que ha recordado la utopía de san Agustín, *La ciudad de Dios* (aquí, naturalmente, del dios del amor), tal como se encarna, en el prerrenacimiento, en la simbólica ciudad de los pintores sieneses.

Conocía también un precedente más cercano. En los *Sonetos del amor oscuro,* de García Lorca, el titulado «El poeta pregunta a su amor por la Ciudad Encantada de Cuenca»:

> ¿Te gustó la ciudad que, gota a gota,
> labró el agua en el centro de los pinos? [...]
> ¿Te acordaste de mí cuando subías? [...]
> ¿No viste por el aire transparente
> una dalia de penas y alegrías
> que te mandó mi corazón caliente?

No hay que buscar en el soneto de Gala, en todo caso, la referencia a una ciudad concreta: a partir de una experiencia real, vivida, nos habla del ámbito propio del amor, la encarnación terrena del paraíso. Por eso, el enamorado proclama triunfalmente: «donde un día los dioses me envidiaron».

Asoman aquí unas «altas torres, que por mí brillaron». Puede ser el recuerdo de la preciosa imagen de una ciudad llena de torres, tal como la pinta Pietro Lorenzetti. Pero existe un antecedente más cercano, el cordobés don Luis de Góngora, tan querido por Gala, en su soneto a Córdoba, al que puso música don Manuel de Falla, en 1927, aceptando la invitación de Federico García Lorca y Gerardo Diego:

> Oh excelso muro, oh torres coronadas,
> de honor, de majestad, de gallardía.

Esas «torres» se han convertido, en el soneto de Gala, en «pavesa»: la partecilla que salta del fuego y se convierte en ceniza. Supongo que, al escribir esto, recordaba las «cenizas» y el «polvo enamorado» del prodigioso soneto de Quevedo sobre el amor, más poderoso que la muerte.

Aunque ya no existan «plazas, calles, esquinas», el poeta las sigue recordando. Se complace, como suele, en las enumeraciones, que aportan solemne clasicismo a su reflexión sobre el amor: «tanto amor, tanto encanto, tanta risa».

Añade un elemento más, para concluir el poema: «tanta campana como se ha perdido». Esta campana simbólica es la del amor, que sigue resonando, en su recuerdo. Igual que la campana que tañía bajo el agua, en *San Manuel Bueno, mártir*, de Unamuno y en *La cathédrale engloutie*, de Debussy.

Lo ha resumido Gala en uno de los sonetos: «Vida y amor no mueren». Por lo menos, no mueren del todo, aunque así pueda parecerlo. Existe un elemento positivo, de afirmación, en este último soneto: «Hoy *vuelvo* a la ciudad enamorada...».

El poeta ha querido volver, no la ha abandonado. Se acabó el amor, pero permanece vivo el recuerdo. Es lo mismo que le sucedía a Garcilaso:

> No me podrán quitar el dolorido
> sentir si, con la vida,
> primero no me quitan el sentido.

Uno de los poemas juveniles de Antonio Gala se titulaba «Búsqueda de la belleza, en el acto del amor». A ese programa vital y estético siguió fiel, toda su vida. Hasta el final, continuó escuchando el tañido de esa campana del amor, aunque éste ya se había ido.

Varias veces repitió Antonio Gala el epitafio que él había elegido para sí mismo: «Murió vivo». Así sigue vivo, hoy, en su poesía.

«Sonetos de la Zubia»
Soneto 26

Hoy vuelvo a la ciudad enamorada
donde un día los dioses me envidiaron.
Sus altas torres, que por mí brillaron,
pavesa sólo son desmantelada.

De cuanto yo recuerdo, ya no hay nada:
plazas, calles, esquinas se borraron.
El mirto y el acanto me engañaron,
me engañó el corazón de la granada.

Cómo pudo callarse tan deprisa
su rumor de agua oculta y fácil nido,
su canción de árbol alto y verde brisa.

Dónde pudo perderse tanto ruido,
tanto amor, tanto encanto, tanta risa,
tanta campana como se ha perdido.

EL BESO, ¿VENENO O PARAÍSO?

Luis de Góngora y Antonio Carvajal
«La dulce boca que a gustar convida»

La poesía sigue siendo, entre nosotros, un género minoritario. Ésa es la única explicación de que no sea más popular el nombre de Antonio Carvajal (1943): un poeta absolutamente extraordinario. No suelo utilizar este tipo de adjetivos, que suenan a fácil halago o a exageración. Lo hago esta vez con una convicción absoluta. Desde hace años, el granadino Antonio Carvajal me parece el mejor poeta español vivo: un escritor de gran categoría, que está en las antípodas de la habitual ramplonería del mercado.

Lo singulariza, ante todo, el dominio magistral de la métrica: la ha explicado durante años en la Universidad de Granada y demuestra claramente ese dominio, en sus poemas. En cambio, desde que las vanguardias poéticas generalizaron el uso del verso libre, muchos poetas desconocen la métrica y hasta ignoran el valor decisivo que tiene. Se equivocan, sin duda, igual que los músicos que pretenden prescindir de la melodía.

¿Le debe interesar la métrica a un poeta que escriba verso libre? ¡Por supuesto! Para romper bien algo hace falta, primero, saber cómo se construye. Pablo Picasso, el gran rompedor del arte contemporáneo, era un extraordinario dibujante; Eugenio d'Ors lo comparó nada menos que con Rafael.

No es éste un prejuicio profesoral. Sencillamente, de la métrica depende nada menos que la música del poema. Antonio Carvajal lo ha sabido siempre, lo ha demostrado en su práctica poética y lo ha proclamado:

> Desde los trece años, la métrica me apasionó. Necesito experimentar con el verso para llegar a la expresión exacta que busco. Nos hemos desacostumbrado a oír la poesía, sólo la vemos. Lo que me importa es que la poesía suene, que entre por el oído.

El dominio de la métrica va unido, en Antonio Carvajal, a una facilidad para escribir poesía sorprendente: improvisa poemas, ajustándose a esquemas métricos complicados. Lo confirma una anécdota: fue capaz de escribir las veinticuatro estrofas del libro *Casi una fantasía* en el trayecto de tranvía que va desde Granada hasta Albolote, su pueblo natal.

En un libro crítico admirable, explicaba Pedro Salinas la grandeza de las «Coplas a la muerte de su padre» de Jorge Manrique por la feliz combinación de tradición y originalidad. Eso mismo se advierte con facilidad en la poesía de Antonio Carvajal. Conoce perfectamente y le influye mucho la gran tradición de la poesía española renacentista y barroca: Garcilaso, Herrera, Lope, Góngora, Quevedo, Calderón... El sensible crítico Ignacio Prat lo saludaba, retóricamente, con un endecasílabo: «Oh gran Antonio, oh Góngora segundo».

Se siente muy cerca Antonio Carvajal de la llamada escuela antequerano-granadina: Barahona de Soto, Hurtado de Mendoza, Gregorio Silvestre, Pedro Espinosa, Carrillo y Sotomayor, Soto de Rojas, Trillo y Figueroa... A la vez, se declara «directamente seguidor» de Rubén Darío y el modernismo; también, de Manuel Machado, Paul Valéry, la Generación del 27, su gran amigo Vicente Aleixandre... De joven, fue fundamental para su formación la relación con Carlos Villarreal: «El hombre que más sabía de poesía, el lector ideal».

Resume Carvajal todas estas lecturas e influencias con la metáfora del *lugano*: el pájaro que hace suyos los cantos de todos los demás pájaros.

Todas estas afinidades culturales no deben hacernos pensar en un poeta culturalista, libresco. En su obra se siente muy viva la presencia del campo, de la Vega de Granada: la centenaria tradición del agua; los nombres de aves, pájaros, plantas, aperos, faenas...

Lo ha declarado muchas veces: «Todos me tildaron de campesino y floral... Yo siempre he tenido muy buena mano para las plantas... Yo no he roto con el campo». De forma un poco provocativa, se ha definido: «Soy un poeta que cultiva rosas».

Con una insólita brillantez formal, los poemas de Antonio Carvajal se atienen –lo dice él mismo– a los temas clásicos de la poesía de toda la vida: «Amor y desamor. La vida y la muerte. El hombre y el paisaje. Y poco más».

En el Purgatorio de la *Divina Comedia*, Dante califica al trovador provenzal Arnaut Daniel como «il miglior fabbro» («el mejor artesano»). T. S. Eliot recuperó ese título para su amigo y colaborador en *La Tierra baldía* Ezra Pound. Por su brillantez formal, algunos críticos le aplicaron también esa etiqueta a Antonio Carvajal. Él se defendió, en un irónico soneto:

> Quizá de la poesía sea yo el mejor obrero.
> Lo dicen tantos. Ellos deben saber por qué.
> Pero no saben darme la palabra que quiero,
> toda ella encendida de esperanza y de fe [...].
> Tal vez cordial o vano, tal vez *il miglior fabbro*
> pero pocos entienden que en mis palabras labro
> esa fosa con flores que llamamos poesía.

Su obra poética no es un puro juego formal, defiende valores humanos muy claros: «El respeto al valor de la persona, la lealtad en convivencia, la amistad...». Y, por supuesto, como valor supremo, el amor. No pocas veces, se refiere a él utilizando términos místicos (lo mismo que hacen, por ejemplo, Federico García Lorca y Antonio Gala).

En 1968, cuando sólo tenía veinticinco años, publicó Antonio Carvajal un libro de poemas verdaderamente deslumbrante, *Tigres en el jardín*. El título, dual, reúne los jardines de su vega granadina con el animal que ataca rapidísimo y silencioso, como el amor...

Al comienzo, canta en un poema la «Anunciación de la carne»:

> Envuelto en seda y nardos, encajes y rubíes,
> vino el ángel del cielo a verme una mañana;
> yo encadenaba plumas de ensueño en mi ventana
> con un candor desnudo de lino y alhelíes [...].

Me cerró las heridas su boca que enamora
y abrazando mi cuerpo transitado en su brío,
me dijo: «Eres hermoso». Y se fue con la aurora.

En primera persona, con muchos elementos lujosos (lo contrario de la poesía social, entonces tan de moda), recibe la visita del ángel: es el momento simbólico de la revelación de sí mismo, de la afirmación del destino, del *beso del ángel*:

Tu boca de dos labios, arcángel luminoso,
me sacude en mí mismo, los huesos me distiende,
me rinde desmayado de luz mientras me fresa.
Puede más que tu espada de filo caprichoso
y me hiende la boca, y la carne me hiende,
y el hueso con un beso me hiende y atraviesa.

Más tarde llegará la plenitud del amor:

Luchando cuerpo a cuerpo, nos queremos de veras
y es fuego de mi carne la flor de tu mejilla [...].
Hay en cueva de nata paladar de paloma
y en jardines cerrados para el sol que declina,
paraísos abiertos del tacto y el aroma.

Con ricas imágenes y con barrocos contrastes, nos está remitiendo el poeta al famoso título de Soto de Rojas (modificado, por supuesto): *Paraíso cerrado para muchos, jardines abiertos para pocos*. Pero, aquí, el paraíso no se reserva a unos pocos, a una minoría exquisita: está abierto a cualquier ser humano que viva intensamente su amor. No es un *paraíso perdido*, como el de Milton, sino reencontrado, gracias al amor.

Me recuerda lo que contó mi amigo Julio Cortázar. En un templo de la India, encontró una inscripción que se repetía cien veces, a lo largo de los muros: «Si el paraíso existe, está aquí, está aquí, está aquí...». Así, hasta el infinito.

Tigres en el jardín está considerado ya un libro clásico. Después de él, Antonio Carvajal ha continuado publicando regularmente libros de poemas: una amplia obra, sin bajar nunca el nivel de singular maestría.

Añado una anécdota: más de una vez, he leído yo algún poema suyo, en un programa de radio de amplia audiencia, no especializado, y la respuesta del público ha sido siempre clamorosa.

Nunca dudé en incluir un poema suyo, en esta serie. El problema era decidir cuál: tiene muchos, tan logrados... Releyendo sus obras, me he encontrado ahora con un hermoso soneto, cuyo verso inicial me llama la atención: «La dulce boca que a gustar convida...».

No cabe duda: aunque no lleva comillas ni hace indicación alguna –así suele proceder Antonio Carvajal, con bastantes autores–, se trata del endecasílabo que abre un soneto de don Luis de Góngora. Éste es el soneto del poeta barroco cordobés:

«La dulce boca que a gustar convida»

La dulce boca que a gustar convida
un humor entre perlas destilado
y a no envidiar aquel licor sagrado
que a Júpiter ministra el garzón de Ida,

amantes, no toquéis si queréis vida
porque entre un labio y otro colorado
Amor está, de su veneno armado,
cual, entre flor y flor, sierpe escondida.

No os engañen las rosas, que a la Aurora
diréis que, aljofaradas y olorosas,
se le cayeron del purpúreo seno;

manzanas son de Tántalo, y no rosas,
que después huyen del que incitan ahora
y sólo del Amor queda el veneno.

Se cree que Góngora escribió este soneto hacia 1584, cuando contaba solamente veinticuatro años, en una etapa de aprendizaje, pues sólo llevaba un par de años cultivando esta estrofa.

Ya Salcedo Coronel, uno de los primeros y más importantes comentaristas del poeta (*Las obras de Góngora comentadas*, 1636-1648), señaló que su principal modelo es un soneto de Torquato Tasso, además de una serie de lugares comunes del humanismo renacentista y barroco.

Comienza Góngora ponderando el atractivo de una boca femenina de perfecta belleza. A eso dedica íntegramente el primer cuarteto. Antepone el adjetivo: «dulce boca» es, sin duda, mucho más atractivo que hubiera sido «boca dulce».

Utiliza en seguida una metáfora convencional: las «perlas» son los «dientes». Lo refuerza con una alusión mitológica: el «humor» («el sabor de la saliva») de esa boca no tiene nada que envidiar a «aquel licor sagrado / que a Júpiter ministra el garzón de Ida». Es la misma alusión que aparece al comienzo de la *Soledad primera* de Góngora (son aquellos versos que Dámaso Alonso recitó de memoria a sus compañeros del 27, en la fiesta que les ofreció, en Pino Montano, Ignacio Sánchez Mejías):

> Cuando el que ministrar podía la copa
> a Júpiter mejor que el garzón de Ida...

Este copero de Júpiter era Ganimedes, mencionado ya por Homero en la *Ilíada*:

> Ganimedes, comparable a un dios, fue el más hermoso de los mortales. Lo raptaron los dioses, para que fuera escanciador de Zeus, para que conviviera con los inmortales.

Se convirtió pronto Ganimedes en símbolo del deseo erótico: al verlo, Júpiter se enamoró de él y envió a un águila –o se transformó él mismo en una– para raptarlo y llevarlo al monte Olimpo. El rapto de Ganimedes es un tema frecuente en el arte clásico: estatuas romanas, pinturas de Correggio y Rubens, Mengs... (Sarcásticamente, Rembrandt lo pinta como un niño regordete, que, en su vuelo, se orina, de miedo.)

Todo esto contribuye al ornato clásico del cuarteto de Góngora: un beso de esa boca es comparable al licor que enloqueció al padre de los dioses...

Para sorpresa del lector, el tono cambia radicalmente en el segundo cuarteto: la ponderación estética se transforma en una advertencia moral de los peligros que esa boca encierra.

Si nos fijamos en la sintaxis, el vocativo que abre el segundo cuarteto indica a quién se dirige esa advertencia: «amantes». Es decir, a cualquier ser humano, atraído (más bien, tentado) por el amor. ¿De qué nos advierte Góngora? Resulta que lo que creíamos el sujeto de la larga frase, «la dulce boca», en realidad es el complemento directo del verbo principal: «no toquéis». (Anticipar un objeto directo tan extenso es algo muy poco frecuente.) La belleza ha mostrado su verdadera cara, el engaño, que conduce a un sentimiento tan típico del barroco como el desengaño.

Veamos los detalles. La «boca» del primer cuarteto se ha convertido ya en otra cosa: «entre un labio y otro colorado». Como precisa Ricardo Senabre, «ahora se ha entreabierto en una implícita invitación al beso». Así, ha permitido ver la lengua, móvil, que nos atrae pero que es tan peligrosa como una serpiente, escondida entre las flores. (En el Renacimiento, era bien conocida la expresión de Virgilio: «latet anguis in herba», «se esconde la serpiente en la yerba», que se utilizaba como símbolo de los riesgos ocultos y de la traición, tanto en el amor como en la política.)

El atractivo de «un labio y otro colorado» se convierte, al final del segundo cuarteto, en «flor y flor». Y, en el tercero, en «rosas», a las que añade Góngora un nuevo atractivo: «a la Aurora / diréis que, aljofaradas y olorosas, / se le cayeron del purpúreo seno».

Ya señaló Salcedo Coronel que esta última metáfora tiene también un claro antecedente italiano, de Bernardo Tasso: «Queste purpuree rose, che a l'Aurora, / al apparir del dì, cadder del seno». Me parece muy curioso advertir que Góngora volverá años después a utilizar este mismo lugar común renacentista, pero en otro contexto muy distinto, no erótico sino religioso, para cantar «Al nacimiento de Cristo Nuestro Señor», en un romance de 1621:

> Caído se le ha un clavel
> hoy a la Aurora del seno:
> ¡qué glorioso que está el heno
> porque ha caído sobre él!

No debe extrañarse el lector de que un poeta utilice la misma metáfora para aludir a realidades tan diferentes. Los recursos literarios son sus armas, forman parte de su arsenal, para lograr su propósito estético. Un ejemplo semejante: Valle-Inclán, en uno de sus esperpentos, aplica a Isabel II la misma metáfora que años antes le había servido para describir a un indio...

Volvamos a Góngora y a otra metáfora, de preciosa sensualidad: esas rosas-labios están «aljofaradas». El aljófar es una perla pequeña, de gran belleza. Al amanecer, las rosas aparecen cubiertas de pequeñas gotas de rocío: igual que esos labios, que ahora están húmedos, para incitar al beso.

En el terceto final, una nueva alusión mitológica intenta reconducirnos a la admonición moral: «manzanas son de Tántalo y no rosas». Como ya hemos visto en el comentario a otro poema, Tántalo reveló secretos de los dioses y raptó al hermoso Ganimedes (el «garzón de Ida», del primer cuarteto). Por eso, fue condenado eternamente al Tártaro, a sufrir hambre y sed, rodeado de agua y de fruta, que retrocedían cuando él intentaba tomarlas.

La mitología clásica no concretaba de qué frutas se trataba. Góngora las convierte en «manzanas», de acuerdo con la tradición cristiana, de Eva: son el símbolo de la tentación femenina. Es decir, lo mismo que la belleza y el erotismo.

Esto es lo que nos dice la letra de este soneto de Góngora: es una advertencia moral sobre el engaño de la belleza y sobre el veneno que esconde el atractivo erótico.

¿Es eso todo lo que nos ha querido transmitir el extraordinario poeta cordobés? Conociendo un poco la complejidad de su carácter y las acusaciones que contra él se vertieron, parece inevitable imaginar otra cosa: de acuerdo con la moral de la época, nos previene contra los riesgos del amor físico, pero, a la vez, lo pinta con tal belleza que se deleita y nos hace deleitarnos, al imaginarlo.

Toda esta deslumbrante imaginería barroca estaba puesta al servicio de presentar, ocultándolo, un beso. Resume Senabre: «Uno de los besos más portentosos de la poesía española».

No es, desde luego, un tema nuevo, en el arte. Todos recordamos las esculturas de Rodin y Brancusi, los cuadros de Toulouse-Lautrec, Klimt y Munch...

Tampoco es algo nuevo, en la poesía: aparece ya en la Biblia. En el Cantar de los Cantares, suplica la amada: «Bésame con los besos de tu boca».

En la *Divina Comedia,* por leer juntos un libro, Paolo y Francesca fueron condenados al infierno de los enamorados: «la bocca mi baciò tutto tremante».

Una de las más populares *Rimas* de Bécquer lo pondera así:

> Por una mirada, un mundo.
> Por una sonrisa, un cielo.
> Por un beso, yo no sé
> lo que diera por un beso.

Desde el siglo XIV, con el hispano-judío Sem Tob (¿habrá ahora que censurarlo?) hasta hoy mismo, son innumerables los poetas hispánicos que cantan al beso: Castillejo, Sebastián de Horozco, Garcilaso, Lope, Quevedo, Góngora, Pedro Espinosa, Pérez de Montalbán, sor Juana Inés de la Cruz, Zorrilla, Salvador Rueda, Rubén Darío, Joaquín Dicenta, Enrique de Mesa, César Vallejo, Neruda, Pedro Salinas, Miguel Hernández...

También lo canta la música popular. Por ejemplo, el precioso bolero *Bésame mucho,* de Consuelo Velázquez:

> Bésame, bésame mucho,
> como si fuera esta noche la última vez...

Incluso durante el franquismo, el pasodoble que cantó Celia Gámez lo justificaba patrióticamente:

La española, cuando besa,
es que besa de verdad
y a ninguna le interesa
besar por frivolidad.

Volvamos al hermosísimo endecasílabo, «La dulce boca que a gustar convida». Lo prolonga Antonio Carvajal en otro soneto. Sin advertirnos de dónde procede –uno de los juegos literarios que tanto le gustan– lo incluye en su libro *De un capricho celeste* (1988). Aparece también en sus antologías *Extravagante jerarquía* (2018) y *Nos diferencia el cuerpo* (2024).

En el soneto de Antonio Carvajal, no es sólo el primer verso la única cita literal del poema de Góngora. Repite casi idéntico el verso seis: «pues entre un labio y otro colorado». Menciona también otros términos: «destilado» (verso dos); «licor... sagrado» (verso tres); «amor» (verso cinco); «rosa» (verso ocho); «veneno» (verso nueve); «seno» (verso once); «aurora» (verso doce). Evidentemente, le hubiera sido muy fácil prescindir de estas repeticiones: son voluntarias, buscadas, para subrayar el paralelismo.

Suprime Carvajal las menciones mitológicas a Júpiter, a «el garzón de Ida» y a Tántalo. Sí mantiene una de las fórmulas gongorinas que señaló Dámaso Alonso, «si A, más B»: «si oculto, más sagrado». A la metáfora de la «rosa» añade la del «clavel», unido al campo semántico de la «herida» y del «costado», tan erótico como místico. La mención expresa del «beso» aparece en seguida (verso dos) y se repite luego (verso diez).

Al margen de estos detalles, el cambio básico es otro. Lo podemos ver también en la sintaxis: el que habla es el poeta. Se dirige al Amor, no a los enamorados. No lo considera un engañador sino un «consolador». Y el mensaje se concreta en una súplica repetida: «dámelo» (verso cinco)... «dame» (verso nueve).

¿Por qué lo pide? No está hablando de placer ni de hedonismo sino de algo más sencillo, más profundo: «que quiero vida» (verso cinco). (Se sobreentiende: sin amor, no hay vida digna de ese nombre.) Y la quiere «ya»: es lo que repetirá en la última palabra del soneto: «¡ahora!» (verso catorce).

Toda la maestría retórica del poeta desemboca en las enumeraciones de los dos cuartetos, que expresan con brillantez una actitud totalmente entregada al amor. A un poeta de nuestro tiempo, ya no le hace falta defender (o fingir que defiende) un mensaje moral. Corregir así a Góngora, situándose a ese altísimo nivel poético, es privilegio reservado sólo a los más grandes.

Defiende Antonio Carvajal un valor supremo: el amor. No sería imposible aplicarle a él también el título que sus contemporáneos dieron a Petrarca: «Micer Antonio, que de amor suspira».

Tiene también otro valor máximo, la belleza que nos entrega, en su obra. De cierto personaje, escribió Manuel Machado: «Dejó un cuadro, un puñal y un soneto...». Muchos sonetos –y otras estrofas– inolvidables nos deja en su obra Antonio Carvajal. A la manera de don Manuel Machado, lo resume así:

> Si mañana no vivo, si mañana
> queda inmóvil la luz en mi ventana
> sin mi apresuramiento y mi figura,
> sabed que algún soneto os he dejado
> y que, cruzando del olvido el vado,
> salvé de tantos cuadros la hermosura.

En el maravilloso y enigmático *Celoso extremeño*, Cervantes pone en boca de Camila: «Luego, ¿todo aquello que los poetas enamorados dicen es verdad?». Y le responde Lotario: «En cuanto enamorados, siempre quedan tan cortos como verdaderos».

Lo definió, de una vez por todas, John Keats: «Una cosa hermosa es una alegría para siempre». Ésa es la verdad poética de Antonio Carvajal.

1. La dulce boca que a gustar convida
un silencio de besos destilado
y aquel licor, si oculto, más sagrado,
que mana del suspiro y de la herida,

5. amor, dámelo ya, que quiero vida,
pues entre un labio y otro colorado
tienes tanto clavel de mi costado,
tanta rosa recién amanecida.

9. Dame, consolador, tanto veneno,
que quiero amar, morir, besar, soñarte,
suspirar, no dormir, verte en tu seno

12. y, entre las golondrinas de la aurora,
buscarte y no perderte y encontrarte
ayer, mañana y nunca y siempre: ¡ahora!

CODA FINAL
DON QUIJOTE, LA MEJOR ESPAÑA

Rubén Darío
«Letanía de nuestro señor don Quijote»

Hemos visto ya que, en un precioso libro, Pedro Salinas explica la poesía de Rubén Darío por la presencia de un gran tema central: el erotismo, en sus múltiples manifestaciones:

Amar, amar, amar siempre, con todo
el ser y con la tierra y con el cielo...

Llega así Rubén a lo que Salinas llama «una concepción panerótica del mundo». Pero el deseo de gozar no se sacia nunca; nos hiere el tiempo; la conciencia trae consigo pesadumbre... La poesía de Rubén acaba planteando los más hondos interrogantes, los que han angustiado siempre a cualquier ser humano:

Y no saber a dónde vamos
ni de dónde venimos.

Junto al amor, señala Salinas un segundo tema fundamental, en Rubén: la poesía cívica, social y hasta política. Defiende los valores de Hispanoamérica, su historia y su futuro, frente a la amenaza de la incultura yanqui. En «Los cisnes», se pregunta:

¿Seremos entregados a los bárbaros fieros?
¿Tantos millones de hombres hablaremos inglés?

Con la magnífica arrogancia del que se sabe poeta –es decir, vate, profeta, guía del pueblo–, Rubén increpa en una oda «A Roosevelt», el presidente norteamericano:

Eres los Estados Unidos,
eres el futuro invasor
de la América ingenua que tiene sangre indígena,
que aún reza a Jesucristo y aún habla en español.

Para oponerse al gigante yanqui, le basta al poeta con un simple monosílabo, suficiente para llenar todo un verso:

No.

Y concluye con una advertencia:

¡Y, pues contáis con todo, falta una cosa: Dios!

Cree firmemente Rubén Darío en el futuro de la cultura hispánica. Lo expresa con solemne retórica en su «Salutación del optimista»:

Ínclitas razas ubérrimas,
sangre de Hispania fecunda,
espíritus fraternos, luminosas almas, ¡salve!

Al proclamar su esperanza en la vigencia de los valores hispánicos, es lógico, casi inevitable, que Rubén se acuerde de Cervantes, nuestro padre común.

Repito siempre que no debemos ver a Cervantes como una figura pretérita sino como nuestro contemporáneo: nos habla a nosotros, su mensaje está plenamente vigente.

El Quijote se anticipa, sin duda alguna, a todas las novedades de la técnica narrativa contemporánea: el manuscrito encontrado; el narrador no fiable; el perspectivismo; el realismo de almas, no de cosas; la metaliteratura; el humor como técnica de la libertad; la bajada a lo subconsciente; la realidad problemática; los distintos niveles de lectura...

Pero mucho más importante que todo eso es la defensa de los principios morales más elevados, lo que solemos llamar quijotismo. Comprende el heroísmo: «¡Leoncitos, a mí!». La libertad: «Libre nací y en libertad me fundo». El cristianismo interior, erasmista. La dignidad de cualquier ser humano: «Sábete, Sancho, que no es un hombre más que otro hombre si no hace más que otro». La ética –tan española– del esfuerzo, no del éxito: «Bien podrán los encantadores quitarme la ventura, pero el esfuerzo y el ánimo, será imposible». La dignidad para afrontar esa *hora de la verdad* que a todos nos llegará: «En los nidos de antaño, no hay pájaros hogaño...».

Éste es el Cervantes que a Rubén Darío le apasiona, no el de los historiadores de la literatura. Coincide absolutamente en eso con la sensibilidad de Azorín: Cervantes no escribió para los cervantistas sino para cualquier lector...

Recordemos que Rubén vino a España en 1892, cuando se cumplía el Centenario del Descubrimiento de América. Volvió aquí en 1898, como corresponsal de *La Nación*, para comprobar el estado de ánimo de los españoles, después del llamado Desastre. Publicó en España su libro poético más importante, *Cantos de vida y esperanza,* en 1905, cuando se cumplía el centenario de la primera edición del *Quijote.*

En su *Autobiografía*, cuenta Rubén que *El Quijote* fue uno de los primeros libros que leyó, de niño. Supongo que lo hizo en una de esas ediciones para chicos que hace años leíamos todos, en la escuela: antes de que llegara la peste de la actual pedagogía, con su ignorancia de los clásicos y su rechazo a que se aprendan de memoria poemas.

En las «Palabras liminares» que preceden a *Prosas profanas* (1896), su gran libro modernista, recuerda Rubén:

> El abuelo español de barba blanca me señala una serie de retratos ilustres: –Éste –me dice– es el gran don Miguel de Cervantes Saavedra–.

Mucho menos conocido es un curioso cuento, enigmáticamente titulado *D. Q.,* que publicó Rubén en un *Almanaque* argentino de 1898. En Cuba, un soldado español cuenta la derrota española y centra su atención en la figura de un anónimo abanderado, que lleva en la ropa la inscripción que da título al cuento, *D. Q.*: «Tendría como cincuenta años, mas también podría tener trescientos».

El lector va descubriendo que ese misterioso personaje es nada menos que el propio Miguel de Cervantes, redivivo, que porta una bandera española. Y nos sobrecogemos al leer el dramático final: «Fuese paso a paso al abismo y se arrojó a él».

No conozco otro ejemplo literario de un don Quijote que, simbólicamente, se suicida. Orson Welles sí tenía la intención de concluir su inacabada película sobre el personaje, que fue rodando a lo largo de décadas, con una explosión nuclear, en la que perecieran don Quijote, Sancho Panza y todos los seres humanos...

En los *Cantos de vida y esperanza* (1905), aumenta lógicamente la presencia de Cervantes. Le dedica Rubén un soneto:

> Horas de pesadumbre y de tristeza
> paso en mi soledad. Pero Cervantes
> es buen amigo. Endulza mis instantes
> ásperos y reposa mi cabeza.

Culmina el tema quijotesco, en Rubén, en su «Letanía de nuestro señor don Quijote», el poema que he elegido para cerrar este libro. Su manera de acercarse al personaje no tiene nada que ver con la de los eruditos y los académicos. Él mismo lo subraya. Entre las peticiones que hace al héroe se encuentra ésta (estrofa 8):

> De horribles blasfemias
> de las Academias, ¡líbrame, Señor!

Creo que la actitud de Rubén coincide plenamente con la de Unamuno, en *Del sentimiento trágico de la vida*:

> ¿Qué me importa lo que Cervantes quiso o no quiso poner allí y lo que realmente puso? Lo vivo es lo que yo allí descubro, pusiéralo o no Cervantes.

Coincide también con la «cruzada» que nos propone Unamuno, en *El sepulcro de don Quijote*:

> ¡Poneos en marcha! ¿Que a dónde vais? La estrella os lo dirá: ¡al sepulcro! ¿Qué vamos a hacer en el camino, mientras marchamos? ¿Qué? ¡Luchar! Luchar y, ¿cómo? ¿Cómo? ¿Tropezáis con uno que miente?, gritarle a la cara: ¡mentira!, y adelante. ¿Tropezáis con uno que roba?, gritarle: ¡ladrón!, y adelante. ¿Tropezáis con uno que dice tonterías, a quien oye toda una muchedumbre con la boca abierta?, gritarle: ¡estúpido!, y adelante. ¡Adelante siempre!

Escribe esta vez Rubén Darío versos de doce sílabas, una medida que fue importante en nuestra literatura en el siglo XV, en la escuela alegórico-dantesca; por ejemplo, en el *Laberinto de Fortuna*, de Juan de Mena, y en la *Comedieta de Ponza*, del marqués de Santillana. Luego, fue sustituido este verso por el endecasílabo, de una musicalidad mucho más suave y atractiva.

Recupera el dodecasílabo el modernismo, por influencia francesa. Lo utiliza con frecuencia Rubén. En este caso, esos versos ayudan al tono solemne, clasicista, que busca la Letanía. Rítmicamente, se dividen en dos mitades (hemistiquios).

Agrupa Rubén los dodecasílabos en doce estrofas (yo he omitido dos). Cada una tiene seis versos; la tercera, un verso más. Utiliza la rima consonante, pero con un esquema diferente del clásico, en español (el de la llamada sextina o sexta rima). En este caso, riman siempre los dos primeros versos; además, usa a veces la rima interna y el pie quebrado (estrofa siete).

Llama la atención, en el estilo, la abundancia de frases nominales, sin verbo (estrofas uno, dos y tres); también, las enumeraciones (estrofas cuatro, seis y siete): «elogios, memorias, discursos... certámenes, tarjetas, concursos...».

Tengamos en cuenta que el título elegido, Letanía, pertenece al ámbito religioso: es una súplica, dirigida a Dios, a la Virgen o a los santos, con esa forma enumerativa.

En nuestra cultura, era muy popular –todavía lo recuerdo– la Letanía Lauretana, a la Virgen, a la que se aplicaban una serie de títulos: «Mater purissima, mater castissima, mater inviolata...». En el lenguaje coloquial, se mantiene hoy la palabra «letanía» con el significado «enumeración, sarta, retahíla».

Eso nos ayuda a entender lo esencial del poema. Lo explica magistralmente, como siempre, Pedro Salinas:

> Es una canonización poética de un nuevo santo hispánico. Santo patrono del idealismo y la heroicidad moral, virtudes de universal circulación, sí, pero que Rubén personifica en un invento de la imaginación creadora española y sitúa en su pasado espiritual de hijo de Hispania [...]. El personaje cervantino queda proclamado Santo Patrono de la causa eterna del idealismo.

Desde ideologías y sensibilidades muy distintas, lo que intenta hacer Rubén, con este poema, es lo mismo que buscaba Unamuno, al escribir su *Vida de don Quijote y Sancho*: interpretar al personaje –dice Salinas– «con el alma entera, viviéndolo, abriéndole toda la vida y sintiéndole, casi, casi, correr por las propias venas». (¡Qué hermoso es cuando un gran poeta escribe sobre otro gran poeta!)

No olvidemos la fecha. Unamuno publica su libro en 1905: exactamente, el mismo año en el que Rubén publica su poema. Al fondo de estas dos obras literarias está la tragedia del llamado Desastre del 98, con la conciencia de la crisis nacional y de la necesidad de una regeneración, que comience por lo moral. Para esa empresa tan necesaria pero tan ardua, que bien podemos calificar de quijotesca, ¿qué mejor santo patrón podemos tener los españoles que don Quijote?

La historia nos muestra un hecho evidente. En todos los momentos de crisis nacional grave, algunos españoles han vuelto sus ojos al *Quijote*, para encontrar inspiración y enderezar el rumbo. Así lo hicieron en 1898, en 1914, en 1927 y en 1939 (tanto dentro de España como en el exilio).

Deberíamos intentarlo también hoy mismo, aunque algunos puedan reírse de nosotros.

Releo el final de la estrofa seis:

> [...] por advenedizas almas de manga ancha,
> que ridiculizan el ser de la Mancha,
> el ser generoso y el ser español.

Si esto lo escribiera hoy un poeta o un prosista español, ¿no se apresurarían muchos políticos y muchos periodistas a descalificarlo, incluyéndolo en lo que llaman la «fachosfera»? Así estamos...

En el clima de desorientación y de pesimismo que hoy vivimos, volver los ojos a don Quijote continúa siendo una excelente medicina. Los valores que él encarna conservan su plena vigencia, frente a la mentira constante, a la ignorancia, al sectarismo, al hedonismo y a la civilización del espectáculo.

Ante todo, debemos estar orgullosos del *Quijote*. Simboliza la mejor España: la de muchos poetas, que aparecen en este libro. También, la de Francisco de Vitoria y fray Junípero Serra, Velázquez y Zurbarán, Goya y Picasso, Jovellanos y Galdós, Tomás Luis de Victoria y Manuel de Falla, Andrés Segovia y Victoria de los Ángeles, Cajal y Severo Ochoa, Ortega y Zubiri, Menéndez Pidal y Américo Castro, Ignacio Sánchez Mejías y Juan Belmonte, Buñuel y Berlanga... Y tantos más.

No es mérito nuestro, pero ésa es España, la mejor España. Es, también, la de muchos españoles anónimos que trabajan, cada día, para mejorar su país. La que jamás debemos perder.

«Letanía de nuestro señor don Quijote»

1. Rey de los hidalgos, señor de los tristes,
que de fuerza alientas y de ensueños vistes,
coronado de áureo yelmo de ilusión,
que nadie ha podido vencer todavía,
por la adarga al brazo, toda fantasía,
y la lanza en ristre, toda corazón.

2. Noble peregrino de los peregrinos,
que santificaste todos los caminos
con el paso augusto de tu heroicidad,
contra las certezas, contra las conciencias
y contra las leyes y contra las ciencias,
contra la mentira, contra la verdad.

3. ¡Caballero errante de los caballeros,
varón de varones, príncipe de fieros,
par entre los pares, maestro, salud!
¡Salud, porque juzgo que hoy muy poca tienes,
entre los aplausos o entre los desdenes
y entre las coronas y los parabienes
y las tonterías de la multitud!

4. ¡Tú, para quien pocas fueron las victorias
antiguas y para quien clásicas glorias
serían apenas de ley y razón,
soportas elogios, memorias, discursos,
resistes certámenes, tarjetas, concursos,
y, teniendo a Orfeo, tienes a Orfeón! [...]

5. ¡Ruega por nosotros, hambriento de vida,
con el alma a tientas, con la fe perdida,
llenos de congojas y faltos de sol;
por advenedizas almas de manga ancha,
que ridiculizan el ser de la Mancha,
el ser generoso y el ser español! [...]

6. Ruega generoso, piadoso, orgulloso;
ruega casto, puro, celeste, animoso;
por nos intercede, suplica por nos,
pues casi ya estamos sin savia, sin brote,
sin alma, sin vida, sin luz, sin Quijote,
sin piel y sin alas, sin Sancho y sin Dios.

7. De tantas tristezas, de dolores tantos,
de los superhombres de Nietzsche, de cantos

áfonos, recetas que firma un doctor,
de las epidemias, de horribles blasfemias,
de las Academias,
¡líbranos, Señor!

8. De rudos malsines,
de los paladines
y espíritus finos y blandos y ruines,
del hampa que sacia su canallocracia
con burlar la gloria, la vida, el honor,
del puñal con gracia, ¡líbranos, Señor!

9. Noble peregrino de los peregrinos,
que santificaste todos los caminos
con el paso augusto de tu heroicidad,
contra las certezas, contra las conciencias
y contra las leyes y contra las ciencias,
contra la mentira, contra la verdad...

10. ¡Ora por nosotros, señor de los tristes,
que de fuerza alientas y de ensueños vistes,
coronado de áureo yelmo de ilusión!
¡Que nadie ha podido vencer todavía,
por la adarga al brazo, toda fantasía,
y la lanza en ristre, toda corazón!

ÍNDICE ONOMÁSTICO

Acuña, Hernando de 10
Aganzo, Carlos 206
Agustín de Hipona, san 44, 160, 361, 523
Alarcón, Pedro Antonio de 28
Alarcos, Emilio 92, 98
Alaska 143, 339
Alba, Irene 370
Albéniz, Isaac 105
Alberti, Rafael 11, 25, 31, 56, 66, 148, 153, 191, 211, 262, 327, 365, 395, 416, 418, 435, 439, 457, 458, 465-476, 494
Alborg, Juan Luis 132, 167
Alcázar, Baltasar de 83, 105-112, 353
Aldana, Francisco de 10
Aldrete, Pedro de 178
Aleixandre, Vicente 148, 233, 266, 404, 416, 439-446, 457, 460, 479, 490, 494, 518, 528
Alfonso de Huesca, Pedro 220
Alfonso X el Sabio 256
Alfonso XIII, rey de España 364, 368, 405, 470
Algueró, Augusto 25
Allen, Woody 40
Allende, Salvador 478
Almarcha, Luis 493
Alonso Cortés, Narciso 205, 256
Alonso de Santos, José Luis 131, 235
Alonso, Amado 263, 477
Alonso, Dámaso 10, 12, 13, 19, 56, 58, 59, 60, 68, 75, 83, 88, 92, 115, 117, 149, 150, 155, 162, 166, 167, 178, 180, 183, 184, 185, 266, 270, 273, 300, 326, 329, 332, 343, 344, 386, 404, 408, 411, 439, 441, 457, 532, 536
Alonso, Francisco 216
Alonso, José Luis 513
Altolaguirre, Manuel 378, 418, 479, 495
Alvar, Manuel 27
Álvarez Barrientos, Joaquín 221
Álvarez de la Miranda, Ángel 419
Álvarez Gato, Juan 299
Álvarez Quintero, hermanos 367
Amorós Cervigón, José (Pepe) 415
Amorós, Antonio 13
Ángeles, Victoria de los 36, 545
Antonioni, Michelangelo 443
Araquistáin, Luis 366
Arce, Joaquín 223
Arce, Margot 72
Arcipreste de Hita, Juan Ruiz 10, 15-24, 39, 47, 79, 105, 360
Arellano, Ignacio 191
Argensola, Bartolomé Leonardo 132, 165, 166
Argensola, Lupercio Leonardo 10, 132, 154, 165, 166
Arguijo, Juan de 28
Arias Montano, Benito 88
Aristóteles 17, 19, 450
Arniches, Carlos 55, 308, 367
Artaud, Antonin 301
Asimov, Isaac 235
Asquerino, Mariano 363, 370
Atero, Virtudes 27
Ausonio 143
Ayala, Francisco 140, 214, 415, 503
Azaña, Manuel 285, 367
Azócar, Albertina Rosa 484
Bach, Johann Sebastian 12, 227, 420, 505
Bachelard, Gaston 443
Balil, Ana 13

Balil, Salvador 13
Bárcena, Catalina 367
Baroja, Pío 326
Baroja, Ricardo 307
Bartók, Béla 417
Baruzi, Jean 118
Bataillon, Marcel 123, 124, 126, 129
Baudelaire, Charles 237
Bayón, Ignacio 513
Beardsley, Aubrey 312
Beatles, The 25
Beckett, Samuel 301
Beckham, Victoria 108
Bécquer, Gustavo Adolfo 7, 30, 80, 219, 231, 254, 261-272, 273, 323, 335, 385, 405, 452, 463, 486, 535
Beethoven, Ludwig van 505
Bègue, Alain 214
Béguin, Albert 271, 346
Belauste, José María 466
Belén, Ana 421
Bell, Aubrey 83
Bell, Monna 25
Bellini, Vincenzo 235
Belmonte, Juan 405, 545
Bembo, Pietro 91
Benavente, Jacinto 55, 368
Benedicto XVI, papa 126
Benítez Reyes, Felipe 332
Berceo, Gonzalo de 10, 17, 118, 256, 257, 345
Bergman, Ingmar 40, 48
Bergson, Henri 335
Bergua, José 9, 11
Berlioz, Hector 506
Bernaola, Carmelo 340
Bernini, Gian Lorenzo 431
Berruguete, Pedro 190
Bías de Priene 98
Blanco, Josefina 307
Blanquet (Enrique Berenguer) 379
Blecua, José Manuel Teijeiro 11, 13, 34, 97, 132, 135, 136, 139, 175, 178, 179, 180, 189
Blecua, Luis Alberto Perdices 90
Bloom, Harold 477
Boccaccio, Giovanni 15, 48
Boccalini, Traiano 177
Boecio 100
Bonafé, Juan 370
Bonafoux, Luis 326
Bonet, Soledad 27
Bonilla, Adolfo 132
Borges, Jorge Luis 11, 171, 175, 179, 184, 331, 395, 447-456
Borrás, Enrique 245, 367
Boscán, Juan 65, 69, 71, 117, 165
Bosco, el 168, 299
Botticelli, Sandro 85, 117, 143, 150, 226, 250, 299, 327
Bousoño, Carlos 439, 440
Brahms, Johannes 505, 506
Brailowsky, Alexander 420
Brancusi, Constantin 535
Brecht, Bertolt 131, 415
Breton, André 398
Brines, Francisco 10, 332, 439
Britten, Benjamin 40, 506
Brocense, Francisco Sánchez de Las Brozas el 65
Brook, Peter 247
Browning, Robert 135
Bruckner, Anton 506
Brueghel, Pieter 299
Buero Vallejo, Antonio 55, 435
Buñuel, Luis 227, 245, 297, 300, 396, 416, 545
Burroughs, Edgar Rice 235
Byron, George Gordon 236, 261, 268
Cabezón, Antonio de 114
Cabré, Mario 245
Cadalso, José 220
Calderón de la Barca, Pedro 10, 55, 141, 169, 205, 216, 255, 303, 419, 505, 528
Calderón, Rodrigo 205
Calvo, Rafael 245
Calvo, Ricardo 245, 363
Camarena, Javier 235
Camba, Julio 274
Camoens, Luis de 80, 358
Campillo, Narciso 263
Campo, Conrado del 258
Campoamor, Ramón de 10, 460

Camprubí, Zenobia 376, 377
Camus, Albert 119, 209, 375, 465
Canales, Alfonso 10
Cano, Alonso 431
Cano, José Luis 335, 351, 439
Cano, Melchor 89
Cansinos Asséns, Rafael 404, 448
Cantizano, Félix 215
Capone, Alphonse (Al) 246
Carabias, Josefina 308
Caravaggio, Michelangelo Merisi da 458
Carballo Calero, Ricardo 277
Carlos de Austria 328
Carlos II, rey de España 214
Carlos V, emperador 69, 70, 71, 77, 87, 89, 93
Carnero, Guillermo 212, 439
Caro Baroja, Julio 41
Caro, Rodrigo 10, 165, 166
Carreño, Alberto 125
Carrillo y Sotomayor, Luis 97, 518, 528
Carrizo, Sofía 73
Carvajal, Antonio 10, 439, 527-531, 536, 537
Casal, Antonio 25
Casal, Julián del 311
Casas, Ramón 312
Castelo, Santiago 378
Castiglione, Baltasar de 69, 71, 89
Castillejo, Cristóbal de 535
Castro Villacañas, Javier 365
Castro, Américo 13, 17, 50, 133, 135, 140, 198, 245, 285, 404, 513, 545
Castro, Estrellita 514
Castro, Fidel 449
Castro, Rosalía de 231, 261, 273-283, 340, 348
Catalán, Diego 27
Catón el Joven 165
Catulo, Gayo Valerio 518
Cavafis, Konstantínos 518
Cejador, Julio 83
Cela, Camilo José 106, 212, 274, 307
Celaya, Gabriel 472, 473, 479
Cellini, Benvenuto 458
Cernuda, Luis 66, 120, 135, 145, 148, 166, 270, 275, 291, 292, 416, 439, 440, 457-464, 518
Cervantes, Miguel de 9, 55, 56, 65, 92, 105, 106, 107, 131-142, 150, 165, 171, 177, 188, 191, 197, 227, 298, 303, 419, 447, 457, 460, 469, 473, 537, 540, 541, 542
Céspedes y Meneses, Gonzalo de 206
Cetina, Gutierre de 77-85
Chacel, Rosa 232
Chacón, Antonio 433
Chaplin, Charles 12
Chaucer, Geoffrey 15
Chéjov, Antón 415, 418
Chénier, Andrea 516
Cherubini, Luigi 506
Ciano, Galeazzo 378
Cicerón, Marco Tulio 95, 165, 169, 171
Cid Campeador 204, 326, 330
Cienfuegos, Nicasio Álvarez de 10
Claret, padre 264
Clarín, Leopoldo Alas 244, 274, 516
Cocteau, Jean 418
Coello, Pedro 178
Colinas, Antonio 88, 439
Conrad, Joseph 235, 236, 410
Constantino el Grande 34
Contreras, Rafaela 315
Cooper, Stewart Herbert 466
Coppola, Francis Ford 410
Córdoba, Sebastián de 117, 118
Cornejo, fray Damián 11, 211, 215, 217
Cornejo, Rafael 411
Corominas, Joan 520
Correas, Gonzalo 197, 215, 217
Correggio, Antonio da 532
Cortázar, Julio 10, 399, 447, 545, 481, 530
Cortés Cavanillas, Julián 365
Cortines, Jacobo 10
Cossío, José María de 291, 470, 491

Costa, Joaquín 311
Criado del Val, Manuel 17
Cruz, Ramón de la 55
Cruz, san Juan de la 12, 75, 83, 89, 93, 99, 113-122, 124, 216, 340, 441, 482
Cruz, sor Juana de la Inés 11, 535
Cuenca, Luis Alberto de 10, 11, 129, 150, 154, 157, 332
Cueto, Juan 514
Cueva, Juan de la 106
Cuevas, Cristóbal 91
Curtius, Ernst Robert 73, 93, 127, 287
Dalí, Salvador 396, 415
Daniel, Arnaut 529
Dante Alighieri 25, 182, 356, 361, 529
Darío, Rubén 10, 11, 67, 137, 279, 291, 303, 311, 313, 314, 315, 316, 321, 326, 332, 335, 343, 349, 378, 385, 441, 528, 535, 539-547
Deán Sánchez, Federico 258
Debussy, Claude 312, 346, 480, 524
Deleito y Piñuela, José 216
Delgado, Manuel 247
Deltz, Simone 119
Diághilev, Serguéi 405, 417
Díaz Crespo, Manuel 432
Díaz de Mendoza, Fernando 245
Díaz, Joaquín 33
Dicenta, Joaquín 205, 535
Diderot, Denis 221
Díez de Revenga, Francisco Javier
Díez-Canedo, Enrique 325, 366, 369
Domingo de Guzmán, santo 190
Domínguez Bécquer, Valeriano 263, 264
Domínguez Ortiz, Antonio 404
Donne, John 165, 171, 443
Dvořák, Antonín 506
Dvořák, Max 114
Eco, Umberto 37, 450
Eich, Christopher 422
Eisenstein, Serguéi 244
Elena, santa 34
Eliot, Thomas Stearns 529
Encina, Juan del 10, 55, 78
Erasmo de Rotterdam 56, 106, 123
Escrivá de Balaguer, José María 345
Esopo 220
Espín, Pilar 231
Espina, Antonio 405
Espina, Concha 351
Espinosa, Ana de 88
Espinosa, Pedro 528, 535
Esplá, Óscar 329
Espronceda, José de 97, 231-241, 261, 383, 477
Esquilo 119
Falconieri, John V. 124
Falla, Manuel de 28, 148, 417, 418, 420, 523, 545
Fargue, Léon-Paul 346
Fauré, Gabriel 506
Fedro 220
Felipe II, rey de España 88, 114, 131, 137, 138, 141, 168, 205
Felipe III, rey de España 205
Felipe IV, rey de España 205, 214, 327, 328
Fernán Gómez, Fernando 206, 318
Fernandes Torneol, Nuno 275
Fernández de Andrada, Andrés 165-174
Fernández de Moratín, Nicolás 10, 55, 220, 221
Fernández Montesinos, José 13, 153, 161
Fernández, Macedonio 395
Fernández, Pepín 25
Ferrán, Augusto 264
Ferrer del Río, Antonio 233
Ferris, José Luis 493, 494
Figueroa, Francisco de 10, 528
Flaubert, Gustave 155
Flecha, Mateo 95, 114
Flores, Lola 196, 433
Fort, Paul 326
Foxá, Agustín de 375, 378-382
Francisco I, rey de Francia 71
Francisco Javier, san 124, 127, 431
Francisco, papa 395
Francisco, san 213

Franco, Francisco 288, 312, 329, 378, 379, 491, 492
Fuentes, Carlos 447
Gala, Antonio 361, 513-525, 529
Galeno 183
Gallardo, Bartolomé José 213
Ganivet, Ángel 311
García Álvarez, Enrique 365, 367
García Berlanga, Luis 545
García Cames, David 465
García de Salcedo Coronel, José 532, 533
García Lorca, Federico 27, 30, 33, 50, 51, 55, 56, 66, 81, 137, 147, 148, 153, 168, 245, 248, 266, 275, 315, 332, 363, 378, 386, 395, 396, 415-427, 439, 457, 458, 468, 473, 479, 489, 518, 520, 523, 529
García Lorca, Francisco 415
García Márquez, Gabriel 8, 219, 447, 477
García Nieto, José 67
García Sánchez, José Aristónico 13
García-Máiquez, Enrique 219
Gardel, Carlos 449, 470, 471
Garland, Judy 235
Garrido, Lara 78
Gasch, Sebastián 396
Gato, Juan Álvarez 299
Gaudí, Antonio 312
Gaya Nuño, Juan Antonio 405
Ghirlandaio, Domenico 117
Gide, André 96, 326
Gil de Biedma, Jaime 10, 332
Gila, Miguel 366
Gil-Robles, José María 493
Giménez Caballero, Ernesto 490, 503
Gimferrer, Pere 10, 439, 517
Giner de los Ríos, Francisco 311
Girondo, Oliverio 11, 395-401
Goethe, Johann Wolfgang von 234, 246
Gógol, Nikolái 192
Gómez Carrillo, Enrique 326
Gómez de la Serna, Ramón 297, 298, 307, 309, 378, 395, 396, 397, 398, 404
Góngora y Argote, Luis de 10, 26, 33, 71, 132, 143-151, 160, 165, 175, 176, 177, 193, 203, 212, 216, 339, 360, 457, 458, 459, 469, 480, 518, 523, 527, 528, 531-537
Gonzaga, Laura 83
González Besada, Augusto 282
González de Salas, José Antonio 178, 191
González, Ángel 10
Gounod, Charles 506
Goya, Francisco de 190, 191, 226, 297, 299, 300, 327, 404, 545
Goytisolo, José Agustín 302
Gozzoli, Benozzo 143
Gracián, Baltasar 106, 178, 189
Granados, Enrique 36
Grande, Félix 10
Greco, el 72, 114, 126
Green, Otis H. 93, 183
Gregorio Magno, san 97
Guerrero Zamora, Juan 303
Guerrero, Francisco 83, 114
Guerrero, María 359, 367
Guevara, fray Antonio de 94, 171
Guevara, fray Miguel de 125
Guillén, Jorge 10, 66, 99, 120, 129, 148, 207, 266, 268, 285, 332, 375, 385, 404, 416, 439, 457, 458, 479
Guillén, Nicolás 360
Gullón, Ricardo 291, 292, 332, 376
Gutiérrez Nájera, Manuel 311
Habichuela, Pepe 495
Halffter, Cristóbal 83
Halffter, Rodolfo 136, 262
Händel, Georg Friedrich 98, 505
Handke, Peter 467
Hartzenbusch, Juan Eugenio 206
Hatzfeld, Helmut 123
Haydn, Joseph 221, 506
Hebreo, León 81, 182
Hegel, Georg W. F. 219
Heidegger, Martin 181
Heine, Heinrich 261, 266
Helman, Edith 226
Hepburn, Audrey 365
Heráclito 168, 411

Hernández, Miguel 7, 27, 209, 468, 479, 486, 489-501, 507, 535
Herrera Maldonado, Francisco de 157
Herrera, Fernando de 10, 65, 65, 78, 89, 134, 165, 520, 528
Herrera, Juan de 114
Herrero, Nieves 351
Hidalgo, José Luis 504
Hipócrates 183
Holbein, Hans 48
Hölderlin, Friedrich 271
Homero 31, 298, 532
Horacio, Quinto 90, 91, 93, 95, 96, 97, 98, 143, 165, 166, 170, 221, 518
Horozco, Sebastián de 535
Horta, Victor 312
Hugo, Victor 253
Huidobro, Vicente 404, 407
Hurtado de Mendoza, Antonio 204, 528
Huxley, Aldous 40
Ibáñez, Paco 33, 195, 211, 482
Iglesias, Julio 247
Ionesco, Eugène 366
Iriarte, Tomás de 219-229, 360
Isabel de Borbón 205
Isabel de Portugal 69
Isabel II, reina de España 264, 301, 534
Isabel la Católica 519
Isbert, Pepe 367
Isidro Labrador, san 34, 205
Izquierdo, Leonor 336, 351, 352
Jardiel Poncela, Enrique 55, 364, 367, 466
Jarry, Alfred 301
Jauralde, Pablo 11, 175
Jáuregui, Juan de 554
Jiménez Lozano, José 119
Jiménez Patón, Bartolomé 205
Jiménez, Javier 13
Jiménez, Juan Ramón 137, 226, 262, 274, 297, 312, 314, 335, 343, 375-377, 380, 396, 404, 435, 458, 479, 505
Joselito el Gallo (José Gómez Ortega) 379
Jovellanos, Gaspar Melchor de 10, 545
Joyce, James 176, 227, 297, 396
Juan Bolufer, Amparo de 307
Juan de Ávila, san 123, 126, 129
Juan III, rey de Portugal
Juan Pablo II, papa 55
Juan, san 75
Juaristi, Jon 332
Jung, Carl Gustav 99, 119
Juni, Juan de 114
Karr, Mabel 25
Keats, John 13, 537
Kelly, Gene 235
Klimt, Gustav 312, 400, 535
La Fontaine, Jean de 220
Laín Entralgo, Pedro 181, 291
Lalique, René 312
Lange, Norah 396
Lapesa, Rafael 13, 70, 74, 89, 94, 178, 233, 269, 280, 348, 351, 447, 448
Larra, Mariano José de 231, 232, 237, 243, 459
Lawrence, D. H. 312
Lázaro Carreter, Fernando 180, 185, 194, 265, 290
Leal, Milagros 367
Leblanc, Tony 25
Leibniz, Gottfried 453, 461
León Felipe (Felipe Camino Galicia) 10
León, fray Luis de 87-104, 116, 117, 126, 132, 134, 165, 177, 493
León, María Teresa 469
León, Rafael de 10, 81
León, Valeriano 367
Leonardo da Vinci 85, 117, 327
Lerma, duque de 205
Lida, María Rosa 17, 27, 264
Ligeti, György 506
Lipsio, Justo 177
Lista y Hermosilla, Alberto 231
Líster, Enrique 329
Llop, padre 365
Lloréns, Vicente 232
Lloyd Weber, Andrew 506
Lolo, Manuel Soler 468, 495

López Bueno, Begoña 77
López Heredia, Irene 363
Lorenzo de Médicis 143
Lorenzo Garrachón, Crisógono de Jesús 116
Loritz, Katia 25
Loyola, san Ignacio de 124, 126
Luca de Tena, Cayetano 364
Luca de Tena, Rafael 364
Luca de Tena, Torcuato 368
Lucentum, Mary de 258
Luis de Granada, fray 126
Luján, Néstor 206
Lundquist, Arthur 457
Luzán, Ignacio de 224
Machado, Antonio 7, 10, 11, 27, 81, 98, 170, 200, 219, 261, 262, 266, 279, 293, 312, 313, 315, 329, 335-342, 343-350, 351-361, 404, 405, 406, 409, 419, 442, 448, 505
Machado, José 359
Machado, Manuel 237, 261, 307, 312, 323-333, 335, 336, 366, 378, 423, 432, 433, 436, 448, 528, 537
Macías el Enamorado, Santiago 36
Madariaga, Salvador de 136, 275
Maeterlinck, Maurice 312, 480
Maeztu, Ramiro de 246
Mahor, María 25
Malaparte, Curzio 378
Mallarmé, Stéphane 346, 493
Malvezzi, Virgilio 124
Mancha, Teresa 232
Manolete (Manuel Laureano Rodríguez Sánchez) 380
Manresa, Josefina 493
Manrique, Jorge 47-54, 84, 105, 167, 170, 328, 345, 351, 385, 410, 423, 473, 480, 489, 528
Manrique, Rodrigo 48, 50, 51, 52, 473, 507
Mañara, Miguel de 337, 341
Maquiavelo, Nicolás 177
Marañón, Gregorio 176, 203, 246, 356
March, Ausiàs 73, 78
Marchante, Manuel León 213
Marcial, Marco Valerio 106, 165
Marco Aurelio 171
Marcos, Francisco 411
Marechal, Leopoldo 395
Margarita de Austria 205
Marías, Julián 179, 288, 291, 385
Marichal, Juan 177
Marín, Guillermo 363
Marín, José Ramón 493
Marino, Giambattista 205
Mariscal, Ana 245
Márquez Villanueva, Francisco 18
Marrast, Robert 231
Martelo, Antonio 431
Martí, José 10, 311
Martín Gaite, Carmen 60
Martín, Sylvia 514
Martínez de la Rosa, Francisco 244, 253
Martínez Mesanza, Julio 332
Martínez Montañés, Juan 139, 431
Martínez Nadal, Rafael 415, 416, 422
Martínez Romarate, Rafael 352
Martínez Sierra, Gregorio 299
Mateo, María Asunción 11
Mateo, san 95
Maximiliano de Habsburgo 253
Mayoral, Marina 60, 275, 277, 278
Medrano, Francisco de 166
Meléndez Valdés, Juan 10, 221
Meller, Raquel 326
Mena, Juan de 49, 67, 68, 73, 543
Mena, Pedro de 431
Mendelssohn-Bartholdy, Felix 40
Mendoza, Ana de 205
Menéndez Pelayo, Marcelino 11, 56, 90, 125, 132, 206, 222, 274
Menéndez Pidal, Ramón 26, 27, 30, 33, 37, 42, 44, 404, 545
Mengs, Anton Raphael 532
Merton, Thomas 443
Mesa, Enrique de 535
Miguel Ángel Buonarroti 12, 172
Mihura, Miguel 366, 367
Milán, Luis de 114
Mille, Cecil B. de 235
Milton, John 361, 530
Miquelarena, Jacinto 466

Miró, Emilio 332
Miró, Gabriel 489, 497
Moeller, Charles 288
Moix, Terenci 513
Molière, Jean-Baptiste Poquelin 56, 415
Molina, Miguel de 505
Molina, Tirso de 10, 55, 245
Mompou, Federico 120
Monet, Claude 250
Monroe, Marilyn 345
Montaigne, Michel de 171, 177
Montemayor, Jorge de 520
Montero Alonso, José 369
Montero Padilla, José 484
Montes, Eugenio 378
Montesinos, Ambrosio de 429
Montesinos, Rafael 262
Montoliu, Manuel de 124
Morales, Cristóbal de 114, 506
Morales, Rafael 10
Morano, Francisco 245
Moréas, Jean 326
Moreiro, José María 351
Moreno Villa, José 10, 234, 262
Moreno, Perico 13
Morente, Enrique 495
Morris, William 312
Mozart, Wolfgang Amadeus 12, 40, 416, 506
Mucha, Alfons 312
Mudarra, Alonso de 114
Munch, Edvard 400, 535
Muñoz Sampedro, Guadalupe 367
Muñoz Seca, Pedro 363-374
Muñoz, Juan 235
Murguía, Manuel 276, 277, 280
Murillo, Bartolomé Esteban 123, 261
Murillo, Rosario 315
Mussolini, Benito 379, 466
Nabokov, Vladímir 467
Narváez, Luis de 114
Navagiero, Andrea 69
Navarro, Alberto 224
Neruda, Pablo 7, 11, 184, 207, 315, 360, 378, 477-487, 490, 491, 494, 497, 535
Nerval, Gérard de 271
Nervo, Amado 326
Nevares Santoyo, Marta de 159
Neville, Edgar 366
Newman, John Henry 44
Nietzsche, Friedrich 339, 546
Nieva, Francisco 131, 439, 513, 514
Noel, Eugenio 106
Nonell, Isidro 312
Nuere, Enrique 96
Núñez de Arce, Gaspar 262
O'Neill, Eugene 361
Ocampo, Victoria 395
Ochoa, Severo 545
Ockeghem, Johannes 506
Olivares, Conde-Duque de 176, 193, 203
Olmo, Lauro 506
Olózaga, Salustiano 255
Ors, Eugenio d' 270, 313, 380, 461, 527
Ors, Miguel d' 332
Ortas, Casimiro 367
Ortega Munilla, José 233
Ortega y Gasset, José 232, 288, 312, 384, 404, 545,
Ortega, Amancio 306
Ortiz, Diego 114
Osuna, duque de 176, 199
Otero Pedrayo, Ramón 274
Otero, Blas de 10, 479
Ovidio Nasón, Publio 17, 97, 193, 194, 518
Pablo VI, papa 126
Pablo, san 73, 161, 172, 375
Pacheco, Francisco 77, 88, 106
Padilla, Ana 517
Padilla, Juan José 235
Palacios, Fernando 25
Palestrina, Giovanni Pierluigi da 505, 506
Panero, Leopoldo 378, 479
Pantoja de la Cruz, Juan 114
Pardeza, Miguel 465
Pardo Bazán, Emilia 274
Pardo de Figueroa, Mariano 138
Patinir, Joachim 182
Patrocinio, sor 264

Pavese, Cesare 181
Paz, Octavio 85, 264
Pedraza, Felipe 155, 203
Pemán, José María 429-438
Penderecki, Krzysztof 506
Pérez Cruz, Silvia 495
Pérez Cuaresma, María 13
Pérez Cuaresma, Víctor 13
Pérez de Ayala, Ramón 10, 40, 253, 285, 298, 313, 345, 371, 431
Pérez de Montalbán, Juan 535
Pérez Fernández, Pedro 365
Pérez Galdós, Benito 263, 282, 379, 545
Periquet, Fernando 35
Petrarca, Francesco 73, 78, 91, 161, 281, 520, 537
Pfandl, Ludwig 124, 125, 126
Picasso, Pablo 227, 256, 323, 527, 545
Piñero, Pedro 27
Piquer, Concha 508
Pirandello, Luigi 390, 415
Platón 73, 81, 507, 509
Poe, Edgar Allan 264, 298
Porras, Matías de 156
Portocarrero, Pedro de 91
Pound, Ezra 529
Pozuelo, José María 183
Prada, Amancio 31, 33, 360
Primo de Rivera, José Antonio 287, 378
Primo de Rivera, Miguel 286
Propercio, Sexto 184
Proust, Marcel 179, 268, 361, 384, 386
Puccini, Giacomo 249
Pujals, Esteban 236
Puskás, Ferenc 470
Quevedo, Francisco de 10, 26, 29, 83, 90, 91, 97, 106, 124, 132, 141, 146, 165, 171, 175-202, 212, 213, 214, 216, 297, 300, 317, 357, 429, 447, 448, 457, 458, 469, 480, 490, 518, 520, 524, 528, 535
Quiñones de Benavente, Luis 55
Rabelais, François 177
Rajoy, Mariano 490
Ramajo, Antonio 90
Ramón y Cajal, Santiago 545
Ravel, Maurice 346
Redondo, Aurora 367, 370
Rembrandt van Rijn 261, 532
Remo 410
Reyes Católicos 33, 197
Reyes Magos 248
Ribera, José 123
Richard, Jean-Pierre 443
Rico, Francisco 11, 74, 90, 95, 117, 155, 203, 273, 432
Ridruejo, Dionisio 10, 291, 378
Riego, Rafael de 232
Rigaud, Jorge 25
Rilke, Rainer Maria 50
Rimbaud, Arthur 167, 396
Río, Emilio del 339
Rioja, Francisco de 166
Ripoll, José Ramón 505
Riquelme, Antonio 367
Riquelme, Jesucristo 494
Rivas, Ángel de Saavedra duque de 27, 206, 254
Rivers, Elías L. 65, 132
Rodin, Auguste 400, 535
Rodrigo, Joaquín 105
Rodríguez Marín, Francisco 139, 141
Rodríguez Monegal, Emir 478
Rodríguez, Claudio 10
Rodríguez, Julio 258
Rodríguez-Moñino, Antonio 213, 404
Rof Carballo, Juan 276
Rojas, Antonio de 124
Rojas, Fernando de 10, 55, 123
Rojas, Ricardo 132, 135
Rojas, Soto de 518, 528, 530
Romero Murube, Joaquín 262
Romero Tobar, Leonardo 264
Rómulo 410
Ronsard, Pierre de 144, 338, 341
Rosales, Luis 10, 206, 291, 378
Rossetti, Dante Gabriel 299
Rubens, Pedro Pablo 150, 327, 532
Rubido, Bieito 9, 13
Rubio Jiménez, Jesús 263
Rueda, Salvador 535

Ruiz de Conde, Justina 351
Ruiz de Santillana, Antonio 27
Ruiz Ramón, Francisco 247, 301
Ruskin, John 312
Sabatini, Rafael de 235
Sabina, Joaquín 235
Saint-Saëns, Camile 48
Sainz de la Maza, Regino 405
Sáinz de Medrano, Luis 478
Saldaña, conde de 206
Salgari, Emilio 235
Salinas, Pedro 52, 67, 69, 75, 114, 147, 148, 266, 274, 299, 311, 316, 317, 375, 383-393, 404, 439, 441, 445, 457, 458, 462, 479, 486, 528, 535, 538, 539, 544
Salinas, Solita 147
Salmerón, Carlos 504
Salvago, Javier 332
Samaniego, Félix María de 212, 220, 221, 223
Sánchez Coello, Alonso 114
Sánchez Mateos, Zoraida 212
Sánchez Mazas, Rafael 378
Sánchez Mejías, Ignacio 50, 51, 148, 149, 422, 468, 473, 489, 495, 507, 532, 545
Sánchez, Alberto 136, 137, 191
Sánchez, Francisca 316, 319
Sánchez, Pedro 129
Sanlúcar, Manolo 495
Santillana, marqués de 10, 19, 67, 543
Santos, Alonso de 235
Santpere, Mary 245
Sartre, Jean-Paul 465
Sastre, Alfonso 435
Satie, Erik 304
Sawa, Alejandro 328
Scarlatti, Domenico 421
Schevill, Rodolfo 132
Schnittke, Alfred 506
Schumann, Robert 346, 505, 506
Scott, Walter 235, 254, 264
Sebold, Russell P. 223, 255
Segovia, Andrés 545
Senabre, Ricardo 533, 535
Sender, Ramón J. 214, 435
Séneca, Lucio 95, 98, 169, 171, 172, 431
Serra, Junípero, fray 545
Serrano Poncela, Segundo 364
Serrat, Joan Manuel 323, 346, 421, 495
Servera Baño, José 302
Sevilla, Carmen 515
Shakespeare, William 12, 39, 40, 56, 60, 227, 247, 249, 300, 301, 383, 412, 415, 420, 515
Shostakóvich, Dmitri 192
Sijé, Ramón 489-499
Silva, José Asunción 10
Silvestre, Gregorio 528
Sobejano, Gonzalo 181, 182, 183
Sófocles 119
Somoza, José 10
Somoza, Rafael López 367
Sondheim, Stephen 40
Sopeña, Federico 13, 491, 492, 506
Soto, Barahona de 83, 528
Spitzer, Leo 125, 129, 386, 396
Stendhal, Henri Beyle 383, 384, 385, 389, 392, 462
Stevenson, Robert Louis 235
Stravinski, Ígor 227, 304, 405, 417, 506
Supervielle, Jules 395
Tasso, Bernardo 533
Tasso, Torquato 520, 532
Tellaeche, José 216
Teócrito 94
Terencio, Publio 170
Teresa de Jesús, santa 10, 90, 114, 124, 126, 345
Terrazas, Francisco de 30
Theodorakis, Mikis 480
Thuillier, Emilio 245
Tip, Luis Sánchez Polack 356
Tiziano Vecellio 327
Tob de Carrión, Sem 10, 535
Tomás de Aquino, santo 89, 170, 172
Tono, Antonio Lara de Gavilán 366
Torre, Francisco de la 10, 91, 177, 469, 520

Torre, Guillermo de 291, 396, 406
Torrente Ballester, Gonzalo 274
Torres Naharro, Bartolomé 59
Torres Villarroel, Diego de 10, 214
Torres, Manuel 149
Toulouse-Lautrec, Henri de 535
Tourneur, Jacques 235
Tragabuches, José Mateo Balcázar 491
Trapiello, Andrés 329
Tribaldos, Luis 205
Trillo y Figueroa, Francisco de 528
Trueba, Antonio de 277
Unamuno, Miguel de 87, 129, 131, 274, 275, 285-295, 308, 312, 320, 332, 339, 347, 357, 375, 404, 408, 423, 430, 442, 524, 542, 543, 544
Urrea, Pedro Manuel de 520
Urtasun, Ernest 148, 489
Ussía, Alfonso 364, 369
Vaissier, Victor 307
Valbuena Prat, Ángel 132, 233
Valderrama, Pilar de (Guiomar) 11, 336, 351, 352, 355-361
Valdés, Juan de 71
Valera, Juan 40, 236, 274, 516
Valéry, Paul 493, 528
Valle-Inclán, Ramón María del 55, 176, 187, 274, 275, 285, 297-310, 312, 315, 317, 338, 366, 379, 534
Vallejo, César 396, 535
Valverde, José María 10, 291
Varela, José Luis 263
Vargas Llosa, Mario 447
Vega de Anzo, Pilar 13
Vega, Carlos Félix de 156, 157
Vega, de Marcela 157
Vega, Garcilaso de la 65-76, 78, 144, 182, 344, 520
Vega, Inca Garcilaso de la 182
Vega, Lope de 26, 29, 31, 33, 55, 56, 65, 90, 124, 131, 132, 141, 146, 153-163, 175, 177, 207, 225, 255, 256, 324, 360, 406, 408, 419, 429, 457, 468, 505, 518, 520, 528, 535
Velasco, Concha 25, 513
Velázquez, Consuelo 535
Velázquez, Diego 12, 88, 106, 123, 145, 150, 191, 258, 261, 291, 327, 328, 430, 545
Vélez de Guevara, Luis 206
Verdi, Giuseppe 162, 505, 506
Vergel, Pedro 207
Verhaeren, Émile 346
Verlaine, Paul 292, 313, 346
Vermeer, Johannes 12, 157
Vespucci, Simonetta 143
Vicente, Gil 55-63, 80, 468
Victoria, Tomás Luis de 114, 123, 505, 506, 545
Villalón, Fernando 10, 149, 468
Villamediana, Juan de Tassis conde de 29, 141, 203-209, 212, 518
Villarreal, Carlos 528
Villegas, Esteban Manuel de 10
Virgilio, Publio 31, 60, 65, 90, 91, 94, 124, 182, 183, 221, 451, 452, 518, 533
Vitoria, Francisco de 87, 89, 545
Vitti, Monica 443
Vives, Amadeo 197
Vives, Luis 91
Voltaire, Francois Marie Arouet 234, 453
Watteau, Antoine 317
Weil, Simone 119
Wendell Holmes, Oliver 289
Whitman, Walt 294
Whitmore, Katherine 386
Wilde, Oscar 312, 326, 458
Wolf, Fernando 27
Woolf, Virginia 155, 312, 410
Wordsworth, William 361
Xirgu, Margarita 367
Yepes, Juan de 114, 119
Ynduráin, Domingo 233
Zamora, Ana 60
Zamora, Ricardo 467, 470
Zorrilla, José 10, 27, 55, 231, 232, 243-252, 253-260, 261, 460, 535
Zubiri, Xavier 545
Zuleta, Emilia de 423
Zuloaga, Ignacio 299
Zunzunegui, Juan Antonio de 466
Zurbarán, Francisco de 123, 545

CRÉDITOS

ÍNDICE

INTRODUCCIÓN 7

El irónico elogio de las mujeres chicas: Juan Ruiz, Arcipreste de Hita, *Libro del Buen Amor* 15
«La Misa de Amor»: Romance 25
«Romance del prisionero» 33
La mágica noche de San Juan. Dos romances anónimos: «El conde Olinos» y «El conde Arnaldos» 39
Don Rodrigo Manrique acepta su muerte: Jorge Manrique, «Coplas a la muerte de su padre» 47
Un muy olvidado poeta luso-español: Gil Vicente, «Romance de don Duardos» 55
El poeta se limita a escribir lo que el amor le dicta: Garcilaso de la Vega, «Soneto 5» 65
El más bello canto español a los ojos de la mujer amada: Gutierre de Cetina, «Madrigal» 77
La «luz no usada» y la música de las esferas: Fray Luis de León, «A la vida retirada» 87
Un canto regocijado a la alegría de vivir: Baltasar del Alcázar, «Cena jocosa» 105
El misterio de la poesía inefable: San Juan de la Cruz, «Noche oscura» 113
El misterio de un soneto anónimo: «No me mueve, mi Dios, para quererte...» 123
La guasa sevillana: Miguel de Cervantes, «Soneto al túmulo de Felipe II» 131
Agarra el momento: Luis de Góngora, «Mientras por competir por tu cabello...» 143
Las infinitas contradicciones del amor: Lope de Vega, «Desmayase, atreverse, estar furioso...» 153
La más hermosa epístola moral de la literatura española: Andrés Fernández de Andrada, «Epístola moral a Fabio» 165

El amor, más poderoso que la muerte: Francisco de Quevedo, «Cerrar podrá mis ojos la postrera...» 175
La caricatura de un narizotas: Francisco de Quevedo, «A un hombre de gran nariz» 187
El poder del dinero: Francisco de Quevedo, «Poderoso caballero...» 195
Un escandaloso donjuán proclama sus angustias y sus contradicciones: El conde de Villamediana, «Buscando siempre lo que nunca hallo» 203
El ingenio barroco de una escena erótica: Fray Damián Cornejo, «Esta mañana, en Dios y en hora buena...» 211
Lo bueno no llega por casualidad: Tomás de Iriarte, «El burro flautista» 219
El sueño imposible de la libertad: José de Espronceda, «La canción del pirata» 231
La escena del sofá: José Zorrilla, *Don Juan Tenorio* 243
Una popular leyenda patriótica y religiosa: José Zorrilla, «A buen juez, mejor testigo» 253
Las tres mujeres soñadas: Gustavo Adolfo Bécquer, «Yo soy ardiente, yo soy morena...» 261
Continuar soñando, a pesar de todo: Rosalía de Castro, «Dicen que no hablan las plantas...» 273
Escribir para vencer a la muerte: Miguel de Unamuno, «Mi destierro» 285
Unos anuncios en broma y un sarcástico adiós: Ramón del Valle-Inclán, «Testamento poético» 297
Las grandes preguntas que a todos nos angustian: Rubén Darío, «Lo fatal» 311
«Cantando la pena, la pena se olvida»: Manuel Machado, «Adelfos» 323
Un conmovedor autorretrato: Antonio Machado, «Retrato» 335
Sufrimos por amor, pero es lo único que nos hace estar vivos: Antonio Machado, «Yo voy soñando caminos...» 343
«Se canta lo que se pierde»: Antonio Machado, «Canciones de Guiomar» 351
Jugar a las siete y media: Pedro Muñoz Seca, *La venganza de don Mendo* 363

Todo seguirá igual cuando yo muera: Juan Ramón Jiménez, «El viaje definitivo»; Agustín de Foxá, «Melancolía del desaparecer» 375
El amor no es ciego sino lúcido: Pedro Salinas, «Perdóname por ir así buscándote» 383
La feliz plenitud del amor físico: Oliverio Girondo, «Se miran...» 395
La ilusión de unas pocas palabras de amor: Gerardo Diego, «Romance del Duero» 403
El *duende*, los sonidos negros, el misterio: Federico García Lorca, «Sorpresa» 415
Pedir una buena muerte: José María Pemán, «Señor, aunque no merezco...» 429
El hueso y la piel, dos símbolos contrarios, en la unión por amor: Vicente Aleixandre, «Mano entregada» 439
El paraíso como biblioteca: Jorge Luis Borges, «Poema de los dones» 447
El amor es la única verdad, la única libertad: Luis Cernuda, «Si el hombre pudiera decir lo que ama...» 457
El primer gran poema español sobre un portero de fútbol: Rafael Alberti, «Oda a Platko» 465
La «aguda melancolía» del amor adolescente: Pablo Neruda, «Poema 20» 477
El adiós a un «compañero del alma»: Miguel Hernández, «Elegía a Ramón Sijé» 489
La emocionante despedida a un español que ha muerto en tierra extraña: José Hierro, «Réquiem» 503
Sigue sonando la campana del amor, aunque se haya ido: Antonio Gala, *Sonetos de la Zubia* 513
El beso, ¿veneno o paraíso?: Luis de Góngora y Antonio Carvajal, «La dulce boca que a gustar convida» 527

CODA FINAL: Don Quijote, la mejor España: Rubén Darío, «Letanía de nuestro señor don Quijote» 539
ÍNDICE ONOMÁSTICO 549
CRÉDITOS 561

Esta segunda edición de *Se canta lo que se pierde. Los 50 mejores poemas españoles, comentados,*
de Andrés Amorós,
se envió a imprenta el 23 de mayo de 2026,
cuando se cumple el CCCXCIC aniversario
de la muerte del poeta y dramaturgo español
Luis de Góngora (1561-1627)

«Marchitará la rosa el viento helado,
todo lo mudará la edad ligera,
por no hacer mudanza en su costumbre.»

Luis de Góngora

La fórcola es la parte más rara y hermosa de la góndola veneciana, realizada en madera, en la que el gondolero apoya el remo para maniobrar. Una auténtica fórcola se talla, de forma artesanal, sobre la curvatura natural del árbol, por eso no hay dos fórcolas iguales.

Advertencia:
Este libro no se ha escrito utilizando
un Generador de Texto IA.
Su contenido es netamente peligroso:
su lectura invita al silencio,
mejora los niveles de comprensión lectora
y ayuda a tener ideas propias.